交通版高等学校土木工程专业规划教材

桥梁检测与维修加固

（第 3 版）

张俊平　杨　勇　黄海云　**主编**

人民交通出版社股份有限公司

北京

内 容 提 要

本书共分 9 章,依据国内外最新技术成果,在第 2 版的基础上,对桥梁检测与维修加固的多个方面,包括试验量测技术、检查方法、静力荷载试验、动力荷载试验、无损检测技术、施工监测控制、长期监测、维修养护、加固改造等进行了系统全面的阐述,以期能够较好地满足教学工作的要求,又能充分地适应生产实践的需要。同时,结合相关内容,本书精选若干桥梁检测与加固改造实例,内附相应的教学课件,以便于教学。

本书可作为普通高等院校土木工程、道路桥梁与渡河工程专业的教材,也可供桥梁管理养护一线的工程师参考。

图书在版编目(CIP)数据

桥梁检测与维修加固/张俊平,杨勇,黄海云主编
. —3 版. —北京:人民交通出版社股份有限公司,
2023.1
ISBN 978-7-114-18244-0

Ⅰ.①桥… Ⅱ.①张…②杨…③黄… Ⅲ.①公路桥
—检测—高等学校—教材②公路桥—维修—高等学校—教材③公路桥—加固—高等学校—教材 Ⅳ.①U446
②U445.7

中国版本图书馆 CIP 数据核字(2022)第 183315 号

Qiaoliang Jiance yu Weixiu Jiagu(Di-san Ban)
书　　名:**桥梁检测与维修加固(第 3 版)**
著 作 者:张俊平　杨　勇　黄海云
责任编辑:张征宇
责任校对:席少楠　刘　璇
责任印制:张　凯
出版发行:人民交通出版社股份有限公司
地　　址:(100011)北京市朝阳区安定门外外馆斜街 3 号
网　　址:http://www.ccpcl.com.cn
销售电话:(010)59757973
总 经 销:人民交通出版社股份有限公司发行部
经　　销:各地新华书店
印　　刷:北京武英文博科技有限公司
开　　本:787×1092　1/16
印　　张:15.75
字　　数:392 千
版　　次:2006 年 2 月　第 1 版
　　　　　2011 年 8 月　第 2 版
　　　　　2023 年 1 月　第 3 版
印　　次:2023 年 1 月　第 3 版　第 1 次印刷　累计第 13 次印刷
书　　号:ISBN 978-7-114-18244-0
定　　价:39.00 元
(有印刷、装订质量问题的图书,由本公司负责调换)

第3版前言

据统计,截至2020年,我国拥有既有公路桥梁91万多座、6600多万延米,铁路桥梁20多万座、2200多万延米,在数量上居世界首位,并仍以每年3万~4万座的速度持续增长。与此同时,随着桥梁服役年限的增长、使用荷载的增大,大批既有桥梁结构进入了老化期。为了确保桥梁结构的安全运营与交通顺畅,对既有桥梁的检查检测、养护维修、加固改造工作提出了更高、更迫切、更全面的要求,我国桥梁建设事业迈入了"建管并重"的新阶段。另一方面,随着IT技术的发展、测试手段的进步以及新材料新工艺的推广应用,测试技术、分析手段、维修加固技术工艺也取得了长足的进步,为桥梁检测与维修加固提供了强有力的技术支持。基于上述两个方面,编者根据多年工程实践经验和教学体会,在本书第2版的基础上,汲取较为先进成熟的技术成果,精选相应的桥梁检测、加固改造实例,精简压缩相关内容篇幅,力求既能较好地满足教学工作的要求,又能充分地适应生产实践的需要。

本书共分9章,由张俊平、杨勇、黄海云合编,具体分工如下:第一、四、五、七章,张俊平;第二、八、九章及附录,杨勇;第三、六章,黄海云;全书由张俊平统稿。在编写过程中,研究生魏旭奇、孙佳国、吴以纯、唐文乐承担了大量的辅助性工作,特致谢忱。为便于教学,书中附上了相关内容的电子课件,供学习者下载参阅。

限于编者水平,书中不妥之处恳请读者批评指正,使得本书在教学实践与生产实践中日臻完善。

编　者
2022年1月

目录

MULU

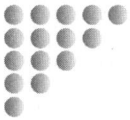

第一章 绪论

第一节 桥梁检测的目的、内容与基本程序

一、桥梁检测的目的

在工程技术的发展过程中,试验研究起着非常重要的作用。对桥梁工程而言,建桥材料、结构体系、设计理论、施工方法是其发展进步的四个主要支柱,从桥梁工程设计理论的演化进程来看,每一种理论体系的建立和发展,一般都建立在大量的试验研究、生产实践基础上。试验研究对于推动结构设计计算理论的发展、解决生产实践中出现的疑难问题往往起到了重要的、不可替代的作用。一般地,桥梁试验研究可分为两大类,即针对桥梁模型结构(构件)的研究性试验,以及针对桥梁原型结构的生产检测性试验。后者一般具有鉴定性、评价性试验的性质,常常被称为桥梁检测。

研究性试验的目的是研究结构的受力机理,探索结构行为的内在规律,为设计计算理论的发展完善提供依据。研究性试验一般把对结构或构件的主要影响因素作为试验参数,试验结构(构件)的设计与数量均应按照具体研究目的的需要确定。研究性试验一般多采用模型结构进行破坏试验,在专门的试验室内进行,利用特定的加载装置,以消除或减少外界因素的干扰影响,同时突出所要研究的主要因素,以便更准确地反映一些因素的影响,掌握试验结构由弹性阶段进入塑性阶段甚至破坏阶段时的结构行为、破坏形态等试验资料,也便于较为方便可行地进行加载、控制、量测、分析,从而总结出具有普遍意义的规律,建立或验证结构设计计算理论或经验公式,以便推广应用于原型结构,为设计施工规范规程的完善提供依据。

桥梁检测试验也称为生产鉴定性试验,其目的是掌握桥梁结构在试验荷载作用下的实际工作状态,判定桥梁结构的承载能力和使用性能,检验设计与施工质量,探明桥梁结构存在的各种缺陷或隐患,具有直接服务于生产实践的意义。一般情况下,原型结构的破坏试验,无论在费用上还是在加载测试方法上都存在一些具体的问题,特别是在结构进入破坏阶段后是比较难以实现的,因此,鉴定性试验是根据相应的规范、标准及相关设计文件的要求,在现场进行的非破坏性试验,通过试验来确定桥梁结构的实际承载能力、使用性能和使用条件,检验设计施工质量,提出桥梁养护维修、加固、改建、限载建议对策,有效地保障桥梁结构的安全使用。

研究性试验和检测性试验虽然在试验目的、加载方式等方面存在一些差异,但在试验方法、试验手段方面具有很多相通之处,大体都包括试验准备、理论计算、加载方式方法、测试仪器设备选型、数据分析整理等一系列工作内容。总体来说,研究性试验的模型制作、加载方式方法、结构响应测试、数据分析整理等方面的特殊性更多,也更为复杂,常常需要借助专门试验装备才能完成。为此,本书立足于工程实践需求,以需求量大、规范性强的检测性试验为对象,着重阐述桥梁检测试验的原理方法、测试手段、分析评价等内容。

目前,随着我国交通基础设计建设的蓬勃发展,既有桥梁数量的不断增长、服役年限的延长与病害的发展,以及新结构、新材料、新工艺的不断涌现,在进入"建管并重"的新阶段之后,桥梁检测试验日益受到人们的重视,成为保障桥梁安全运营、合理使用的主要手段,在工程实践中起到了重要的、不可替代的作用。一般来说,桥梁检测试验的主要目的包括以下三个方面:

(1)确定新建桥梁的承载能力和使用性能。对于重要的桥梁结构,在建成竣工后,通过桥梁检测试验考察该桥的施工质量与结构性能,判定桥梁结构的实际承载能力,为竣工验收、投入运营提供科学的依据。对于新型或复杂的桥梁结构,通过系统的桥梁静力动力荷载试验可以掌握结构在荷载作用下的实际受力状态,探索结构受力行为的一般规律,为充实和发展桥梁结构的设计计算理论积累资料。

(2)评估既有桥梁的使用性能与承载能力。对于既有桥梁结构在运营期间,或因使用荷载大幅度增长而超过设计荷载等级,或因设计施工不当而存在严重缺陷,或因水害、地震等自然灾害而产生损伤,在加固改造前后,常常需要通过桥梁检测来评估既有桥梁的使用性能与承载能力,为既有桥梁的养护、管理、加固、改建或限载对策提供科学的依据。这一点对于缺乏完整技术资料的旧桥更为重要。

(3)研究总结结构受力行为的一般规律。随着桥梁工程的不断发展,新结构、新材料、新工艺的推广应用,原有的规范、规程往往不能适应工程实践的要求。为了总结提炼新结构、新材料、新工艺的受力性能,修订、完善现有的规范规程,更好地指导设计与施工工作,就需要对这些结构的长期受力性能进行监测试验。一般而言,针对原型桥梁结构的监测可分为长期性能监测与结构健康监测两大类。

二、桥梁检测的内容

桥梁检测的工作内容比较多,涉及很多方面。从检测方法上来讲,可以分为静力荷载试验、动力荷载试验、无损检测和桥梁技术状况检查;从时间上来看,分为短期试验和长期试验;从进行时期来看,分为成桥试验(或长期监测)和施工阶段监测控制。

根据试验荷载作用的性质,桥梁检测试验可分为静力荷载试验和动力荷载试验。桥梁静力荷载试验是将静止的荷载作用在桥梁上的指定位置而测试结构的静力位移、静力应变、裂缝等参数的试验项目,从而推断桥梁结构在荷载作用下的工作性能及使用能力。动载试验是利用某种激振方法激起桥梁结构的振动,测定桥梁结构的固有频率、阻尼比、振型、动力冲击系数等参数的试验项目,从而判断桥梁结构的整体刚度与行车性能。静力荷载试验和动力荷载试验虽然在试验目的、测试内容等方面不同,是两种性质的试验,但对于全面分析掌握桥梁结构的工作性能是同等重要的。

按试验持续时间的长短,可分为长期试验和短期试验。生产鉴定性试验多采用短期试验方法。对于桥梁结构的一些时效因素如混凝土收缩徐变、基础沉降、温度变化,往往会使桥梁结构产生附加内力,轻者可能造成桥面线形不平顺、结构局部受损,严重时会危及桥梁结构的安全运营。为了能够及时准确地掌握这些时效因素对结构的影响程度,了解这些时效因素对结构影响的变化趋势,需要在一个相对较长的时期内定期测量桥梁结构的线形、应变、内力、裂缝等参数,并对这些参数进行综合分析,以判断桥梁结构的实际状态,这类测试称为长期监控测试。此外,对于一些大型复杂桥梁或特殊结构桥梁,常常采用长期观测或健康状况监测手段,以积累这些结构长期使用性能的资料,使设计及规范更臻合理与完善。

为了较为客观简便地评价桥梁技术状况,常常采用桥梁检查手段。桥梁检查是进行桥梁承载能力评定、桥梁检测试验、维修和改造的前期工作。桥梁检查工作的内容包括桥梁技术资料调查和桥梁现场的外观检查,其目的在于掌握既有桥梁的基本状况,查明缺陷或潜在损伤的性质、部位、严重程度及其发展变化态势,以便进行分类管理,有针对性地开展检测试验或养护维修工作。

对于既有混凝土桥梁,为掌握混凝土强度、密实性、耐久性等基本性能的劣化规律,常常采用无损检测技术。所谓无损检测技术,是指在不影响结构受力性能或其他使用功能的前提下,直接在结构上通过测定某些物理量,推定混凝土的强度、均匀性、连续性、耐久性等一系列性能的检测方法。此外,对于钢结构桥梁,为检验焊缝质量,通常采用焊缝的无损探伤方法来检验焊缝质量。无损检测技术与破坏试验方法相比,具有不破坏结构的构件、不影响其使用性能、可以探测结构内部的缺陷、可以连续测试和重复测试等特点。

对于大跨径桥梁,由于施工周期长,外界因素变化较大,为了确保施工能够较准确地实现设计意图,避免一些随机因素如温度、湿度、材料参数、施工误差对桥梁施工过程和成桥状态造成过大的影响,需要在施工过程中对每一施工阶段(节段)桥梁的线形、应力、内力等参数进行实时监测,逐段与设计目标值进行比较,并预测下一施工阶段这些参量的变化态势,以便修正设计计算参数,必要时采取调整控制措施,以确保各施工阶段结构的安全性,并以预定的精度逼近设计目标值,达到较为理想的成桥状态,这就是施工监测控制。施工监测控制对于保障大跨径桥梁的顺利建造具有非常重要的意义。

三、桥梁检测工作的基本程序

一般情况下,桥梁检测可分为三个阶段,即试验准备规划阶段、现场测试阶段、内业分析总结阶段。

试验准备是桥梁检测顺利进行的必要条件。试验准备规划阶段工作内容包括桥梁设计文件、施工记录、监理记录、既有试验资料、桥梁养护与维修记录等桥梁技术资料的收集;桥梁现状如桥面系、承重结构构件、支座、墩台基础等部位的外观检查;设计内力计算、加载方案制定、量测方案制定、仪器仪表选用等方面;搭设工作脚手架、设置测量仪表支架、测点放样及表面处理、测试元件布置、测量仪器仪表安装调试等现场准备工作。可以说,检测工作的顺利与否很大程度上取决于检测前的准备工作。

现场测试阶段是整个检测工作的中心环节。这一阶段的工作是在各项准备工作就绪的基础上,按照预定的试验方案与试验程序,利用适宜的加载设备进行加载,运用各种测试仪器,观测试验结构受力后的各项性能指标如挠度、应变、裂缝宽度、加速度等,并采用人工记录或仪器自动记录手段记录各种观测数据和资料。需要强调的是,对于静力荷载试验,应根据当前所测得的各种技术数据与理论计算结果进行现场分析比较,以判断受力后结构行为是否正常,是否可以进行下一级加载,以确保试验结构、仪器设备及试验人员的安全。对存在严重病害的既有桥梁结构进行试验时,这一点显得尤为重要。

内业分析总结阶段是对原始测试资料进行综合分析的过程。原始测试资料包括大量的观测数据、文字记载和图片等材料，受各种因素的影响，一般显得缺乏条理性与规律性，未必能揭示试验结构的受力行为规律。因此，应对它们进行科学的分析处理，去伪存真、去粗存精、由表及里地综合分析比较，从中提取有价值的资料。对于一些数据或信号，有时还需按照数理统计的方法进行分析，或依靠专门的分析仪器和分析软件进行分析处理，或按照有关规程的方法进行分析或判断。测试数据经分析处理后，按照相关规范、规程以及检测的目的要求，对检测对象做出科学的判断与评价。这一阶段的工作，体现在最后提交的试验研究报告中，直接反映整个检测工作的质量。

综上所述，桥梁检测是一门直接服务于工程实践的技术学科，涉及桥梁的设计计算理论、试验测试技术、仪器仪表性能、数理统计分析、现场试验组织等方面，具有较强的综合性、应用性和复杂性。在实施时，结合具体的试验目的及试验条件，并考虑试验的可实施性、控制试验成本，选用一种或几种试验方法来检验桥梁结构的性能。

第二节　桥梁维修加固的工作内容

在桥梁服役使用过程中，由于自然界各种因素的侵蚀、荷载的反复作用，特别是超载车辆的作用，结构性能会逐渐劣化，出现各种各样的病害。桥梁病害大体上可分为影响承载能力的病害如结构性开裂、基础变位或不均匀沉降，影响使用性能的病害如桥面线形不顺畅、振动过大等，影响耐久性能的病害如混凝土腐蚀、碳化等。这些病害的发生发展直接影响结构的使用性能和耐久性能，严重时直接危及桥梁运营安全。随着桥梁服役时间的增长，病害会不断发展，损伤程度也会越来越严重，为保障桥梁的安全运营，延长其使用寿命，需要在检测试验评估的基础上，对于那些承载能力不足、使用性能较差或耐久性能不满足要求的结构或构件，有针对性地进行维修或加固。桥梁维修加固可分为一般性维修和结构性加固。

一般性维修如桥面铺装层的维修、油漆涂装更新、裂缝封闭与灌浆处理、支座更换等是桥梁养护的日常内容，按维修规模又可分为小修、中修，其主要目的是保证桥梁结构的使用性能及耐久性能不受大的影响。为了满足桥梁的正常运营要求，尽量保持和延长桥梁的使用寿命，对桥梁结构进行经常性的养护维修是非常必要的，也是桥梁管理养护部门的主要职责。桥梁的维修养护，一般原则是贯彻"预防为主，防治结合"的方针，主要是对日常检修和对危害桥梁正常运营的部分进行修缮工作，如对桥面铺装层、伸缩缝、防排水设施、桥梁主体结构的各种病害进行养护维修，通过养护维修消除病害，恢复原设计功能，使桥梁经常处于完好的技术状态，达到安全、耐久、适用的目的，以免病害发展危及桥梁安全。

当桥梁结构无法满足承载能力、通行能力的要求时，需要对桥梁进行加固或技术改造。就桥梁技术改造而言，它包括了提升或恢复承载力要求的结构补强，增强通行能力要求的桥梁拓宽，满足使用要求的桥梁部件修缮等。桥梁加固改造涉及的内容十分广泛，是一项细致复杂而又极具灵活性的工作，需要考虑的因素和涉及的问题很多，包含了桥梁实际状况的检测试验鉴定、加固设计计算、加固方案工艺比较选择以及投资效益比选等方面。可以说，桥梁检测与桥梁维修加固的关系密不可分，是一个问题的两个方面。在加固改造方案拟定时，无论是加固改造方案比较，还是加固方案的具体实施，都要做到尽可能不损害原结构，使加固补强的部分与原结构形成整体、共同工作，因此加固改造方案拟定与实施的难度往往比新建桥梁还要大，必须慎重处理，在对各种可能的技术改造方案的技术经济效果进行分析比较后，从中选择合理的加固改造方案,选择可靠简便的施工技术工艺。

近二十年来,随着交通运输业、物流业的飞速发展,桥梁使用荷载的不断趋于增大,大批既有桥梁结构进入老化期,病桥危桥的数量越来越多,我国桥梁建设事业迈入了"建管并重"的新阶段,桥梁养护维修、加固改造的需求不断增长。另一方面,在生产实践需求的推动下,新材料、新工艺、新方法不断涌现,桥梁结构的维修加固改造技术得以迅速发展。完全可以相信,桥梁维修加固技术的进步,必将进一步推动桥梁运营维护与交通运输事业的持续健康发展,为确保桥梁安全运营、延长桥梁使用寿命起到更加重要的作用。

第二章 桥梁检测的量测技术

第一节 概　述

量测技术、仪器设备、测试元件是桥梁检测的重要技术保障,量测技术的科学性、准确性直接关系到桥梁检测能否达到预期的目的。在桥梁静力荷载试验和动力荷载试验检测中,量测的内容一般包括以下几个方面:

(1)作用力的大小,包括试验荷载的大小,一些构件的内力、支座反力的大小。

(2)结构截面上各种应力的分布状态及其大小。

(3)结构的各种静态变形,包括水平位移、竖向挠度、相对滑移、转角等。

(4)结构局部的损坏现象,如裂缝的分布、宽度、深度等。

(5)在动力荷载作用下,要测定结构的动应力,或测定结构的自振特性、动挠度、加速度、阻尼衰减特性等。

为了测定上述各项数据,在进行桥梁检测时需要使用相应的检测仪器,并掌握量测仪器的基本性能和测量方法。

一、检测仪器的分类

测试仪器的分类方法很多,较为常用的分类方法有以下几种:

(1)按仪器的工作原理,分为机械式测试仪器、电测仪器、光学仪器、声学仪器、复合式仪器、伺服式仪器等。

(2)按仪器的用途,分为测力计、应变计、位移计、倾角仪、测振仪等。

(3)按结果的显示与记录方式,分为直读式、自动记录式、模拟式、数字式。

(4)按照仪器与结构的相对关系,分为附着式、接触式、手持式、遥测式等。

二、仪器的性能指标

仪器的性能指标一般包括以下几个:

(1)量程(测量范围):仪器的最大测量范围叫作量程。百分表的量程一般有 50mm 和 100mm,千分表的量程有 3mm 和 5mm。

(2)最小分度值(最小刻度):仪器指示装置的每一最小刻度所代表的数值叫作最小刻度。百分表的最小刻度为 0.01mm,千分表的最小刻度为 0.001mm。

（3）灵敏度：被测结构的单位变化所引起的仪器指示装置的变化数值叫作灵敏度，灵敏度与最小刻度互为倒数。

（4）准确度（精度）：仪器指示的数值与被测对象的真实值相符合的程度叫作准确度。

（5）误差：仪器指示的数值与真实值之差叫作仪器的误差。

三、桥梁检测对仪器的要求

桥梁检测对仪器的要求包括以下几个方面：

（1）仪器的量程、准确度、灵敏度要根据检测的要求合理选用，野外检测仪器还应要求其工作性能稳定、抗干扰能力强。

（2）仪器结构简单，使用方便，安装快捷，无论是外包装还是仪器本身结构，都应具有良好的防护装置，便于运输安装，不易损坏。

（3）仪器轻巧，自重轻、体积小，便于野外桥梁检测时携带。

（4）仪器适应性强，具有多种用途。如应变仪，既可单点测量，也可多点测量；既可测应变，也可测位移。

（5）使用安全。包括仪器本身的安全，不易损坏，不会对操作人员产生人身安全问题。

量测仪器的某些性能之间经常是互相矛盾的，如精度高的仪器，其量程较小；灵敏度高的，其适应性较差。因此，在选用仪器时，应避繁就简，根据试验的要求来选用合适的仪器，灵活运用。目前应用于结构试验中的仪器，以电测类仪器较多，机械式仪器仪表已不能满足多点量测和数据自动采集的要求。从发展的角度看，数字化和集成化量测仪器的应用日益广泛，将给量测和数据处理带来更大的便利。

四、仪器的计量标定

为了保证检测数据的准确性，在检测过程中必须对使用的仪器设备进行计量标定。标定是统一量值确保计量器具准确的重要措施，也是实行国家监督的一种手段。通过计量标定，对仪器的性能进行评定，确定其是否合格，从而保证检测仪表的量值在规定的误差范围内与国家计量基准的量值保持一致，达到统一量值的目的。仪器的标定可以分为强制标定和非强制标定两类。强制标定的仪器仪表实行定点、定期标定，非强制标定的仪器仪表可由使用单位依法自行标定。计量标定具有以下特点：

（1）标定的目的是确保量值的准确、可信，主要评定量测仪器的计量性能，确定仪器的误差大小、准确程度、使用寿命、安全性能，确定仪器是否合格，是否可以继续正常使用，是否达到国家计量标准。

（2）标定具有法制性，标定证书具有法律效力，标定结果具有法律效力。

在桥梁检测中，以下常用仪器仪表应定期进行标定。

机械仪器的标定：如百分表、千分表、测力计、回弹仪等。

电子仪器的标定：如超声波仪、应变仪、应变计、振弦数据采集仪、荷载传感器等。

光学仪器的标定：如精密水准仪、激光测距仪、激光挠度仪、读数显微镜等。

第二节 应变测试仪器与技术

结构在外力的作用下，内部会产生应力，但直接测定应力比较困难，目前还没有直接的测试方法,一般的方法是测定应变。目前应用最广泛的应变测试技术是电阻应变测试技术和振弦式应变测试技术,近年来光纤光栅应变测试技术也逐渐得以推广应用。

一、电阻应变测试技术

电阻应变测试技术是凭借安装在试件上的电阻应变片将力学量(如应变、位移等)转换成电阻变化,并用专门的仪器使其转换为电压、电流或功率输出,从而获得应变读数的测试技术。通常简称为电测技术或电测法。其转换过程如图 2-1 所示。

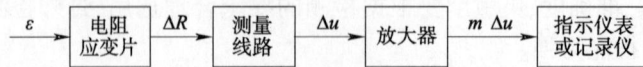

ε → 电阻应变片 →ΔR→ 测量线路 →Δu→ 放大器 →$m \Delta u$→ 指示仪表或记录仪

图 2-1 用电阻应变片测量应变的过程

与其他测试方法比较,电阻应变测试技术具有以下优点:

(1)灵敏度高,测量结果比较可靠。目前常用的应变仪和应变片可测得 1×10^{-6} 的应变,有的甚至可精确到 0.5×10^{-6}。

(2)实施简便,测量速度快。易于实现全自动化数据采集、多点同步测量、远距离测量和遥控测试,操作方便,测试方法易于掌握。

(3)应变片标距小,粘贴方便。测试时可不改变结构的原有应力状态,可以测量其他仪表(如机械式应变计)无法安装部位的应变或结构某个局部的应力,也可制成大标距测量混凝土结构的应变。

(4)适用范围广。可在高温(100~800℃)、低温(-100~-70℃)、高压、高速、旋转和具有核辐射干扰等特殊条件下成功测量,能直接用于运行中的机械和工程结构各部位的静、动态和瞬态应变量测,可测频带宽。

(5)使用广泛。根据应变原理可以制成不同形式的传感器,用于各种物理、力学参数的量测,易于实现整个测试系统的自动化和电气化。

电阻应变测试技术虽然有很多优点,但也存在不足之处,如贴片工作量大、使用的导线多、抗干扰性能稍差、易受温度和电磁场等的影响、应变片不能重复使用等。

(一)电阻应变片

1.电阻应变片的工作原理

电阻应变片简称应变片或应变计,是电阻应变测试中,将应变转换为电阻变化的传感元件,它的工作原理是基于金属丝的电阻随其机械变形而变化的一种物理特性。金属丝的应变原理如图 2-2 所示。取长度为 L、直径为 D、截面积为 A、电阻率为 ρ 的金属丝,则其电阻 R 为:

$$R = \rho \frac{L}{A} \tag{2-1}$$

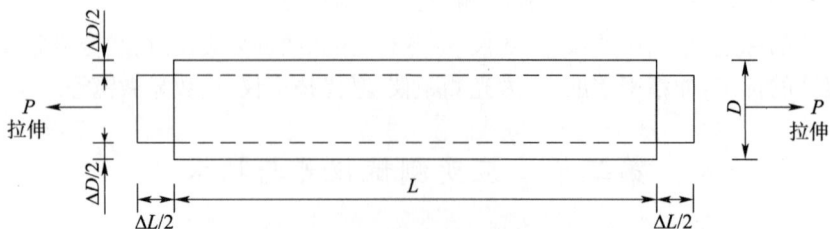

图 2-2 金属丝的应变原理

当金属丝受拉而伸长 ΔL，通过材料力学等相关理论，推导出应变片的电阻变化率与应变值的关系如下所示：

$$\frac{dR}{R} = K\varepsilon \qquad (2\text{-}2)$$

式中：R——电阻丝的电阻；

  K——单电阻丝的灵敏系数；

  ε——电阻丝的应变。

由此可见，应变片的电阻变化率与应变值呈线性关系。K 通常由一批产品中抽样检验确定，作为该批产品的灵敏系数，一般取 $K=2.0$ 左右。

2. 电阻应变片的构造

电阻应变片的种类繁多，形式各种各样，但基本结构差异不大。图 2-3 是丝绕式电阻应变片的构造，由敏感栅、黏合剂、基底、覆盖层和引出线几个主要部分组成。

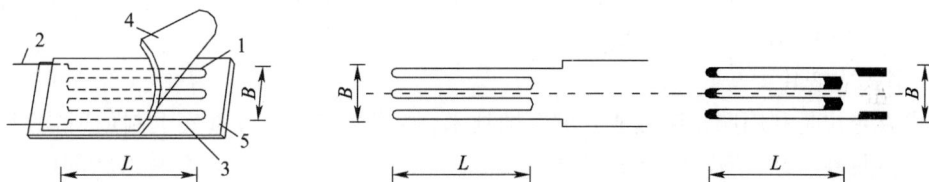

图 2-3　电阻应变片的构造

1-敏感栅；2-引出线；3-黏合剂；4-覆盖层；5-基底；L-栅长；B-栅宽

（1）敏感栅：是将应变变换成电阻变化量的敏感元件，一般由金属或半导体材料（如康铜、镍铬合金）制成的单丝或栅状体。敏感栅的形状和尺寸直接影响应变片的性能。栅长 L 和栅宽 B 即代表应变片的规格。

（2）基底和覆盖层：主要起到定位和保护电阻丝的作用，同时使电阻丝与被测试件之间绝缘。纸基常用厚度为 $0.015 \sim 0.02\text{mm}$、强度高、绝缘性能良好的纸张制作。胶基用性能稳定、绝缘度高、耐腐蚀的聚合胶制作。

（3）黏合剂：是一种具有一定绝缘性能的黏结材料，用于固定敏感栅在基底上或将应变片粘贴在试件上。

（4）引出线：一般采用镀银、镀锡或镀合金的软铜线制成，在制作应变片时与电阻丝焊接在一起。引出线通过测量导线接入应变仪。

3. 电阻应变片的分类

应变片的种类繁多，分类方法有如下几种：

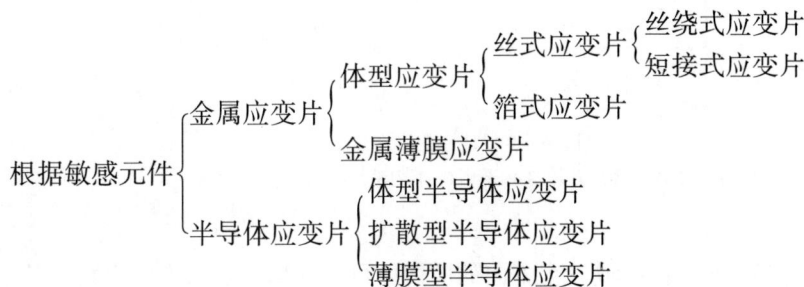

$$
\text{根据敏感元件}
\begin{cases}
\text{金属应变片}
\begin{cases}
\text{体型应变片}
\begin{cases}
\text{丝式应变片}
\begin{cases}
\text{丝绕式应变片} \\
\text{短接式应变片}
\end{cases} \\
\text{箔式应变片}
\end{cases} \\
\text{金属薄膜应变片}
\end{cases} \\
\text{半导体应变片}
\begin{cases}
\text{体型半导体应变片} \\
\text{扩散型半导体应变片} \\
\text{薄膜型半导体应变片}
\end{cases}
\end{cases}
$$

$$\text{根据基底材料}\begin{cases}\text{纸基应变片}\\\text{胶基应变片}\\\text{金属片基应变片}\\\text{临时基底应变片}\end{cases}$$

$$\text{根据标距}\begin{cases}\text{大标距应变片}\\\text{小标距应变片}\end{cases}$$

$$\text{根据敏感栅形状}\begin{cases}\text{单轴(单片)应变片}\\\text{应变花}\end{cases}$$

下面介绍几种常用的应变片。

(1)丝绕式应变片

丝绕式应变片是把敏感栅丝直接绕在各种绝缘基底上制成,是较为常用的一种应变片,如

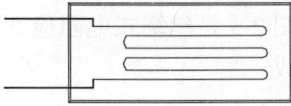

图2-4 丝绕式应变片

图2-4所示。由于采用较薄的基底材料,粘贴性能好,能保证有效地传递变形,稳定性好。敏感栅丝的材料一般用康铜、镍铬合金和铂铱合金等。这种应变片的制造设备和工艺都较为简单,价格也较低廉。

(2)箔式应变片

箔式应变片是利用照相制版或光刻腐蚀技术,将箔材料在绝缘基底上制成所需形状的应变片。它粘贴性能好,传递变形的性能较丝绕式应变片为好,容易制成各种形状的应变片或应变花,具有良好的散热能力,允许增大工作电压,蠕变小、疲劳寿命高,但制作工艺复杂。图2-5是几种常见箔式应变片的构造形式。

图2-5 箔式应变片

(3)半导体应变片

当半导体材料沿某一轴向受力产生变形时,电阻率会发生变化,这种电阻随应变变化的现象称为压阻效应。根据这个原理制造出半导体应变片。图2-6是其构造图。半导体应变片的特点是尺寸小、灵敏系数大、频率响应好,但温度效应较大、测量精度较低。

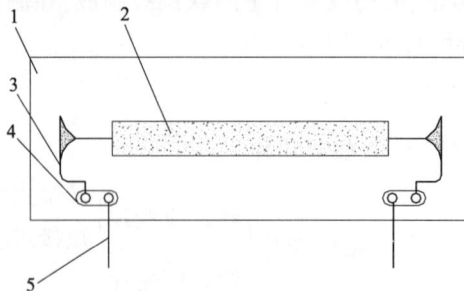

图2-6 半导体应变片

1-胶膜衬底;2-P-SI多晶硅片;3-内部引线;4-内部接线端子;5-外引线

(4)应变花

在平面应力场中,需要测出两个或三个方向的应变才可以求出该点的主应力大小及方向。

这就要使用粘贴在一个公共基底上、按一定方向布置的 2~4 个敏感栅组成的应变花。有互为 45°、60°、90°和 120°等基本形式的应变花,如图 2-7 所示。

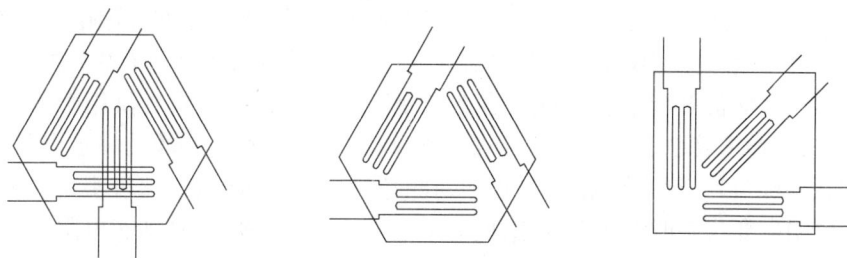

图 2-7　应变花的构造

4. 电阻应变片的选用

电阻应变片的品种规格很多,选用时应根据被测试件所处的环境条件,如温度、湿度、被测结构及材料特点、检测的性质和应变的范围等来确定,并在尽可能节省开支的同时满足测试要求。以下从 6 个方面介绍应变片的选用方法。

(1)标距:根据结构特点和材料,在应变场变化大的情况下,或安装在传感器上时,应选用小标距应变片,如钢材常用 5~20mm。在不均匀材料上选用大标距应变片,如混凝土常用 80~150mm。

(2)应变片电阻:目前大部分应变仪按 120Ω 应变片设计,选用时应注意与应变仪相一致,否则要按仪器的使用说明书予以修正。

(3)灵敏系数:常用的应变片灵敏系数在 $K = 2.0$ 左右,使用时必须调整应变仪的灵敏系数功能键,使之与应变片的灵敏系数一致,否则应对结果予以修正。

(4)基底种类:较为常用的有纸基和胶基两种。常温下的一般测试可用纸基应变片。野外试验及长期稳定性要求高的试验,宜用胶基应变片。

(5)敏感栅材料:康铜丝材的温度稳定性较好,适用于大应变测量。

(6)在特殊环境或者要求的情况下,选用特种应变片,如低温应变片、高温应变片、裂纹扩展片、疲劳寿命片等。

5. 电阻应变片的粘贴

电阻应变片的粘贴包括黏结剂的选用、粘贴工艺与防护措施三方面。

测试中应变片的粘贴质量将直接影响测试结果的准确性及可靠性。粘贴所用黏结剂的主要作用是传递变形,一般采用快干胶或环氧树脂胶。501 快干胶和 502 快干胶是借助空气中微量水分的催化作用而迅速聚合固化产生黏结强度的。环氧树脂胶的主要成分是环氧树脂,有较高的剪切强度和防水性能,电绝缘性能好,但固化速度较慢。

应变片的粘贴工艺一般可归纳为:应变片检查筛选→测点部位检查及表面处理→粘贴→黏结剂固化处理→粘贴质量检查→焊接导线连接→外部防潮防护处理七大工序。具体详见相关产品说明书。

(二)电阻应变仪

前面已介绍过,结构的应变是通过电阻应变片转换为电阻变化率进行测量,而结构在弹性范围内的应变是很小的。如钢材料 $E = 2 \times 10^5$ MPa,测量时要求能分辨出 20MPa,当应变片阻值为 120Ω,$K = 2.0$ 时,$\Delta R = R \times K \times \sigma / E = 0.024\Omega$。由此可见,测量电阻用的仪器必须能够分

辨出 120Ω 和 120.024Ω 的电阻,这是一般常用测量电阻的仪表所达不到的。必须借助专门的电子仪器进行测量和鉴别,这就是电阻应变仪(简称应变仪)。

电阻应变仪根据测量应变的工作频率,可分为静态电阻应变仪、动态电阻应变仪和静动态电阻应变仪。静态电阻应变仪用于测量静态应变,要求仪器的放大器具有良好的稳定性,尽可能减少零点漂移。配备平衡箱时可进行多点应变测量。动态电阻应变仪用于测量 $500\,Hz$ 以下的动态应变,除要求其稳定性好以外,还需要有高的灵敏度和足够的功率输出、较小的非线性失真、较低的噪声和一定的频宽特性,以便对测量信号的各种频率或非正弦波信号均能如实放大。动态电阻应变仪一般做成多通道,同时采集多个动态信号。静动态电阻应变仪除可测量静态应变外,还可测量较低频的动态应变。

应变仪可直接用于应变量测,如配用相应的电阻应变式传感器,也可测量力、压力、扭矩、位移、振幅、速度、加速度等物理量的变化过程,是试验应力分析中常用的仪器。

电阻应变仪主要由电源、振荡器、电桥、放大器、相敏检波器、滤波器和指示或记录仪组成。图 2-8 是应变仪的组成。

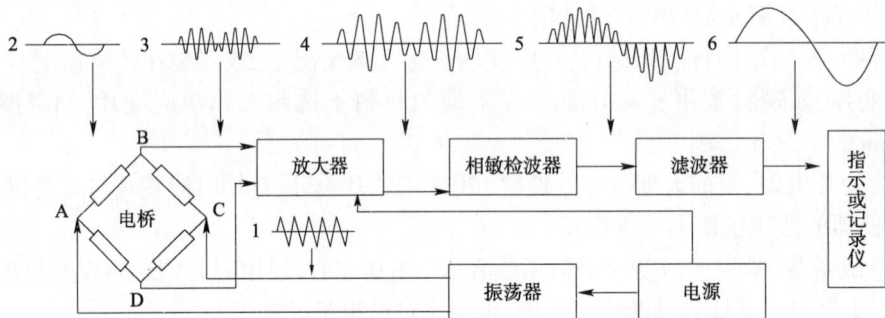

图 2-8   应变仪的组成

1-供桥电源波形(载波);2-被测信号波形(调制波);3-电桥输出波形(已调制波);4-放大后波形;5-检波解调后波形;6-滤波后波形

1. 电桥

应变仪测量电路一般采用惠斯登电桥。由于此种电桥线性好、灵敏度高、测量范围宽、易于实现温度补偿,故在电阻应变仪中得到广泛应用。电桥按供电性质可分为交流电桥和直流电桥。直流电桥的特点在于信号不受各元件和导线间分布电容及电感的影响,抗干扰能力强,必要时可用蓄电池或干电池供电,便于现场测试,因而在应变仪电路中使用最为广泛。

2. 温度补偿

用电阻应变片测量应变时,应变片除感受试件应变外,环境温度的变化同样通过应变片的感受引起应变仪示值的变化,这种变化称为温度效应。产生温度效应的原因有两个:一是电阻丝温度改变 Δt,电阻值将随之改变;二是电阻丝与被测试件(构件)材料的膨胀系数不相等,而两者黏合在一起,当温度改变 Δt 时,引起一个附加电阻变化 ΔR_t,总的应变效应为两者之和。

温度补偿的方法是在电桥的 BC 臂上接一个与测量片 R_1 完全一样的温度补偿应变片 R_2。R_1 贴在受力构件上,既受应变作用又受温度作用,电阻变化为 $\Delta R_1 + \Delta R_t$;温度补偿片 R_2 贴在相同的试件材料上,并放置在与测试对象完全相同的环境中,感受相同的温度变化,但不受外力的影响,只有纯 ΔR_t 的变化,从而达到了温度补偿的目的。温度补偿原理如图 2-9 所示。

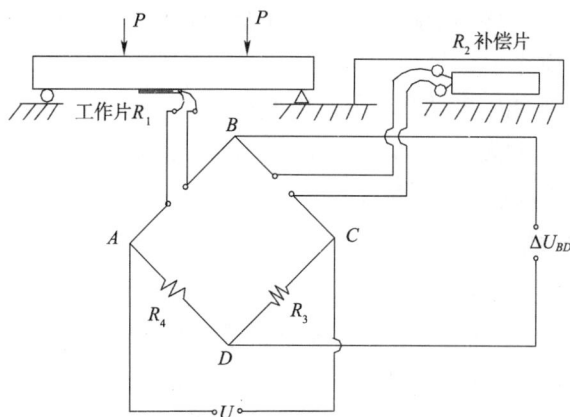

图 2-9　温度补偿原理

3. 动态电阻应变仪

动态应变测量中,应变值的变化速度比较快,一般采用直读式电桥。其构造与静态应变仪的测量桥路基本一致,不同之处主要有以下几点:

(1)动态应变仪多采用立式电桥,以提高抗干扰能力。

(2)对预调平衡要求高。由于动态应变仪的供桥电压频率较高,应变片和引线的分布电容对桥路平衡影响很大,所以测量时除对电阻调平衡外,还要调节电容平衡。进行多点测量时,各通道的平衡应大体一致,使显示尽可能指示"0"或靠近"0"位。

(3)动态应变仪未设读数桥,而是在桥路中附设了一套电标定电路,以便对被测应变进行计量。

4. 应变测量防干扰措施

(1)在半桥测量中采用三芯屏蔽导线,全桥测量采用四芯屏蔽导线。

(2)尽量使测量导线和应变仪远离干扰源。

(3)尽量缩短测量导线的长度,根据测量距离,合理选用导线面积。

(4)屏蔽网接在应变仪外壳接地点,接地点应良好接地,对地的绝缘电阻应尽可能小,这样可以有效抑制电磁波和静电干扰。

(5)应变片与被测构件的绝缘电阻应符合要求。

二、振弦式应变测试技术

振弦式(又称钢弦式)传感器从 20 世纪 30 年代研究成功后,随着电子技术、测量技术、计算技术和半导体集成电路技术的发展,钢弦式传感器技术日趋完善。钢弦式传感器有结构简单、制作安装方便、稳定性好、抗干扰能力强及远距离输送误差小等优点,在桥梁、结构的检测中得到广泛应用。

与其他测试方法比较,振弦式应变测试技术具有以下较为突出的优点:

(1)分辨率高,测量结果精确、可靠。目前常用的振弦式应变计分辨率可达到 $0.1\mu\varepsilon$。

(2)不易受温度和电磁场等的影响,特别是野外测量时抗干扰性能好。

(3)易于实现测试过程中的全自动化数据采集、多点同步测量、远距离测量和遥控测试。

(4)现场操作方便,测试方法简单。

振弦式应变测试技术虽然优点很突出,但也存在以下较为明显的不足之处:

(1)应变计标距较大,一般为 100~150mm,不能用于测量变化梯度较大的应变,也不能用于测量较小尺寸构件的应变。

(2)响应速度较慢,不能用于动态和瞬态应变量测。

(3)量程范围较小,一般为 −1500~1500$\mu\varepsilon$,不能用于大应变测量。

(4)测试元件及仪器成本相对较高。

(一)振弦式应变计的工作原理

振弦式应变测试技术的原理是:一定长度的钢弦张拉锚固在两个端块之间,端块牢固安装于待测构件上,构件的变形使得两端块相对移动并导致钢弦张力变化,张力的变化又使钢弦的固有频率发生变化,这样就可以通过测量钢弦固有频率的变化测出待测构件的应变。由于钢弦的固有频率与张力存在明确的物理关系,其敏感性远高于应变变化,并可将钢弦的振动频率以对应的电势输出,这样便可以通过测量感应电势的变化来反映出钢弦张力及频率的大小,从而准确地测出构件的应变,如图 2-10 所示。

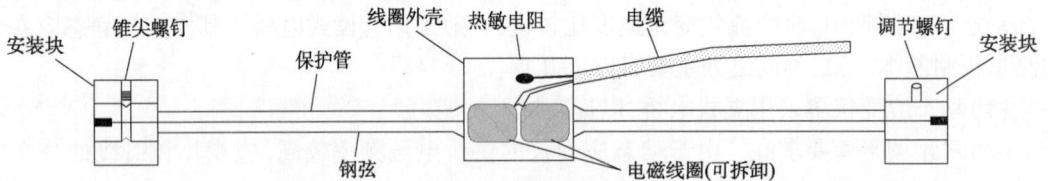

图 2-10 振弦式应变计

振弦式应变计随同结构构件待测部位一起变形,变形使钢弦的张力改变,因此也改变了它的固有频率。钢弦频率(周期)与变形(应变)之间的理论关系可表述如下:

振弦的固有频率与张力、长度和质量相关,计算公式为:

$$f = \frac{1}{2L_W}\sqrt{\frac{F}{m}} \tag{2-3}$$

式中:f——钢弦的固有频率;

L_W——钢弦的长度;

F——钢弦的张力;

m——每单位长度钢弦的质量。

同时,钢弦的张力与钢弦的应变有关,可表述为:

$$F = \varepsilon_W E_a \tag{2-4}$$

式中:ε_W——钢弦的应变;

E_a——钢弦的弹性模量。

当振弦式应变计牢固安装在构件待测部位时,其变形与构件待测部位的变形一致,有:

$$\varepsilon_W L_W = \varepsilon L_g \tag{2-5}$$

式中:ε——待测应变;

L_g——振弦应变计的长度。

对于振弦式应变计,L_W、m、E_a、L_g 等参量均为一固定的常数,将式(2-3)、式(2-4)代入式(2-5),经过简单的整理,可得:

$$\varepsilon = \frac{4m(L_W)^3}{E_a L_g}f^2 = Kf^2 \tag{2-6}$$

式中:K——与振弦式应变计相关的常数,$K = \dfrac{4m(L_W)^3}{E_a L_g}$。

由式(2-6)可知,待测应变与振弦自振频率的平方成正比,测出安装在构件振弦的固有频率,便可计算出构件待测部位应变。

(二)振弦式应变计的技术指标

(1)标距L_g:指振弦式应变计的长度,即两个安装块之间的距离,一般为100~150mm。

(2)量程:指振弦式应变计能够测量的最大应变范围,一般为3000$\mu\varepsilon$。

(3)率定系数K:指将振弦式应变计的谐振频率(周期)换算为应变的常数。

(4)分辨率:指振弦式应变计能分辨出的最小应变,一般可达到0.1$\mu\varepsilon$。

(5)适用温度范围:-20~$+80℃$

(三)振弦式应变计的安装

1.埋入式振弦应变计的安装

埋入式振弦应变计一般用于测量混凝土结构内部的应变,其安装方法比较简单,在混凝土浇筑前将振弦式应变计埋入待测部位,固定好即可。安装时需要做好应变计的防护,并保证钢弦的安装方向准确。

2.表面式振弦应变计的安装

表面式振弦应变计一般用于测量结构表面的应变,根据测试用途不同,其安装方法也有所不同。对于短期测试,可用环氧树脂直接黏合到待测部位表面;对于长期测试,则需要采取可靠的安装措施将振弦式应变计固定到待测部位的表面。

在混凝土表面安装长期测量应变时,宜采用膨胀螺栓或锚杆将振弦式应变计的安装块(安装座)固定在待测混凝土表面。采用锚杆安装的方法一般为:在待测混凝土表面钻出两个直径约13mm、深约60mm的孔,孔位与待安装应变计的尺寸一致,在定位钻孔后,将锚杆与安装块焊接,并将锚杆用速凝砂浆或高强环氧树脂灌进钻好的孔中,如图2-11所示。

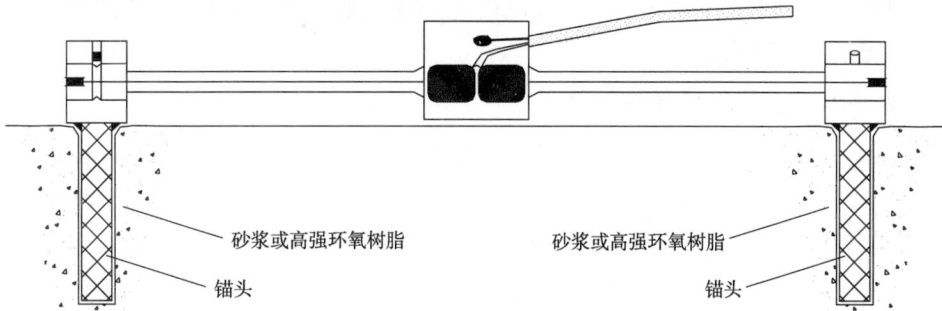

图2-11　用灌浆锚杆在混凝土表面上的安装

在钢结构表面安装长期测量的振弦式应变计时,应将振弦式应变计牢固固定到待测钢结构的表面。钢表面应采用钢丝刷清理,以除去氧化层和油污,焊接时要避免过热,焊接之后,用一块抹布蘸水来冷却安装块,用尖锤和钢丝刷清除所有的焊渣。

(四)振弦式应变计使用中的温度影响

钢弦的温度膨胀系数与钢和混凝土基本一致,当钢弦和钢、混凝土处于相同温度场时,测量应变无须温度校正,但在钢弦式应变计和被测构件处于不同的温度变化条件时,钢弦应变计的示值变化包括应变计本身的温度变化和被测构件温度效应,导致应变测试误差较大,因此,应变测量尽量安排在温度较为稳定的时间进行。

<h1 style="text-align:center">三、光纤光栅应变测试技术</h1>

光纤布拉格(Bragg)光栅是最早发展出来的一种光纤光栅,也是目前应用和研究最为广泛的光纤光栅。光纤 Bragg 光栅的折射率呈固定的周期性分布,即光栅周期与折射率调制深度均为常数,光栅波矢方向与光纤轴线方向一致。

1989 年美国布朗大学门德斯(Mendez)等首先提出了光纤传感器用于钢筋混凝土结构的试验测试,欧美发达国家陆续将光纤传感技术应用在桥梁、大坝等大型民用基础设施的安全监测中,取得了很大的进展。国内外近 30 年的工程实践表明,光纤光栅传感技术满足了现代工程结构监测的高精度、远距离、分布式和长期性等技术要求。光纤光栅不仅具有小巧、柔软、抗电磁干扰能力强、集传感与传输于一体、易于制作和埋入结构内部的优点,而且具有传感精度和灵敏度极高、能进行外界参量的绝对测量、可实现分布式传感等特点,可广泛应用于对工程结构的应力、应变、温度、内部裂缝、变形等参数的实时在线监测。

与其他测试方法比较,光纤光栅应变测试技术具有以下优点:

(1)耐久性好,对环境干扰不敏感,抗电磁干扰性能好,适于长期监测。

(2)既可以实现点测量,也可以实现准分布式测量;光纤光栅尺寸小,测量值空间分辨率高。

(3)波长编码,可以方便实现绝对测量,检出量是波长信息,因此不受接头损失、光沿程损失等因素的影响。

(4)单根光纤单端检测,可尽量减少光纤的根数和信号解调器的个数。

(5)信号、数据可多路传输,便于与计算机连接,单位长度上信号衰减小。

(6)输出线性范围宽,频带宽,灵敏度高,信噪比高,在 10000 微应变范围内波长移动与应变有良好的线性关系。

光纤光栅应变测试技术的优点虽然很突出,但也存在诸如制造及使用成本较高、技术较复杂、可靠性较低、使用不太方便等缺点。可以相信,随着测试技术的发展,光纤光栅应变测试技术必将得到更广泛的应用。

(一)光纤 Bragg 光栅的传感原理

光纤 Bragg 光栅的制作一般采用普通通信单模光纤,利用含锗光纤在波长 240nm 附近有一因锗相关缺陷而形成的吸收峰,当光纤受这一波长附近的紫外光照射后,会引起光纤折射率的永久性变化,在光敏光纤中形成光栅。Bragg 光栅的基本构造如图 2-12 所示。

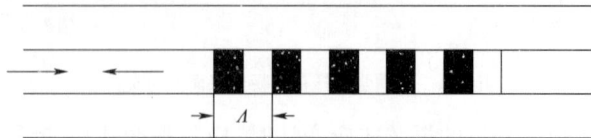

图 2-12　Bragg 光栅基本构造示意图

光纤 Bragg 光栅传感技术是通过对光纤内部写入的反射或透射光纤 Bragg 光栅波长的检测,实现对被测结构的应变和温度量值的绝对测量,光纤 Bragg 光栅波长的变化反映了外界参量的变化。而光纤光栅的反射或透射波长光谱主要取决于光栅周期 Λ 和反向耦合模的有效折射率 n,任何使这两个参量发生改变的物理过程都将引起光纤 Bragg 光栅波长的漂移。光纤 Bragg 光栅中心波长可表达为:

$$\lambda = 2n\Lambda \tag{2-7}$$

式中:λ——光纤光栅的中心波长;

    n——纤芯的有效折射率;

    Λ——光栅周期。

在所有引起光栅 Bragg 波长漂移的外界因素中,最为直接的是应变参量。因为无论是对光栅进行拉伸还是压缩,都势必导致光栅周期 Λ 的变化,并且光纤本身所具有的弹光效应使得有效折射率 n 也随外界应力状态的变化而变化,这就是光纤 Bragg 光栅应变传感器的基本特性。

光纤光栅传感器是以波长为最小计量单位的,而目前对光纤 Bragg 光栅波长移动的量测达到了皮米级(10^{-3}nm),因而其具有测量灵敏度高的特点。由于拉、压应力都会引起 Bragg 波长变化,该传感器具有优异的变形匹配特性、动态范围大(可达$10000\mu\varepsilon$)、线性度好等特点。另一方面,在结构应变测量中,为了克服温度对测量的影响,可在测量系统中采用相同的光纤光栅进行温度补偿。

(二) Bragg 光栅传感系统的基本结构

Bragg 光栅传感系统由光源、光纤光栅传感器和光谱分析仪三个基本部分组成,如图 2-13 所示。光源将光入射到传输光纤中,一段包括 Bragg 波长的狭窄光谱被光栅反射回波长光谱分析仪,在没有被反射的透射光谱中就缺少了这段光谱,应变和温度引起的 Bragg 波长漂移就可以通过反射光和透射光的光谱获得。

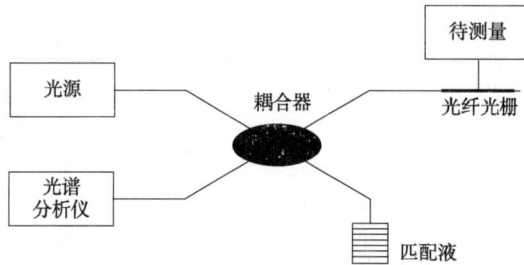

图 2-13　Bragg 光栅传感系统示意图

第三节　变形测试仪器与技术

工程结构在外力的作用下会产生变形,结构的各种静态变形,包括水平位移、竖向挠度、相对滑移、转角等是结构检测中需要量测的重要内容。桥梁结构变形测试常用的仪器有机械式测试仪器、电测类测试仪器和光学测试仪器等。

一、机械式测试仪器

机械式测试仪器简称机测仪表,由于其具有安装便捷、读数清晰、经久耐用、可重复使用等优点,所以在许多检测试验中经常使用。机测仪表就是通过机械传动系统和指示机构来测定结构各种变形(包括挠度、相对位移、转角、倾角等)的大小。

机测仪表的特点是准确度高、对环境的适应能力强、安装和使用方便、工作可靠,其性能在许多方面能满足桥梁结构检测的要求。机测仪表的主要缺点是灵敏度不高,放大能力有限,需要安装仪表的支架,一般适用于静态测量,往往需要人工测读,数据不便于自动记录和远程自动监测。

机械仪表的主要零件有杠杆、齿轮、轴、弹簧、指针和度盘等，可分为传感机构、转换机构、指示机构、机体及保护四部分。

1. 百分表和千分表

百分表和千分表是结构位移量测中最为常用的仪器之一，使用与其配套的附属装置后，可以量测挠度、相对位移、倾角等。

(1)百(千)分表的构造

最小刻度值为 0.01mm 的叫百分表，常用量程有 5mm 和 10mm，也有大量程 30～50mm 的允许误差 0.01mm。最小刻度值为 0.001mm 的叫千分表，常用量程有 1mm 和 3mm，允许误差 0.001mm。千分表和百分表的结构相似，只增加了一对放大齿轮，灵敏度提高了 10 倍。

百分表是利用齿条-齿轮传动机构将线位移转变为角位移，并通过齿轮传动比进行放大的精密量具。图 2-14 是百分表的构造图。齿轮 6、7、8 将感受到的变形加以放大或变换方向，扇形齿轮和螺旋弹簧 5 的作用是使齿轮 6、7、8 相互之间只有单面接触，以消除齿隙间的无效行程。测杆 4 穿过百分表机体，其功能是感受试件的变形，测杆上下运动时带动齿轮转动，再通过齿轮传递到长短针，使指针沿刻度盘旋转，指针移动的距离就可以在刻度盘上读出，该数值表示测杆相对于百分表机体的位移。机体上的轴颈可供安装百分表使用，有些百分表的外壳背面设有耳环，以便安装。

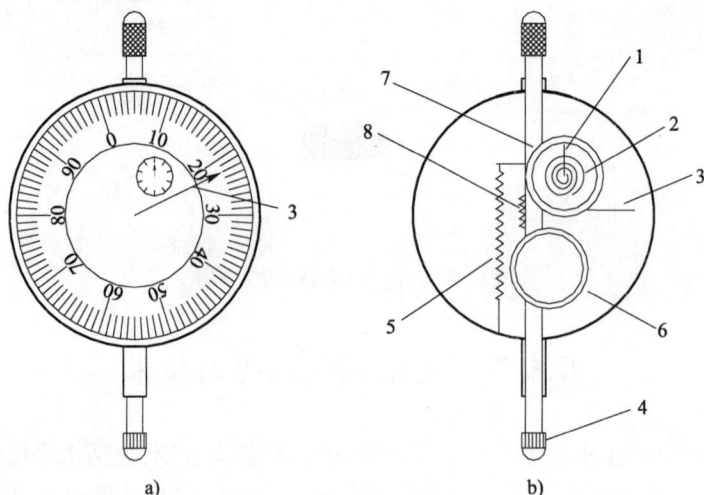

图 2-14　百分表的构造图
1-短针齿轮；2-齿轮弹簧；3-长针；4-测杆；5-测杆弹簧；6、7、8-齿轮

(2)磁性表座的构造与安装

磁性表座是百分表、千分表安装的配套的附属装置，也叫万能表架，用以夹持百分表、千分表，可吸附在光滑的导磁平面或圆柱面上。图 2-15 是磁性表座的构造图。一般磁性表座在被吸附平面垂直方向上的拉力不低于 588N，剩磁拉力小于 3N，微调机构的微调量为 0～3mm，夹孔 ϕ8mm。磁性表座使用时，表座安装在临时搭设的支架上，支架应具有足够的刚度，避免支架本身的变形，并且与被测构件分离。磁性表座应经常保持清洁，移动时小心轻放，不使用时切断磁路，不要任意拆卸零件，长期不使用时应涂上油防锈，存放在干燥的地方。

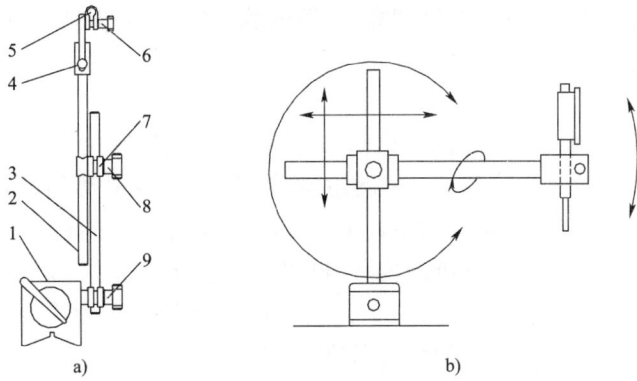

图 2-15　磁性表座的构造图

1-磁体开关;2、3-连接杆;4-微调螺栓;5-颈箍;6、8、9-紧固螺栓;7-连接件

2. 张线式位移计

张线式位移计常用于测量较大位移。它是通过一根钢丝使仪器与结构测点相连,利用钢丝传递位移。张线式位移计可分为简易挠度计(利用杠杆放大的挠度计)、静载挠度计(利用摩擦轮放大的挠度计)和齿轮传动的挠度计,较为常用的是静载挠度计。图 2-16 为张线式位移计原理图。张线式位移计使用时应注意两个问题:一是质量块不宜太轻,否则钢丝会在风力作用下产生较大的摆动,直接影响测量结果的准确性;二是钢丝宜采用低松弛材料,以减小测量过程中钢丝自身变形对测量结果的影响。

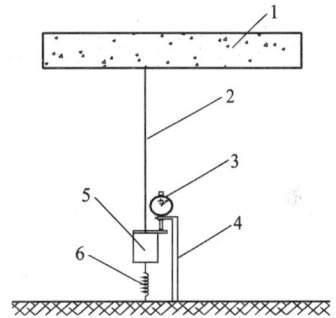

图 2-16　张线式位移计的原理

1-被测构件;2-钢丝;3-千分表;4-表架;5-质量块;6-弹簧

3. 测角器和倾角仪

在进行桥梁试验时,结构的节点、截面或支座都有可能发生转动。测角器、倾角仪就是专门用来量测这种变形的仪器。

(1)杠杆式测角器

如图 2-17 所示,在待测试件 2 上安装一支刚性金属杆 1,当结构发生变形引起金属杆转动一个角度 α 时,用位移计测出 3、4 两点间的距离 L 和水平位移 δ_3、δ_4,即可算出转角 α:

$$\alpha = \arctan \frac{\delta_4 - \delta_3}{L} \tag{2-8}$$

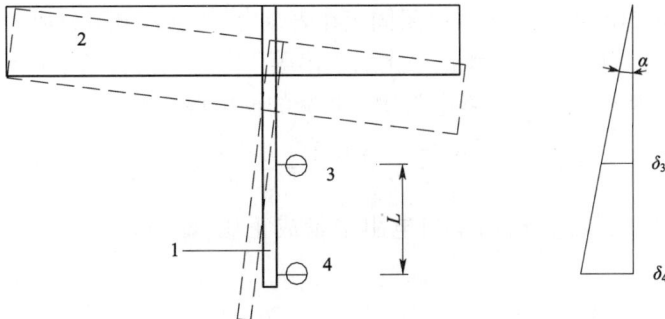

图 2-17　杠杆式测角器

1-刚性金属杆;2-试件;3、4-位移计

这种装置的优点是构造简单、灵敏度高、受温度的影响小,但保证位移计固定不动是比较困难的,因此使用受到限制。

（2）水准管式倾角仪

水准管式倾角仪是利用零位法测定结构节点、截面或支座倾角。其构造如图2-18所示。高灵敏度的水准管被安放在弹簧片上,一端铰接在基座,另一端被弹簧片顶升,同时被测微计的微调螺栓压住。使用时,将倾角仪的夹具装在测点上,利用微调螺栓调平,使水准泡居中,读取度盘读数 δ_1。结构受力变形后水准泡偏移,再使水准泡重新居中,读取度盘读数 δ_2,即可计算出转角 α。这种倾角仪的精度可达 $1'' \sim 2''$,量程可达 $3°$,使用较为简便,但受温度的影响较大,使用时应防止水准管受阳光直接暴晒,以免水准管爆裂。

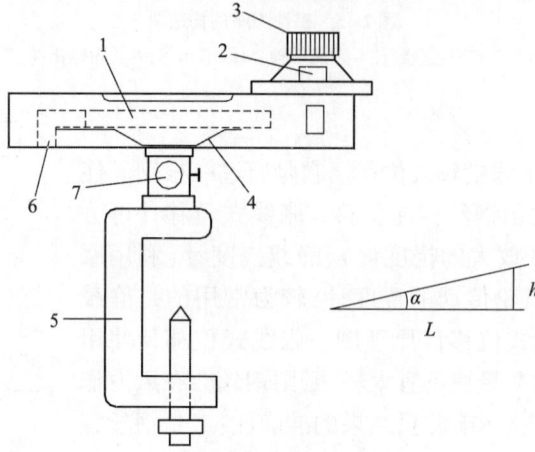

图2-18　水准管式倾角仪
1-水准管;2-刻度盘;3-微调螺栓;4-弹簧片;5-夹具;6-基座;7-活动铰

二、电测类测试仪器

结构在荷载作用下的静位移如挠度、侧移、转角、支座偏移等,也可以转化为电量信号进行量测。一般常用的有电阻式位移传感器、应变梁式位移传感器和差动变压器式位移传感器,近年来连通管测量法在桥梁挠度检测中应用越来越普遍。

1. 电阻式位移传感器

电阻式位移传感器是一种位移测量计,只能检测试件的位移,而本身不能显示其数值,必须依靠二次仪器进行显示或指示。以常用的滑线电阻式位移传感器为例,它由测杆、滑线电阻和触头等组成,如图2-19所示。滑线电阻固定在表盘内,触点将电阻分成 R_1 和 R_2。工作时分别将电阻 R_1 和 R_2 接入电桥桥臂,预调平衡后输出等于零。当滑杆向下移动一个位移 δ 时,R_1 增大 ΔR_1,R_2 减少 ΔR_1。由相邻两臂电阻增量相减的输出特性得知:

$$U_{BD} = \frac{U}{4} \frac{\Delta R_1 - (-\Delta R_1)}{R} = \frac{U}{4} \frac{\Delta R}{R} \times 2 = \frac{U}{2} K\varepsilon \tag{2-9}$$

采用这样的半桥接线,其输出量与电阻增量成正比,即与位移成正比。一般量程可达 $10 \sim 100$mm 以上。

2. 应变梁式位移传感器

应变梁式位移传感器主要由测杆、悬臂梁、应变片和弹簧等组成,如图2-20所示。悬臂弹簧片是由弹性好、强度高的金属制成,固定在仪器外壳上。在簧片固定端粘贴 4 片应变片组成全桥或半桥测量线路,簧片的另一端装有拉簧,拉簧与指针固结。当测杆移动时,传力弹簧使簧片产生挠曲,即簧片固定端产生应变,通过电阻应变仪即可测得应变与位移的关系。这种传感器的量程为 30 ~ 150mm,读数分辨率可达 0.01mm,但测量精度和稳定性受应变片粘贴质量的影响。

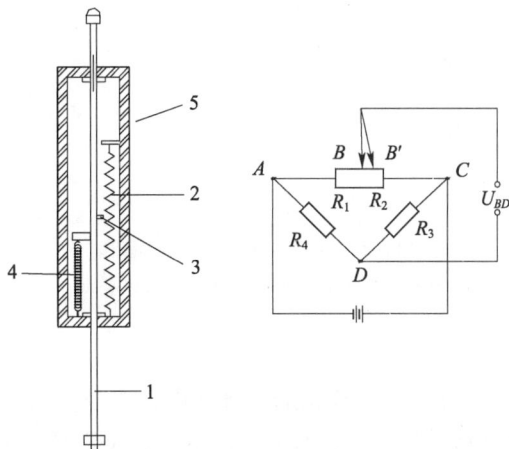

图 2-19　滑线电阻式位移传感器
1-测杆;2-滑线电阻;3-触头;4-弹簧;5-壳体

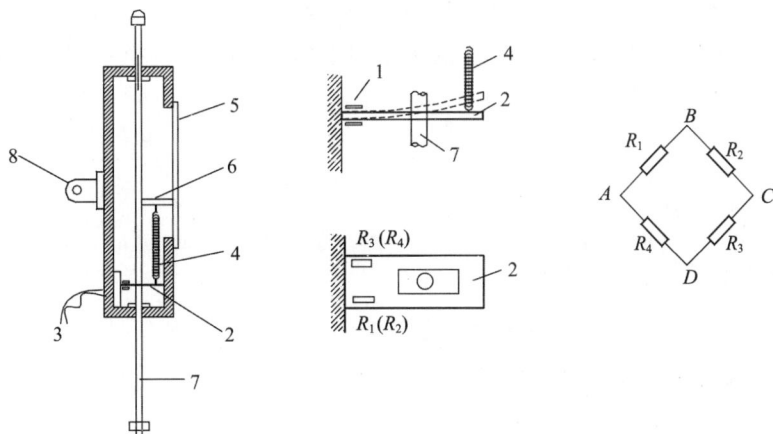

图 2-20　应变梁式位移传感器
1-应变片;2-悬臂梁;3-引线;4-弹簧;5-标尺;6-指针;7-测杆;8-固定环

3. 差动变压器式位移传感器

由图 2-21 可以看出,差动变压器式位移传感器由一个初级线圈和两个次级线圈分内外两层同绕在一个圆筒上,圆筒内放一个能自由地上下移动的铁芯。对初级线圈加入激磁电压时,通过互感作用使次级线圈产生感应电势。当铁芯居中,感应电势 $e_{S1} - e_{S2} = 0$,此时无输出信号。当铁芯向上移动 δ,这时 $e_{S1} \neq e_{S2}$,输出为 $\Delta E = e_{S1} - e_{S2}$。铁芯向上移动的位移越大,$\Delta E$ 也越大。反之,当铁芯向相反方向移动时,e_{S1} 减小而 e_{S2} 增大,$e_{S1} - e_{S2} = -\Delta E$。由于电势的输出量与位移成正比,可以通过率定来事先确定电势输出量与位移的标定曲线,从而测量位移。这种传感器的量程可达 500mm。

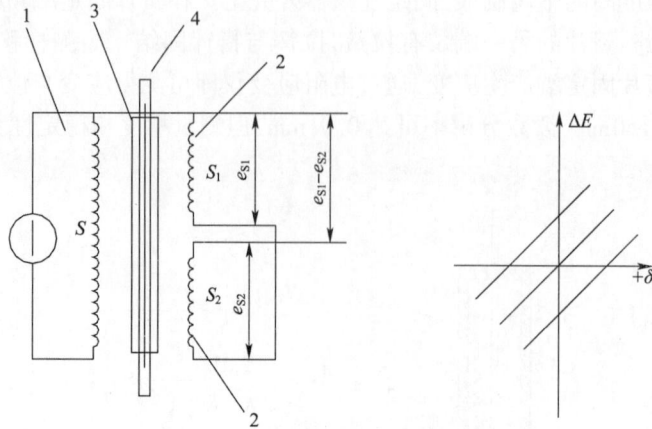

图 2-21　差动变压器式位移传感器
1-初级线圈;2-次级线圈;3-圆形筒;4-铁芯

4. 电子倾角仪

电子倾角仪实际上是一种传感器,其构造原理如图 2-22 所示。密封的玻璃器皿里盛有高稳定性的导电液体,三根电极 A、B、C 由器皿上平面等距离垂直插入液体底部并加以固定。当传感器处于水平状态时,导电液体的液面保持水平,三根电极浸入液体内的长度相等,因此有 A、B 间的电阻 R_{AB} 等于 B、C 间的电阻 R_{BC}。当倾角仪发生微小转动时,导电液始终保持水平,使三根电极浸入液体内的长度发生变化,从而使 $R_{AB} \neq R_{BC}$。将 R_{AB}、R_{BC} 作为惠斯登电桥的两个桥臂,就建立了电阻变量 ΔR 与转角 α 的关系,这样就可以用电测原理测量和换算出倾角 α,$\Delta R = K\alpha$。

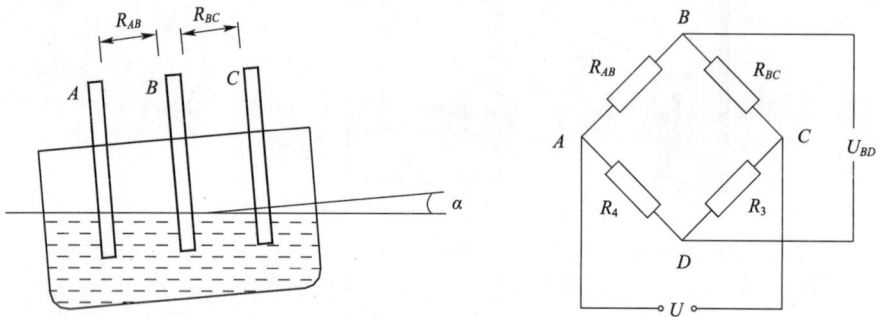

图 2-22　电子倾角仪

5. 连通管测量法

连通管测量法是利用物理学上"连通器中处于水平面上的静止液体的压强相等"的原理,通过连通管连通液位,测量被测点相对于基点的液位变化情况,从而测出被测点的挠度或沉降。其工作原理如图 2-23 所示。

使用连通管进行挠度测量时,可先在测点位置布置传感器,然后用连通管连接各测点传感器,最后灌水(或其他有色液体)至标尺位置。进行桥梁试验时加载、卸载会引起结构产生挠度,而此时水平液面仍需持平,但每个测点的相对液位会发生变化,读取这个变化值,经简单计算即可得到试验对象的挠度。连通管式挠度测量系统采用全封闭结构,不怕现场的高尘、高湿和浓雾,具有可靠、易行、简便等优点。

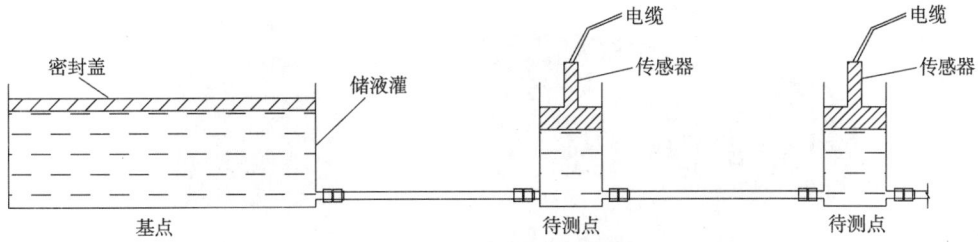

图 2-23　连通测量法工作原理图

三、光学测试仪器

1. 精密水准仪测量法

水准测量是用水准仪和水准尺测定地面上两点间高差的方法。通常由水准原点或任意假设高程点出发,沿选定的水准路线逐站测定各点的高程。精密水准仪一般是指精度高于 ±1mm/km 的水准仪(图 2-24),我国水准仪系列中 DS_1 等均属于精密水准仪。精密水准仪有微倾式、自动补偿式和数字式。精密水准仪主要用于高精度测量作业,如建筑物、地面的沉降观测,重要工程高程控制网的布设,大型建筑物的施工和设备安装等测量工作。

使用精密水准仪测量桥梁挠度的方法有仪器基准测量法和多仪器固定传递测量法。当所测量的路线比较短,宜采用仪器基准测量法。将精密水准仪安放在试验桥之外的一个测站上,这个测站固定不动,然后分别观测各测点的水准尺读数。如果 H_k 与 H_j 分别为桥上某一点在 j、k 两个工况下的水准尺读数,则测点在 k 与 j 工况下的相对挠度为:

$$H_{kj} = H_j - H_k \tag{2-10}$$

仪器基准测量法主要适用于测点附近能够提供测站条件、桥梁挠度变化范围不大、观测点数不多的精密水准测量,具有精度高、计算方便、能够及时比较观测结果的特点。

当桥梁较长时,设站较多,观测时间较长,可采用多仪器固定传递法,以避免多次设站、缩短观测时间。该方法假设桥梁在零荷载状态下某一观测点的高程为 H_0,第 i 级荷载状态下的高程为 H_i,则桥梁在第 i 级荷载下的相对挠度为:

$$h_i = H_i - H_0 \tag{2-11}$$

2. 全站仪测量法

全站仪(图 2-25)是全站型电子速测仪的简称,它是一种可以同时进行角度测量、距离测量和数据处理,由机械、光学、电子元件组合而成的测量仪器。由于只需一次安置,仪器便可以完成测站上所有的测量工作,故被称为“全站仪”。全站仪能按一定程序和格式将测量数据传送给相应的数据采集器的测量仪器,具有自动化程度高、功能多及精度较高等优点,可进行角度测量、距离测量、坐标测量、点位放样等相关测量工作。以下就全站仪在桥梁检测中的应用作简要介绍。

(1)全站仪测量挠度

全站仪挠度测量基本原理是三角高程测量。三角高程测量通过测量两点间的水平距离和竖直角求定两点间的高差,是测量桥梁大变形、大挠度的一个常用方法。

设 S 为测站和测点之间测线斜距,A 为全站仪照准棱镜中心竖直角,i 为仪器高,v 为棱镜高,则测站和测点间相对高差为:

$$h = S\sin A + i - v \tag{2-12}$$

图 2-24　精密水准仪　　　　　图 2-25　全站仪

加载后,测点出现竖直方向的位移,而仪器高和棱镜高都没有变,测得此时的竖直角为 A_1,斜距为 S_1,加载后测站点与测点相对高差为:

$$h_1 = S_1 \sin A_1 + i - v \tag{2-13}$$

加载前后测站点与测点相对高差的变化值为:

$$\Delta h = h - h_1 = S \sin A - S_1 \sin A_1 \tag{2-14}$$

（2）全站仪测量空间变形

在桥梁检测中,悬索桥、斜拉桥、大跨径拱桥等需要对索塔、主梁、拱顶及拉索等部位进行三维变形测量,此时宜采用全站仪对测点进行三维坐标测量。通过测量桥梁加载前后测点与测点相对坐标的变化值,即可得出测点的三维变形。

四、卫星定位技术

1. 卫星定位技术简介

卫星定位技术是依靠全球卫星导航系统(Global Navigation Satellite System,GNSS),为地球表面或近地空间的任一地点提供三维坐标、速度及时间信息,并进行准确定位的一种无线电定位技术。全球卫星导航系统(GNSS)是一种基于空间卫星的定位系统和导航系统,能够向全球用户连续地提供高精度的全天候三维坐标、三维速度及时间信息,具有实时性导航、定位、授时等多种功能。

1973 年,美国国防部率先研制成功全球卫星定位系统(Global Positioning System,GPS),它由三大部分构成(图 2-26):GPS 卫星星座(空间部分)、地面监控系统(地面监控部分)和 GPS 信号接收机(用户部分)。20 世纪 80 年代,GPS 的民用功能得到逐步开发和广泛应用。近几十年,基于相同的原理和不同的功能需求,俄罗斯研发出格洛纳斯卫星导航系统(GLONASS)、欧盟研制出伽利略卫星导航系统(GALILEO),我国研发出北斗卫星导航系统(BDS),成为第二代全球卫星导航系统(GNSS)的几种主要实现形式。全球卫星导航系统在军事、资源环境、防灾减灾、测绘、电力电信、城市管理、工程建设、交通运输、农业、林业、物联网等行业都有广泛的应用。

利用全球卫星导航系统中实时动态相对定位技术(Real Time Kinematics,RTK),进行大地测量、地壳运动监测、资源勘查、地籍测量一直是 GNSS 的重要应用领域。与传统的人工测量相比,其拥有精度高、易操作、测量设备便携、可全天候操作、测量点之间无须通视等人工测量无法比拟的优势。

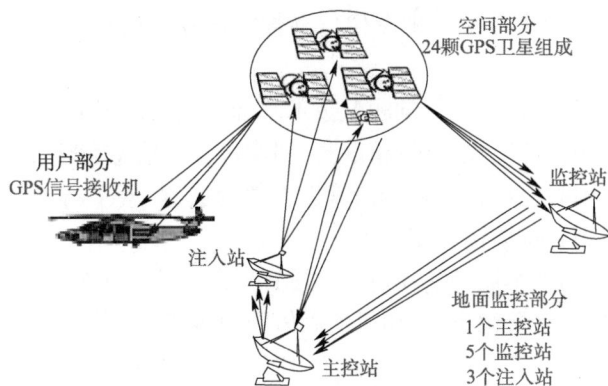

图 2-26　GPS 系统构成简图

2. 卫星定位技术的基本原理

在卫星定位技术过程中,按照参考点位置的不同,可以分为绝对定位和相对定位两类。

(1)绝对定位

绝对定位通常指在协议地球坐标系中,直接确定观测站,相对于坐标系原点(地球质心)绝对坐标的一种定位方法。利用卫星定位技术进行绝对定位,是以定位卫星和用户接收机天线之间的距离(或距离差)观测量为基础,并根据已知的卫星瞬时坐标,采用空间后方交会的方法来确定用户接收机天线所对应的点位。

(2)相对定位

相对定位最常见的情况是用两台卫星信号接收机,分别安置在基线的两端,并同步观测相同的卫星,以确定基线端点、在地球坐标系中的相对位置或基线向量。当多台接收机安置在若干条基线的端点,通过同步观测定位卫星,可以确定多条基线向量。其中,静态相对定位一般采用载波相位观测值作为基本观测量,广泛应用于大地测量、工程测量和地壳变形监测等精密定位领域。

(3)实时动态相对定位

实时动态相对定位技术(RTK)是目前最先进的卫星定位技术。它采用卫星定位测量技术与数据传输技术相结合的方式,能够在野外实时得到厘米级的定位精度,这为工程放样、地形测图、变形监测等各种实时高精度测量作业带来了极大的便利。目前,实时动态相对定位技术的标称精度一般为:平面±(10mm + 1ppm);高程±(20mm + 2ppm),工作半径在10km 以上。

3. 卫星定位技术在桥梁变形监测中的应用

在对大跨径悬索桥、斜拉桥等柔性桥梁进行中长期变形监测或健康监测时,需要对索塔塔顶、主梁及主缆控制点及拉索锚固等部位的三维变形进行实时在线测量,由于这类结构的变形量值较大,通常可以达到数十厘米。此时,采用卫星定位技术对测点进行三维坐标定位测量及变形情况分析就具有简便易行、实时性好等优势。

五、激光图像测量技术

计算机视觉测量技术是一种 20 世纪 70 年代后期发展起来的先进的非接触式测量方法。其基本原理是通过图像传感器把被测目标的影像信息记录下来,并通过一系列的采样过程

（如空间量化采样和幅度量化采样），把图像信息数字化并利用计算机对图像进行处理，从而得到所需要的测量信息。

激光图像测量方法是在计算机视觉测量技术基础上发展起来的。作为一种非接触测量方法，激光图像测量具有测量速度快、测量精度高、图像包含的信息完整、能实现远距离复杂环境下的连续测量等优点，同时也可进行异地计算机终端的遥测，便于与计算机连接、开发成智能仪器，近年来被逐渐应用到桥梁挠度测量中。

激光图像测量方法的基本原理是在桥梁上设置控制点或人工标志，通过光学成像镜头，被测点的图像信息成像在数字摄像机/照相机的固体图像传感器上，然后通过图像采集、传输，最后通过数字图像处理技术计算出被测点的位置，比较不同时刻的位置变化，就可以得知被测点的位移。激光图像测量技术能实现二维实时测量、精度高、测量范围大，费用相对低廉，非常适合长期、在线、多点和自动测量，具有广泛使用的潜力。可以相信，随着计算机图形图像技术、模式识别技术等领域的迅速发展，视觉测量技术将以其测量速度快、高度计算机化及适应能力强而得到越来越广泛的应用。

六、桥梁变形测量方法的比较

随着科学技术的不断发展，出现了许多用于桥梁变形测量的方法，每种方法都有各自的特点及适用范围，见表2-1，在具体的检测工作中，可根据桥梁检测的实际情况、各种测量方法的优缺点，从中选取比较理想的方法。

各种测量方法的比较   表2-1

测量仪器/方法	优　点	缺　点	适用范围
百分表、千分表	构造简单，稳定可靠，操作简单，测量精度高	需要架设稳定支架，安装麻烦，需要的人手多	实验室、陆地上较矮的中小跨径桥梁
张线式位移计、电阻式位移传感器	稳定，操作简单，测量精度高，可自动测量	需要架设稳定的支架，安装麻烦	实验室、方便搭设支架的中小跨径桥梁
精密水准仪测量法	测点布置简单、速度快，经济、准确、可靠	仪器操作较复杂，对测量人员有较高的要求，受天气影响较大	适用范围广，适合满足精度要求的大中跨径桥梁的桥面挠度测量
连通管测量法	可靠、易行，受天气影响较小，计算简单	安装较繁琐，在桥梁纵坡较大时不适用	适用于各种跨径桥梁的挠度测量，特别是连续监测
全站仪测量法	自动化程度及精度高，功能多，可进行角度、距离、三维坐标、点位放样等测量工作	仪器操作较复杂，对测量人员有较高的要求，反射棱镜清洁困难，受天气影响较大	适用于大跨径桥梁的挠度测量，桥塔、缆索、拱肋及拱脚的三维变形测量
水准管式倾角仪、电子倾角仪	可靠，可自动测量，受天气影响较小	测点布置较为复杂，计算较复杂，最大量程有限	适用于满足量程要求的各种跨径桥梁的挠度测量
卫星定位技术	能实现动态实时、自动三维测量	测量精度较低	适用于对大跨径桥梁的索塔、主梁及拉索等部位的三维变形进行长期实时在线测量

测量仪器/方法	优　点	缺　点	适　用　范　围
激光图像测量技术	成本低,精度较高,可进行动态测量	测量时对准调整过程复杂,操作复杂,受天气影响较大,现场适应性较差	基本成熟,但目前应用还不普遍

第四节　振动测试仪器与技术

在桥梁结构的动力荷载试验中,常有大量的物理量如位移、速度、加速度、应力(应变)等,需要进行量测、记录和分析。振动参量可用不同类型的传感器予以感受拾起,并从被测量对象中引出,形成测量信号,将能量通过测量线路发送出去,再通过仪器仪表对振动过程中的物理量进行测量并记录下来。传感器是振动测试系统中的一个重要组成部分,具有独立的结构形式。按照被测物理量来分类,传感器可以分为位移传感器、速度传感器和加速度传感器;按照工作原理来分类,传感器可以分为机械惯性式传感器和电测传感器(包括磁电式、压电式、电感式、应变式)两大类。此外,由于结构的动应变与静应变的测量元件、测量方法基本相同,不同之处在于需要采用动态应变仪进行量测,因此不再赘述。在本节中,主要介绍各类振动参量测试仪器及传感器的原理与构造。

一、机械惯性式传感器

机械惯性式传感器有位移、速度及加速度传感器三种。它的特点是直接对机械量(位移、速度、加速度)进行测量,故输入、输出均为机械量。常用的机械惯性式位移传感器有机械式测振仪、地震仪等。机械惯性式传感器的工作原理及其特性曲线在振动传感器中最具有代表性,其他类型传感器大多是在此基础上发展而得到的。

在机械惯性式传感器中,质量弹簧系统将振动参数转换成了质量块相对于仪器壳体的位移,使传感器可以正确反映振动体的位移、速度和加速度。但由于测试工作的需要,传感器除应正确反映振动体的振动外,还应不失真地将位移、速度和加速度等振动参量转换为电量,以便用电量进行量测。机械惯性式传感器如图2-27所示,其核心由质量块和弹簧组成。

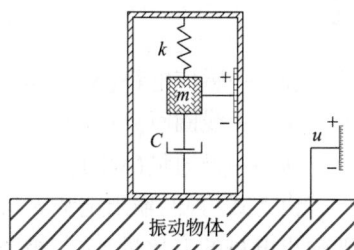

机械惯性式传感器的适用性不强,一般多用于动位移的测量,而速度和加速度的测量不宜采用机械惯性式传感器。

图2-27　机械惯性式传感器的构造

二、电测传感器

电测传感器的输入量是机械量,而输出量是电量,所以它是将机械量转换成电量的一种传感器,这是其与机械惯性式传感器的不同之处。根据输出量的不同,分为发电式(振动量-电量)和参数式(振动量-电阻、电容、电感等电参数)两大类,此外,压电晶体式传感器也比较常用。

发电式传感器的特点是灵敏度高、性能稳定、输出阻抗低、频率响应范围较大,通过对质量弹簧系统参数的不同设计,可以使传感器既能量测非常微弱的振动,也能量测较强的振动,是工程振动量测中最为常用的拾振仪器。压电式传感器具有动态范围大、频率范围宽等优点,被广泛用于振动量测的各个领域,尤其适用于宽带随机振动和瞬态冲击等场合。

1. 发电式传感器

发电式传感器由永久磁体、磁路(包括气隙)和运动线圈组成,如图 2-28 所示。根据电磁感应定律,感应电势为:

$$e = -BL\dot{\sigma}10^{-8} \quad (V) \tag{2-15}$$

式中:B——磁通密度(高斯/gs);

L——磁场内导线的有效长度(cm);

$\dot{\sigma}$——线圈运动速度(cm/s)。

令

$$k = -BL10^{-8}$$

则有:

$$e = k\dot{\sigma} \tag{2-16}$$

由于电势与速度成正比,故为速度传感器,常用于结构振动速度的测量。

2. 参数式电测传感器

参数式传感器比较多,有电感式、电阻式、电容式等。常用的是电感传感器,即先将振动量转换成电感量,然后变换为电量输出。电感传感器有四种类型:变间隙型、变面积型、螺管插铁型和齿型,这类传感器性能稳定,常用来测量结构振动的速度。

(1)变间隙型电感传感器

变间隙型电感传感器由线圈、铁芯、气隙和衔铁组成,其工作原理如图 2-29 所示。测量时一般将衔铁固定在振动体上。气隙 δ 随振动量而变化,从而引起磁通的变化,在线圈的输出端产生感应电势 e,即:

$$e = -n\frac{d\phi}{dt} = -n\frac{d\phi}{d\delta}\frac{d\delta}{dt}10^{-8} \quad (V) \tag{2-17}$$

式中:e——感应电势(V);

n——线圈匝数;

ϕ——磁通量(Wb)。

由上式可知,输出电势 e 与磁通量的变化率成正比,而磁通量的变化率与振动速度有关,即输出电势的变化量 Δe 与被测对象的振动速度成正比,所以利用该传感器可以测量结构振动的速度。

(2)变面积型电感传感器

变面积型电感传感器的工作原理同变气隙型类似,不同之处是,该传感器的气隙保持不变,只改变铁芯与衔铁间的覆盖面积。所以衔铁的运动方向与上述变气隙型传感器衔铁的运动方向是垂直的。变面积型电感传感器的灵敏度比变间隙型小,但线性程度好,量程较大,应用比较广泛,结构如图 2-30 所示。

(3)螺管插铁型电感传感器

螺管插铁型电感传感器是由一螺管线圈和圆柱形铁芯组成。线圈的电感变化量与铁芯插入长度的相对变化量成正比。这种传感的灵敏度低,但量程大,结构简单,因而应用很广泛,其结构如图 2-31 所示。

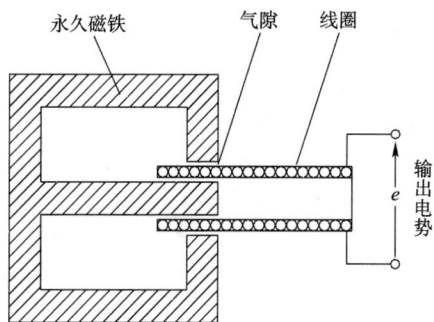

图 2-28　发电式传感器工作原理

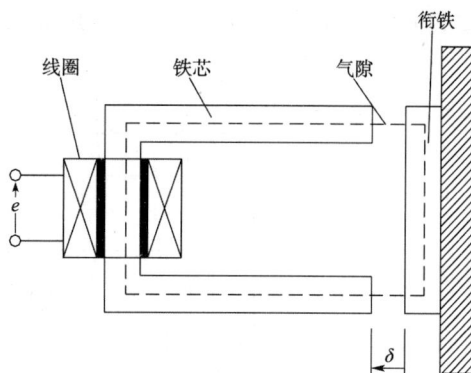

图 2-29　变间隙传感器的工作原理

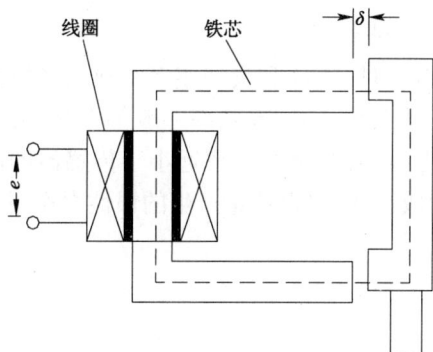

图 2-30　变面积型电感传感器的工作原理

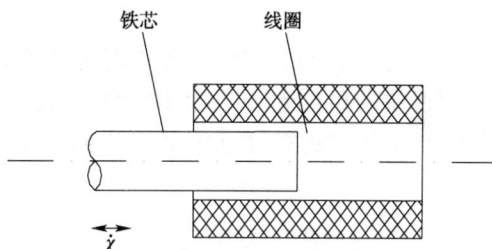

图 2-31　螺管插铁型电感传感器的工作原理

（4）齿型传感器

齿型传感器也是一种气隙型传感器,由导磁体、气隙、齿圈、线圈等组成。齿型传感器主要用于扭转振动、角振动的测量以及转速及大角位移量的精密测量等。传感器输出信号为感应电势,但所利用的参数不是电压幅值的变化,而是电势变化的频率。其工作原理为:当齿圈每转过一个齿时,气隙由小到大变化一次,产生一个脉冲波,其频率为:

$$f = \frac{Nn}{60} \tag{2-18}$$

式中:f——感应电势的变化频率(Hz);

　　　N——齿圈上的齿数;

　　　n——齿圈的转速(1/min)。

由此可见,电势的变化频率与齿圈齿数和被测量物体的转速成正比。由于齿数是定值,故频率只随转速而变化。若取齿数 N 为 60,则频率 f 恰巧等于转速,故这种传感器可以测量角位移、角速度及转速,这是其他传感器难以做到的,如图 2-32 所示。

3. 压电晶体式传感器

某些晶体如石英晶体或极化陶瓷,在一定方向的外力作用下或承受变形时,在晶面或极化面上将产生电荷,这种现象称为压电效应。根据压电效应制成的传感器称为压电晶体式传感器。

目前振动测量中最常用的是压电式加速度传感器和力传感器。压电式加速度传感器可以测量加速度,这种信号经采用电子方法一次积分后可以提供速度信号,二次积分后可以提供位移信号。这类传感器有许多优点,如灵敏度高,频率范围广,动态范围大,线性良好,重量轻,体积小、安装方便,适用于各种不同的工作环境,故在振动和冲击测量中得到了广泛应用。

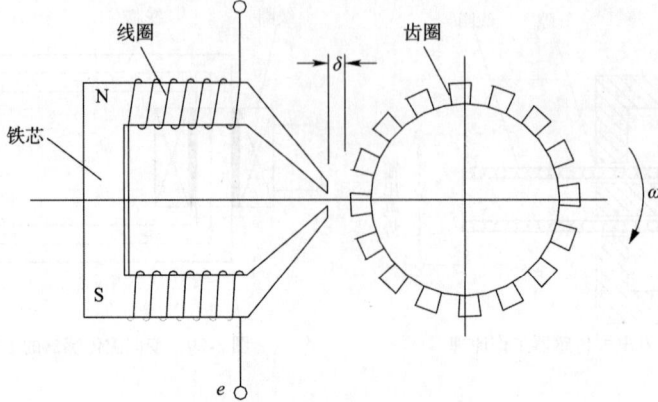

图 2-32 齿型传感器的工作原理

压电晶体式传感器主要由预压弹簧、惯性块、压电元件、壳体和安装座等组成,其结构、工作原理如图 2-33 所示。压电元件和惯性块构成了振动系统,其固有频率一般都很高,大都在 $10 \sim 15\text{kHz}$ 以上。由机械惯性式加速度传感器的原理得知,当被测频率远小于传感器的固有频率时,惯性块的相对运动与被测物体的振动加速度成正比,惯性质量产生的惯性力作用于压电元件上,产生压电效应,在元件的两极面生成电荷。

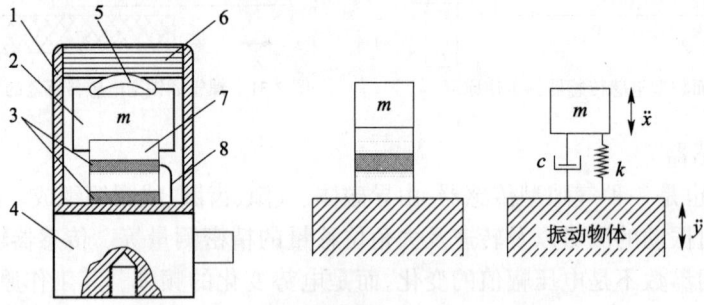

图 2-33 压电加速度传感器构造与工作原理
1-壳体;2-惯性块;3-绝缘垫;4-安装座;5-预压弹簧;6-顶盖螺母;7-压电晶体片;8-引线

也就是说,压电元件是在惯性块 m 的惯性力 F 作用下产生压电效应的,压电式晶体式传感器的压电效应与被测对象的加速度成正比,因此可用来测量结构振动的加速度反应。

三、传感器的选用与安装

在桥梁结构振动测试中,加速度一般在 $0.1\text{mm/s}^2 \sim 1\text{m/s}^2$($10^{-5}g \sim 0.1g$),频率一般在 $0.1 \sim 20\text{Hz}$ 范围内,通常采用加速度传感器来感受拾起结构的动力反应。常见加速度的性能比较见表 2-2。传感器的选用应遵循以下两个原则:

(1)估计测试频率范围,并检查是否位于所选传感器的频率范围内。

(2)估计测试的最大振动加速度的值,并检查是否已经超出传感器最大允许冲击加速度的 1/3。

一般来说,高灵敏度的传感器用于幅度小的振动,低灵敏度传感器用于振动较大的情况。实测中桥梁振动的加速度很小、频率较低,为了提高信噪比,总是希望传感器的灵敏度越高越好,但灵敏度高的加速度传感器的过载能力小,因此需要兼顾这两个方面。

结构形式	频率(Hz)	抗过载能力	体积	输出量	二次仪表	供电	是否适合野外	特　　点
压电式	0.1~20000	好	小	电荷	电荷放大器	否	是	安装使用方便,体积小,不易损坏,但低频性能不好,需配电荷放大器
电磁式	0.4~80	好	较大	电压	放大器	是	是	体积大,低频性能一般,较易坏,需配放大器
压阻式	0~5000	差	小	电压		是	否	体积小,极易坏,不适合野外测试,需配直流电源
应变式	0~5000	差	小	应变	应变仪	是	否	体积小,极易坏,不适合野外测试,需配动态应变仪
力平衡式	0~80	好	较大	电压		是	是	低频性能好,体积大,是超低频信号测量的较佳选择,配电源

在试验中,传感器的安装是很重要的,不正确的安装方法会产生次生振动,影响测试结果。传感器的安装应按照方便、牢靠的基本原则,根据传感器的安装部位和方向、传感器的重量来选择安装方法。传感器的安装方法有如下几种,可根据具体情况选用。

(1)用螺栓固定传感器底座,这是一种最有效的安装方法,但要在被测振动体上钻螺栓孔并攻丝,因而比较麻烦。

(2)永久磁铁安装,即在传感器安装座上装专用磁铁,然后利用磁铁吸力将传感器固定在振动体上。这种方法简单方便,但安装效果较用螺栓固定差。

(3)用蜡、石膏或两面粘贴胶带等材料胶粘,这种安装方法一般只适用于常温。

(4)用专用探杆与被测表面接触,振动通过探杆传递给传感器,这种方法一般用于不便于固定传感器的特殊情况,但只能用于频率在1000Hz以下的振动。

(5)用小砂袋放在传感器上方压紧,此法只适用于平面放置传感器。

四、动位移的测量

桥梁结构的动位移测量是目前测试工作中的难点。目前可采用的方法有:①使用应变梁式位移传感器测得位移时程曲线;②通过对测试速度或加速度时程曲线进行积分计算获得位移时程曲线;③采用激光图像测量方法直接测得位移时程曲线。

由于应变梁式位移传感器的安装需要独立于被测桥梁结构的稳定支架,这在桥梁检测现场通常是难以实现或成本太高;通过速度或加速度时程曲线进行积分计算,需要测得准确的边界条件,由于边界条件误差及累积计算误差导致测试结果准确度不高;激光图像测量方法不需要支架即可直接获得位移时程曲线,是近年来发展较快的动位移测试技术。

激光图像法测量动位移的基本原理是:在桥梁测试部位上安装一个或多个测试光学标志点,通过光学系统把标志点成像在接受面上,当桥梁产生振动时,标志点跟着发生振动,通过测出标志点在接受面图像位置的变化值,就可得到桥梁振动的位移值,如图2-34所示。

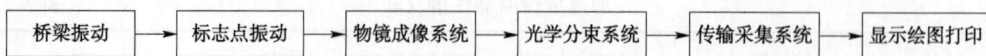

| 桥梁振动 | → | 标志点振动 | → | 物镜成像系统 | → | 光学分束系统 | → | 传输采集系统 | → | 显示绘图打印 |

图 2-34　激光(红外)桥梁挠度测定仪基本原理框图

第五节　其他物理参数测试及智能监测仪器与技术

其他物理参数主要是指混凝土结构裂缝的分布和宽度、结构上作用力的大小(包括试验荷载的大小、支座反力的大小)、结构表面及内部的温度和湿度、车辆荷载和车流量等。

一、裂缝宽度的测量

对于钢筋混凝土桥梁结构,裂缝的产生和发展,是桥梁结构行为的重要特征。确定混凝土结构的开裂荷载、裂缝宽度与分布形态,对研究结构的抗裂性能、变形性能及破坏过程均有十分重要的价值。一般地,裂缝出现前,检查裂缝出现的方法是借助于放大镜用肉眼观察,裂缝出现后,可采用读数显微镜或采用振弦式裂缝计量测裂缝宽度的发展变化。

1. 读数显微镜

读数显微镜是光学精密机械仪器中的一种读数装置,是由光学透镜与游标刻度玻片等组成的复合仪器,如图 2-35 所示。其最小刻度值要求不大于 0.05mm。其次,也有用印刷有不同宽度线条的裂缝标准宽度板(裂缝卡)与裂缝对比量测;或用一组具有不同标准厚度的塞尺进行试插对比,刚好插入裂缝的塞尺厚度,即裂缝宽度。后两种方法比较粗略,但能满足一般测试要求。

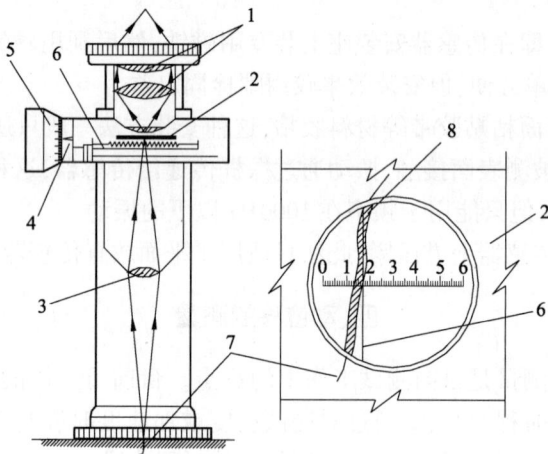

图 2-35　读数显微镜构造

1-目镜、场镜;2-上分划板;3-物镜;4-读数指针;5-读数轮鼓;6-下分划板;7-放大前裂缝;8-放大后的裂缝

2. 振弦式裂缝计

裂缝计用于测量裂缝宽度的变化。振弦式(又称钢弦式)裂缝计的构造如图 2-36 所示,它一般包括一个振弦式感应元件,该元件与一个经过热处理、消除应力的弹簧相连,弹簧两端分别与振弦、连接杆相连。当连接杆从仪器主体拉出,弹簧被拉长导致张力变化,振弦的张力与弹簧的伸长成比例,如前所述,振弦张力与其频率成正比,测出振弦的频率即可确定弹簧的伸长,从而确定裂缝宽度的变化。

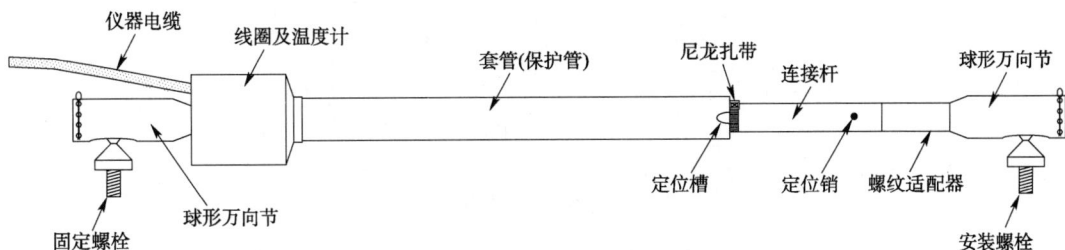

图 2-36　振弦式裂缝计构造

图中标注：仪器电缆、线圈及温度计、套管(保护管)、尼龙扎带、连接杆、球形万向节、定位槽、定位销、螺纹适配器、安装螺栓、固定螺栓、球形万向节

二、作用力及结构内力的测量

1. 测力计

在桥梁结构试验中,测定作用力的仪器有各种的测力计。测力计的基本原理是利用钢制弹簧、环箍或簧片在受力后产生弹性变形,再通过机械放大后用指针刻度盘来表示或位移计来反映读数。图 2-37 是用于测量张拉钢丝或钢丝绳拉力的环箍式拉力计。由两片弓形钢板组成一个环箍。在拉力的作用下,环箍产生变形,通过一套机械传动放大系统带动指针转动,指针在刻度盘上的示值即为拉力值。

图 2-38 是另一种环箍式拉、压测力计。它用钢环作"弹簧",在拉、压力作用下的变形,经过杠杆放大后推动位移计工作。位移计示值与环箍变形关系应预先标定。

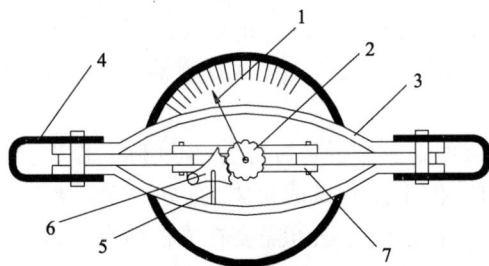

图 2-37　环箍式拉力计
1-指针；2-中央齿轮；3-弓形钢板；4-耳环；5-连杆；
6-扇形齿轮；7-可动接板

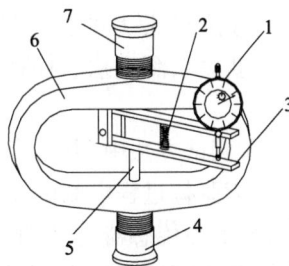

图 2-38　环箍式拉、压测力计
1-位移计；2-弹簧；3-杠杆；4,7-上
下压头；5-立柱；6-钢环

2. 液压千斤顶

在桥梁施工中,液压千斤顶是用来张拉预应力钢筋、吊索及系杆的主要机具,其张拉力的控制是通过液压千斤顶的液压表来实现的。因此,可以通过事先精确标定液压表读数与千斤顶张拉力的对应关系,便可在张拉预应力钢筋、吊索及系杆时,通过液压表来测量、调整千斤顶的张拉力。

3. 荷载传感器

在试验中,荷载的大小也可以利用应变测试技术来量测,通常称为力传感器或荷载传感器。荷载传感器可以量测荷载、支座反力以及其他各种外力的大小。各种荷载传感器的核心部件是一个厚壁筒,壁筒的横断面大小取决于荷载的量程及材料的允许应力,在壁筒上贴有电阻应变片,以便将机械变形转换为电信号,如图 2-39 所示。为便于设备或试件连接,在筒壁两端加工有螺纹。

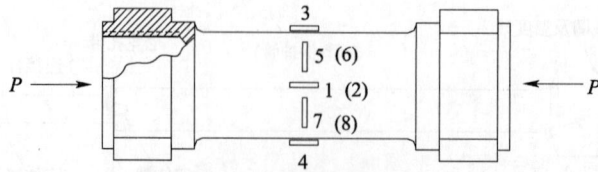

图 2-39 应变式荷载传感器构造

1~8-电阻应变片编号

荷载传感器的构造简单,使用者可根据实际需要自行设计和定制。如在测量悬索桥主缆索股的轴力、或斜拉桥及系杆拱桥的拉索索力时,可将荷载传感器设计成穿心式压力环,预先安装在锚头与垫板之间,通过穿心式压力环来量测索力大小;又在基础及隧道施工中需要测量岩石土体内部的土压力,可将荷载传感器设计成土压力盒,埋设在需要测量土体压力的位置。此外,随着应变测试技术的发展,可采用光纤光栅应变计或钢弦应变计替换荷载传感器中的电阻应变片,制成光纤光栅压力环或振弦压力环等。荷载传感器在安装之前,应精确标定,掌握其荷载应变的线性性能和标定常数。

4.索力测量

缆索承重桥梁包括斜拉桥、悬索桥、系杆拱桥等。在这些桥型中,拉索或吊杆是桥梁受力体系中的一个重要组成部分,拉索或吊杆的索力大小直接影响桥梁上部结构的受力和变形状态。因此,准确测试拉索或吊杆的实际索力大小在施工监控和成桥检测中显得尤为重要。一般测定索力的方法主要有:①电阻应变片测定法;②拉索伸长量测定法;③索拉力垂直度关系测定法;④张拉千斤顶测定法;⑤压力传感器测定法;⑥磁通量法;⑦振动测定法。

在以上 7 种测试方法中,方法①~③从理论上分析是可行的,但实际操作中会遇到很多问题;方法④在拉索张拉过程中测试较为方便,但不能测试成桥索力;方法⑤需要在锚头与垫板之间埋设永久性的力传感器,会增加一些工程成本;方法⑥需要在成桥前在拉索上套装磁通量传感器;方法⑦属于间接测量法,也是拉索索力测定的常用方法,具体是将加速度传感器固定在拉索上,采用一定方法进行激振,测量拉索的振动响应后,进行频谱分析得出拉索的自振频率,再根据索力与自振频率的关系计算索力。

目前测量索力较常用的方法是预埋穿心式的压力传感器,其测试原理同前文所讲的荷载传感器。下面简要介绍索力测定的磁通量法和振动测定法。

(1)磁通量法

磁通量法是通过索中的电磁传感器测定索中磁通量的变化,由此来测定索力。其测试原理是:铁磁性材料在外磁场作用下被强烈磁化,磁导率很高,当铁磁性材料受到外力作用时,其内部产生机械应力或应变,相应地引起磁化强度发生改变,即产生磁弹性效应,找出磁化强度与应力之间的关系,就能实现对铁磁材料中的应力进行检测。

在某一温度下,铁磁材料内应力与磁导率变化为线性关系,利用铁磁材料的磁导率-应力关系曲线,可以直接测量出铁磁材料内力。磁通量传感器就是利用上述原理制成的,其结构简图如图 2-40 所示,它由激励和测量两层线圈组成。当在激磁线圈通入脉冲电流时,铁磁材料被磁化,会在钢芯试件纵向产生脉冲磁场。由于相互感应,在测量线圈中产生感应电压,感应电压同施加的磁通量成正比关系。对任意一种铁磁材料,建立磁导率变化与结构应力、温度的关系后,即可用来测定拉索索力。

（2）振动测定法

振动测定法又称为振动频率法，是测试索结构拉力的常用方法，属于一种间接测量法。用振动法测索力，所用的仪器与测试元件可以重复使用，不消耗一次性仪表，不需要事先预埋，比较经济方便，又能基本满足工程检测的要求，但也存在测试精度不高的缺点，尤其对于长度较小的短索（吊杆）。振动测定法测量索力仪器配置如图2-41所示。

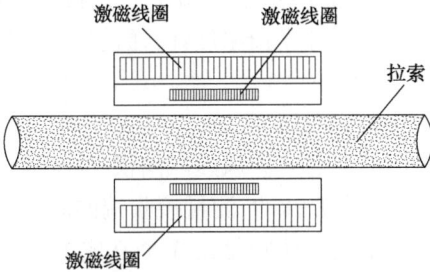

图2-40　磁通量传感器构造

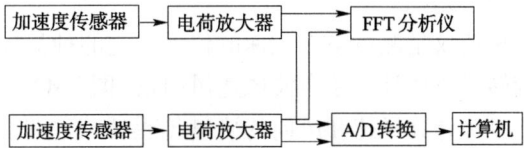

图2-41　测索力仪器配置图

现场测试时可采用激振器激振或人工锤击激振，使用专用绑带将加速度传感器固定在拉索上，进行激振和数据采集。

一般地，若不考虑拉索抗弯刚度的影响，拉索的振动微分方程为：

$$\frac{w}{g}\frac{\partial^2 y}{\partial t^2} - P\frac{\partial^2 y}{\partial x^2} = 0 \tag{2-19}$$

式中：y——横坐标（垂直于索的长度方向）；

　　　x——纵坐标（索的长度方向）；

　　　w——单位索长的重量；

　　　g——重力加速度；

　　　P——索的张力；

　　　t——时间。

在索两端固定的条件下，由上式可以求出拉索的自振频率及拉索索力：

$$f_n = \frac{n}{2l}\sqrt{\frac{Pg}{w}} \tag{2-20}$$

$$P = \frac{4wl^2}{g}\left(\frac{f_n}{n}\right)^2 \tag{2-21}$$

式中：f_n——索的第 n 阶自振频率；

　　　l——索的计算长度；

　　　n——振动阶数。

这样，测定拉索频率后，就可通过简单的计算得出其实际索力。

采用振动频率法测试索力，在实际工程中，须考虑以下因素：①索的计算长度确定与修正；②索的弯曲刚度影响；③阻尼器的影响。通常，可以利用竣工索力作为基础数据，对振动法测量的索力数据进行比对，对参数和测量误差进行分析、估测与修正。

三、桥梁环境参数的智能测量

在桥梁检测中，特别是在大跨径桥梁的施工监测及健康监测中，结构周围及内部的环境参数也是需要量测的重要参数。如通过风荷载监测，把握该桥址处的风荷载真实状况，通过温湿度监测修正混凝土徐变系数,通过对桥梁车辆载重和流量等信息的自动采集,以对运营桥梁的实时荷载进行统计分析,并进行结构状态的综合评定。

1. 自然环境参数的测量

环境温、湿度的测量一般采用气象监测温湿度仪,风速风向的测量一般采用气象风速风向监测仪。对于桥梁结构内部温度测量,则需将温度传感器埋置于结构内部测点位置或将其黏附在被测物的表面进行温度测量,可采用热敏电阻温度计或光纤光栅温度计,通过配置相应的读数仪可直接读出温度数值。

(1)风速仪

风速仪是测量空气流速的仪器。它的种类较多,常用的有超声波风速风向仪、风杯风速计和旋转式风速计。超声波风速风向仪(图2-42)是利用发送声波脉冲,测量接收端的时间或频率差别来计算风速和风向的测量传感器或测量仪器。风杯风速计则是由3个互成120°固定在支架上的抛物锥空杯组成感应部分,空杯的凹面都顺向一个方向;整个感应部分安装在一根垂直旋转轴上,在风力的作用下,风杯绕轴以正比于风速的转速旋转。旋转式风速计为旋桨式风速计,由一个三叶或四叶螺旋桨组成感应部分,将其安装在一个风向标的前端,使它随时对准风的来向,桨叶绕水平轴以正比于风速的转速旋转。

(2)温湿度仪

温湿度仪是一种用于测量瞬时温度湿度和平均温度湿度的仪器,具有温湿度测量、显示、记录、实时时钟、数据通信和超限报警等功能。温湿度仪由三大部分组成,即测量部分、仪器本体、PC界面(图2-43)。环境温湿度监测一般采用温湿度传感器进行,所选用的温湿度传感器为连续模拟信号输出。

图2-42　超声波风速风向仪　　　　　图2-43　温湿度仪

2. 车辆荷载状况监测

对过桥车辆情况进行荷载大小与视频监测,通过对实际通行车辆数量、车型、车重、车速等信息综合分析,可以对运营桥梁实时结构状态提供可靠的动态依据。车辆荷载情况可采用车流量监测仪和动态称重系统进行监测,在此基础上进行统计分析,即可得出运营车辆荷载的统计特征。

(1)动态称重系统

动态称重(Weight In Motion,WIM)技术是一项高效率、高精度、低成本的车辆重量检测技术,20世纪90年代WIM技术已在欧美国家普遍应用。目前WIM系统一般具备如下特性:动态称重精度高、误差不大于10%,可记录多种车辆荷载数据参数,能对超载超重车辆进行报警,生成多种统计报表等,是车辆荷载管控的主要手段之一。

（2）车流量监测仪

车流量监测仪接近设置于各公共场所的视频监控系统，由摄像、传输、控制、显示、记录登记五大部分组成。其主要性能特点是：监控画面实时显示，录像图像质量单路调节，多种录像方式设定，自动备份、云台/镜头控制，网络传输等。根据实际需要，当前的车流量监测仪已经具备车牌识别、车速测量和车流量统计等综合功能，对于完善桥梁健康监测起到了重要的辅助作用。

思考题

1. 在桥梁静载、动载试验检测中，量测的内容一般包括哪些方面？
2. 测试仪器较为常用的分类方法有哪几种？
3. 桥梁检测对仪器的要求包括哪些方面？
4. 简述电阻应变测试的工作原理。
5. 测试结构应变的仪器有哪几种？各有什么优缺点？
6. 桥梁结构变形测试有哪些方面？
7. 加速度传感器按结构形式分为哪几类？传感器的选用原则是什么？
8. 简述荷载传感器的各种用途。
9. 采用振动频率法测试索力有什么优缺点？

第三章 桥梁检查

既有桥梁在使用过程中,受车辆荷载、环境影响等因素作用,结构功能、技术状况及承载能力都可能发生变化。为了客观地评价桥梁的技术状况,全面了解桥梁使用情况,必须对桥梁的技术状况及其缺陷进行全面而细致的现场检查,及时进行维修养护,使其经常处于完好的技术状态,保证或延长桥梁的使用年限。桥梁检查的目的是通过对技术状况的检查,对运营中的桥梁进行分类管理,建立健全的桥梁技术档案;对有缺陷和损伤的桥梁进行全面而深入的现场检查,查明缺陷或潜在损伤的性质、部位、严重程度及发展趋势,弄清出现缺陷和损伤的主要原因,分析和评价既有缺陷和损伤对桥梁技术状况和承载能力的影响,并为桥梁维修养护和加固设计提供可靠的技术参数。

桥梁检查是进行桥梁评定、维修和改造的前期工作。一般认为,桥梁检查需要收集如下技术资料。

(1)设计资料:包括桥梁设计图纸、计算书、桥位地质钻探资料等。

(2)施工资料:包括施工记录和材料试验报告、桥梁竣工图纸及说明书等。

(3)维修及养护资料:包括历次桥梁检查记录、维修养护记录及有关图纸。

(4)交通量调查和使用荷载调查资料:包括经常通行的车辆车型、载重量及交通量资料,历史上通过特殊车辆的记录。另外,对于一些桥梁还应调查桥梁周围环境、桥跨水流状态和通航的资料等。

第一节 桥梁检查的分类和内容

在我国,按照桥梁的用途来划分,既有公路类桥梁分属公路、市政两个行业。一般地,根据行业管理的要求,考虑到桥梁结构的用途、重要性差异等因素,各个行业制定了相应的养护规范。目前,我国关于桥梁检查的规范主要有交通运输部2021年颁布的《公路桥涵养护规范》(JTG 5120—2021),住房和城乡建设部2017年颁布的《城市桥梁养护技术标准》(CJJ 99—2017)。根据桥梁检查的深度、内容不同,桥梁检查又分为若干类别。

一、公路桥梁检查的分类和内容

按照"防治结合、科学养护、安全运行、保障通畅"的养护原则,根据桥梁规模、技术状况、运营环境及所处公路等级的不同,桥梁检查实行分等级和差异化的检查频率,以适应不同的养护需求,并按检查内容和频率的不同,分为初始检查、日常巡查、经常检查、定期检查和特殊检查五种类别。

1. 桥梁养护检查的分级标准

根据桥梁规模和重要性,公路桥梁养护检查等级划分为Ⅰ级、Ⅱ级、Ⅲ级,按单孔跨径、公路级别以及技术状况分级如下:

(1)单孔跨径大于150m的特大桥、特别重要桥梁的养护检查等级为Ⅰ级。

(2)单孔跨径小于或等于150m的特大桥、大桥,以及高速公路或一、二级公路上的中桥、小桥的养护检查等级为Ⅱ级。

(3)三、四级公路上的中桥、小桥的养护检查等级为Ⅲ级。

(4)技术状况评定为3类的大、中、小桥,应提高一级进行检查。

(5)技术状况评定为4类的桥梁,在加固维修前应按Ⅰ级进行检查。

养护检查等级为Ⅰ级的桥梁应安装结构监测系统,对结构状态和各类外荷载作用下的响应情况进行监测,定期将监测结果与桥梁检查结果进行比对和分析。

2. 初始检查

初始检查主要采集桥梁的基础状态数据,是桥梁后期养护工作的基础。新建或改建桥梁都应进行初始检查。初始检查宜与交工验收同时进行,最迟不得超过交付使用后1年。初始检查后应提交技术状况评定报告。技术状况评定报告应包括下列内容:桥梁基本状况卡片、桥梁初始检查记录表、桥梁定期检查记录表、桥梁技术状况评定表等,并给出养护建议。

初始检查应包括下列内容:

(1)定期检查需测定的所有项目,并按要求设置永久观测点。

(2)测量桥梁长度、桥宽、净空、跨径等;测量主要承重构件尺寸,包括构件的长度与截面尺寸等;测定桥面铺装层厚度及拱上填料厚度等。

(3)测定桥梁材质强度、混凝土结构的钢筋保护层厚度。

(4)养护检查等级为Ⅰ级的桥梁,通过静载试验测试桥梁结构控制截面的应力、应变、挠度等静力参数,计算结构校验系数;通过动载试验测定桥梁结构的自振频率、冲击系数、振型、阻尼比等动力参数。

(5)有水中基础,养护检查等级为Ⅰ、Ⅱ级的桥梁,应进行水下检测。

(6)量测缆索承重结构的拉索索力及吊杆索力,测试索夹螺栓紧固力等。

(7)检测钢管混凝土拱桥钢管内混凝土密实度。

(8)当交、竣工验收资料中已经包含上述检查项目或参数的实测数据时,可直接引用。

3. 日常巡查

日常巡查是为了及时获知桥梁结构运营状况,在桥梁病害初期或突发情况下能及时开展养护或应急处治。对于养护检查等级为Ⅰ、Ⅱ级的桥梁,日常巡查每天不应少于1次;对有特殊照明需求的桥梁,应适当开展夜间巡查。养护检查等级为Ⅲ级的桥梁,日常巡查每周不应少于1次。遇地震、地质灾害或极端气象时应增加检查频率。

日常巡查可以乘车目测为主,并做巡检记录,包括下列内容:

(1)桥路连接处是否异常。

(2)桥面铺装、伸缩缝是否有明显破损;伸缩缝位置的桥面系是否存在异常。

(3)栏杆或护栏等有无明显缺损。

(4)标志标牌是否完好。

(5)桥梁线形是否存在明显异常。

(6)桥梁是否存在异常的振动、摆动和声响。

(7)桥梁安全保护区是否存在侵害桥梁安全的情况。

4.经常检查

经常检查是对桥梁构筑物及附属设施进行日常巡视检查。养护检查等级为Ⅰ、Ⅱ、Ⅲ级的桥梁,对应经常检查的时间间隔不大于1、2、3个月。在汛期、台风、冰冻等自然灾害频发期,宜提高经常检查频率。养护检查等级为Ⅱ、Ⅲ级的桥梁,在定期检查中发现存在4类构件时,加固处治前应提高经常检查频率。

经常检查应抵近桥梁结构,以目测结合辅助工具进行,现场填写"桥梁经常检查记录表",指出桥梁各部件、构件存在的缺损类型(破损、开裂、锈蚀、渗水等)、缺损范围和处治建议。经常性检查过程中,当发现桥梁重要部件缺损严重或病害发展较快、影响桥梁的正常使用、危及车辆与行人安全时,应及时采取相应措施,并立即向主管部门报告,以便桥梁结构能得到及时的养护、保养或紧急处理,对需要检修和一些重大问题提出报告。

经常检查应包括下列内容:

(1)桥梁结构有无异常的变形和振动及其他异常状况。

(2)外观是否整洁,构件表面是否完好,有无损坏、开裂、剥落、起皮、锈迹等。

(3)混凝土主梁裂缝是否有发展,箱梁内是否有积水。钢结构主梁抽查焊缝有无开裂,螺栓有无松动或缺失。

(4)斜拉索、吊杆(索)、系杆等索结构锚固区的密封设施是否完好,有无积水或渗水痕迹,密封材料等有无老化和开裂;主缆最低点是否渗水;索鞍是否有异常的位移、卡死、辊轴歪斜以及构件锈蚀、破损;鞍座混凝土是否开裂;鞍室是否渗水、积水。

(5)支座是否有明显缺陷,使用功能是否正常。

(6)桥面铺装是否存在病害。

(7)伸缩缝是否堵塞、卡死,连接部件有无松动、脱落、局部破损。

(8)人行道、缘石有无破损、剥落、裂缝、缺损和松动。

(9)栏杆、护栏有无破损、缺失、锈蚀、移动或错位。

(10)排水设施有无堵塞和破损。

(11)墩台有无明显的倾斜、损伤、开裂及是否受到车、船或漂流物撞击而受损;基础有无冲刷、损坏、悬空;墩台与基础是否受到生物腐蚀。

(12)翼墙(侧墙、耳墙)、锥坡、护坡、调治构造物有无缺损、开裂、沉降和塌陷。

(13)悬索桥锚碇是否存在渗水、积水。

(14)交通信号、标志、标线、照明设施以及桥梁其他附属设施是否完好、正常工作。

(15)永久观测点及标志点是否完好。

5.定期检查

定期检查是按规定的周期,对桥梁主体结构及其附属构造物进行全面跟踪检查。养护检查等级为Ⅰ级的桥梁,定期检查周期不得超过1年;养护检查等级为Ⅱ、Ⅲ级的桥梁,定期检查周期不得超过3年。

定期检查应尽量接近各桥梁部件,以目测为主,辅以必要的测量仪器、探查工具、照相机等设备进行检查,现场校核桥梁基本数据,记录桥面系及附属结构、上部结构、下部结构各构件缺损状况并绘制主要病害分布图,对桥梁永久观测点进行复核,对桥面标高及线形、变位等检测指标进行量测;填写"桥梁基本状况卡片""桥梁定期检查记录表""桥梁技术状况评定表",给桥梁的技术状况评定等级,提出养护建议。

定期检查的内容包括桥面系、不同类型桥梁的上部结构、下部结构、附属设施、河床及调治构造物的各部件、各构件的缺损(病害)检查,并记录缺损的类型、位置、范围、照片以及养护和是否需特殊检查建议等等,与经常检查相比更加全面和细致,详细内容可参见《公路桥涵养护规范》(JTG 5120—2021)和《公路桥梁技术状况评定标准》(JTG/T H21—2011)。定期检查采集的数据作为桥梁养护管理系统中结构技术状况动态参数,为评定桥梁使用性能提供基本数据,并据此来确定结构维修、加固或更换的优先排序。

6. 特殊检查

桥梁特殊检查是采用特定的物理、化学或无破损检测手段对桥梁一个或多个组成部分进行的全面察看、测强、测伤或测缺,旨在找出桥梁损坏的明确原因、程度和范围,分析损坏所造成的后果以及潜在缺陷可能给桥梁结构带来的危险,为评定桥梁耐久性、承载能力以及确定维修加固工作的实施提供依据。实施特殊检查前,应充分收集桥梁设计资料、竣工资料、材料试验报告、施工资料、历次检测报告及维修资料等,并现场复核。特殊检查应根据检测目的、病害情况和性质,采用仪器设备进行现场测试和其他辅助试验,针对桥梁现状进行检算分析,形成评定结论,提出建议措施。特殊检查一般由现场检测和实验室测试分析两大部分构成。

桥梁遇下列情况,应作特殊检查:

(1)定期检查中难以判明构件损伤原因及程度的桥梁。

(2)拟通过加固手段提高荷载等级的桥梁。

(3)需要判明水中基础技术状况的桥梁。

(4)遭受洪水、流冰、滑坡、地震、风灾、火灾、撞击,因超重车辆通过或其他异常情况影响造成损伤的桥梁。

特殊检查通常包括下列一项或多项内容:

(1)材料的物理、化学性能及其退化程度的测试鉴定;结构或构件开裂状态的检测及评定。

(2)结构的强度、刚度和稳定性的检算、试验和鉴定。桥梁承载能力评定宜按《公路桥梁承载能力检测评定规程》(JTG/T J21—2011)执行。

(3)桥梁抵抗洪水、流冰、风、地震及其他灾害能力的检测鉴定。

(4)桥梁遭受洪水、流冰、滑坡、地震、风灾、火灾、撞击,因超重车辆通过或其他因素造成损伤的检测鉴定。

(5)水中墩台身、基础的缺损情况的检测评定。

(6)定期检查中发现的较严重的开裂、变形等病害,应进行跟踪观测,预测其发展趋势。

特殊检查后应提交检查报告。检查报告内容包括:桥梁基本状况信息,总体情况概述,现场调查、检测与试验项目及方法的说明,详细描述检测部位的损坏程度并分析原因,桥梁结构特殊检查评定结果,填写"桥梁特殊检查记录表",最后提出结构部件和总体的维修、加固或改建的建议。

二、城市桥梁检查的分类和内容

根据城市桥梁的检测评估内容、周期、评估要求,其可分为经常性检查、定期检测、特殊检测,与公路桥梁的经常检查、定期检查、特殊检查中的检查内容及方法相类似,检查的周期、技术状况的评估计算方法存在一些细微的差异。

1. 城市桥梁养护类别和等级标准

根据城市桥梁在道路系统中的地位,城市桥梁养护类别为 5 类:

Ⅰ类养护——单孔跨径大于 100m 的桥梁及特殊结构的桥梁;

Ⅱ类养护——城市快速路上的桥梁;

Ⅲ类养护——城市主干路上的桥梁;

Ⅳ类养护——城市次干路上的桥梁;

Ⅴ类养护——城市支路和街坊路上的桥梁。

根据各类桥梁在城市中的重要性,城市桥梁养护等级分为Ⅰ级、Ⅱ级、Ⅲ级,见表 3-1。

城市桥梁养护等级分类　　　　　　　　　　　　　表 3-1

养 护 等 级	对应的城市桥梁	
Ⅰ	Ⅰ～Ⅲ类养护的桥梁	集会中心、繁华地段、重要生产科研区、游览地区Ⅳ、Ⅴ类养护的桥梁
Ⅱ	集会点、商业区、旅游路线或市区间联络线、主要地区、重点企业所在区域的Ⅳ、Ⅴ类养护的桥梁	
Ⅲ	除Ⅰ、Ⅱ等级以外的其他桥梁	

2. 经常性检查

经常性检查应对结构变异、桥梁及桥梁安全保护区域施工作业情况和桥面系、限载标志、交通标志及其他附属设施等状况进行日常巡检。经常性检查以目测为主,现场填写"城市桥梁日常巡检日报表",登记所检查城市桥梁的损坏类型、程度、位置,提出相应的养护措施。经常性检查应按桥梁的类别、级别、技术等级分别制定巡检周期。一般而言,对于Ⅰ、Ⅱ、Ⅲ等级养护的桥梁,其巡检周期分别不宜超过 1d、3d、7d。对于重要桥梁,或遇恶劣天气、汛期、雨季、冰冻等特殊情况,周期宜缩短。特殊情况可设专人看护。当巡检过程中发现设施明显损坏,影响车辆和行人安全时,应立即设置警示标志,及时向主管部门报告,并采取相应的维护措施。

经常性检查的内容包括:

(1)检查城市桥梁各组成结构的完好状态。

(2)检查城市桥梁安全保护区域内的施工作业情况。

(3)城市桥梁限载标志及交通标志设施等各类标志完好情况。

(4)其他比较明显的损坏及不正常现象。

3. 定期检测

定期检测分为常规定期检测和结构定期检测。常规定期检测一般每年一次,可根据城市桥梁实际运行状况和结构类型、周边环境等适当增加检测次数。结构定期检测是在规定的时间间隔进行,Ⅰ类养护的城市桥梁宜为 3~5 年,关键部位可设仪器监控测试;Ⅱ~Ⅴ类养护的城市桥梁间隔宜为 6~10 年。

常规定期检测的检查范围包括桥面系、上部结构和下部结构的所有构件,检测后完善桥梁的资料卡记录等资料,记录病害状况,对损坏严重、危及安全的桥梁提出限载以至暂时限制交通的建议;最后据检测结果进行桥梁技术状况的评估,其中Ⅰ类养护桥梁按影响结构安全状况进行评估,Ⅱ~Ⅴ类养护的桥梁按结构的评分等级、扣分表进行评估。此外,对于常规定期检测还应符合下列规定:

(1)Ⅰ类养护的桥梁结构变位每年测量 1 次,拉索索力和吊杆拉力应每年测量 1 次。

(2)拱桥及软弱地基桥梁的沉降宜每年测量 1 次。

(3)独柱式墩桥梁墩柱的侧向倾角及梁体相对水平位移值应每年测量 1 次。

结构定期检测应根据桥龄、交通量、车辆载重、使用历史、自然环境以及历次结构定期检测报告和常规定期检测中提出的建议来确定检测内容。对于Ⅰ类养护的桥梁,结构定期检测应根据桥梁检测技术方案和构件实际状况分组,确定相应的检测频率;Ⅱ~Ⅴ类养护的城市桥梁结构定期检测应包括桥梁结构中所有构件。

结构定期检测及技术状况评定的主要工作内容包括:

(1)查阅历次检测报告和常规定期检测中提出的建议。

(2)根据常规定期检测中桥梁状况评定结果,进行梁体线形、墩柱沉降及结构构件的检测。

(3)通过材料取样试验确认材料特性、退化程度和退化性质。

(4)对桥梁进行结构检算,包括承载力检算、稳定性检算和刚度验算。

(5)分析确定退化的原因,以及对结构性能和耐久性的影响。

(6)对可能影响结构正常工作的构件,评价其在下一次检测之前的可能退化情况;如构件在下一次检测前可能失效,需立即报告桥梁养护管理部门。

(7)记录水位,检测河道的淤积、冲刷等现象。

(8)必要时对桥梁进行荷载试验和分析评估。

(9)通过综合检测评定,确定具有潜在退化可能或已处于退化状况的桥梁构件,提出相应的养护措施。

4. 特殊检测

特殊检测是由专业人员采用专门技术手段,并辅以现场和试验室测试等特殊手段进行详细检测和综合分析。城市桥梁在下列情况下应进行特殊检测:

(1)城市桥梁遭受洪水冲刷、流冰、漂流物、船舶或车辆撞击、滑坡、地震、风灾、火灾、化学剂腐蚀、车辆荷载超过桥梁限载的车辆通过等特殊灾害造成结构损伤。

(2)城市桥梁常规定期检测中难以判明是否安全的桥梁。

(3)为提高或达到设计承载等级而需要进行修复加固、改建、扩建的城市桥梁。

(4)超过设计年限,需延长使用的城市桥梁。

(5)常规定期检测中评定为不合格级的Ⅰ类养护桥梁,D 级或 E 级的Ⅱ类~Ⅴ类桥梁。

(6)常规定期检测发现加速退化的桥梁构件需要补充检测的桥梁。

总体来说,《公路桥涵养护规范》(JTG 5120—2021)和《城市桥梁养护技术标准》(CJJ 99—2017)对桥梁检查类别划分的出发点、检查手段、检查层次基本一致,所规定的检查深度、内容也基本相同,其实质都是要深入地检查桥梁缺陷和损伤状况,全面把握桥梁总体状况,为桥梁养护和进一步检测提供了依据。不同之处在于,在检查周期、具体表述、评价规定等方面有所不同,同时,《城市桥梁养护技术规范》(CJJ 99—2017)提出了结构定期检测的概念,对于一些特殊、复杂而且重要的结构提供了更加有针对性、可操作性的检测手段。

第二节 桥梁检查工作内容与要点

不同阶段桥梁检查侧重点不尽相同,所涉及的检查内容亦有差别。经常检查主要从外观方面目测主体结构及附属设施有无明显的病害特征;定期检查是按细部结构对桥梁进行全面的技术检查,并依此建立和修正桥梁技术档案;特殊检查针对桥梁存在的具体问题或为满足特殊要求而进行的,并借助检测仪器对结构材料等进行定性或定量分析。

一般来说,评定结构、构件的损坏和总体使用状况时,应在现场完成下列工作:

(1)现场校核桥梁基本数据。

(2)当场填写"桥梁定期检查数据表",记录各部件缺损状况并做出技术状况评分。

(3)实地判断缺损原因,估计维修范围及方式。

(4)对难以判断损坏原因和程度的部件,提出特殊检查的要求。

(5)对损坏严重、危及运营安全的危险桥梁,提出临时交通管制的建议。

(6)根据桥梁技术状况,确定下次检查时间。

一、桥梁检查内容

通常,桥梁外观检查应包括下列内容:

(1)桥面是否平整,有无裂缝、局部坑槽、波浪、碎边,桥头是否跳车。

(2)桥面、地道泄水孔、管是否损坏、堵塞。

(3)桥面是否整洁,有无杂物堆积。

(4)伸缩装置是否存在堵塞、变形、漏水、跳车、连接件松动等现象。

(5)人行道铺装是否破损,栏杆、护栏是否破损、断裂,装饰材料有无损坏。

(6)上下部结构位置是否有异常变化。

(7)墩台、锥坡、翼墙、桥台后背墙有无局部开裂、破损、塌陷等,桥头排水沟、人行台阶是否完好。

(8)声屏障是否倾斜、破损,屏板、隔音板、安全网的固定端是否松动。

(9)交通信号、标志、标线、照明设施是否完好。

(10)其他部位是否有较明显的损坏。

为了客观地评价桥梁的技术状况,从而正确地制定桥梁养护维修或加固改造的方案,必须对桥梁的技术状况及其缺陷进行全面而细致的现场检查。同时还应全面了解桥梁的设计、施工、使用以及养护等方面的情况,以便对桥梁的质量和承载能力进行分析,做出评价。桥梁检查内容必须包括但不局限于图 3-1 所列的项目。

受人力、仪器和其他条件的限制,桥梁检查时,应根据结构的受力特性进行重点检查。重点检查的部位一般包括应力集中处、截面突变的部位、构件的薄弱部位、结构的控制截面或控制构件等。桥梁上述部位的缺陷,对桥梁的安全性、耐久性起着至关重要的作用,这些部位的缺陷往往会发展成为结构的重大缺陷,危及整座桥梁的安全和耐久性。

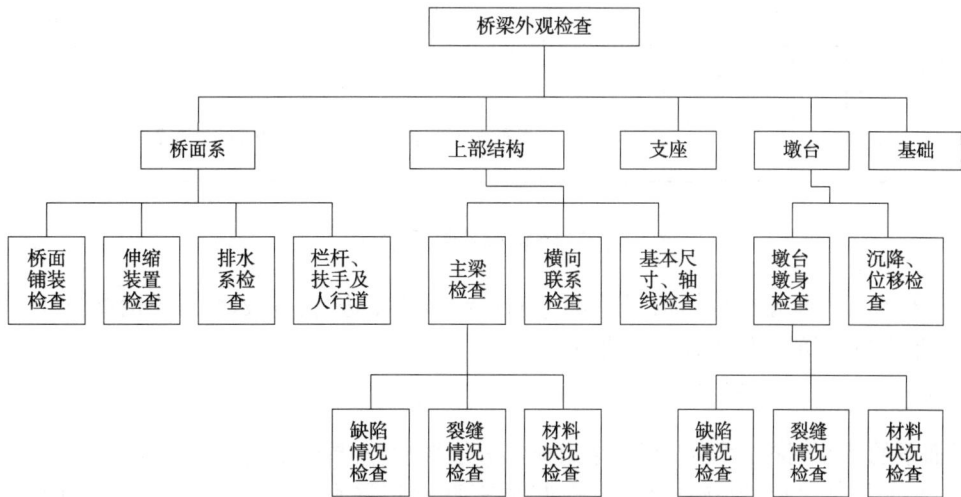

图 3-1　桥梁检查内容简图

桥梁检查常用仪器设备及辅助设施见表3-2。

桥梁检查常用仪器设备及辅助设施　　　　　　　　　　　　　　表 3-2

仪器设备名称	用　　途	图　　片
数码相机/无人机	病害记录拍照、影像	
裂缝测宽仪、裂缝测深仪	裂缝参数测量	
测距仪、皮尺、卷尺	距离、尺寸测量	
桥检车、升降车	延伸/登高辅助设施	
铝梯、橡皮艇、锥形交通标	地面登高/水中/交通安全辅助设施	

仪器设备名称	用 途	图 片
其他	辅助设施和工具	安全帽、反光衣、对讲机、记录纸笔、小锤、喷漆、粉笔等

二、桥梁检查的要点

桥梁检查工作依据桥梁结构，分部件、有次序、按规定进行，一般地，桥梁检查按照桥面系、支座、上部结构、下部结构等几部分进行。

1. 桥面系检查

桥面系的外观调查，可以按桥面系组成部分依次检查，具体检查内容有：

(1)桥面铺装层裂缝与破损程度、桥头跳车、防水层漏水以及其他病害，人行道及铺砌破损情况。

(2)伸缩缝破损、变形、脱落、淤塞、填料变形、漏水程度、跳车原因。

(3)人行道构件、栏杆和护栏有无断裂、错位、缺件、剥落、锈蚀等状况。

(4)桥面横坡、纵坡顺适度、积水状况；排水设施完好程度。

桥面铺装是最容易产生损坏的部位之一，桥面铺装产生损伤后，会导致行车易打滑；桥面凹凸不平会引起车辆对桥梁的冲击效应增大；桥面铺装与伸缩缝之间的高低差容易引起伸缩缝装置的破坏。桥面铺装的检查首先是调查桥面铺装的类型，然后检查铺装层存在的主要缺陷。沥青桥面铺装主要缺陷与损伤现象有轻微裂缝（发状或条状）、严重裂缝（龟裂、纵、横裂缝）、坑槽、车辙、拥包、磨光和起皮等。混凝土桥面铺装的主要缺陷及损伤现象有裂缝、剥落、坑洞、磨光等。

各种伸缩缝装置的缺陷往往表现为伸缩缝本身的破坏损伤、锚固件损坏、接头周围部位后铺筑料的剥落、凹凸不平等，这些缺陷导致伸缩缝漏水，加速主梁、支座和盖梁性能的退化，检查时以目测为主，必要时采用水准仪测量。

桥面排水设施的损坏以及尘土、淤泥等堵塞泄水孔会使桥面排水不畅，往往导致桥面积水，影响桥梁主要承重构件的耐久性能，降雨时引起车辆滑移，诱发交通事故。桥面排水是否顺畅、设施有无缺陷，在降雨和化雪时表现得很明显，检查最好在降雨或化雪后进行。

栏杆、扶手及人行道的检查主要检查部件本身破坏情况以及相互连接处是否脱落。对于人行道，检查路缘石是否有破碎、人行道与桥面板连接的牢固程度等。

2. 支座检查

支座检查应检查支座功能是否完好，组件是否完整、清洁，有无断裂、错位和脱空现象。各种支座的检查内容如下：

(1)钢板滑动支座和弧形支座是否干涩、锈蚀。

(2)摆柱支座各组件相对位置是否正确，受力是否均匀。

(3)四氟板支座是否脏污、老化。

(4)橡胶支座是否老化、变形。

(5)盆式橡胶支座的固定螺栓有否剪断，螺母是否松动。

(6)辊轴支座的辊轴是否出现不允许的错位。

（7）摇轴支座的辊轴是否倾斜。

（8）活动支座是否灵活，实际位移量是否正常。

（9）支座上、下钢垫块是否有锈蚀。

（10）球型支座是否灵活、有效。

（11）支座垫石有否破碎、腐蚀。

3. 桥梁上部结构检查

上部结构应首先观察有否异常变形、振动或摆动，如上部结构线形是否平顺，拱轴线是否偏移变位，桥跨有无异常的竖向振动或横向摆动等状况，然后检查各部件的技术状况，必要时，分析探明异常变形产生的原因。通常，上部结构的重点检查部位见表3-3。

桥梁上部结构重点检查部位 表3-3

结构形式	重点部位(加〇处)		部位描述
简支梁桥		横断面	①跨中处； ②1/4跨径处； ③支座处
连续梁桥 悬臂梁桥			①跨中处； ②反弯点(约1/3跨径)； ③最大负弯矩处； ④支座处
刚架桥			①跨中处； ②角隅处； ③立柱或墙身
拱桥			①拱圈顶部下缘； ②拱脚； ③1/4跨径处
悬索桥			①索塔； ②主缆； ③吊杆； ④锚碇； ⑤主梁
斜拉桥			①塔柱； ②主梁； ③斜拉索； ④上锚头； ⑤下锚头

根据各类桥型上部结构的受力特点、材料构成、易发病害及其影响程度等因素,不同类型的桥梁的检查重点如下:

(1)钢筋混凝土与预应力混凝土桥

①混凝土构件有无大于0.2mm的裂缝,是否存在腐蚀、渗水、表面风化、疏松、剥落、露筋和钢筋锈蚀现象,有无整体龟裂和混凝土强度降低现象。

②预应力钢束锚固区段混凝土有无开裂,沿预应力筋的混凝土表面有无纵向裂缝或受水侵蚀。

③梁(板)式结构主要检查梁(板)跨中、支点、变截面处、悬臂端牛腿或中间铰接部位,刚构和桁架结构主要检查刚构固结处和桁架节点部位的混凝土开裂和钢筋锈蚀等缺损状况。

④连接部位的缺损状况,包括梁与梁之间的接头处以及纵向接缝处混凝土表面有无裂缝,梁(板)接缝混凝土有无开裂和钢筋锈蚀,横向连接构件有无开裂,连接钢板的焊缝有无锈蚀、断裂,边梁有无横移或向外倾斜,预应力拼装结构拼装缝有无较大开裂等方面。

⑤拱桥主要检查主拱圈的拱脚、1/4跨径、拱顶和拱上结构的变形,以及混凝土开裂与钢筋锈蚀情况,以及有无缺损,具体包括:拱上立柱上下端、盖梁和横系梁以及拱腹的混凝土有无开裂、剥落、露筋和锈蚀;下、中承式拱桥的吊杆上下锚固区的混凝土有无开裂、渗水等,吊杆锚头附近有否锈蚀或断裂现象;双曲拱桥应检查拱肋间横向连接拉杆是否松动或缺损,拱波与拱肋结合处是否开裂,拱波之间砂浆有无松散脱落,拱肋及拱波顶是否开裂、渗水等。

⑥刚构桥梁主要检查各部位产生的裂缝,如跨中处、角隅处、支座处。

⑦连续梁和连续刚构桥主要检查跨中下挠变形,桥墩处梁顶部开裂。

⑧带有平曲线的梁式桥应每年对横向偏移进行检测。

(2)钢桥

①构件、特别是受压构件是否有扭曲变形、局部损伤。

②铆钉和螺栓有无松动、脱落、锈蚀或断裂,节点是否滑动错裂。

③焊缝及其边缘有无脱焊或裂纹。

④防腐涂装层有无裂纹、起皮、脱落,构件是否腐蚀。

⑤钢结构表面是否有污垢、灰尘堆积和污水滴漏。

⑥对主要节点高强度螺栓的扭矩进行抽样检测。

(3)钢-混凝土结合梁桥

①钢-混凝结合梁桥检查的相关内容应符合钢筋混凝土桥梁相应的规定要求。

②桥面板纵、横向裂缝的位置、宽度、长度及发展程度,必要时应局部拆除桥面铺装层观测。

③支座附近桥面板的渗漏水情况。

④钢梁与混凝土结合桥面板之间的剪力连接件是否有破损、纵向滑移及掀起,桥面混凝土铺装层是否有鼓起、破损等现象。

(4)系杆拱桥

①吊杆及吊杆与横梁节点区防腐油脂有无漏油、发酵、锈蚀和积水。

②吊杆钢丝有否锈蚀,吊杆、特别是短吊杆钢丝束受力是否正常。

③锚具的封锚混凝土有否裂缝、腐蚀、表面积水,系杆锚固区附近的混凝土有否开裂、剥

落,锚固端结构是否异常,吊杆的锚夹具有否松弛和锈蚀,吊杆锚头及吊杆与横梁节点区密封处是否漏水、积水和脱漆、锈蚀。

④桥面标高、拱肋轴线有无变化,桥墩桥台有无沉降。

⑤对于钢拱肋或钢管混凝土拱肋,应检查钢管与混凝土是否存在脱空现象,涂装层是否脱落。

(5)斜拉桥

①斜拉索的保护层,通车后第1、2年内每季度检查一次,以后每半年检查一次,并在损坏处做出标记,做好记录,及时予以处治。

②斜拉索受力是否正常,减振装置是否失效,斜拉索的两端的锚固处及锚头、拉索出口密封处、主梁纵、横向限位装置等部件,一般每年检查一次,发现有漏水、积水和脱漆、锈蚀时,应及时处理。

③设有辅助墩时,应检查基础有无不均匀沉降,以防止结构产生附加内力。

④主梁按其材料构成,参照相同结构的要求进行检查。

⑤索塔应检查变位情况、结构表面的破损情况,必要时可进行强度检测。

⑥索塔的扒梯和工作电梯、斜拉索检查设备,应每半年检查一次。

⑦索塔顶端避雷系统的检查按照有关规定执行。

(6)悬索桥

①索塔有无异常的沉降、倾斜,柱身、横系梁有无开裂、渗水和锈蚀。

②主索、吊杆和拉索的防护层有否破损、老化和漏水。

③悬索桥的索鞍、缆索股锚头和吊杆锚头及钢索出口密封处有否漏水、积水和脱漆、锈蚀,吊索的减振装置有无异常、失效。

④主梁应按其结构类型进行相应的检查。

⑤每年定期对主缆的索力和索箍高强度螺栓紧固力进行测试,如测试结果异常,应查明原因,研究对策。

⑥每年雷雨季节到来之前,应对防雷系统(包括避雷器、避雷针、连接装置、线路、接地装置、地阻等)进行全面检查、维护。若检测不合格,应立即调整和处理,达到有关要求,确保使用安全。

4. 墩台与基础检查

(1)墩台基础有否滑动、倾斜、下沉。

(2)台背填土有无沉降裂缝或挤压隆起。

(3)混凝土墩台及盖梁有无冻胀、风化、腐蚀、开裂、剥落、露筋等,空心墩的水下通水孔是否堵塞。

(4)石砌墩台有无砌块断裂、脱开、变形,砌体泄水孔是否堵塞,防水层是否破坏。

(5)墩台顶面是否清洁,有无积水、泥土、杂物堆积、滋生草木。

(6)桥墩横系梁连接处是否开裂、破损。

(7)墩台防震设施是否有效。

(8)基础是否发生冲刷或淘空现象,扩大基础的地基有无侵蚀,桩柱在水位涨落、干湿交替变化处有无磨损、露筋、环裂和水的腐蚀现象。

桥墩重点检查部位按表3-4进行。

结 构 型 式	重点检查部位(加 O 处)	位 置 描 述
单柱桥墩		①支座底板; ②墩柱表面
T 形桥墩		①支座底板; ②悬臂根部; ③墩柱表面
Y 形桥墩		①支座底板; ②悬臂根部; ③Y 形交接处; ④墩柱表面
双悬臂梁式框架桥墩		①支座底板; ②悬臂根部; ③梁柱交接处; ④角隅部; ⑤墩柱表面; ⑥跨中部
双柱式桥墩		①支座底板; ②盖梁底跨中处; ③悬臂根部; ④墩柱表面; ⑤横系梁跨中处; ⑥系梁与墩柱连接处

第三节　桥梁技术状况评定

桥梁技术状况是指桥梁结构或构件在强度、刚度、稳定性、耐久性等方面的技术特征的总称,如结构位移、构件变形、混凝土表观质量、缺损状况、钢筋锈蚀状况等。桥梁技术状况评定的主要任务是根据规范、标准的方法,通过对桥梁存在的缺损状况、材质变化状况等方面的检测,把握桥梁当前的技术状况并对桥梁技术状况发展的趋势做出预测,以确定桥梁在当前和今后的一个周期内需要采取的养护措施,确保桥梁的运营安全。

桥梁技术状况评定的本质就是对既有桥梁的使用状况及其承载能力进行综合的评价。通过桥梁的评定,可以鉴定该桥是否具有原设计的工作性能及承载能力;是否满足当前及未来的交通需要;是否具有相应的承载潜力。桥梁技术状况评定方法大致分为三类:①基于桥梁检查的评定方法;②基于结构检算的评定方法;③基于荷载试验的评定方法。公路桥梁技术状况评定按现行《公路桥梁技术状况评定标准》(JTG/T H21—2011)、《公路桥梁承载能力检测评定规程》(JTG/T J21—2011)执行,城市桥梁技术状况评定按现行《城市桥梁养护技术标准》(CJJ 99—2017)、《城市桥梁检测与评定技术规范》(CJJ/T 233—2015)执行。

一、基于桥梁检查的评定方法

根据桥梁检查进行评定的方法,就是由有经验的桥梁技术人员通过对桥梁外观所表现出来的现象进行客观调查,推定桥梁的实际技术状态。

(一)公路桥梁检查评定办法

1. 桥梁技术状况评定的方法

按照《公路桥梁技术状况评定标准》(JTG/T H21—2011)的规定,公路桥梁技术状况评定包括桥梁构件、部件、桥面系、上部结构、下部结构和全桥评定。公路桥梁技术状况评定采用分层综合评定与5类桥梁单项控制指标相结合的方法,先对桥梁各构件进行评定,然后对桥梁各部件进行评定,再对桥面系、上部结构和下部结构分别进行评定,最后进行桥梁总体技术状况的评定,其流程如图3-2所示。

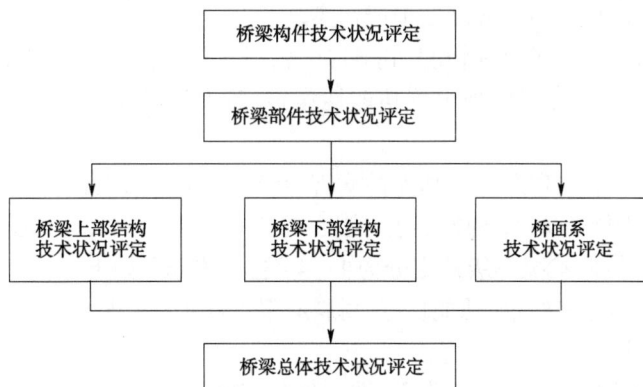

图3-2 桥梁技术状况评定流程

当同一个桥梁存在两种以上结构形式时,可根据结构形式的分布情况划分评定单元,分别对各评定单元进行桥梁技术状况的等级评定。

2. 桥梁技术状况等级分类

(1)主要部件和次要部件的划分

桥梁不同的部件采用不同的技术状况等级分类。对于同一个桥梁,桥梁部件可分为主要部件和次要部件。各类桥梁的主要部件见表3-5,其他部件为次要部件。

各类桥梁的主要部件   表3-5

序号	结构类型	主要部件
1	梁式桥	上部承重构件、桥墩、桥台、基础、支座
2	板拱桥(圬工桥、混凝土桥)、肋拱桥、箱形拱桥、双曲拱桥	主拱圈、拱上结构、桥面板、桥墩、桥台、基础
3	刚架拱桥、桁架拱桥	刚架(桁架)拱片、横向连接系、桥面板、桥墩、桥台、基础

序号	结构类型	主要部件
4	钢-混凝土组合拱桥	拱肋、横向连接系、立柱、吊杆、系杆、行车道板(梁)、支座
5	悬索桥	主缆、吊索、加劲梁、索塔、锚碇、桥墩、桥台、基础、支座
6	斜拉桥	斜拉索(包括锚具)、主梁、索塔、桥墩、桥台、基础、支座

(2)技术状况等级评定的分类

桥梁技术状况评定等级可分为桥梁总体技术状况、主要部件技术状况、次要部件技术状况等级评定。

①桥梁总体技术状况等级评定可分为 1~5 类,具体分类如下:

1 类:桥梁处于全新状态,功能完好。

2 类:桥梁有轻微缺损,对使用功能无影响。

3 类:桥梁有中等缺损,尚能维持正常使用功能。

4 类:主要构件有较大缺损,严重影响桥梁使用功能;或影响承载能力,不能确保正常使用。

5 类:主要构件存在严重缺损,不能正常使用,危及桥梁安全,桥梁处于危险状态。

②桥梁主要部件技术状况等级评定可分为 1~5 类,具体分类如下:

1 类:全新状态,功能完好。

2 类:功能良好,材料有局部轻度缺损或污染。

3 类:材料有中等缺损,或出现轻度功能性病害,但发展缓慢,尚能维持正常使用功能。

4 类:材料有严重缺损,或出现中等功能性病害,且发展较快;结构变形小于或等于规范值,功能明显降低。

5 类:材料严重缺损,出现严重的功能性病害,且有继续扩展现象;关键部位的部分材料强度达到极限,变形大于规范值,结构的强度、刚度、稳定性不能达到安全通行的要求。

③桥梁次要部件技术状况等级评定分为 1~4 类,具体分类如下:

1 类:全新状态,功能完好;或功能良好,材料有轻度缺损、污染等。

2 类:中等缺损或污染。

3 类:材料有严重缺损,出现功能降低,进一步恶化将不利于主要部件,影响正常交通。

4 类:材料有严重缺损,失去应有功能,严重影响正常交通;或原来未设置,通过调查需要补设。

3. 桥梁技术状况评定的计算

(1)桥梁构件技术状况评分

构件技术状况评分特点如下:构件得分随构件病害种类的增加而降低;无论构件病害程度与病害数量如何增加,构件得分始终 ≥0。

桥梁构件的技术状况评分,按下式计算:

$$\text{PMCI}_l(\text{BMCI}_l \text{ 或 } \text{DMCI}_l) = 100 - \sum_{x=1}^{k} U_x \tag{3-1}$$

当 $x=1$ 时

$$U_1 = DP_{i1} \tag{3-2}$$

当 $x \geq 2$ 时

$$U_x = \frac{DP_{ij}}{100 \times \sqrt{x}} \times \left(100 - \sum_{y=1}^{x-1} U_y\right) \quad (\text{其中 } j=x) \tag{3-3}$$

当 $DP_{ij} = 100$ 时

$$PMCI_l(BMCI_l 或 DMCI_l) = 0 \qquad\qquad (3-4)$$

式中:$PMCI_l$——上部结构第 i 类部件 l 构件的得分,值域为 $0 \sim 100$ 分;

$\quad BMCI_l$——下部结构第 i 类部件 l 构件的得分,值域为 $0 \sim 100$ 分;

$\quad DMCI_l$——桥面系第 i 类部件 l 构件的得分,值域为 $0 \sim 100$ 分;

$\quad k$——第 i 类部件 l 构件出现扣分的指标的种类数;

$\quad U,x,y$——引入的变量;

$\quad i$——部件类别,例如 i 表示上部承重构件、支座、桥墩等;

$\quad j$——第 i 类部件 l 构件的第 j 类检测指标;

$\quad DP_{ij}$——第 i 类部件 l 构件的第 j 类检测指标的扣分值,根据构件各种检测指标(标度)对应的扣分值进行计算,扣分值按表 3-6 的规定值取。

检测指标对应的标度可由评定标准中的相关表格查得,其中,混凝土梁式桥剥落、掉角评定标准见表 3-7,简支梁(板)桥、刚架桥裂缝评定标准见表 3-8。

构件各检测指标扣分值 表 3-6

检测指标所能达到的最高级别类型(标度)	指标类别(标度)				
	1 类	2 类	3 类	4 类	5 类
3 类	0	20	35	—	—
4 类	0	25	40	50	—
5 类	0	35	45	60	100

混凝土梁式桥剥落、掉角评定标准 表 3-7

标度	定 性 描 述	定 量 描 述
1	完好,无剥落、掉角	—
2	局部混凝土剥落或掉角	累计面积 ≤ 构件面积的 5%;或单处面积 ≤ 0.5m²
3	较大范围混凝土剥落或掉角	累计面积 > 构件面积的 5% 且 < 构件面积的 10%,或单处面积 > 0.5m² 且 < 1.0m²
4	大范围混凝土剥落或掉角	累计面积 ≥ 构件面积的 10%,或单处面积 ≥ 1.0m²

简支梁(板)桥、刚架桥裂缝评定标准 表 3-8

标度	定 性 描 述	定 量 描 述
1	完好	—
2	局部出现网状裂缝,或主梁出现少量轻微裂缝,缝宽未超限	网状裂缝累计面积 ≤ 构件面积的 20%,单处面积 ≤ 1.0m²,或主梁裂缝缝长 ≤ 截面尺寸的 1/3
3	出现大面积网状裂缝,或主梁出现较多横向裂缝(钢筋混凝土梁、板),或顺主筋方向出现纵向裂缝,或出现斜裂缝、水平裂缝、竖向裂缝等,缝宽未超限	网状裂缝累计面积 > 构件面积的 20%,单处面积 > 1.0m²,或主梁裂缝缝长 > 截面尺寸的 1/3 且 ≤ 截面尺寸的 2/3

标度	定性描述	定量描述
4	主梁控制截面出现较多横向裂缝(钢筋混凝土梁、板),或顺主筋方向出现严重纵向裂缝并伴有钢筋锈蚀等,或出现斜裂缝、水平裂缝、竖向裂缝等,裂缝缝宽超限	主梁裂缝缝长>截面尺寸的2/3,间距<20cm
5	主梁控制截面出现大量结构性裂缝,裂缝大多贯通,且缝宽超限,主梁出现变形	主梁裂缝缝宽>1.0mm,间距≤10cm

对于公路钢筋混凝土及预应力混凝土桥梁,一般环境条件裂缝宽度最大限值见表3-9;对于位于特殊环境条件的混凝土构件,裂缝宽度限值详见《公路钢筋混凝土及预应力混凝土桥涵设计规范》(JTG 3362—2018)。

公路桥梁裂缝限值   表3-9

结构类别	允许最大裂缝宽度(mm)
钢筋混凝土构件、采用预应力螺纹钢筋的B类预应力构件	0.20
采用钢丝或钢绞线的B类预应力混凝土	0.10
A类预应力混凝土构件	不允许

(2)桥梁部件技术状况评分

桥梁部件技术状况评分有以下特点:组成部件的单个构件分数越低,部件分数也就越低;通过最差构件的得分对构件得分平均值进行修正;考虑到主要部件中最差构件对桥梁安全性的影响,当主要部件中的构件评分值在(0,40)时,主要部件的评分值等于此构件的评分值。

桥梁各部件的技术状况评分,按下式计算:

$$\text{PCCI}_i = \overline{\text{PMCI}} - (100 - \text{PMCI}_{min})/t \qquad (3\text{-}5)$$

$$\text{BCCI}_i = \overline{\text{BMCI}} - (100 - \text{BMCI}_{min})/t \qquad (3\text{-}6)$$

$$\text{DCCI}_i = \overline{\text{DMCI}} - (100 - \text{DMCI}_{min})/t \qquad (3\text{-}7)$$

式中:　　　PCCI_i——上部结构第i类部件的得分,值域为0~100分;当上部结构中的主要部件某一构件评分值在PMCI_l在[0,60)区间时,其相应的部件评分值$\text{PCCI}_i = \text{PMCI}_l$;

$\overline{\text{PMCI}}$——上部结构第i类部件各构件的得分平均值,值域为0~100分;

PMCI_{min}——上部结构第i类部件中分值最低的构件得分值;

BCCI_i、$\overline{\text{BMCI}}$、BMCI_{min}——下部结构的对应值;

DCCI_i、$\overline{\text{DMCI}}$、DMCI_{min}——桥面系的对应值;

t——随构件数而变化的系数,见表3-10。

n(构件数)	t	n(构件数)	t	n(构件数)	t
1	8	14	7.3	27	5.76
2	10	15	7.2	28	5.64
3	9.7	16	7.08	29	5.52
4	9.5	17	6.96	30	5.4
5	9.2	18	6.84	40	4.9
6	8.9	19	6.72	50	4.4
7	8.7	20	6.6	60	4.0
8	8.5	21	6.48	70	3.6
9	8.3	22	6.36	80	3.2
10	8.1	23	6.24	90	2.8
11	7.9	24	6.12	100	2.5
12	7.7	25	6.00	≥200	2.3
13	7.5	26	5.88		

注:n 为第 i 类部件的构件总数;表中未列出的 t 值采用内插法计算。

(3)桥梁上部结构、下部结构、桥面系技术状况评分

桥梁上部结构、下部结构、桥面系的技术状况评分按下式计算:

$$\text{SPCI(SBCI 或 BDCI)} = \sum_{i=1}^{m} \text{PCCI}_i(\text{BCCI}_i \text{ 或 DCCI}_i) \cdot W_i \qquad (3\text{-}8)$$

式中:SPCI、SBCI、BDCI——桥梁上部结构、下部结构、桥面系的技术状况评分,值域为 0 ~ 100 分;

        m——上部结构(下部结构或桥面系)的部件种类数;

        W_i——第 i 类部件的权重值,按《公路桥梁技术状况评定标准》(JTG/T H21—2011)中的相关表格取值。其中,梁式桥各部件权重宜按表 3-11 的规定取值。

在实际操作过程中,当某座桥梁没有设置某些构件(部件)时,如单跨桥梁无桥墩、高速公路桥梁无人行道等情况时,需要根据此构件隶属于上部构件、下部构件或桥面系关系,将此缺失构件的权重值分配给其他部件。分配方法采用将缺失部件权重值按照既有部件权重在全部既有部件权重中所占比例进行分配,保证既有部件参与评价,使桥梁评价更符合实际情况。

梁式桥各部件权重   表 3-11

部 位	类 别	评 价 部 件	权 重
上部结构	1	上部承重构件(主梁、挂梁)	0.70
	2	上部一般构件(湿接缝、横隔板等)	0.18
	3	支座	0.12
下部结构	4	翼墙、耳墙	0.02
	5	锥坡、护坡	0.01
	6	桥墩	0.30

部 位	类 别	评价部件	权 重
下部结构	7	桥台	0.30
	8	墩台基础	0.28
	9	河床	0.07
	10	调治构造物	0.02
桥面系	11	桥面铺装	0.40
	12	伸缩缝装置	0.25
	13	人行道	0.10
	14	栏杆、护栏	0.10
	15	排水系统	0.10
	16	照明、标志	0.05

（4）桥梁总体的技术状况评分

桥梁总体的技术状况评分 D_r 根据桥面系、上部结构、下部结构技术状况评分，按下式计算：

$$D_r = BDCI \cdot W_D + SPCI \cdot W_{SP} + SBCI \cdot W_{SB} \tag{3-9}$$

式中： D_r——桥梁总体技术状况评分，值域为 $0 \sim 100$ 分；

W_D、W_{SP}、W_{SB}——桥面系、上部结构、下部结构在全桥中的权重，按表 3-12 的规定取值。

桥梁结构组成权重

表 3-12

桥 梁 部 位	权 重	桥 梁 部 位	权 重
上部结构	0.40	桥面系	0.20
下部结构	0.40		

（5）桥梁技术状况评分界限

由桥面系、上部结构、下部结构以及总体技术状况的评分，可对桥梁技术状况进行等级分类，分类界限按表 3-13 取值。各类等级桥梁相应的养护措施分别是：1 类桥梁正常保养或预防保养；2 类桥梁修复养护、预防养护；3 类桥梁修复养护、加固或更换较大缺陷构件，必要时可进行交通管制；4 类桥梁修复养护、加固或改造，及时进行交通管制，必要时封闭交通；5 类桥梁应及时封闭交通，改建或重建。

桥梁技术状况分类界限

表 3-13

技术状况评分	技术状况等级 D_j				
	1 类	2 类	3 类	4 类	5 类
D_r（SPCI、SBCI、BDCI）	$[95,100]$	$[80,95)$	$[60,80)$	$[40,60)$	$[0,40)$

当上部结构和下部结构的技术状况等级为 3 类、桥面系技术状况等级为 4 类，且桥梁总体技术状况评分为 $40 \leq D_r < 60$ 时，桥梁总体技术状况等级应评定为 3 类。

（6）控制桥梁技术状况的单项指标

在桥梁技术状况评价中，有下列情况之一时，整座桥应评为 5 类桥：

①上部结构有落梁风险;或有梁、板断裂的迹象。

②梁式桥上部承重构件控制截面出现全截面开裂;或组合结构上部承重构件结合面开裂贯通,造成截面组合作用严重降低。

③梁式桥上部承重构件有严重的异常位移,存在失稳的可能。

④结构出现明显的永久变形,变形大于规范限值。

⑤关键部位混凝土出现压碎或杆件失稳倾向;或桥面板出现严重塌陷。

⑥拱式桥拱脚严重错台、位移,造成拱顶挠度大于限值;或拱圈严重变形。

⑦圬工拱桥拱圈大范围砌体断裂,脱落现象严重。

⑧腹拱、侧墙、立墙或立柱产生破坏造成桥面板严重塌落。

⑨系杆或吊杆出现严重锈蚀或断裂现象。

⑩悬索桥主缆或多根吊索出现严重锈蚀、断丝。

⑪斜拉桥拉索钢丝出现严重锈蚀、断丝,主梁出现严重变形。

⑫扩大基础冲刷深度大于设计值,冲空面积达20%以上。

⑬桥墩(桥台或基础)不稳定,出现严重滑动、下沉、位移、倾斜等现象。

⑭悬索桥、斜拉桥索塔基础出现严重沉降或位移;或悬索桥锚碇有水平位移或沉降。

(二)城市桥梁检查评定办法

与公路桥梁的技术状况评估类似,城市桥梁技术状况的评估包括桥面系、上部结构、下部结构和全桥评估。Ⅰ类养护的城市桥梁按影响结构安全状况进行评估(评为合格和不合格),Ⅱ~Ⅴ类养护的城市桥梁的完好程度,采用先构件后部位再综合及与单项直接控制指标相结合的办法评估,以桥梁状况指数 BCI 表征桥梁技术状况、以桥梁结构指数 BSI 表征桥梁不同结构组成部位的结构状况。

(1)按分层加权法根据桥梁定期检查、检测记录,对桥面系、上部结构和下部结构分别进行评估,再综合得出整个桥梁技术状况。

(2)桥面系的技术状况采用桥面系状况指数 BCI_m 表示,桥面系的结构状况采用桥面系结构指数 BSI_m 表示。根据桥面铺装、伸缩装置、排水系统、人行道、栏杆及桥头平顺等要素的损坏情况扣除分值,BCI_m、BSI_m 按下式计算。

$$BCI_m = \sum_{h=1}^{a} (100 - MDP_h) \cdot \omega_h \tag{3-10}$$

$$BSI_m = \min(100 - MDP_h) \tag{3-11}$$

$$MDP_h = \sum_i DP_{hi} \cdot \omega_{hi} \tag{3-12}$$

$$\omega_{hi} = 3.0\mu_{hi}^3 - 5.5\mu_{hi}^2 + 3.5\mu_{hi} \tag{3-13}$$

$$\mu_{hi} = \frac{DP_{hi}}{\sum_i DP_{hi}} \tag{3-14}$$

式中:h——桥面系的评价要素,包括桥面铺装、桥头平顺、伸缩装置、排水系统、人行道和栏杆;

  a——桥面系的评价要素的总数;

  MDP_h——桥面系第 h 类要素中损坏的综合扣分值;

  ω_h——桥面系第 h 类要素的权重,见表3-14;

  DP_{hi}——桥面系第 h 类要素中第 i 项损坏的;

  ω_{hi}——桥面系第 h 类要素中第 i 项损坏的权重;

μ_{hi}——桥面系第 h 类要素中第 i 项损坏的扣分值占桥面系第 h 类要素中所有损坏扣分值的比例。

桥面系各要素权重 ω_h

表 3-14

评 估 要 素	权　重	评 估 要 素	权　重
桥面铺装	0.30	排水系统	0.10
桥头平顺	0.15	人行道	0.10
伸缩装置	0.25	护栏	0.10

（3）桥梁上部结构的技术状况、结构状况分别采用状况指数 BCI_s、结构指数 BSI_s 表示,先逐跨计算,然后再计算整个上部结构的指数,按下式计算。

$$BCI_s = \frac{1}{b}\sum_{i=1}^{b} BCI_{si} \qquad (3\text{-}15)$$

$$BSI_s = \min(BCI_{si}) \qquad (3\text{-}16)$$

$$BCI_{si} = \sum_{j=1}^{c}(100 - SDP_{ij})\cdot\omega_{ij} \qquad (3\text{-}17)$$

$$SDP_{ij} = \sum_{k} DP_{ijk}\cdot\omega_{ijk} \qquad (3\text{-}18)$$

式中：BCI_{si}——第 i 跨上部结构技术状况指数;

b——桥梁跨数;

SDP_{ij}——第 i 跨上部结构中第 j 类构件损坏的综合扣分值;

ω_{ij}——第 i 跨上部结构中第 j 类构件的权重,见表 3-15;

c——第 i 跨上部结构的桥梁构件类型数;

DP_{ijk}——第 i 跨上部结构中第 j 类构件在第 k 项损坏的扣分值,按《城市桥梁养护技术标准》(CJJ 99—2017)附录表取值;

ω_{ijk}——第 i 跨上部结构中第 j 类构件第 k 项损坏的权重。

桥梁上部结构各构件的权重

表 3-15

桥　型	构 件 类 型	权　重	桥　型	构 件 类 型	权　重
梁桥	主梁	0.60	桁架桥	桁片	0.50
				主节点	0.10
	横向联系	0.40		纵梁	0.20
				横梁	0.10
悬臂＋挂梁	悬臂梁	0.60		连接件	0.10
	挂梁	0.20	拱桥	主拱圈(桁)	0.70
	挂梁支座	0.10		横向联系	0.30
	防落梁装置	0.10	刚构桥	主梁	0.80
				横向连接	0.20

（4）桥梁下部结构的技术状况、结构状况分别采用下部结构状况指数 BCI_x、结构指数 BSI_x 表示,先逐跨墩(台)进行计算,然后按下式计算整个下部结构的指数。

$$BCI_x = \frac{1}{b+1}\sum_{j=0}^{b} BCI_{xj} \qquad (3\text{-}19)$$

$$BSI_x = \min(BSI_{xj}) \tag{3-20}$$

$$BCI_{xj} = \sum_{k=1}^{d}(100 - SDP_{jk}) \cdot \omega_{jk} \tag{3-21}$$

式中:BCI_{xj}——第 j 号墩(台)下部结构技术状况指数;

　　　b——桥梁跨数;

　　SDP_{jk}——第 j 号墩(台)下部结构中第 k 类构件损坏的综合扣分值;

　　　ω_{jk}——第 j 号墩(台)下部结构中第 k 类构件的权重,见表3-16。

桥梁下部结构各构件的权重　　　　表 3-16

桥　型	构件类型	权重	桥型	构件类型	权重
			梁桥、桁架桥、刚构桥、悬臂+挂梁		
桥墩	盖梁	0.15	桥台	台帽	0.15
	墩身	0.30		台身	0.20
	基础	0.40		基础	0.40
	支座	0.15		耳墙(翼墙)	0.10
				支座	0.15
桥　型			拱　桥		
桥墩	盖梁	0.10	桥台	台帽	0.10
	墩身	0.30		台身	0.30
	基础	0.45		基础	0.35
	支座	0.15		耳墙(翼墙)	0.10
				支座	0.15

(5)整个桥梁的技术状况 BCI 指数,根据桥面系、上部结构和下部结构的技术状况指数,按下式进行计算。

$$BCI = BCI_m \cdot \omega_m + BCI_s \cdot \omega_s + BCI_x \cdot \omega_x \tag{3-22}$$

式中:ω_m、ω_s、ω_x——桥面系、上部结构和下部结构的权重,对于梁式桥,分别为0.15、0.40、0.45。

(6)城市桥梁评估标准

对于 Ⅰ 类养护的桥梁,完好状态分为合格级(结构完好或结构构件有损伤但不影响桥梁安全)和不合格级(结构构件有损伤且影响桥梁安全);对于 Ⅱ ~ Ⅴ 类养护的桥梁,桥梁上部结构、下部结构、桥面系以及整座桥梁结构的完好状况按表3-17进行评估,并划分为 5 个评估等级,采取相应的养护对策。

桥梁完好状况评估标准　　　　表 3-17

评估等级	状　　态	BCI* 范围	BSI* 范围	养护对策
A 级	完好	[90,100]	[90,100]	日常保养
B 级	良好	[80,90)	[80,90)	保养小修
C 级	合格	[66,80)	[66,80)	针对性小修或中修工程
D 级	不合格	[50,66)	[50,66)	检测评估后进行局部中修、大修或加固工程
E 级	危险	[0,50)	[0,50)	检测评估后进行大修、加固或改扩建工程

注:BCI* 表示 BCI、BCI_m、BCI_s 或 BCI_x;BSI* 表示 BSI_m、BSI_s 或 BSI_x。

(7)各种类型桥梁有下列情况之一时,即可直接评定为不合格级桥或 D 级桥:

①预应力梁产生受力裂缝且裂缝宽度超过规范规定的限值。

②拱桥的拱脚处产生水平位移或无铰拱拱脚产生较大的转动。

③钢结构节点板及连接铆钉、螺栓损坏在 20% 以上,钢箱梁开焊,钢结构主要构件有严重扭曲、变形、开焊,锈蚀削弱截面积 10% 以上。

④墩、台、桩基出现结构性断裂缝,裂缝有开合现象,倾斜、位移、沉降变形,危及桥梁安全。

⑤关键部位混凝土出现压碎或压杆失稳、变形现象。

⑥结构永久变形大于设计规范值。

⑦结构刚度达不到设计标准要求。

⑧支座错位、变形、破损严重,已失去正常支承功能。

⑨基底冲刷面达 20% 以上。

⑩通过桥梁验算检测,承载能力下降达 25% 以上。

⑪人行道栏杆累计残缺长度大于 20% 或单处大于 2m。

⑫上部结构有落梁和脱空趋势或梁、板断裂。

⑬预应力钢筋锚头严重锈蚀失效。

⑭钢-混凝土组合梁、桥面板发生纵向开裂、支座和梁端区域发生滑移或开裂;斜拉桥拉索、锚具损伤;悬索桥钢索、锚具损伤;系杆拱桥钢丝、吊杆和锚具损伤。

⑮其他各种对桥梁结构安全有较大影响的部件损坏。

二、基于结构检算的评定方法

基于结构检算的桥梁评定方法是通过对实际桥梁进行详尽的缺损状况检查、材质状况与状态参数检测,依据桥梁检查检测成果,根据设计规范、评定规程进行承载能力分析计算,并据此结果评定桥梁结构承载能力。《公路桥梁承载能力检测评定规程》(JTG/T J21—2011)采用桥梁检查和结构检算相结合的桥梁承载能力评定的方法,比较全面地考虑了检查检测成果在桥梁承载能力评定中的应用。

为反映实际桥梁状况,针对不同种类的桥梁,《公路桥梁承载能力检测评定规程》(JTG/T J21—2011)引入了承载能力检算系数 Z_1、承载能力恶化系数 ξ_e、混凝土截面折减系数 ξ_c、钢筋截面折减系数 ξ_s 以及活载影响修正系数 ξ_q,来修正材料性能退化、截面变化以及实际运营汽车荷载的变异,也考虑了结构振动特性的影响。对于混凝土梁桥,承载能力极限状态的检算内容一般包括梁跨中正弯矩、支点最不利剪力、1/4 跨径截面最不利弯剪组合效应、连续梁墩顶负弯矩和桥面板局部强度等。基于结构检算的评定方法要点如下:

1. 对于已完成桥梁检查、检测而未进行荷载试验的混凝土桥梁

(1)在最不利设计荷载组合下,荷载效应 S 与结构抗力效应 R 应满足下式要求。

$$\gamma_0 S \leqslant R(f_d, \xi_c a_{dc}, \xi_s a_{ds},) Z_1(1 - \xi_e) \tag{3-23}$$

式中:Z_1——承载能力检算系数;

$\xi_e \cdot \xi_c \cdot \xi_s$——承载能力恶化系数、混凝土截面以及钢筋截面折减系数,均依据《公路桥梁承载能力检测评定规程》(JTG/T J21—2011)先计算对应检测指标的综合评定标度,再查表得到对应的值;

其他符号意义见《公路桥梁承载能力检测评定规程》(JTG/T J21—2011)。

（2）综合考虑桥梁结构或构件表观缺损状况、材质强度和桥梁结构自振频率等的检测评定结果,按下式计算结构或构件承载能力检算系数评定标度 D。

$$D = \sum \alpha_j D_j \tag{3-24}$$

式中:D_j——结构或构件某项检测指标的评定标度,根据缺损状况、材质强度和自振频率的检查评定结果,按规程有关规定取值;

α_j——某项检测指标的权重值,对于缺损状况、材质强度和自振频率检测指标,分别为 0.4、0.3、0.3。

（3）根据结构或构件承载能力检算系数评定标度 D,按表 3-18 确定桥梁承载能力检算系数 Z_1。

配筋混凝土桥梁的承载能力检算系数 Z_1 值　　　　表 3-18

承载能力检算系数评定标度 D	受　弯	轴心受压	轴心受拉	偏心受压	偏心受拉	受　扭	局部承压
1	1.15	1.20	1.05	1.15	1.15	1.10	1.15
2	1.10	1.15	1.00	1.10	1.10	1.05	1.10
3	1.00	1.05	0.95	1.00	1.00	0.95	1.00
4	0.90	0.95	0.85	0.90	0.90	0.85	0.90
5	0.80	0.85	0.75	0.80	0.80	0.75	0.80

注:1. 小偏心受压构件检算系数 Z_1 值可参照轴心受压构件取用。

2. 检算系数 Z_1 值,可按承载能力检算系数评定标度 D 线性内插。

2. 对于已进行较全面荷载试验的混凝土桥梁

采用荷载试验的"旧桥检算系数" Z_2 代替 Z_1,对抗力效应进行调整（提高或折减）。Z_2 取值依据静载试验主要测点应变或变位的校验系数 ζ 查表 3-19 确定,其中校验系数 ζ 按下式计算。

$$\zeta = S_e / S_s \tag{3-25}$$

式中:S_e——实测弹性变位或应变值;

S_s——理论弹性变位或应变值。

通过荷载试验得出的检算系数 Z_2 值　　　　表 3-19

ζ	Z_2	ζ	Z_2
0.4 及以下	1.30	0.8	1.05
0.5	1.20	0.9	1.00
0.6	1.15	1.0	0.95
0.7	1.10		

注:1. 对主要挠度测点和主要盈利测点的检验系数,两者中取较大值。

2. Z_2 值可按 ζ 值内插。

钢结构、缆索承重桥梁的承载能力检算评定详见《公路桥梁承载能力检测评定规程》（JTG/T J21—2011）。

三、基于荷载试验的评定方法

基于荷载试验评定方法是对桥梁进行外观调查后,通过荷载试验来评定桥梁结构承载能力。它是在桥梁结构鉴定中应用历史最长、最为有效的评定方法,其主要优点是直观、可靠,故多用于桥梁质量的评定。在既有桥梁承载能力的评定中,基于荷载试验的评定方法多用于桥梁实际工作状态不明确的情况下,以弥补根据外现调查评定和以分析计算为主的评定方法的不足。其主要工作内容是荷载试验,包括静载试验和动载试验。桥梁静载、动载试验及其评定方法详见第四章、第五章。

第四节　桥梁检查实例

以某钢筋混凝土梁桥为例,根据《公路桥梁技术状况评定标准》(JTG/T H21—2011)的规定,对其进行定期检查和技术状况评定。

一、工程概况

某公路钢筋混凝土简支 T 梁桥,跨径组合为 $3 \times 16m$,桥面总宽 8m,布置双向两车道。该桥上部结构由 5 片钢筋混凝土 T 梁拼装而成;桥面系采用沥青混凝土铺装层;下部结构采用双柱式桥墩、轻型桥台和钻孔桩基础,墩台顶设置板式橡胶支座。

二、桥梁构件划分及数量

桥梁部件划分及构件数量见表 3-20。

桥梁部件划分及构件数量　　　　表 3-20

序号	桥梁结构	桥梁部件	构件数量	备　注	规范权重	实际权重
1	上部结构	上部承重构件	15	5 片 T 梁/跨	0.70	0.70
2		上部一般构件	9	3 道横隔梁/跨	0.18	0.18
3		支座	30	2 个支座/T 梁	0.12	0.12
4	下部结构	翼墙、耳墙	0	未设置此构件	0.02	0
5		锥坡、护坡	0	未设置此构件	0.01	0
6		桥墩	6	2×3 (盖梁,双柱式墩)	0.30	0.34
7		桥台	2	2 个桥台	0.30	0.34
8		墩台基础	8	8 个桩基础	0.28	0.32
9		河床	0	未设置此构件	0.07	0
10		调治构造物	0	未设置此构件	0.02	0
11	桥面系	桥面铺装	3	按跨计算	0.40	0.47
12		伸缩缝装置	4	1 道/墩台顶	0.25	0.29
13		人行道	0	未设置此构件	0.10	0
14		栏杆、护栏	6	按内外侧计, 2 道/跨	0.10	0.12
15		排水系统	3	1 个/跨	0.10	0.12
16		照明、标志	0	未设置此构件	0.05	0

注:根据评定标准,缺失构件的权重值按照既有部件权重占比分配给其他部件,得到实际权重。

三、桥梁病害检查结果

（1）上部结构检查情况及主要病害：装配式 T 梁中 3 片 T 梁跨中腹板存在竖向微裂缝（图 3-3、图 3-4），1 片 T 梁腹板出现蜂窝（图 3-5）；1 个支座出现局部剪切变形（图 3-6）。

图 3-3　L-1-1 T 梁腹板 3 条竖向微裂缝

图3-4　L-2-1 T 梁腹板 2 条竖向微裂缝

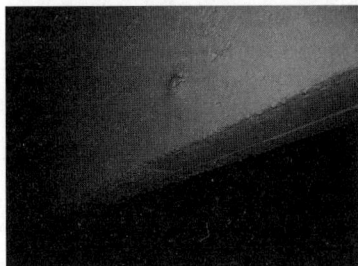

图 3-5　L-3-4 T 梁腹板 1 个蜂窝

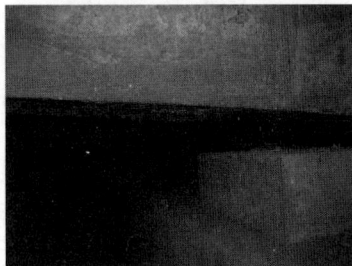

图 3-6　ZZ-2-1-1 支座局部剪切变形

（2）下部结构主要病害：1 道盖梁混凝土被刮损（图 3-7）；1 个桥台台帽露筋（图 3-8）。

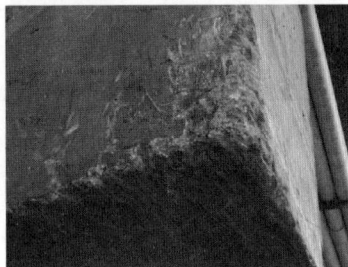

图 3-7　GL-1D 盖梁混凝土被刮损

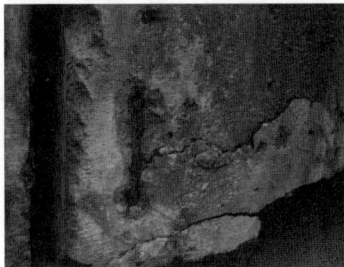

图 3-8　TS-0T 桥台台帽露筋

（3）桥面系主要病害：桥面铺装多处破损、坑槽、磨损露石、开裂；3 条伸缩缝出现堵塞失效、橡胶条局部老化、锚固构件松动等病害；防撞栏存在竖向裂缝，如图 3-9 ～ 图 3-12 所示。

图 3-9　L-1P 桥面铺装跨中
两条横向裂缝

图 3-10　L-2F 伸缩缝上层
槽口局部堵塞

图 3-11 L-2P 桥面铺装破损

图 3-12 H-3-2 防撞栏 3 条竖向裂缝

该桥具体病害情况汇总于表3-21。

桥梁病害情况统计表 表3-21

序号	桥梁部件	构件编号	构件名称	病害类型	病害位置	病害标度
1	上部承重构件	L-1-1	T梁	竖向裂缝	第1跨1号T梁跨中	3
2		L-2-1	T梁	竖向裂缝	第2跨1号T梁跨中	2
3		L-2-5	T梁	竖向裂缝	第2跨5号T梁跨中	2
4		L-3-4	T梁	蜂窝	第3跨4号T梁1/4跨径	2
5	支座	ZZ-2-1-1	支座	剪切变形	第2跨1号轴第1个支座	3
6	桥墩	DS-2-1	墩柱	露筋	2号轴第1个墩柱外侧	2
7		GL-1D	盖梁	磨损	1号轴盖梁外侧	2
8	桥台	TS-0T	台帽	混凝土剥落	0号轴桥台帽外侧	2
9		TS-3T	台身	混凝土剥落	3号轴桥台台身外侧	2
10	桥面铺装	L-1P	第1跨铺装	破损	靠1号轴伸缩缝、跨中	2
11		L-1P		磨光	靠车道外侧	4
12		L-1P		开裂	靠跨中两条横向裂缝	4
13		L-2P	第2跨铺装	破损	靠2号轴伸缩缝处	2
14		L-3P	第3跨铺装	开裂	靠1/4跨径两条纵横向裂缝	4
15	伸缩缝	L-2F	第2条伸缩缝	失效	1号轴内侧	2
16		L-3F	第3条伸缩缝	破损	2号轴内侧	3
17		L-4F	第4条伸缩缝	锚固区缺陷	3号轴内侧	4
18	护栏	H-1-1	第1跨外侧护栏	破损	1条竖向裂缝	2
19		H-3-2	第3跨内侧护栏	破损	3条竖向裂缝	2

四、桥梁技术状况评定计算

（1）病害构件的得分计算

根据各构件实际病害标度与最大标度,由构件各检测指标扣分值表,查得各构件各病害的扣分值;当构件均只有一项病害扣分值 DP 时,该构件得分值为 100 − DP;当构件不止一项病害时,则按式(3-1)计算。如,L-1P 第 1 跨桥面铺装存在磨光、开裂、破损三项病害,单项病害扣分值分别为 50、50、25,按扣分值由大到小排序,$U_1 = 50$,按式(3-1),可得单项扣分修正值 (U_2、U_3) 分别为 17.68、4.67。病害构件的得分见表 3-22。

$$U_1 = \mathrm{DP}_{i1} = 50$$

$$U_2 = \frac{\mathrm{DP}_{i2}}{100 \cdot \sqrt{2}} \times \left(100 - \sum_{y=1}^{1} U_y\right) = \frac{50}{100 \cdot \sqrt{2}} \times (100 - 50) = 17.68$$

$$U_3 = \frac{\mathrm{DP}_{i2}}{100 \cdot \sqrt{3}} \times \left(100 - \sum_{y=1}^{2} U_y\right) = \frac{50}{100 \cdot \sqrt{3}} \times (100 - 50 - 17.68) = 4.67$$

$$\mathrm{DMCI}_l = 100 - \sum_{j=1}^{3} U_j = 100 - 50 - 17.68 - 4.67 = 27.65$$

病害构件评分表　　　　　表3-22

序号	桥梁部位	桥梁部件	构件编号	构件名称	病害类型	病害实际标度	病害最大标度	扣分 (DP)	得分 (PMCI/ BMCI/ DMCI)
1	上部结构	上部承重构件	L-1-1	T梁	竖向裂缝	3	5	45	55
2			L-2-1	T梁	竖向裂缝	2	5	35	65
3			L-2-5	T梁	竖向裂缝	2	5	35	65
4			L-3-4	T梁	蜂窝	2	3	20	80
5		支座	ZZ-2-1-1	支座	剪切变形	3	5	45	55
6	下部结构	桥墩	DS-2-1	墩柱	露筋	2	4	25	75
7			GL-1D	盖梁	磨损	2	4	25	75
8		桥台	TS-0T	台帽	剥落	2	4	25	75
9			TS-3T	台身	剥落	2	4	25	75
10	桥面系	桥面铺装	L-1P	第1跨铺装	磨光	4	4	50	27.65
11			L-1P		开裂	4	4	50	
12			L-1P		破损	2	4	25	
13			L-2P	第2跨铺装	破损	2	4	25	75
14			L-3P	第3跨铺装	开裂	4	4	50	50
15		伸缩缝	L-2F	第2条伸缩缝	失效	2	4	25	75
16			L-3F	第3条伸缩缝	破损	3	4	40	60
17			L-4F	第4条伸缩缝	锚固区缺陷	4	4	50	50
18		护栏	H-1-1	第1跨外侧护栏	破损	2	4	25	75
19			H-3-2	第3跨内侧护栏	破损	2	4	25	75

（2）结构部件的技术状况评分计算

上部承重构件共有15片T梁,对应的系数 t 值为7.2,平均得分为84.75,分值最低为55,则上部承重构件得分为:

$$PCCI = \overline{PMCI} - (100 - PMCI_{min})/t = 91 - (100 - 55)/7.2 = 84.75$$

同理,得到上部一般构件(横隔梁)、支座的部件评分分别为100、90.17,再根据各部件在上部结构中的权重,计算部件评分与对应权重乘积之和,即可得到上部结构技术状况评分 SPCI = 88.15。

下部结构技术状况评分 SBCI = 86.86,桥面系技术状况评分 BDCI = 62.21,见表3-23。

结构技术状况评分计算 表3-23

序号	桥梁部位	桥梁部件	构件数量	构件得分平均值	构件得分最小值	t	部件评分	部件权重	部件评分×部件权重	部位得分	备注
1	上部结构	上部承重构件	15	91	55	7.2	84.75	0.70	59.33	88.15	SPCI
2		上部一般构件	9	100	100	8.3	100	0.18	18		
3		支座	30	98.5	55	5.4	90.17	0.12	10.82		
4	下部结构	桥墩	6	91.67	75	8.9	88.86	0.34	30.21	86.86	SBCI
5		桥台	2	75	75	10	72.5	0.34	24.65		
6		基础	4	100	100	9.5	100	0.32	32		
7	桥面系	桥面铺装	3	50.88	27.65	9.7	43.42	0.47	20.41	62.21	BDCI
8		伸缩缝	4	71.25	50	9.5	65.99	0.29	19.14		
9		护栏	6	91.67	75	8.9	88.86	0.12	10.66		
10		排水系统	3	100	100	9.7	100	0.12	12		

(3)桥梁总体技术状况评分计算

总体得分结果见表3-24,该桥总体技术状况评分 D_r 为82.45,桥梁技术状况等级评定为2类桥。

桥梁总体得分计算表 表3-24

桥梁部位	权重	部位技术状况		权重×部位得分	总体得分 D_r
		得分	分类		
上部结构	0.4	88.15	2 类[80,95)	35.26	82.45
下部结构	0.4	86.86	2 类[80,95)	34.74	
桥面系	0.2	62.21	3 类[60,80)	12.44	
桥梁总体技术状况等级为 2 类[80,95)					

思考题

1.公路桥梁的检查可分为哪几类?各有何不同?

2.城市桥梁的检查可分为哪几类?各有何不同?

3.简述公路桥梁技术状况评定的方法。

4.简述城市桥梁技术状况评定的方法。

5.公路桥梁梁式桥上部结构评定指标有哪些?

6.公路桥梁下部结构评定指标有哪些?

7.公路桥梁桥面系评定指标有哪些?

第四章 桥梁静力荷载试验

第一节 静力荷载试验的方法与程序

一、静载试验的目的

桥梁静力荷载试验也被称为静载试验,一般包括验收性荷载试验和鉴定性荷载试验两大类。所谓验收性荷载试验,是指在桥梁竣工时进行的荷载试验,以全面详实地检验新建桥梁的施工质量、受力性能和结构行为;所谓鉴定性荷载试验,是指既有桥梁在运营过程中进行的荷载试验,以客观科学地掌握桥梁结构的受力状况、评价桥梁的使用性能及其对实际交通荷载的适用性。静力荷载试验是按照预定的试验目的与试验方案,针对组成桥梁的主要构件或全桥整体,将静止的荷载作用在桥梁上的指定位置上,观测桥梁结构的位移、应变、裂缝、沉降等参量的试验项目,然后根据有关规范和规程的评价指标,判断评价桥梁结构的承载能力及使用性能。

桥梁一般分为梁桥、拱桥、斜拉桥、悬索桥等各种结构形式。静载试验就是根据各种结构形式的受力特点,结合病害特征及试验主要目的,按照技术上可行、经济上合理、测试上可靠的原则来设计桥梁静载试验的加载、测试方案。为了能够较为客观地反映桥梁结构的工作性能,桥梁静载试验多采用原位现场试验。一般地,桥梁静载试验主要是解决以下问题:

(1)检验桥梁结构的设计与施工质量,验证结构的安全性与可靠性。对于大、中跨径桥梁,相关规范都要求在竣工之后,通过试验来具体地、综合地鉴定其工程质量的可靠性,并将试验报告作为评定工程质量优劣的主要依据之一。此外,既有桥梁在运营过程中遭受各种自然灾害后,必须通过静载试验来确定其承载能力与使用性能,并以此作为继续运营或加固改造的主要依据。

(2)掌握桥梁结构的工作性能,判断桥梁结构的实际承载能力。对于在役桥梁,在使用过程中,有些桥梁已不能满足当前通行荷载的要求,有些桥梁由于各种原因产生了不同程度的损伤,有些桥梁由于设计或施工差错而产生各种隐患或缺陷。对于这些桥梁,经常采用静载试验来判定其实际承载能力和使用性能,并由此确定限载方案或加固改造方案,特别是对于那些原始设计施工资料不全的既有桥梁,通过静载试验确定其承载能力就显得非常必要。

(3)验证桥梁结构的设计理论与计算方法,充实完善桥梁结构的计算理论与结构构造,积累工程技术资料。随着交通事业的不断发展,采用新结构、新材料、新工艺的桥梁结构日益增多,这些桥梁在设计、施工中必然会遇到一些新的技术问题,其设计计算理论或设计参数需要通过桥梁试验予以验证或确定,在大量试验检测数据积累的基础上,就可以逐步健全完善这类桥梁的设计理论与计算方法。

随着我国桥梁建设事业的飞速发展,新结构、新材料、新工艺日益增多,出现了许多桥梁结构的理论、设计、施工等问题,成为桥梁检测试验的新课题,桥梁静载试验成果对于桥梁设计计算理论、施工技术的发展和完善起到了不可替代的作用。另一方面,桥梁静载试验也为既有桥梁结构承载能力、使用性能和残余寿命的评估提供了科学而直接的依据,成为桥梁安全运营、合理使用的基石。实践证明,要搞好一次桥梁静载试验,为设计、施工、理论研究或加固改造提供可靠和完整的试验资料和科学依据,并不是一件轻而易举的事情,必须明确试验目的,遵循一定的程序,采用科学先进的量测手段,进行严密的准备和组织工作才可能达到预期的目标。为此,根据静载试验对象的实际情况,必须把握住以下三个主要环节:

(1)明确试验目的,抓住主要问题。桥梁静载试验涉及理论计算、测点布置、加载测试、数据分析整理等多个方面,因此,在进行试验之前一定要明确试验目的,预测试验对象的结构行为。这样才能有的放矢,合理选择仪器仪表,准确确定加载设备及加载程序,科学布置测点及测试元件,充分利用人力、物力及其他条件,采取各种必要的手段,以达到预期的试验效果。

(2)精心准备,严密组织。桥梁静载试验由于观测项目多、测点多、仪器仪表多,要求试验工作必须有严格的组织、统一的指挥,并能够紧密配合,协同作战。在正式试验之前,要做好充分的准备工作,对一些关键性的测试项目和测点要考虑备用的测试方法,注意防止和消除意外事故。大量试验证明,如果试验工作的某些环节考虑不周,轻者会使试验工作不能顺利进行,严重的会导致整个试验工作的失败。

(3)加强测试人员培训,提高测试水平。参加试验检测的工作人员,必须在试验之前,熟练地掌握仪器的性能、操作要领以及故障排除技术和技巧,了解本次试验的目的、试验程序及测试要求,及时发现、反映试验过程中的问题。

二、静载试验的程序

一般情况下,桥梁静载试验可分为三个阶段,即桥梁结构的现场查勘与试验工作准备阶段、加载试验与观测阶段、测试结果的分析总结阶段。

桥梁结构的现场查勘与试验方案设计阶段是桥梁静载试验顺利进行的前提条件。该阶段的工作包括技术资料的收集、桥梁现状检查、理论分析计算、试验方案制定、现场实施准备等一系列工作。因此,这一阶段工作是大量而细致的。实践证明,检测工作的顺利与否很大程度上取决于检测前的准备工作。一般来说,桥梁结构的查勘与试验工作准备阶段的具体工作内容如下:

(1)技术资料的收集。桥梁技术资料包括桥梁设计文件、施工记录、监理记录、验收文件、已有试验资料、桥梁养护与维修加固记录、环境因素的影响及其变化、现有交通量及重载车辆的情况等方面。掌握了这些资料,能使我们对于试验对象的技术状况有一个全面的了解。

(2)桥梁现状检查。桥梁检查是指按照有关养护规范的要求,对桥梁的外观进行系统而细致的检查评价,具体包括桥面平整度、排水情况、纵横坡的检查;承重结构开裂与否及裂缝分布情况、有无露筋现象及钢筋锈蚀程度、混凝土碳化剥落程度等情况的检查;支座是否老化、河流冲刷情况、基础病害等方面的检查。通过桥梁检查,能使我们对试验桥梁的现状做出宏观的判断。

(3)理论分析计算。理论分析计算包括设计内力计算和试验荷载效应计算两个方面。设计内力计算是按照试验桥梁的设计图纸与设计荷载等级,根据有关设计规范,采用专用桥梁计算软件或通用分析软件,计算出结构的设计内力;试验荷载效应计算是根据实际加载等级、加载位置及加载重量,计算出各级试验荷载作用下桥梁结构的内力效应,各测点的反应如位移、应变等,以便与实测值进行比较。

(4)试验方案制定。试验方案制定包括测试内容的确定、加载方案设计、观测方案设计、仪器仪表选用等方面。试验方案是整个检测工作技术纲领性文件,因此,必须具备全面、翔实、可操作性强等基本特点。

(5)现场实施准备。现场准备工作包括搭设工作脚手架、设置测量仪表支架、测点放样及表面处理、测试元件布置、测量仪器仪表安装调试、通信照明安排等一系列工作,现场准备阶段工作量大,工作条件复杂,是整个检测工作比较重要的一个环节。

加载与观测阶段是整个检测工作的中心环节。这一阶段的工作是在各项准备工作就绪的基础上,按照预定的试验方案与试验程序,利用适宜的加载设备进行加载,运用各种测试仪器,观测试验结构受力后的各项性能指标如挠度、应变、裂缝宽度等,并采用人工记录或仪器自动记录各种观测数据和资料。需要强调的是,对于静载试验,应根据当前所测得的各种指标与理论计算结果进行现场分析比较,以判断受力后结构行为是否正常,是否可以进行下一级加载,确保试验结构、仪器设备及试验人员的安全。这对于病害比较严重的既有桥梁结构进行试验时尤为重要。

分析总结阶段是对原始测试资料进行综合分析的过程。原始测试资料包括大量的观测数据、文字记载和图片记录等各种原始材料,受各种因素的影响,原始测试数据显得缺乏条理性与规律性,未必能直接揭示试验结构的内在行为。因此,应对它们进行科学的分析与处理,去伪存真、去粗存精、由表及里,进行综合分析比较,从中提取有价值的资料,揭示结构受力特征。对于一些数据或信号,有时还需按照数理统计或其他方法进行分析,或依靠专门的分析仪器和分析软件进行分析处理,或按照有关规程的方法进行计算。这一阶段的工作,直接反映整个检测工作的质量。测试数据经分析处理后,按照检测的目的要求,依据相关规范规程,对检测对象做出科学准确的判断与评价。

目前,桥梁静载试验应按照《公路桥梁荷载试验规程》(JTG/T J21-01—2015)、《城市桥梁检测与评定技术规范》(CJJ/T 233—2015)、《公路桥涵设计通用规范》(JTG D60—2015)等进行,必要时,可参考借鉴国内外其他相关相近技术规范进行评价。最后,综合上述三个阶段的内容,形成桥梁静载试验报告。

第二节　桥梁结构静载试验的方案设计

试验方案设计是桥梁静载试验的重要环节,是对整个试验的全过程进行全面的规划和系统的安排。一般来说,试验方案的制定应根据试验目的,在充分考察和研究试验对象的基础上,分析与掌握各种有利条件与不利因素,进行理论分析计算后,对试验的方式、方法、具体操作等方面做出全面的规划。试验方案设计包括试验对象的选择、理论分析计算、加载方案设计、观测内容确定、测点布置及测试仪器选择等方面。

一、试验对象的选择

桥梁静载试验既要能够客观全面地评定结构的承载能力与使用性能,又要兼顾试验费用、试验时间的制约,因此,要进行必要的简化,科学合理地从全桥中选择具体的试验对象。一般来说,对于结构形式与跨径相同的多孔桥跨结构,可选择具有代表性的一孔或几孔进行加载试验量测;对于结构形式不相同的多孔桥跨结构,应按不同的结构形式分别选取具有代表性的一孔或几孔进行试验;对于结构形式相同但跨径不同的多孔桥跨结构,应选取跨径最大的一孔或几孔进行试验;对于预制梁,应根据不同跨径及制梁工艺,按照一定的比例进行随机抽查试验。除了上述几点之外,试验对象的选择还应考虑以下条件:

(1)试验孔或试验墩台的受力状态最为不利;

(2)试验孔或试验墩台的病害或缺陷比较严重;

(3)试验孔或试验墩台便于搭设脚手支架,布置测点及加载。

二、理论分析计算

确定试验对象之后,要进行试验桥跨的理论分析计算。理论分析计算是加载方案、观测方案及试验桥跨性能评价的基础与依据。因此,理论分析计算应采用先进可靠的计算手段和工具,以使计算结果准确可靠。一般地,理论分析计算包括试验桥跨的设计内力计算和试验荷载效应计算两个方面。

设计内力计算是根据试验桥梁的设计图纸与设计荷载,选取合理可靠的计算图式,按照设计规范,运用结构分析方法,采用专用桥梁计算软件或通用分析软件,计算出桥梁结构的设计内力。一般地,由于永久作用(如结构重力)已作用在桥梁结构上,设计内力计算是指可变作用下的内力计算,即按照相应的设计规范计算由汽车、人群荷载所产生的各控制截面最不利活载内力。需要特别指出的是,对于既有桥梁,应按照原设计荷载等级进行内力计算,如试验目的是拟提高原设计荷载等级或通过特殊超重车辆,应进行原设计荷载等级、拟提高荷载等级的内力计算结果对比,并进行控制截面的强度、变形检算或结构整体稳定性分析。对于常见桥型,控制截面的数量多少取决于准确地绘制出内力包络图的需要,控制截面最不利活载内力计算的一般方法是先求出该截面的各类影响线,然后进行影响线加载,再按照车道数、冲击系数及车道折减系数计算出该截面的最不利活载内力。此外,对于存在病害或缺陷的桥梁,还应计算其恒载内力,按照设计规范进行内力组合,验算控制截面强度,确保试验荷载达到或接近活载内力时桥梁结构的安全。

控制截面不仅会出现设计内力峰值,也往往是进行观测量测的主要部位,把握住控制截面,就可以较为宏观全面地反映试验桥梁承载能力和工作性能。在进行静载试验时,常见桥型控制截面的设计内力及观测内容可大致归纳如下:

(1)简支梁桥:控制截面的设计内力包括跨中截面的弯矩与支点截面的剪力,对于曲线梁还包括支点截面的扭矩。相应的应变观测内容为跨中截面应变,必要时可增加 $L/4$ 截面、$3L/4$ 截面的应变;变形观测内容为支点沉降以及 $L/4$、跨中、$3L/4$ 截面的挠度,对于曲线梁还包括跨中截面的扭转角。

(2)连续梁桥(连续刚构桥):控制截面的设计内力包括中跨跨中截面、中跨 $L/4$ 截面、中跨 $3L/4$ 截面、中支点截面、边跨(次边跨)跨中截面的弯矩、剪力。一般地,应变观测内容为中跨跨中截面、中支点截面、近中支点的边跨跨中截面的应变,必要时可增加中跨 $L/4$ 截面、中跨 $3L/4$ 截面的应变;变形观测内容为各跨支点沉降,各跨 $L/4$、跨中、$3L/4$ 截面的挠度,对于曲线连续梁还应包括各跨支点、$L/4$、跨中、$3L/4$ 截面的扭转角。

(3)T 形刚构:控制截面的设计内力包括固端根部截面的弯矩与剪力、墩身控制截面的弯矩与轴力,相应的观测内容为固端根部截面、墩身控制截面的应变,悬臂端部的挠度、墩顶截面的水平位移与转角。

(4)拱桥:控制截面的设计内力包括拱肋或拱圈控制截面(拱顶、$L/4$、拱脚)的轴力、弯矩,对于中承式、下承式拱桥还包括吊杆的轴力,对于上承式拱桥还包括立柱的轴力,对于系杆拱桥还应包括系杆的轴力。与此相对应,观测内容为拱脚、$L/4$、跨中、$L_{3/4}$处拱肋或拱圈截面的应变与挠度,墩台顶的挠度与水平位移,必要时还可增加 $L/8$、$L_{3/8}$、$L_{5/8}$、$L_{7/8}$截面的挠度。对于中承式或下承式拱桥,还应测试吊杆的应变或伸长量;对于系杆拱,还应测试系杆的内力变化。

(5)斜拉桥:控制截面的设计内力包括加劲梁控制截面的弯矩、扭矩与轴力,索塔控制截面的弯矩与轴力,控制拉索的轴力,桥面系的局部弯曲应力等。相应的观测内容为各跨支点、$L/4$、跨中、$3L/4$截面的挠度,必要时还要观测上述部位的扭转角和横桥向位移、加劲梁控制截面及索塔控制截面的应变、索塔塔顶的水平位移、控制拉索的索力、桥面系的工作性能等。

(6)悬索桥:控制截面的设计内力包括主缆的轴力,索塔控制截面的轴力、弯矩,吊杆的轴力,加劲梁控制截面的弯矩与剪力,桥面系的应力等。观测内容包括加劲梁支点、$L/8$、$L/4$、$3L/8$、跨中、$5L/8$、$3L/4$、$7L/8$截面的挠度以及上述测点在偏载情况下的扭转角和横桥向位移,加劲梁跨中截面、$L/8$截面、索塔控制截面的应变,索塔塔顶的水平位移,控制吊杆的轴力,最大索股索力,主缆的表面温度,桥面系的工作性能等。

不失一般性,将常见桥型的变形、应力的重点观测内容汇总于表 4-1。

常见桥型的变形、应力的重点观测内容　　　　　　　　　　表 4-1

结构体系	变形重点观测内容	应力(应变)重点观测内容
简支梁桥	$L/4$　$L/4$　$L/4$　$L/4$ ϕ支点沉降以及四分点、跨中挠度测点	测量 $L/4$、跨中和 $3L/4$ 截面上下缘的应变
连续梁桥	$L_1/2$　$L_1/2$　$L_2/4$　$L_2/4$　$L_2/4$　$L_2/4$　$L_3/2$　$L_3/2$ L_1　L_2　L_3 ϕ支点沉降以及四分点、跨中挠度测点	测量 $L/4$、跨中和 $3L/4$、支点截面的应变
T 形刚构	L_1　L_2　L_3 θ墩顶扭转角 ▲墩顶水平位移 ϕ悬臂端部、挂梁跨中挠度	测量固端根部截面、墩身控制截面以及挂梁跨中截面的应变
拱桥	$L/8$　$L/8$　$L/8$　$L/8$　$L/8$　$L/8$　$L/8$　$L/8$ ▲墩台水平位移 ϕ拱脚、八分点、四分点及跨中挠度测点	测量拱顶、拱脚、八分点、四分点截面,以及跨中截面的应变

结构体系	变形重点观测内容	应力(应变)重点观测内容
斜拉桥	 $L_1/8$ $L_1/8$ $L_1/8$ $L_1/8$ $L_1/8$ $L_1/8$ $L_1/8$ $L_1/8$ $L_2/4$ $L_2/4$ $L_2/4$ $L_2/4$ L_1　L_2 ▲索塔塔顶的水平位移 φ支点、跨中及四分点的挠度测点	测量各跨支点、四分点、跨中截面,以及索塔塔根等控制截面的应变;测量斜拉索最大拉力等
悬索桥	 $L_1/4$ $L_1/4$ $L_1/4$ $L_1/4$ $L_2/8$ $L_2/8$ $L_2/8$ $L_2/8$ $L_2/8$ $L_2/8$ $L_2/8$ $L_2/8$ $L_3/4$ $L_3/4$ $L_3/4$ $L_3/4$ L_1　L_2　L_3 ▲索塔塔顶水平位移测点 φ支点、八分点、四分点及跨中挠度测点	测量加劲梁支点、八分点、四分点、跨中截面,以及索塔塔根等控制截面的应变;测量典型吊索索力、主缆索股轴力等

试验荷载效应计算是在设计内力计算结果的基础上,确定加载位置、加载等级以及在试验荷载作用下结构反应大小的过程,也是一个反复试算的过程。在不影响主要试验目的的前提下,一般采用内力(应力)或变形等效的加载方式,即计算出设计标准荷载对控制截面产生的最不利内力,以此作为控制值,然后调整试验荷载使该截面内力逐级达到此控制值,从而实现静载试验目的。为保证试验效果,根据相关规范的要求,在选择试验荷载大小及加载位置时应采用静力荷载试验效率 η_q 进行调控,即:

$$\eta_q = \frac{S_s}{S' \times (1 + \mu)} \quad (4-1)$$

式中:S_s——静力试验荷载作用下,某一加载试验项目对应的加载控制截面内力、应力或变位的最大计算效应值;

　　S'——检算荷载产生的同一加载控制截面内力、应力或变位的最不利效应计算值;

　　μ——按规范取用的冲击系数值。

一般地,根据试验目的的不同,η_q 取值可以分为:

(1)验收性荷载试验:η_q 取值应大于或等于0.85,且不得大于1.05。

(2)鉴定性荷载试验:η_q 取值应大于或等于0.95,且不得大于1.05。

在计算试验荷载效应时,首先要根据控制截面的设计内力及加载设备的种类,初步确定加载位置、加载等级,以使试验荷载逐级达到该截面的设计内力,实现预定的加载效率。同时,应计算其他控制截面在试验荷载作用下内力,如未超过其设计内力,说明试验荷载的加载位置、加载等级有效且安全;如超过其设计内力,则应重新调整试验荷载的加载位置、加载等级,直至找到既可使控制截面达到其加载效率,又确保其他截面在试验荷载作用下不超过其设计内力的加载方式为止。其次,根据最终确定的加载等级、加载位置及加载重量,计算出试验桥梁各级试验荷载作用下的结构行为,包括试验桥梁各应力测试截面的应力应变、各挠度测点的挠度,必要时还要根据试验桥梁的受力特点,计算出各测点的扭角、水平位移等结构反应,以便与实测值进行比较,评价该桥的工作性能。最后,在上述工作的基础上,结合现场实际情况,形成严密可行的加载程序,以便试验时实施。

三、加载方案设计

加载是桥梁静载试验重要的环节之一,包括加载设备的选用,加载、卸载程序的确定以及加载持续时间三个方面。实践证明,合理地选择加载设备及加载方法,对于顺利完成试验工作和保证试验质量有着很大的影响。

1. 加载设备

桥梁静载试验的加载设备应根据试验目的要求、现场条件、加载量大小和经济方便的原则选用。对于现场静载试验,常用的加载设备主要有三种,即利用车辆荷载加载、利用重物加载、利用专门的加力架加载。

采用车辆荷载进行加载具有便于运输、加载卸载方便迅速等优点,是桥梁静载试验最常用的一种方法。通常可选用重载汽车或利用施工机械车辆。利用车辆荷载加载需注意两点:一是对于加载车辆应严格称重,保证试验车辆的重量、轴距与理论计算的取用值相差不超过5%;二是尽可能采用车重、车长、轴距相近的加载车辆。同时,应准确测量车轴之间的距离;如这些参数差异较大时,则应按照实际轴距与重量重新计算试验荷载所产生的结构内力与结构反应。表4-2为目前较为常用的三轴标准试验加载车技术参数表。

三轴标准试验加载车技术参数表 表4-2

车型	前中轴距 B (cm)	中后轴轴距 A (cm)	轮距 D (cm)	前轴重 (kN)	中轴重 (kN)	后轴重 (kN)	总重 (kN)
	380	140	180	60	120	120	300
三轴车							

重物加载是将重物(如铸铁块、预制块、沙包、水箱等)施加在桥面或构件上,通过重物逐级增加以实现控制截面的设计内力,达到加载效率。采用重物加载时也要进行重量检查,如重物数量较大时可进行随机抽查,以保证加载重量的准确性。采用重物直接加载的准备工作量较大,加载卸载时间较长,实际应用受到一定限制,重物加载一般用于现场单片梁试验、人行桥梁静载试验等场合。

专用加力架一般由地锚、千斤顶、加力架、测力计(力传感器)、支承等组成,如图4-1所示。千斤顶一端作用于加力架上并通过加力架传递给地锚,另一端作用在试验梁上,力的大小由测力计进行监控。一般来说,专用加力架临时工程量大、经济性差,仅适用于单

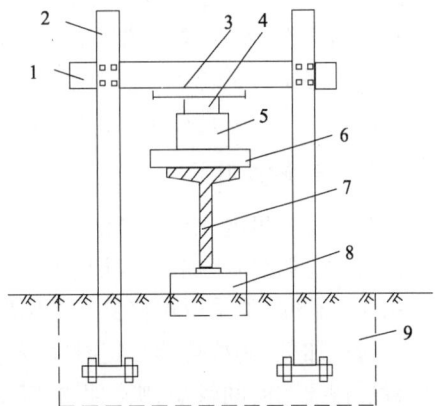

图4-1　加力架的构成示意图

1-上横梁;2-拉杆;3-垫板;4-测力计;5-千斤顶;6-分配梁;7-试验梁;8-试验梁支承;9-地锚

片梁或桥梁局部构件的现场检测。

2. 加载卸载程序

为使试验工作顺利进行,获得结构应变和变形随荷载增加的连续关系曲线,防止意外破坏,桥梁静载试验应采用科学严密的加载及卸载程序。加载卸载程序就是试验进行期间荷载与时间的关系,如加载速度的快慢、分级荷载量值的大小、加载、卸载的流程等。对于短期试验,加载卸载程序确定的基本原则可归纳如下:

(1)加载卸载应该是分级递加和递减,不宜一次完成。分级加载的目的在于较全面地掌握试验桥梁实测变形、应变与荷载的相互关系,了解桥梁结构各阶段的工作性能,且便于观测操作。因此,相关规范要求,静载试验荷载一般情况下应不少于 3~5 级加载,逐级使控制截面由试验所产生的内力逼近设计内力。采用分级加载方法,每级加载量值的大小和分级数量的多少要根据试验目的、观测项目与试验桥梁的具体情况来确定,必要时减小荷载增量幅度、加密荷载等级。

(2)正式加载前,要对试验桥梁进行预加载。预加载的目的在于消除结构的非弹性变形,并起到演习作用,发现试验组织观测等方面的问题,以便在正式加载试验前予以解决。如检查试验仪器仪表的工作状态,检验试验设备的可靠性,检查现场组织工作与试验人员分工协作方面所存在的问题。此外,对于新建结构,通过预加载可以使结构进入正常工作状态,消除支点沉降、支座压缩等非弹性变形。预加载的荷载大小一般宜取为最大试验荷载的 1/3~1/2,对钢筋混凝土结构还应小于其开裂荷载。

(3)当所检测的桥梁状况较差或存在缺陷时,应尽可能增加加载分级,并在试验过程中密切监测结构的反应,以便在试验过程中根据实测数据对加载程序进行必要的调整或及时终止试验,确保试验桥梁、量测设备和人员的安全。

(4)一般情况下,加载车辆全部到位、达到设计内力后方可进行卸载,卸载可分 2~3 级卸载,并尽量使卸载的部分工况与加载的部分工况相对应,以便进行校核。

(5)加载位置应尽可能靠近测试截面内力影响线的峰值处,以便用较小的荷载来产生较大的试验荷载效应,从而节省试验费用与测试时间。同时,加载位置还应尽可能兼顾不同测试截面的试验荷载效应,以减少加载工况与测试工作量,如三跨连续梁中跨跨中截面的加载与中支点截面的加载就可以互相兼顾。此外,对于直线桥跨,每级荷载应尽可能对称于桥轴线,以便利用对称性校核测试数据,减少测试工作量。

在上述工作的基础上,根据所确定的加载设备、加载等级、加载顺序与加载位置等方面,就可以形成一个比较严密的、操作性较强的加载程序,作为正式试验时加载实施的纲领。

3. 加载卸载时间

为减少温度变化对测试结果的影响,加载时间宜选在温度较为稳定的 22 时至次日 6 时之间进行,尤其是对于加载工况较多、加载时间较长的试验。如夜间加载或量测存在困难而必须在白天进行时,要采取严格良好的温度补偿措施。

每次加载、卸载持续一定时间后方可进行观测,以使结构的反应能够充分地表现出来,如加载后持续的时间较短,则测得的应变、变形值有可能偏小。通常要根据观测仪表所指示的变化来确定加载持续时间,当结构应力、变形基本稳定时方可进行各观测点读数。对于卸载后残余变形的观测,零载持续时间应适当延长,这是因为结构的残余变形与其承载历史有关,新建结构在第一次荷载作用下常有较大的残余变形。一般情况下,混凝土桥梁试验时每级荷载持续时间应不小于 15 ~ 30min,钢桥试验时每级荷载持续时间应不小于 10min;卸载后观测残余变形、残余应变的时间间隔应不小于 30min。

四、观 测 内 容

桥梁结构在荷载作用下所产生的变形可以分为两大类:一类变形是反映结构整体工作性能的,如梁的挠度、转角,索塔的水平变位等,称为整体变形;另一类变形是反映结构局部工作状况的,如裂缝宽度、相对错位、结构应变等,称为局部变形。在确定桥梁静载试验的观测项目时,首先应考虑到结构的整体变形,以整体把握结构受力的宏观行为;其次要针对结构的特点及存在的主要问题,抓住重点,有的放矢,不宜过分庞杂,以能够全面地反映加载后结构的工作状态、解决桥梁的主要技术问题为宜。一般来说,桥梁静载试验的主要观测内容如下:

(1)桥梁结构在各级试验荷载作用下的最大竖向挠度以及挠度沿桥轴线分布曲线。对于一些桥梁结构形式,如拱桥、斜拉桥、悬索桥,还要观测拱肋或索塔控制点在试验荷载作用下顺桥向或横桥向的水平位移;对于采用偏载加载方式或对于曲线桥梁,还要观测试验结构变形控制点的水平位移和扭转变形。

(2)桥梁结构控制截面最大应力(应变)的数值及其随荷载的变化规律,包括混凝土表面应变及外缘受力主筋的应力。通常,应力测试以混凝土表面正应力测试为主,一方面测试应变沿截面高度的分布,借以检验中心轴高度计算值是否可信,推断结构的极限强度;另一方面测试应变随试验荷载的变化规律,由此判断结构是否处于弹性工作状态。对于受力较为复杂的情况,还要测试最大主应力大小、方向及其随荷载的变化规律。此外,为了能够全面地反映结构应力分布,常常在结构内部布设应力测点,如钢筋应力测点、混凝土内部应力测点,这类测点须在施工阶段就预理相应的测试元件。

(3)裂缝的出现和扩展,包括初始裂缝所处的位置,裂缝的长度、宽度、间距与方向的变化,以及卸载后裂缝的闭合情况。

(4)在试验荷载作用下,支座的压缩或支点的沉降、墩台的位移与转角。

(5)一些桥梁结构如斜拉桥、悬索桥、系杆拱的吊索(拉索)的索力,以及主缆(拉索)的表面温度。

五、测 点 布 置

测点布置应遵循必要、适量、方便观测的基本原则,并使观测数据尽可能地准确、可靠。测点布置可按照以下 5 点进行:

(1)测点的位置应具有较强的代表性,以便进行测试数据分析。桥梁结构的最大挠度与最大应变,通常是最能反映结构性能的,也是试验者最感兴趣的,掌握了这些数据就可以比较宏观地了解结构的工作性能及强度储备。例如,简支梁桥跨中截面的挠度最大,该截面上下缘混凝土的应力也最大,这种很有代表性的测点必须设法予以量测。

(2)测点的设置一定要有目的性,避免盲目设置测点。在满足试验要求的前提下,测点不宜设置过多,以便使试验工作重点突出,提高效率,保证质量。

(3)测点的布置也要有利于仪表的安装与观测读数,并便于试验操作。为了便于测试读数,测点布置宜适当集中;对于测试读数比较困难危险的部位,应有妥善的安全措施或采用无线传输设备。

(4)为了保证测试数据的可靠性,尚应布置一定数量的校核性测点。在现场检测过程中,由于偶然因素或外界干扰,会有部分测试元件、测试仪器不能处于正常工作状态或发生故障,影响量测数据的可靠性。因此,在量测部位应布置一定数量的校核性测点,如一个对称截面,在同一截面的同一高度应变测点不应少于 2 个,同一截面应变测点不应少于 6 个,以便判别量测数据的可靠程度,舍去可疑数据。

(5)在试验时,有时可以利用结构对称互等原理来进行数据分析校核,适当减少测点数量。例如,简支梁在对称荷载作用下,$L/4$、$3L/4$ 截面的挠度相等,两截面对应位置的应变也相等,利用这一点可适当布置一些测点,进行测试数据校核。

六、测试仪器选择

根据测试项目的需要,在选择仪器仪表时,要注意以下 5 点:

(1)选择仪器仪表必须从试验的实际情况出发,选用的仪器仪表应满足测试精度的要求,一般情况下要求测量结果的最大相对误差不超过 5%。

(2)在选用仪器仪表时,既要注意环境适用条件,又要避免盲目追求精度,因为精密量测仪器仪表的使用,常常要求有比较良好的环境条件。

(3)为了简化测试工作,避免出现差错,量测仪器仪表的型号、规格,在同一次试验中种类愈少愈好,尽可能选用同一类型或规格的仪器仪表。

(4)仪器仪表应当有足够的量程,以满足测试的要求,试验中途的调试会增加试验的误差。

(5)由于现场检测的测试条件较差,受外部环境因素的影响较大,一般来说,电测仪器的适应性不如机械式仪器仪表,而机械式仪器仪表的适应性不如光学仪器,因此,应根据实际情况,采用既简便可靠又符合要求的仪器仪表。例如,当桥下净空较大、测点较多、挠度较大时,桥梁挠度观测宜选用光学仪器如精密水准仪,而单片梁静载试验挠度的量测宜采用百分表。

第三节　试验现场组织实施

静载试验现场组织是实现预定的试验方案的重要保证,其内容包括试验前现场准备工作、加载测试工作及现场清理的全部内容。试验组织就是把上述内容按先后顺序互相衔接,形成一个有机、完整、高效率组织计划,并在试验中按照这个计划进行,只有遇到特殊情况或发现异常情况时,按照加载控制及加载终止的条件予以调整。

一、现场准备及测试工作安排

静载试验现场准备及测试工作包括试验前准备工作、加载测试及试验后现场清理工作。一般来说,试验前准备工作比较庞杂,试验方案的大部分工作都要在加载试验前具体化,要占用全部试验工作的大部分时间。

1. 试验前准备工作

试验前准备工作内容比较多,主要包括以下工作:

(1)为了能够较方便地布置测点、安装仪表或进行读数,必要时要搭设脚手架、使用升降设备或桥梁检测车,搭设的支架应牢固可靠,便于使用,同时注意所搭设的支架不能影响试验对象的自由变形。此外,要在距离测试部位适当的地方搭设棚帐,以供操作仪器使用;还要接通电源或自备发电设备,安装照明设备。

(2)进行仪器仪表、加载设备的检查标定工作。试验出发前应对所携带的仪器仪表、设备进行全面的检查与标定,确保仪器仪表状态良好,同时准备好各类人工记录仪器的记录表格。如采用加力架进行加载,要对加力架强度、刚度、稳定性等方面进行验算,避免加载设备先于试验结构破坏的现象,并进行千斤顶的校验;如使用汽车或重物加载,要采用地磅进行严格的称重,测量加载车辆轴距。

(3)按照试验方案设计的应变测点位置,进行应变测点的放样定位。对于结构表面测点,要进行表面打磨处理或局部改造(如在测点位置局部铲除桥面铺装)。对于结构内部测点,如钢筋计,则要在施工过程中预埋测试元件。然后,进行应变测试元件的粘贴、编号、防潮与防护处理,连接应变测试元件与数据采集仪,采取温度补偿措施,进行数据采集仪的预调平。对于要进行裂缝观测的试验桥梁,要提前安装裂缝监测仪,必要时用石灰浆进行表面粉刷分格,表面分格可采用铅笔或木工墨斗,分格大小以 20～30cm 见方为宜,以便观察和查找新出现的裂缝。

(4)按照试验方案设计的变形测点位置,进行变形测点的定位布置。对于采用精密水准仪进行挠度测量的,要进行测点标志埋设,测站、测量路线的布设;对于采用全站仪等光学仪器进行水平位移测量的,要进行控制基准网、站牌、反光棱镜、测量路线的布设,测量测点的布置要牢靠、醒目,防止在试验过程中移位或破坏;对于采用百分表、千分表或位移计进行变形测量的,根据理论挠度计算值的大小和方向,安装测表并进行初读数调整及测读。

(5)根据预定的加载方案与加载程序,进行加载位置的放样定位,采用油漆或粉笔明确地画出加载的位置、加载等级,以便正式试验时指挥加载车辆或加载重物准确就位。

(6)对于处于运营状态的桥梁,试验准备工作要注意测试元件、测试导线的防护,试验开始前应封闭交通,禁止闲杂人员和非试验用车辆进入。

(7)建立试验领导组织,进行人员分工安排。一般地,根据试验实际情况,设指挥长一人,在其下可根据使用的仪器型号、测试项目的情况划分小组,每组由经验丰富的人员担任组长,配备相应的通信联络工具或明确联络方式,以便统一指挥,统一行动。正式开始试验前,指挥长根据试验程序向全体工作人员进行技术交底,交底的内容包括试验测试内容、试验程序、注意事项等,明确所有测试人员的职责,做到人人心中有数。

(8)正式加载前,要进行预加载,以检查仪器的工作状态,消除非弹性变形。预加荷载卸载后,进行零荷载测量,读取各测点零荷载的读数。

2. 试验工作

试验开始前,应注意收集天气变化资料,核查估计试验过程中温度变化情况,落实交通封闭疏解措施,尽可能保证试验在干扰较小的情况下顺利进行。试验工作要点如下:

(1)加载的位置、顺序、重量要准确无误,利用汽车加载时,要有专人指挥汽车行驶到指定位置。

(2)试验时,每台仪器应配备一个以上的观测人员进行观测记录,每级荷载作用下的实测值应与对应的理论计算值进行比较;如有异常情况应立即检查、分析原因,并立即向试验指挥人员汇报,以便试验指挥人员做出正确的判断。

(3)在每级荷载作用下,待结构反应稳定后,不同类别的测试项目(应变、变形、裂缝)应在同一时间进行读数。如某些项目观测时间较长,则应将观测时间较短的项目的读数时间安排在中间进行,以使各测试项目的读数基本同步。

(4)试验进行过程中,注意不要触动测试元件及测量导线,以免引起读数的波动。

3. 现场清理

试验完成后,应核查测试数据的完备性,如无遗漏,就可清理现场。现场清理主要包括以下工作:

(1)清理仪器仪表及可重复利用的测试元件,回收测试导线。

(2)拆除脚手架和棚帐,清理现场,以便开放交通。

(3)对于进行了打磨或局部改造的应变测点,要用混凝土或环氧砂浆进行修补。此外,还要拆除变形测量时所埋设的测点标志或临时站点设施。

二、加载控制及终止条件

在静载试验过程中,试验指挥人员应及时掌握各方面的情况,对加载进行控制。既要取得良好的试验效果,又要确保试验桥梁、人员及仪器设备的安全,避免不应有的损失。为此,应注意以下4点:

(1)严格按照预定试验方案的加载程序进行加载,试验荷载的大小、测试截面的内力大小都应由小到大,逐步增加,并随时做好停止加载和卸载的准备。

(2)对于变形控制点、应变控制点应随时观测、随时计算,必要时应对变形、应变控制点的量值变化进行在线实时监控观测,并将测试结果及时报告试验指挥人员。如实测值超过理论计算值较多、裂缝宽度急剧增大或听到异常的声响,应暂停加载,待查明原因后再决定是否继续加载。

(3)加载过程中应指定专人注意观察结构的薄弱部位是否有新裂缝出现,组合结构的结合面是否出现错位或相对滑移现象,结构是否出现不正常的响声,加载时墩台是否发生摇晃现象等。如发生这些情况,应及时报告试验指挥人员,以便采取相应的措施。

(4)试验过程中发生下列情况时应中途终止加载。

①加载过程中,结构原有的裂缝的长度、宽度急剧增大,或超过规范限值的裂缝迅速增多,对结构的使用寿命造成较大影响。

②在某一级试验荷载作用下,控制点的应变急剧增大,或某些测点应变处于继续增大的不稳定状态。

③在某一级试验荷载作用下,控制测点的应变或挠度超过规范允许值。

④发生其他损坏,影响桥梁结构的正常使用或承载能力。

第四节   静载试验数据整理分析

静载试验数据整理分析的直接目的是更好地达到预定的试验目的,以便由表及里、去粗存精,对桥梁结构做出相应的技术评价。静载试验数据整理分析包括对现场实测数据进行修正、整理,借助实测数据评价桥梁结构的技术状况。

一、实测资料整理

试验的原始资料与原始记录是研究试验结果、评价桥梁使用性能与承载能力的主要依据。

原始记录是说明试验情况的第一手资料,从整体上看是最可靠的,但也难免是繁琐的、庞杂的,缺乏必要的条理性,不能够集中而明确地说明试验所得到的主要技术结论。因此,在实测资料的整理过程中,要进行去粗存精、去伪存真的加工,这样得到的综合材料要比原始记录更为清楚地表达了试验主要成果,反映了结构受力状况。同时,在测试数据整理过程中,要重视和尊重原始资料与原始记录,珍惜有用的点滴资料,保持原始记录的完整性与严肃性。此外,对于一些量测方法和量测内容,要按照科学合理的方法进行计算和修正,以获取有价值的数据或进行量测误差分配。

1. 试验原始资料的内容

(1)试验桥梁的检查结果和验算结果;

(2)试验方案及编制说明;

(3)各测试项目的读数记录及结构裂缝分布图;

(4)桥梁结构材料的力学性能试验结果;

(5)荷载试验过程中出现的各种异常情况的记录、照片等。

2. 试验资料整理

一般地,对于处在弹性工作阶段的结构而言,测值等于加载读数减去初读数。在试验完成后,根据试验观测项目及相应的记录表格,就可直接计算出各级荷载作用下相应的测值,找出各观测项目具有代表性的数据来。在测值计算时,要注意以下 5 个问题:

(1)测值修正

测值修正是根据各类仪表的标定结果而进行测试数据修正的工作,如机械式仪表的校正系数,电测仪器的率定系数、灵敏系数,电阻应变仪观测导线电阻的影响等。一般来说,仪器仪表的偏差具有系统性,应在试验前设法予以排除,当这类因素对测试值的影响小于 1% 时可不予修正。

(2)挠度计算及误差处理方法

当采用精密光学仪器进行变形测量时,应根据测量学的误差理论、处理平差方法及试验所采用的测量路线进行测量误差的调整计算。首先,假定起始点的假设高程,计算各测点在各级试验荷载作用下的假定高程;然后,根据测量线路计算高差闭合差及其容许值,若测量成果的精度符合要求,即可进行高差闭合差的调整,调整方法是将高差闭合差反号,按与各测段的路线长度成正比例地分配到各段高差中,计算出各测点在各级试验荷载作用下的改正高程;最后,将改正高程减去零载时的初始假定高程,即可得出各测点在各级试验荷载作用下的挠度。

(3)支点沉降影响的修正

对于梁式桥,支点沉降会产生刚体位移和转角,测试结果不仅包括弹性挠度,也包括刚体位移,因此,当支点产生沉降时,应修正其对挠度的影响。以图 4-2 所示的简支梁为例,支点沉降为直线分布,修正量值可按下式计算:

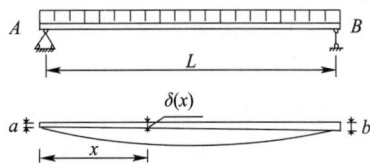

图 4-2 考虑支点沉降时梁的挠度修正

$$\delta(x) = \frac{l-x}{l}a + \frac{x}{l}b \qquad (4-2)$$

式中:$\delta(x)$——距支点 A 距离为 x 处的修正值;

l——简支梁的跨径;

x——挠度测点到 A 支点的距离;

a——支点 A 的沉降量；

b——支点 B 的沉降量。

(4)测点应力计算

各测点的实测应力可按虎克定律,由实测应变求得,即：

$$\sigma = E \times \varepsilon \qquad (4\text{-}3)$$

钢材的弹性模量,可根据钢材的种类,采用有关规范或规程的规定值,也可截取试验结构做成试件,通过试验测定该钢种的弹性模量。对于混凝土结构,其弹性模量确定方法有两种：一是按照设计图纸所规定的混凝土强度等级,采用规范规定值；二是采用无损测试方法,测定试验结构混凝土的实际强度,然后根据实测强度查表求得相应的弹性模量值。前一种方法多用于新建桥梁结构,后一种方法多用于既有桥梁结构的试验。

当采用千分表、杠杆引申仪、手持应变仪测读应变时,应变值为：

$$\varepsilon = \frac{\text{测值(绝对变位)}}{\text{标距}} \qquad (4\text{-}4)$$

采用电测法进行应变测量时,其测试结果(加载读数与初读数之差)即为应变值 ε。一般地,测试截面的纤维应变是由多种应力综合组成,可能包括轴向应变、竖向弯曲应变、水平弯曲应变以及约束扭转应变等。测定这些应力所需要的测点数量和布置方式,随构件的截面形状与试验目的而定。对于单向应力状态,且沿主应力方向布置应变片的情况,正应力即为主应力；对于单向应力状态按主应力方向布置直角应变片的情况,主应力为：

$$\sigma = \frac{E}{1 + \lambda} \varepsilon \qquad (4\text{-}5)$$

式中：ε——应变测读值；

λ——泊松比；

E——混凝土弹性模量。

在平面应力状态下,当主应力方向已知,按主应力方向布置应变片测量应变,测值为 ε_a、ε_b 时,对应的主应力为：

$$\sigma_a = \frac{E}{1 - \lambda^2}(\varepsilon_a + \lambda \varepsilon_b) \qquad (4\text{-}6)$$

$$\sigma_b = \frac{E}{1 - \lambda^2}(\varepsilon_b + \lambda \varepsilon_a) \qquad (4\text{-}7)$$

$$\tau_{\max} = \frac{E}{2(1 + \lambda)}(\varepsilon_b - \varepsilon_a) \qquad (4\text{-}8)$$

(5)荷载横向分布系数的计算

对于由多片主梁组成的桥梁结构,荷载横向分布系数的量测与计算往往是桥梁检测的内容之一。通过对桥梁结构跨中截面各主梁挠度的测定,可以绘制出跨中截面的横向挠度曲线,然后按照荷载横向分布的概念,运用变位互等原理,即可计算出任一主梁的荷载横向分布系数。一般地,各主梁截面尺寸相同,按照横向分布系数来定义。

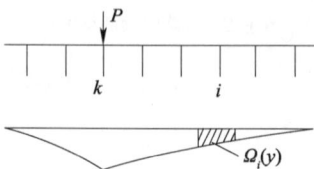

$$\eta_i = \frac{\omega_i}{\overline{\omega}_i} \qquad (4\text{-}9)$$

图4-3 任一主梁的挠度曲线

式中：ω_i——荷载 P 引起的某一主梁的挠度；

$\overline{\omega}_i$——荷载 P 均匀分布于全桥宽时所产生的挠度。

同时,如图 4-3 所示,荷载横向分布系数也可以用挠度图的面积来定义。

$$\eta_i = \frac{\Omega_i(y)}{\Omega} = \frac{y_i}{\sum y_i} \tag{4-10}$$

式中:$\Omega_i(y)$——第 i 个主梁范围内挠度图的面积;

$\quad\quad \Omega$——挠度图的总面积;

$\quad\quad y_i$——第 i 个主梁的挠度。

二、试验曲线整理

1. 荷载-变形曲线的整理

按照试验要求,可以针对各种变形如挠度、转角、应变等绘制荷载-变形曲线,以表达荷载与变形之间的关系。荷载与变形关系能够比较宏观地说明结构的基本状态和工作性质,说明结构处于弹性还是弹塑性工作阶段,同时也能反映某些局部现象如结构开裂与否等工作状态等。荷载-变形曲线的陡缓,代表了试验结构刚度的大小,曲线愈陡,结构刚度愈大。根据荷载-变形曲线的形状与特征点,可以研究试验结构的工作状态。试验曲线形状发生特别变化之处,一定与结构中某些特殊的现象有联系,再利用其他实测资料进行综合分析,即可全面把握试验结构的受力行为。

静载试验时,荷载量级在逐步增大,受加载方式的制约,荷载作用位置也可能会产生变化,加上横向分布的影响,往往难以简单地用荷载-变形曲线来反映结构的线性程度。此时,常采用加载效率-实测响应曲线来反映结构的线性程度,加载效率即控制截面试验荷载效应与该截面设计活载内力之比,通过试验实测数据的回归来反映结构受力行为的线性程度,如图 4-4 所示。

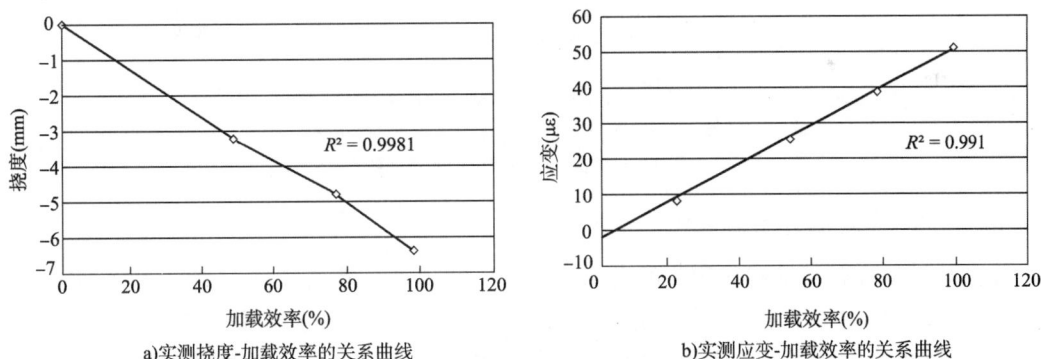

a)实测挠度-加载效率的关系曲线   b)实测应变-加载效率的关系曲线

图 4-4 某桥梁实测结构响应-加载效率的关系曲线

2. 结构位置-实测变形曲线

结构位置-实测变形曲线主要有两种:一是实测变形与试验结构位置曲线,如挠度沿桥轴线的分布曲线、挠度沿桥横向的分布曲线;二是应变沿截面高度的分布曲线。利用沿桥梁跨径方向将各测点在各级试验荷载作用下实测挠度值连接起来的挠度曲线,可以宏观判断挠度测试结果是否正确、结构反应是否正常、卸载后残余变形如何分布等问题,有些时候还可利用对称性进行检查。利用沿桥梁横截面方向将各测点在各级试验荷载作用下实测挠度值连接起来的挠度曲线,可以进行横向分布系数的计算,进而验证所采用的横向分布计算理论的合理性。图 4-5 为某钢筋混凝土箱梁的跨中截面在各级荷载作用下应变沿截面高度分布关系图。由图可以推知,在 A1、A2 工况试验荷载下,截面中性轴的高度分别为 1.040m、1.036m,平均值为 1.038m,可见在各级荷载作用下中性轴的高度变化不大,表明结构在荷载试验过程中处于线弹性受力状态。利用应变沿截面高度的分布曲线,可以检查应变分布是否符合平截面假定、结合面是否产生相对滑移,判断试验结构是否处于弹性工作状态。图 4-6 为一装配式钢筋混凝土 T 形梁在试验荷载作用下沿桥轴线方向挠度实测曲线、跨中截面沿横桥向挠度实测曲线,通过上述两条曲线,就可以较为宏观、全面地把握试验对象的受力行为。

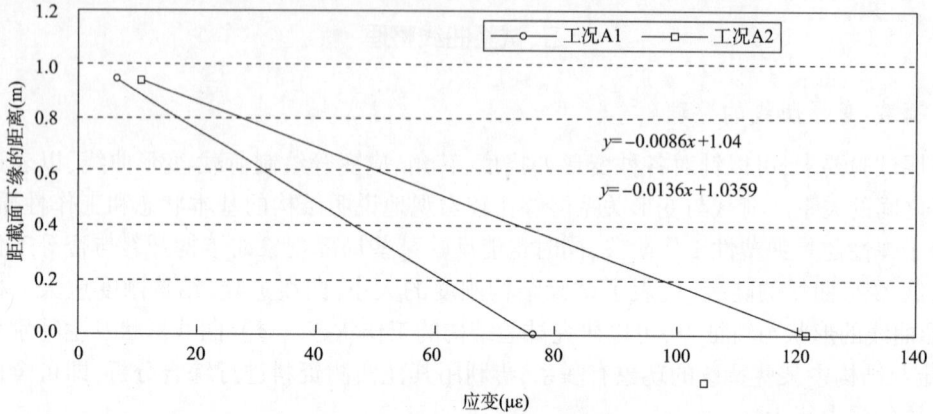

图 4-5　梁体应变沿截面高度变化图

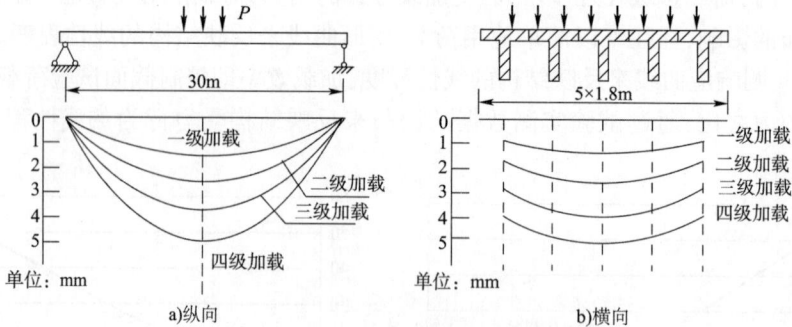

图 4-6　简支 T 梁静载试验实测曲线

3. 理论值-实测值关系曲线

将试验结构在各级荷载作用下的实测值与对应的理论计算值绘制在一起,进行实测值与理论值的比较,进而检验设计计算理论的正确性与合理性,分析试验对象的受力行为。一般来说,各种计算理论都作了一些简化和假设,和实际情况有一定出入,同时也存在其适用范围、适用程度的问题。通过实测值与理论值的比较,不仅可以判断试验结构的使用性能与工作状态,而且可以验证计算理论、为规范的修订与完善积累设计资料,这对于新结构、新材料的推广应用有非常重要的意义。图 4-7 为某两跨连续梁在试验荷载作用下实测挠度与理论计算挠度的比较图。

4. 其他曲线

对于钢筋混凝土结构和预应力混凝土结构,在试验过程中,当裂缝出现之后,应按照裂缝的开展情况绘制裂缝分布图,以及特征裂缝形态随试验荷载增加发展变化图,注明裂缝宽度、长度在每级荷载作用下的发展变化情况(图 4-8、表 4-3),并照相或采用米格纸将裂缝详细情况记录下来。

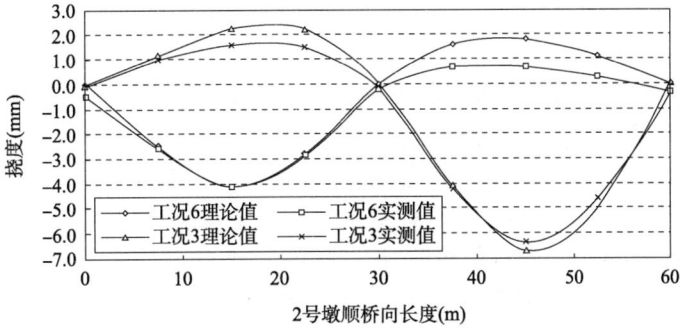

图 4-7 某两跨连续梁实测挠度-理论计算挠度比较图

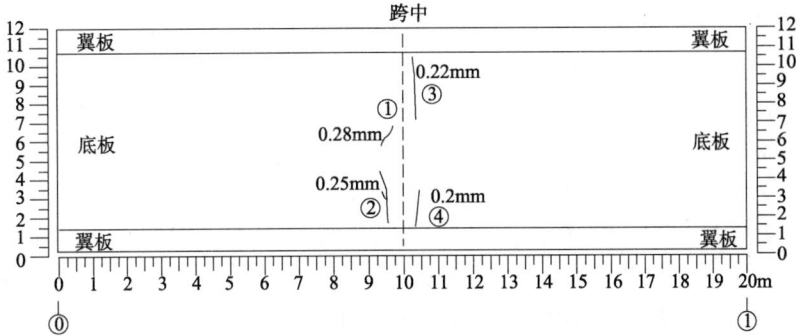

图 4-8 某箱梁裂缝分布状况展开图

某箱梁裂缝典型裂缝宽度监测结果(单位:mm) 表 4-3

裂缝编号	初　始	一级加载	二级加载	三级加载	一级卸载	全部卸载
1	0.28	0.30	0.32	0.33	0.27	0.28
2	0.25	0.28	0.29	0.30	0.25	0.24
3	0.22	0.24	0.25	0.26	0.22	0.22
4	0.20	0.21	0.22	0.25	0.22	0.20

　　除了上述常用的试验曲线和图形外,根据试验类型、荷载性质、变形特点的不同,还可以绘制一些其他的结构试验特征曲线,如试验荷载-支点反力曲线,某些结构局部变形(相对滑移、挤压)曲线、节点主应力轨迹曲线等。

三、允许限值及评价方法

　　桥梁结构静载试验结束以后,要从试验结果的分析中对结构性能做出评价。对于生产鉴定性试验,应从试验资料的整理分析中,提取充分而必要的数据,对结构的承载能力、使用性能做出判断,进而说明结构的安全可靠性或满足使用要求的程度。一般地,桥梁结构静载试验的评价指标包括两个方面:一是根据控制测点的实测值与相应的理论计算值进行比较,采用校验系数来说明结构的工作性能和安全储备;二是将控制测点的实测值与规范规定的允许值进行比较,从而说明结构所处的工作状况。下面对此做详细说明。

　　1. 校验系数

　　所谓校验系数,是指某一测点的实测值与相应的理论计算值的比值,实测值可以是挠度、位移、应变或力的大小,校验系数表达式为:

$$\xi = \frac{S_e}{S_s}$$ (4-11)

式中: S_e——试验荷载作用下主要测点的弹性变位或应变实测值;

S_s——试验荷载作用下主要测点的理论变位或应变的计算值。

当 $\xi = 1$ 时,说明理论值与实测值完全相符;

当 $\xi < 1$ 时,说明结构工作性能较好,承载能力有一定富余,有安全储备;

当 $\xi > 1$ 时,说明结构的工作性能较差,设计强度不足,不够安全。

当结构变位或应变的校验系数大于 1 时,应查明原因;当结果无误时,桥梁结构的承载能力应评定为不满足要求。

2. 规范允许限值

在设计规范中,从保证正常使用条件出发,对残余变形、墩台基础沉降、裂缝宽度给出了允许裂缝宽度的限值。在桥梁静载试验中,可以测出桥梁结构在试验荷载作用下的残余变形、墩台基础沉降及最大裂缝宽度,并据此进行试验桥梁工作性能与承载能力的评价。

对于残余变形,相关规范规定,卸载后最大残余变形与该点的最大实测值的比值应小于 20%。当残余变形大于 20% 时,应查明原因;当结果无误时,桥梁结构的承载能力应判定为不满足要求。

对于墩台基础,在试验荷载作用下发生不稳定沉降变位,且卸载后不能恢复大部分者,即判定桥梁承载能力为不满足要求,并应对地基及基础进行进一步的探查、检算或采取长期监测手段。

对于裂缝宽度,钢筋混凝土梁裂缝宽度限值为 0.25 ~ 0.30mm,部分预应力 A 类构件不允许出现裂缝,部分预应力 B 类构件裂缝宽度限值为 0.15 ~ 0.20mm,钢筋混凝土墩台裂缝宽度限值为 0.20 ~ 0.30mm 等。试验时裂缝宽度超过上述限值,且卸载后裂缝宽度超过限值的 2/3 时,即判定桥梁承载能力为不满足要求。

对于挠度或变形,在试验荷载作用下,当结构或构件的最大挠度或变形超出规范规定的允许限值时,即判定桥梁使用性能为不满足要求。挠度或变形允许限值可参见设计规范,如梁式桥允许限值为 1/600,拱桥、桁架桥允许限值为 1/800。

四、试验报告的编制

在对全部试验资料进行整理与分析的基础上,编制桥梁结构静载试验报告。试验报告内容包括以下各项。

1. 试验概况

试验概况的主要内容有试验桥梁的结构形式、跨径、桥宽、设计荷载、构造特点、设计施工概况等。对于鉴定性试验,要说明设计或施工过程中存在的技术问题,以及其对使用性能的影响;对于科学研究性试验,要说明设计施工中需要解决的问题。

2. 试验目的与依据

根据试验桥梁的特点,要有针对性地说明结构静载试验所要达到的目的与要求,说明试验的依据、试验对象的选取原则等。

3. 试验方案

试验方案包括理论分析计算结果、加载方案及加载程序、观测项目、测点布置、测试人员的组织安排及测试仪器选择等。

4. 试验日期及试验过程

主要说明组织桥梁静载试验的起讫日期、加载观测时间的安排及试验准备阶段的情况,此外,还要说明试验过程有无异常情况出现,试验时遇到的特殊问题及其解决方法等。

5. 试验主要成果与分析评价

依据桥梁静载试验的观测项目,将理论计算值、实测值及有关的参考限值进行比较,说明理论计算值与实测值的符合程度以及规范限值的符合性,从而说明试验对象的承载能力与使用性能,以及试验中发现的新问题。综合实测数据、外观检查等方面的资料,说明试验对象的承载能力及使用性能。

6. 技术结论

在对测试资料综合分析的基础上,得出最后的技术结论,并对试验桥梁做出科学的评价。对于存在问题的桥梁结构,还要提出维修养护或加固改建的意见或建议。

7. 试验记录、图表、照片的摘录

将试验实测数据以图表曲线的形式表达出来;对于试验桥梁所存在的各种缺陷,应以照片的形式记录下来。

第五节　静载试验实例

一、概　　述

某大桥是一座跨江桥梁,全长392m,桥宽12m,其中主桥长200m,为55m+90m+55m变截面预应力混凝土连续梁,采用悬臂浇筑法施工;引桥长192m,分别为3×16m和9×16m钢筋混凝土箱梁,采用现浇法施工,总体布置如图4-9所示。该桥设计荷载为汽车—20级、挂车—100、人群荷载3.5kN/m²,设计纵坡为0.0%,建成于1995年。近期,由于交通量急剧增长,导致该桥出现一些病害,如梁体振动较大、线形下挠,桥面铺装层破损等。为了检验该桥承载能力及使用性能,结合现场条件进行静载试验与桥面线形测量,本着安全、经济的原则,确定试验对象如下:

(1)靠近两侧桥台的16m跨引桥;

(2)主桥三跨55m+90m+55m的连续梁。

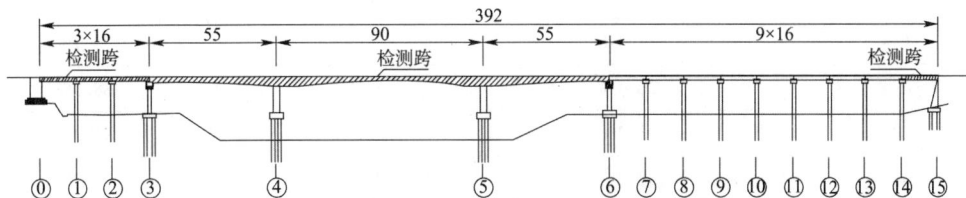

图4-9　某大桥总体布置及检测桥跨示意图(尺寸单位:m)

二、引桥静载试验简介

1. 设计活载内力计算

引桥结构为钢筋混凝土现浇箱梁,其活载内力计算模型为空间杆系结构,梁被划分为16

个空间梁单元,截面构造及计算模型如图4-10所示,活载效应计算采用动态规划法加载,计算得出的活载内力见表4-4。

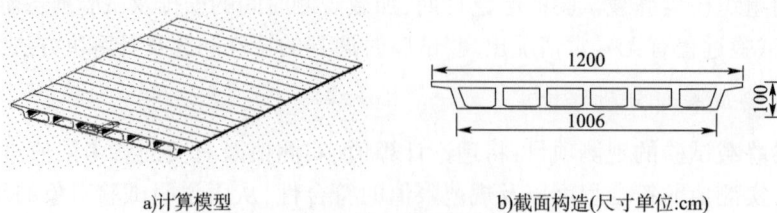

a)计算模型　　　　　　　　　　　　b)截面构造(尺寸单位:cm)

图4-10　引桥计算模型及截面构造

引桥活载弯矩汇总(单位:N·m)　　　　　　　　　　　表4-4

断面位置	汽车—20级+人群	挂车—100	控制值
$L/8$	1.36×10^6	1.35×10^6	1.36×10^6
$L/4$	2.29×10^6	2.20×10^6	2.29×10^6
$3L/8$	2.79×10^6	2.70×10^6	2.79×10^6
$L/2$	2.96×10^6	2.70×10^6	2.96×10^6
$5L/8$	2.79×10^6	2.70×10^6	2.79×10^6
$3L/4$	2.29×10^6	2.20×10^6	2.29×10^6
$7L/8$	1.36×10^6	1.35×10^6	1.36×10^6

2. 加载及量测方案

本次试验为鉴定性荷载试验,根据《公路桥梁荷载试验规程》(JTG/T J21-01—2015)的要求,以及结构计算和现场条件,采用3辆重约360kN的重车进行加载,使跨中截面的正弯矩接近加载效率的下限值。为此,试验时将试验跨的跨中截面作为应变测试截面,根据试验荷载的载位布置,可得出试验荷载加载效率计算结果,见表4-5。在试验荷载载位情况下,校核其他截面内力,均未超过其设计内力,说明试验荷载载位有效且安全。最终确定的静载试验程序如下:

试验荷载加载效率　　　　　　　　　　　　表4-5

断面位置	一级加载	二级加载	三级加载
$L/8$	18.0%	36.1%	68.3%
$L/4$	21.4%	42.9%	78.7%
$3L/8$	26.4%	52.8%	88.8%
$L/2$	33.2%	66.3%	93.3%
$5L/8$	38.8%	77.8%	98.9%
$3L/4$	34.8%	69.6%	87.2%
$7L/8$	34.4%	68.6%	83.5%

(1)将加载汽车过地磅称重,3台车辆的称重结果分别为365.9kN、369.5kN、358.1kN,将加载车辆停放指定区域内。

(2)正式实施试验加载,加载车辆载位如图4-11所示,试验加载程序如下:

①加载阶段——使试验跨跨中正弯矩最大。

一级加载:一台重车在跨中布置,车后轴距离跨中 1m。

二级加载:一台重车在跨中布置,车后轴距离跨中 1m。

三级加载:一台重车在跨中布置,车后轴距离跨中 2m。

②卸载阶段。

一级卸载:将三级加载的一台汽车撤离。

二级卸载:将一、二级加载的两台汽车撤离。

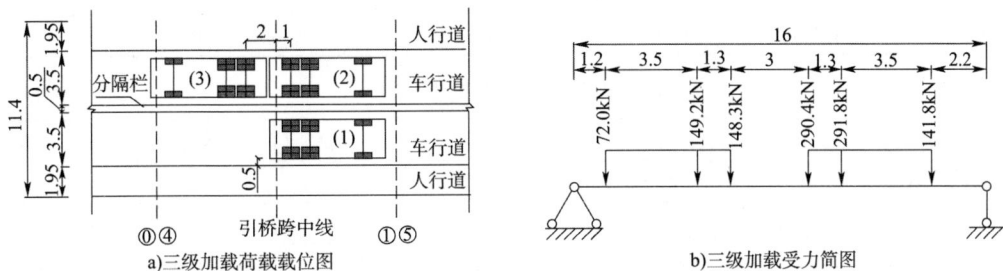

图 4-11　引桥试验检测跨三级加载工况(尺寸单位:m)

引桥各试验跨的变形测点布置如图 4-12a)所示。每跨设变形测点共计 7 个,变形测量采用二等水准测量标准,测试精度为 0.1mm,基准点设在桥外,量测内容为各级荷载下的变形及卸载后残余变形。选取各试验检测跨跨中截面作为应变量测截面,每个截面布置 11 个应变测点,如图 4-12b)所示,应变量测采用钢弦式应变计,量测内容为各级荷载下的应变及卸载后残余应变。

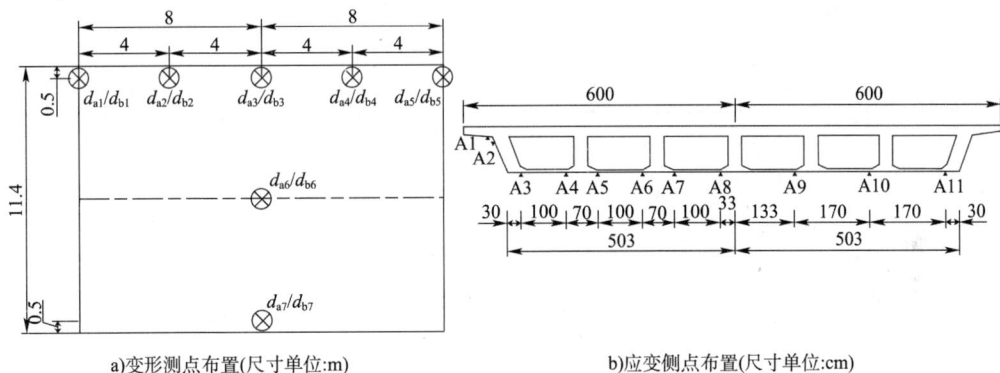

图 4-12　引桥变形及应变量测方案

3. 静载试验主要结果及分析评定

(1)挠度

挠度理论计算结果见表 4-6,试验实测各点挠度见表 4-7、表 4-8 和图 4-13。在三级加载情况下,0~1 号跨跨中截面最大挠度为 6.3mm,14~15 号跨跨中截面最大挠度为 6.4mm,对应的理论计算挠度值为 7.9mm,试验实测最大挠度与理论计算的比值分别为 0.797、0.810(表 4-9),校验系数均小于 1.0。

引桥试验荷载作用下的测点计算挠度值(单位:mm)　　　　　　　　　　　　表 4-6

断面位置	一级加载	二级加载	三级加载
1/4L	-1.8	-3.6	-5.5
1/2L	-2.7	-5.4	-7.9
3/4L	-2.0	-4.0	-5.7

0~1号跨引桥实测挠度值(单位:mm)　　　　　　表4-7

测 点 号	距支点的距离	位 置	一级加载	二级加载	三级加载	全部卸载
d_{a1}	0.0m	支点	-0.1	-0.1	-0.1	0.0
d_{a2}	4.0m	1/4跨	-1.3	-2.4	-2.9	-0.1
d_{a3}	8.0m	跨中	-2.0	-4.2	-6.3	-0.3
d_{a4}	12.0m	3/4跨	-0.9	-2.8	-4.1	-0.1
d_{a5}	16.0m	支点	-0.1	-0.1	-0.5	-0.1

14~15号跨引桥实测挠度值(单位:mm)　　　　　　表4-8

测 点 号	距支点的距离	位 置	一级加载	二级加载	三级加载	全部卸载
d_{b1}	0.0m	支点	0.2	-0.2	-0.3	0.2
d_{b2}	4.0m	1/4跨	-0.5	-2.7	-3.7	0.1
d_{b3}	8.0m	跨中	-1.9	-4.5	-6.4	-0.4
d_{b4}	12.0m	3/4跨	-0.6	-2.1	-3.4	-0.1
d_{b5}	16.0m	支点	-0.2	0.0	-0.2	-0.3

实测挠度最大值与理论值的比较(单位:mm)　　　　　　表4-9

测 点 位 置	0~1号跨中	14~15号跨中
实测最大挠度值	-6.0	-6.0
理论最大挠度值	-7.9	-7.9
实测/理论	0.76	0.76

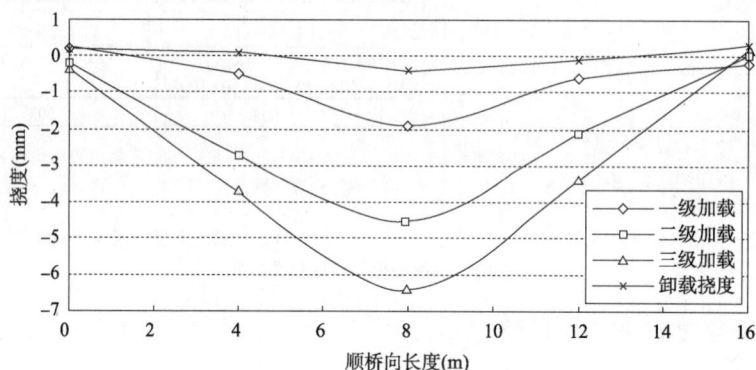

图4-13　引桥14~15号跨实测挠度曲线

（2）应力（应变）测试结果

在试验荷载作用下,试验实测引桥各试验跨应变见表4-10,对应的理论计算值见表4-11,最大应变值与理论计算最大应变值的比较见表4-12,两者的比值在0.804~0.978之间,校验系数均小于1.0,但比较接近限值。

引桥试验跨测点实测应变值(单位:$\mu\varepsilon$)　　　　　　表4-10

测 点 位 置	一级加载	二级加载	三级加载	全部卸载
0~1号跨中底板下缘	36.20	85.18	114.29	1.94
14~15号跨中底板下缘	50.58	99.25	138.89	1.69

注:下缘应变为9个测点的平均值。

測點最大應變實測值與理論值的比較 表4-11

測 點 位 置	0～1号跨跨中底板下缘	14～15号跨跨中底板下缘
实测最大应变值(με)	112.35	137.2
理论最大应变值(με)	142	142
实测/理论	0.791	0.966

（3）残余变形（应变）

试验结束前对各试验跨引桥进行了残余变形观测,各试验跨引桥的最大残余挠度与该跨相应的最大挠度的比值、最大残余应变与该跨相应的最大应变的比值均在0.05～0.065之间,如表4-12所示,残余变形均小于20%。

引桥各试验跨测点的最大残余变形（应变） 表4-12

测 点 位 置	0～1号跨中底板下缘	14～15号跨中底板下缘
实测最大应变值(με)	114.29	138.89
实测残余应变值(με)	7	9
残余/最大	0.06	0.065
实测最大挠度值(mm)	6.3	6.4
实测残余挠度值(mm)	0.3	0.4
残余/最大	0.05	0.06

（4）裂缝

试验开始前,对引桥裂缝进行了普查,在检测跨跨中的底板发现了少数细微的横桥向裂缝,引桥跨中附近腹板则有较多的竖向裂缝,均属受力裂缝,多数裂缝宽度在0.2mm以下,少数裂缝宽度在0.2mm以上。在试验加载过程中,在引桥各试验跨各选取了3条典型底板裂缝和典型腹板裂缝,采用裂缝计进行了监测,加载前,6条典型裂缝宽度在0.12～0.20mm之间。监测结果表明:在试验加载过程中底板和腹板裂缝均没有明显的发展变化,且卸载后基本能够恢复原状。

（5）基础沉降

通过布设在支点截面的d_{a1}、d_{a5}及d_{b1}、d_{b5}测点,未观测到可见的基础沉降。

4.引桥静载试验小结

实测数据及其分析结果表明:引桥梁体工作性能较好,承载能力足够,实测挠度、应变变化所呈现的规律与理论计算情况相符,尚处于弹性工作范围,在试验过程中未见梁体有新裂缝出现,原有裂缝没有明显扩展,检测指标均能满足设计规范及《公路桥梁荷载试验规程》(JTG/T J21-01—2015)的要求,但部分校验系数接近1.0,说明引桥的承载能力富余量较小,需要加强对超重车辆过桥的管控措施。

三、主桥静载试验简介

1.设计内力计算

主桥计算模型为空间杆系结构,梁体被划分为200个空间梁单元,活载效应计算采用动态规划法加载,根据规范有关规定可得出各控制截面的活载内力(表4-13),弯矩包络图如图4-14所示。

主桥活载弯矩汇总(单位:N·m)   表4-13

断面位置		汽车—20级 + 人群		挂车—100		控 制 值	
		max	min	max	min	max	min
3~4 号	3 号墩顶	0	0	0	0	0	0
	$0.25L$	1.19×10^7	-6.79×10^6	8.36×10^6	-3.21×10^6	1.19×10^7	-6.79×10^6
	$0.5L$	1.43×10^7	-1.31×10^7	9.44×10^6	-6.19×10^6	1.43×10^7	-1.31×10^7
	$0.75L$	9.22×10^6	-1.99×10^7	5.95×10^6	-9.40×10^6	9.22×10^6	-1.99×10^7
4~5 号	4 号墩顶	4.47×10^6	-3.25×10^7	2.89×10^6	-1.20×10^7	4.47×10^6	-3.25×10^7
	$0.25L$	8.04×10^6	-7.31×10^6	6.53×10^6	-3.84×10^6	8.04×10^6	-7.31×10^6
	$0.5L$	1.51×10^7	-4.48×10^6	9.39×10^6	-1.59×10^6	1.51×10^7	-4.48×10^6
	$0.75L$	8.04×10^6	-7.31×10^6	6.53×10^6	-3.84×10^6	8.04×10^6	-7.31×10^6
5~6 号	5 号墩顶	4.47×10^6	-3.25×10^7	2.89×10^6	-1.20×10^7	4.47×10^6	-3.25×10^7
	$0.25L$	9.22×10^6	-1.99×10^7	5.95×10^6	-9.40×10^6	9.22×10^6	-1.99×10^7
	$0.5L$	1.43×10^7	-1.31×10^7	9.44×10^6	-6.19×10^6	1.43×10^7	-1.31×10^7
	$0.75L$	1.19×10^7	-6.79×10^6	8.36×10^6	-3.21×10^6	1.19×10^7	-6.79×10^6
	6 号墩顶	0	0	0	0	0	0

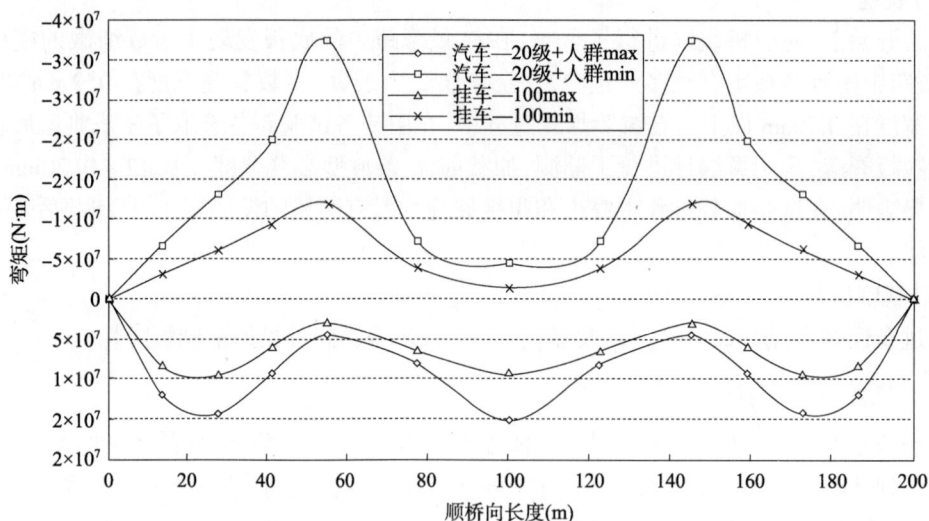

图4-14 主桥活载弯矩包络图

2. 加载及量测方案

试验时用10台汽车作为试验荷载,单车重均在360kN左右。试验时,将中跨跨中截面 A—A、边跨跨中截面 B—B、中支点截面 C—C 作为应变测试截面(图4-15)。根据试验荷载的载位布置,可得出试验荷载内力效应及加载效率,见表4-14、表4-15。在试验荷载载位情况下,校核其他截面内力,均未超过其设计内力,说明试验荷载载位有效安全。

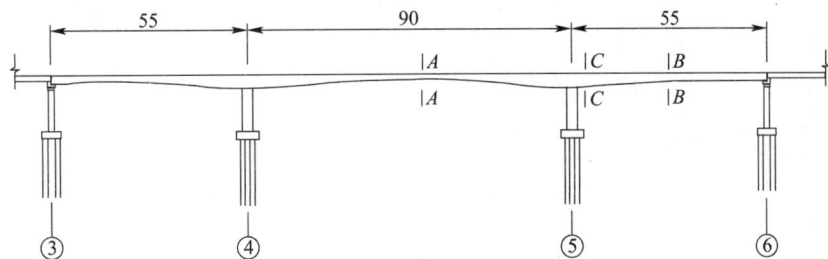

图4-15 主桥应变测试截面示意图(尺寸单位:m)

主桥试验荷载弯矩汇总(单位:N·m)　　　　　　表4-14

断面位置		一级加载	二级加载	三级加载	四级加载	五级加载
5~6号	6号墩顶	0	0	0	0	0
	0.25L	3.71×10^6	8.59×10^6	6.27×10^6	4.05×10^6	2.05×10^6
	0.5L	7.16×10^6	$\underline{1.33 \times 10^7}$	8.83×10^6	4.54×10^6	6.81×10^5
	0.75L	1.90×10^6	2.80×10^6	-3.96×10^6	-1.05×10^7	-1.64×10^7
4~5号	5号墩顶	-4.40×10^6	-8.63×10^6	-1.72×10^7	-2.56×10^7	$\underline{-3.22 \times 10^7}$
	0.25L	-2.77×10^6	-5.44×10^6	-3.70×10^6	-3.75×10^6	-4.46×10^6
	0.5L	-1.16×10^6	-2.26×10^6	2.20×10^6	9.11×10^6	$\underline{1.51 \times 10^7}$
	0.75L	4.69×10^5	9.21×10^5	-3.79×10^4	-4.79×10^5	-5.96×10^4
3~4号	4号墩顶	2.09×10^6	4.10×10^6	-2.33×10^6	-1.03×10^7	-1.89×10^7
	0.25L	1.61×10^6	3.16×10^6	-1.82×10^6	-8.04×10^6	-1.47×10^7
	0.5L	1.06×10^6	2.08×10^6	-1.20×10^6	-5.29×10^6	-9.70×10^6
	0.75L	5.51×10^5	1.08×10^6	-6.21×10^5	-2.75×10^6	-5.03×10^6
	3号墩顶	0	0	0	0	0

注:表中带下画线者为截面控制内力。

主桥试验荷载加载效率　　　　　　表4-15

断面位置		一级加载	二级加载	三级加载	四级加载	五级加载
5~6号	0.25L	31.17%	72.15%			
	0.5L	50.04%	93.07%			
5号墩顶		13.53%	26.55%	53.03%	78.88%	98.97%
4~5号	0.25L			50.59%	51.34%	61.04%
	0.5L			14.16%	58.78%	97.17%

车辆称重结果表明,10台加载车辆车重均在360kN左右,误差小于10kN,部分典型加载汽车布置的载位如图4-16~图4-18所示。试验加载的程序如下:

(1)第一加载阶段——使边跨跨中正弯矩最大

一级加载:两台重车在边跨跨中对称布置,车后轴正对跨中。

二级加载:两台重车在边跨跨中对称布置,车后轴距离前两台车后轴3m。

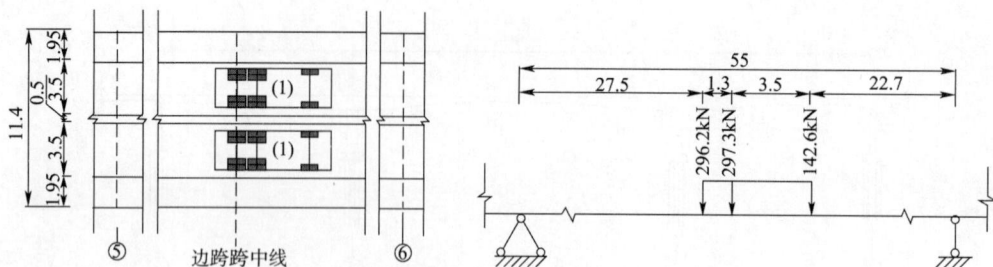

图 4-16 一级加载载位图及其受力简图(尺寸单位:m)

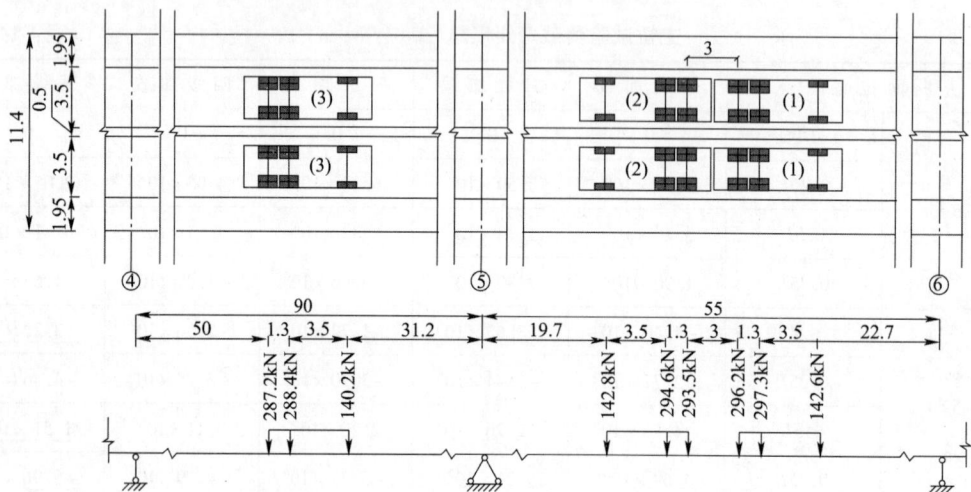

图 4-17 三级加载载位图及受力简图(尺寸单位:m)

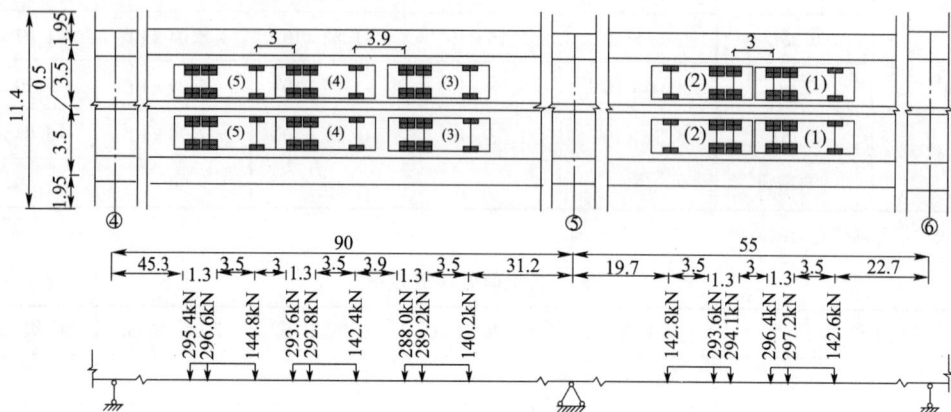

图 4-18 五级加载载位图及受力简图(尺寸单位:m)

(2)第二加载阶段——使中跨跨中正弯矩最大,同时使边跨与中跨间支点负弯矩最大

三级加载:两台重车在中跨跨中对称布置,车后轴距离跨中9m。

四级加载:两台重车在中跨跨中对称布置,车前轴距离前两台车后轴3.9m。

五级加载:两台重车在中跨跨中对称布置,车后轴距离前两台车后轴3m。

(3)卸载阶段

一级卸载:三级加载～五级加载中的6台汽车撤离。

二级卸载:一级加载～二级加载中的4台汽车撤离。

变形测点布置如图4-19所示,变形测点共计9个。量测内容为各级荷载下的变形及卸载后残余变形。应变量测截面布置如图4-15所示,分别为中跨跨中截面(A—A)、边跨跨中截面

$(B—B)$、5 号墩顶支点截面$(C—C)$,各应变测点布置如图 4-20 所示,共布置 21 个应变测点,采用钢弦式应变计测量,量测内容为各级荷载下的应变及卸载后残余应变。

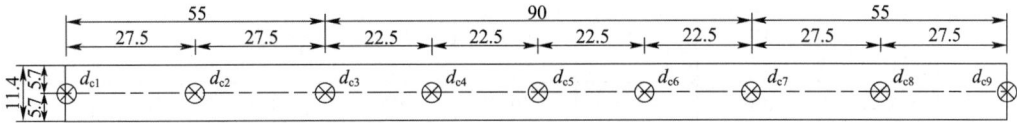

图 4-19 主桥变形测点布置示意图(尺寸单位:m)

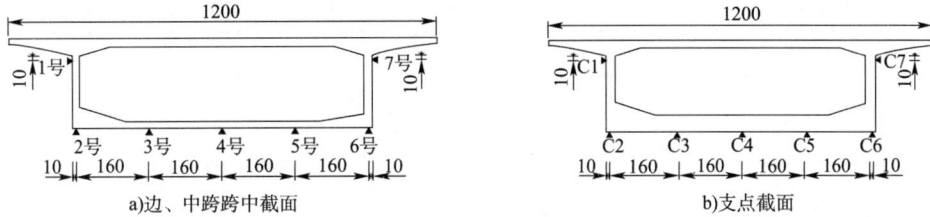

a)边、中跨跨中截面 b)支点截面

图 4-20 主桥测试断面应变测点布置示意图(尺寸单位:cm)

3. 静载试验主要结果及分析评定

(1)挠度

主桥挠度理论计算结果见表 4-16,试验实测挠度见表 4-17 和图 4-21、图 4-22。在五级试验荷载作用下,实测挠度曲线与计算挠度曲线比较见表 4-18,实测主跨跨中截面最大挠度 20.8mm,对应的理论计算挠度值为 26.0mm,校验系数为 0.80;5~6 号跨中截面最大挠度 9.7mm,对应的理论计算挠度值为 9.8mm,校验系数为 0.99。

主桥测点计算挠度值(单位:mm)   表 4-16

断面位置		一级加载	二级加载	三级加载	四级加载	五级加载
5~6 号	6 号墩顶	0.0	0.0	0.0	0.0	0.0
	0.75L	−3.7	−8.0	−5.3	−2.7	−0.4
	0.5L	−4.8	−9.8	−6.1	−2.5	0.7
	0.25L	−2.7	−5.3	−2.6	−0.1	2.2
4~5 号	5 号墩顶	0.0	0.0	0.0	0.0	0.0
	0.75L	3.0	5.9	−0.4	−6.7	−12.4
	0.5L	3.4	6.8	−3.2	−14.7	−26.0
	0.25L	1.5	3.1	−1.7	−7.7	−14.2

主桥实测挠度值(单位:mm)   表 4-17

测点号	位置	一级加载	二级加载	三级加载	四级加载	五级加载	一级卸载	二级卸载
d_{c1}	3 号墩顶	0.2	0.1	−0.3	−0.6	−0.7	−0.1	−0.4
d_{c2}	3~4 号跨中	−1.0	−1.4	0.5	2.5	5.0	−2.1	−1.6
d_{c3}	4 号墩顶	−0.2	−0.2	−0.5	−0.6	−0.7	−0.1	−0.3
d_{c4}	4~5 号跨 L/4	2.0	3.9	−0.2	−5.1	−10.6	4.7	2.5
d_{c5}	4~5 号跨中	3.6	7.1	−0.7	−10.5	−20.8	9.9	5.0

测点号	位置	一级加载	二级加载	三级加载	四级加载	五级加载	一级卸载	二级卸载
d_{c6}	4~5号跨 3L/4	3.1	5.5	0.5	−3.8	−9.4	7.8	3.3
d_{c7}	5号墩顶	0.0	−0.5	−0.7	0.2	−1.4	−0.3	0.7
d_{c8}	5~6号跨中	−3.4	−9.7	−6.3	−2.0	−0.8	−8.9	−0.4
d_{c9}	6号墩顶	−1.4	−1.4	−1.3	−0.3	−0.7	−1.4	−0.1

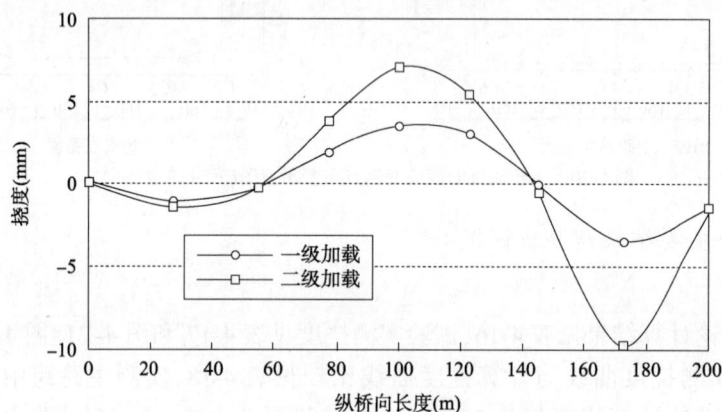

图 4-21　一级、二级加载实测挠度曲线

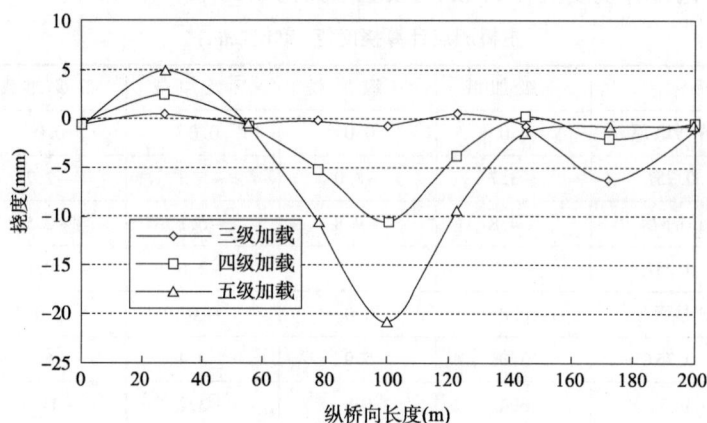

图 4-22　三级、四级、五级加载实测挠度曲线

实测最大挠度值与对应的理论值比较　　　　　　　　　　　　　表 4-18

测点位置	4~5号跨中	5~6号跨中
实测最大挠度值（mm）	−20.8	−9.7
理论最大挠度值（mm）	−26.0	−9.8
实测/理论	0.80	0.99

（2）应力（应变）

在各级试验荷载作用下，主桥各测点应变理论计算值及实测值见表4-19、表4-20，试验实测最大应变值与对应的理论计算值比较见表4-21，校验系数在0.816~1.0之间。

主桥各测点应变计算值（单位：με）   表4-19

测 点 位 置	一级加载	二级加载	三级加载	四级加载	五级加载
边跨跨中底板下缘	31	58	39	20	9
边-中跨间支点底板下缘	−6	−13	−26	−38	−49
中跨跨中底板下缘	−8	−15	15	64	107

主桥各测点应变实测值（单位：με）   表4-20

测 点 位 置	一级加载	二级加载	三级加载	四级加载	五级加载	一级卸载	二级卸载
中跨跨中底板下缘	−16.5	−28.1	6.246	59.5	107	51	32
支座底板下缘	−3.04	−6.52	−0.37	20.1	−40	0.7	6.8
边跨跨中底板下缘	26.19	48.32	44.22	25.3	8.68	54.4	2.1

注：下缘应变为5个应变测点的平均值。

主桥4~6号跨测点实测最大应变值与理论最大值的比较   表4-21

断 面 位 置	4~5号跨中底板下缘	5号支点底板下缘	5~6号跨中底板下缘
实测最大应变值（με）	107	−40	48.32
理论最大应变值（με）	107	−49	58
实测/理论	1.0	0.816	0.833

（3）残余变形（应变）

试验结束前对该主桥进行了残余变形观测，主跨跨中截面的最大残余挠度为3.4mm、残余应变为22με，与该跨相应的最大挠度20.8mm、最大应变107με相比为16.3%和20.6%；勉强满足检测评定规程的要求。

（4）裂缝

试验加载前，对主桥进行了裂缝普查，发现在主桥箱梁顶板上有较多的、不连续的顺桥向裂缝，大多数裂缝宽度在0.2mm以下，个别裂缝宽度在0.2mm以上，属局部弯曲产生的受力裂缝。主跨合龙段附件的箱梁底板上有6条不规则裂缝，裂缝宽度均在0.1mm以下，属混凝土收缩裂缝。

在整个试验加载过程中，对主桥加载跨梁体的底板采用裂缝计进行了监测，监测结果表明：在试验加载过程中，主跨跨中合龙段的既有裂缝未见明显扩展，卸载后裂缝能恢复原状，其他控制部位未产生肉眼可见的新裂缝。

（5）基础沉降

通过布设在支点截面的 d_{c1}、d_{c3}、d_{c7}、d_{c9} 测点，未观测到可见的基础沉降。

4. 主桥静载试验小结

实测数据分析结果表明：该桥承载能力勉强满足检测规范的要求，工作性能尚可，实测挠度、应变变化所呈现的规律与理论计算情况相符，但主跨弹性工作性能较差，残余变形较大，在试验过程中未见梁体有新裂缝出现，试验桥跨的桥墩未产生可观测到的沉降变位，大部分检测指标能满足设计规范及《公路桥梁荷载试验规程》（JTG/T J21-01—2015）的要求。

四、桥梁线形现状测量

为掌握该桥梁体线形现状,以便后续监测工作开展,把握桥梁线形发展变化态势,在荷载试验完成后进行了桥梁线形现状测量。测量时,采用二等水准测量标准,假设基点的高程为10.0000m,依次测量各跨控制点的桥面标高。由于该桥设计基准不详,缺少竣工时桥面标高的相关资料,因此,根据测得的该桥现有的桥面相对标高,按照设计纵坡,以 0 号桥台和 15 号桥台的桥面标高作为基准线,得出该桥桥面线形现状,如图 4-23 所示。

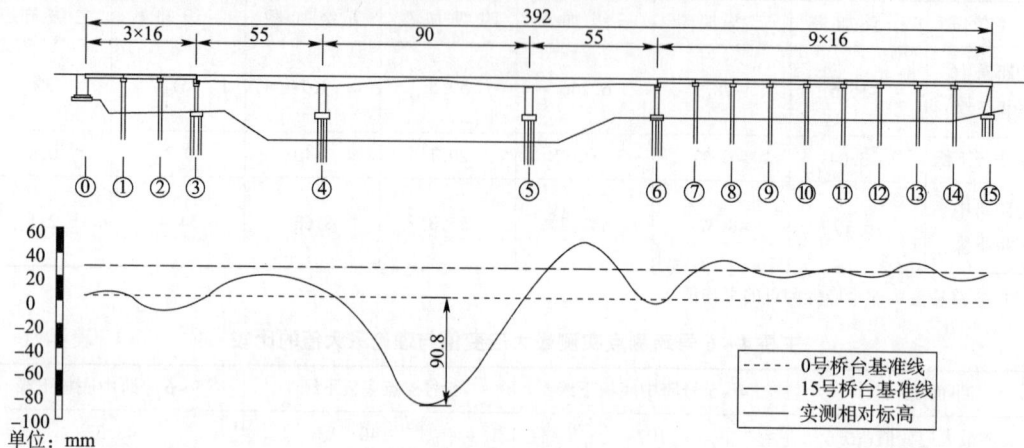

图 4-23 桥面线形现状测量结果(尺寸单位:m)

测量结果表明,该桥桥面线形现状较差,与设计线形相比差异较大,具体表现为:①主跨跨中下挠比较严重,已成为全桥的最低点,相对于 4 号、5 号墩而言,下挠量值约为 94mm;相对于 0 号、15 号台而言,下挠量值分别为 90.8mm、116.0mm;②桥面线形不平顺,靠 15 号桥台一侧引桥标高明显高于另一侧,两侧桥面标高相差在 30mm 左右。

上述状况已经对行车性能及桥梁结构的使用性能产生了明显的影响,也与设计要求偏差较大。由于各墩台顶桥面标高相差不大,可以排除桥梁墩台不均匀沉降这一因素的影响,因此推断其产生上述状况可能的原因有:①施工线形偏差较大;②施工质量较差,收缩徐变较大,导致有效预应力不足、梁体下挠;③桥梁经受超载车辆反复作用,导致桥面下沉。

五、结论与建议

通过上述检测工作,并认真审阅该桥的全部设计施工文件,可以得出如下结论和建议:

(1)主桥静载试验表明其工作性能尚好,承载能力勉强满足检测规范的要求,主跨弹性工作性能较差,残余变形较大,在试验过程中未见梁体有新裂缝出现,结构既有裂缝未见明显扩展,试验桥跨的桥墩未产生可观测到的沉降变位,大部分检测指标能够满足设计规范、《公路桥梁荷载试验规程》(JTG/T J21-01—2015)及设计荷载等级的要求。

(2)引桥静载试验表明其工作性能良好,承载能力足够,处于弹性工作范围,在试验过程中未见梁体有新裂缝出现,结构既有裂缝未见明显扩展,试验桥跨的墩台未产生沉降,行车性能正常,大部分检测指标能够满足设计规范、《公路桥梁荷载试验规程》(JTG/T J21-01—2015)及设计荷载等级的要求,但裂缝宽度较大,超过了设计规范的允许限值。

(3)线形现状测量结果表明:该桥桥面线形现状较差,主跨跨中下挠比较严重,已成为全桥线形的最低点,桥面线形不平顺,靠 15 号桥台一侧引桥标高明显高于另一侧。线形现状已对行车性能及桥梁结构的使用性能产生了明显的影响,也与设计要求偏差较大。

综上所述,该桥承载能力能够满足汽车—20 级、挂车—100 荷载等级的要求,使用性能一般,大部分检测指标可以满足《公路桥梁荷载试验规程》(JTG/T J21-01—2015)及设计规范的要求,可以继续使用。但由于该桥设计荷载等级相对较低、桥面线形现状较差、通行重车较多,其所存在的一些问题须引起重视,并采取如下的维修加固处治措施:

(1)鉴于该桥桥面状况较差,一些检测指标接近检测规范的上限值,主桥刚度偏小,建议限制通行车辆的重量和车速,以免既有病害进一步发展。

(2)对于主桥箱梁顶板上的裂缝及引桥腹板上的裂缝采取修补措施,即对于宽度大于0.2mm 的裂缝采取化学灌浆处理措施;对于宽度小于0.2mm 的裂缝采取封闭处理措施,以保证桥梁的耐久性。

(3)鉴于该桥线形发展变化态势不明,建议布设永久性观测网点,每年对该桥进行 1～2次全面的定期检查与线形监测,根据病害的发展变化情况,在适当时候采取结构加固补强措施,以提高结构安全储备。

思考题

1. 静载试验方案设计要点是什么?

2. 如何选择静载试验试验对象? 主要考虑的因素有哪些?

3. 静载试验方案制定时为什么要进行理论分析计算? 理论计算内容有哪些?

4. 验收性荷载试验和鉴定性荷载试验的加载效率取值为什么会不同?

5. 常见的静载加载方式有哪几种? 其适用范围是什么?

6. 静载试验测点布置的基本原则是什么? 主要观测内容有哪些?

第五章 桥梁动力荷载试验

第一节 动力荷载试验的方法与程序

桥梁动力荷载试验又称动载试验,其主要目的是测试桥梁结构的各种动态响应参数,从而宏观判断桥梁结构的整体刚度与使用性能。桥梁结构是承受车辆荷载、人群荷载等荷载的结构物,当车辆以一定速度在桥上通过时,由于发动机的抖动、桥面的不平顺等原因会导致桥梁结构产生振动,风、环境因素的作用也会引起桥梁发生振动,过大的振动会加速结构的疲劳劣化、引起驾乘人员的不舒适或影响行车的安全性。随着交通运输事业的不断发展,一方面,车辆的数量、载重量有了迅速的增长,车辆的行驶速度也有了很大的提高;另一方面,随着新结构、新材料、新工艺的推广应用,桥梁结构逐渐趋向轻型化,而对于大跨径柔性桥梁,结构刚度、风致振动响应往往是设计施工的控制因素,风荷载、车辆荷载产生的桥梁结构振动,已成为桥梁结构设计计算、运营维护过程中的重要问题之一。近20年来,英国伦敦千禧桥、俄罗斯伏尔加河桥、我国虎门大桥等多座桥梁的人致振动或风致振动引起了全世界的关注,推动了桥梁工程振动分析与响应控制的发展。由于桥梁结构振动问题的影响因素比较多,涉及的理论比较复杂,仅靠理论计算分析是难以满足工程实践要求的,一般多采用理论分析模拟与现场实测相结合的研究方法,因此,振动测试是解决桥梁振动问题必不可少的手段。

桥梁动载试验是利用某种激振方法激起桥梁结构的振动,测定桥梁结构的固有频率、阻尼比、振型、动力冲击系数、动力响应(加速度、动挠度)等参量的试验项目。桥梁结构的动载试验与静载试验虽然在试验目的、测试内容等方面有所不同,但可以相互补充、互相印证,对于全面分析掌握桥梁结构的工作性能是同等重要的。就试验步骤而言,基本上与静载试验相同,动载试验也要经过准备、试验和分析总结三个阶段。一般情况下,动载试验多在现场实际结构上进行测试,其主要任务大体可归纳为以下几个方面:

(1)测定结构的动力特性,如测定桥梁结构或构件的自振频率、阻尼特性、振型等。

(2)测定结构在动荷载作用下的强迫振动响应,如测定桥梁结构或构件在车辆荷载、风荷载作用下的振幅、动应力、加速度等。

(3)测定动荷载的动力特性,如测定引起结构振动作用力的大小、方向、频率与作用规律等。

桥梁结构的动载试验中,常有大量的物理量如位移、应变、振幅、加速度等,需要进行量测、记录和分析。在动载试验中,可通过仪器仪表将振动过程中大量的物理量进行测量并记录下来,这些随时间变化的物理量,一般称为信号,进而对信号进行分析得到结构的动力特性如频率、阻尼比等。依据这些实测数据,可以进行有关振动量之间相互关系的分析。一般来说,动载试验的信号和数据是比较复杂的,具体表现在以下三个方面:

(1)引起桥梁结构产生振动的振源(如车辆、人群、环境振动等)和结构的振动响应都是随时间而变化的,是随机的、不确定的。例如汽车在不平整的桥面上行驶所引起的桥梁振动就是随机的,两次条件完全相同的试验不会量测到相同的动力响应。这种信号虽然可以检测,并得到时间历程曲线,但却不能预测。这类信号服从统计规律,一般用概率统计的方法研究。

(2)桥梁结构在动荷载作用下的响应不仅与激振源的特性相关,也与结构本身的动力特性密切相关。对于桥梁结构而言,本身就具有无限多个自由度,加上车辆振动与桥梁结构振动之间的耦合,其动力特性就更为复杂。

(3)在动载试验所记录的信号和数据中,常常会夹杂一些干扰因素。干扰信号不同于量测误差,没有一定的规律。因此,必须对动载试验所测得的信号和数据进行科学的分析与处理,从中提取尽可能多的反映桥梁结构振动内在规律的有用信息。

信号的特征可用信号的幅值随时间而变化的图形或表格来表达,这类表达方式称为信号的时域描述,如加速度时程曲线、位移时程曲线等。信号的时域描述比较简单、直观,通过多个测点的时程曲线,可以分析出结构的振幅、振型、阻尼特性、动力冲击系数等参量,但不能明确揭示信号的频率成分和振动系统的传递特性。为此,常对信号进行频谱分析,研究其频率构成及其对应的幅值大小,即采用频域描述,这时,需要把时域信号通过傅里叶变换处理变换成频域信号,以得到振动能量按频率的分布情况,从而确定结构的频率和频率分布特性。

桥梁动载试验是在桥梁处于振动状态下,利用振动测试仪器对振动系统各种振动量进行测定、记录并加以分析的过程。因此,在进行动载试验时,首先应通过激振方法使桥梁处于一种特定的振动状态,以便进行相应项目的测试。其次,要合理选取测试仪器仪表组成振动测试系统,振动测试系统一般由拾振部分、放大部分和分析部分组成,其原理框图如图5-1所示,这三部分可以由专门仪器配套集成使用,也可以组配使用,因此,要根据试验的环境条件和试验的要求,选择组配合理的振动测试系统。再次,要根据测试桥梁的特点,制定测试内容、测点布置与测试方法,例如对于混凝土简支梁桥的动载试验,一般的观测项目有跨中截面的动挠度、跨中截面的动应变等;又如要测定某一固有频率的振型时,应将传感器设置在振幅较大的各部位。最后,利用相应的专业软件对采集的数据或信号进行分析,即可得出桥梁结构的频率、振型、阻尼比、冲击系数等振动参量。

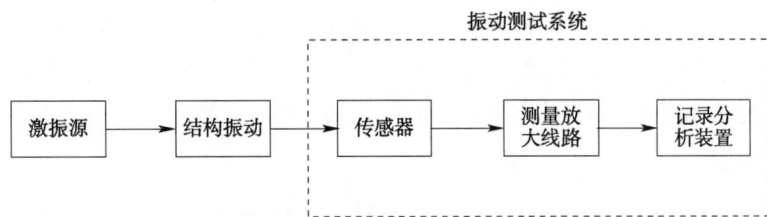

图5-1 桥梁结构振动测试系统的原理框图

以下各节将详细地介绍桥梁动载试验的相关问题,主要包括激振方法选取、传感器布置、动力响应测试、动力响应分析与评价方法等。

第二节　动力响应的测试

一般来说,根据测试任务及测试对象的不同,动力响应的测试大致可分为两种类型:一种是仅测量测试对象的输出响应,从而求出其相关函数或功率谱密度函数来确定测试对象的动态特性;另一种是同时测量输入和输出,从而得出激振源的输入特性及测试对象的动态响应特性。不管哪种类型的测试,一般都包括桥梁振动激发、传感器选型与布置、振动响应测试与分析、试验组织等几个方面,具体内容如下。

一、激 振 方 法

桥梁动载试验的激振方法很多,如自振法、脉动法、强迫振动法等,选用时应根据桥梁的结构形式、刚度和现场条件进行选择,以简单易行、便于测试为原则。通常,多将上述一种或两种方法结合起来,以便激发桥梁结构的振动,全面把握桥梁结构的动力特性。

1. 自振法

自振法的特点是使桥梁产生有阻尼的自由衰减振动,记录到的振动图形为桥梁的衰减振动曲线。为使桥梁产生自由振动,一般常用突然加载和突然卸载两种方法。

突然加载法是在被测结构上急速施加一个冲击作用力,由于施加冲击作用的时间短促,因此,施加于结构的作用实际上是一个脉冲作用。根据振动理论可知,冲击脉冲的动能传递到结构振动系统的时间,要小于振动系统的自振周期,且冲击脉冲一般都包含了零频以上所有频率的能量,它的频谱是连续的。只有被测结构的固有频率与之相同或很接近时,冲击脉冲的频率分量才对结构起作用,从而激起结构以其固有频率作自由振动。采用突然加载法时,应注意冲击荷载的大小及其作用位置,如果要激起桥梁结构的整体振动,则必须在桥梁的主要受力构件上施加足够大的冲击力,冲击荷载的作用位置可按所需结构的振型来确定,如为了获得简支梁的第一振型,冲击荷载应作用于跨中部位,测第二振型时冲击荷载应施加在跨径的 1/4 处。现场测试中,当测试桥梁结构整体振动时,常常采用试验车辆的后轮从三角跳车垫块上突然下落对桥梁产生冲击作用,激起桥梁的竖向振动,简称"跳车试验",跳车装置及其产生的典型波形如图 5-2 所示;当测试一些质量较小的构件如拉索的振动时,常常利用橡皮锤,采用锤击方法产生冲击作用。

突然卸载法是在结构上预先施加一个荷载作用,使结构产生一个初位移,然后突然卸去荷载,使其产生自由振动。为卸落荷载,可通过自动脱钩装置或剪断绳索等方法,有时也专门设计断裂装置,即当预施加力达到一定数值时,在绳索中间的断裂装置便突然断裂,由此激发结构的振动。一般来说,突然卸载法的荷载大小要根据振动测试系统所需的最小振幅计算求出,由于桥梁结构质量及刚度很大,为激发振动所需的荷载量值常常较大,由此会带来一系列的实际问题,因此突然卸载法在工程实践中很少采用。图 5-3 为突然卸载法的试验装置。

2. 强迫振动法

强迫振动法是利用专门的激振装置,对桥梁结构施加激振力,使结构产生强迫振动,然后逐渐改变激振力的频率而使结构产生共振现象,借助共振现象来确定结构的动力特性。对于桥梁结构,常常采用试验车辆以不同的行驶速度通过桥梁,使桥梁产生不同程度的强迫振动,简称"跑车试验"。由于桥面的平整度具有一定的随机性,由此引起的振动也是随机的,当试验车辆以某一速度通过时,所产生的激振力频率可能会与桥梁结构的某阶固有频率比较接近,桥梁结构便产生类共振现象,此时桥梁各部位的振动响应达到最大值。在车辆驶离桥跨后,桥梁作自由衰减振动。这样,就可从记录到的波形曲线中分析得出桥梁的动力特性。在试验时,根据桥梁结构的设计行车速度,常采用 10 ~ 35t 重的试验车辆以 20km/h、40km/h、60km/h、80km/h 的速度进行跑车试验。图 5-4 即为 1 辆 10t 重的试验车辆以 40km/h 的速度驶过跨径为 30m 混凝土连续梁桥时,跨中截面加速度时程曲线。

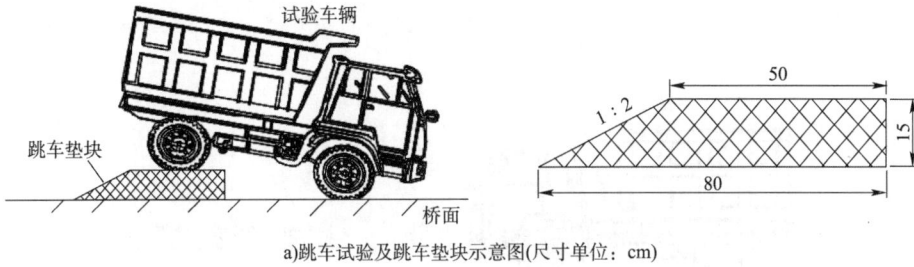

a)跳车试验及跳车垫块示意图(尺寸单位:cm)

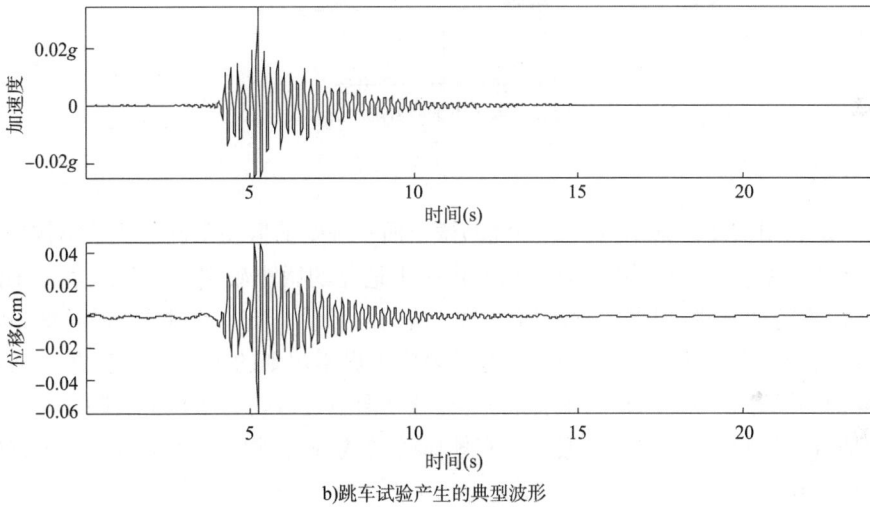

b)跳车试验产生的典型波形

图 5-2　跳车试验及其产生的典型振动波形

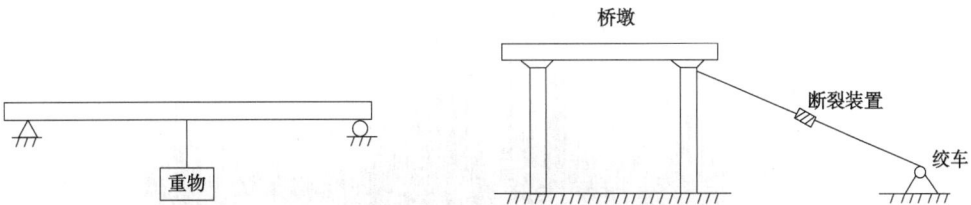

图 5-3　突然卸载法的试验装置

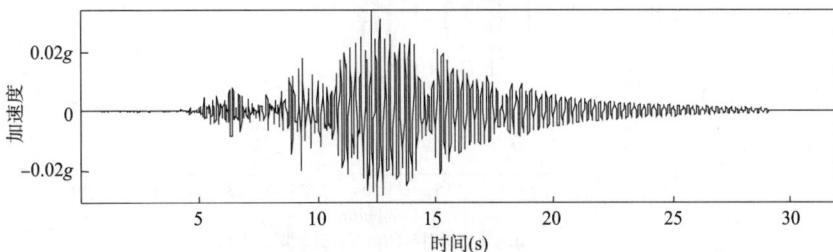

图 5-4　车速为 40km/h 时某连续梁跨中截面加速度时程曲线

当桥梁跨径较大、刚度及质量较大、频率分布比较密集时，为准确测试各阶振型及其对应的频率特性、阻尼特性，可以根据理论分析计算结果，在桥面上利用 3 ～5cm 高的橡胶减速带，按一定间距布设，形成人工不平顺激励源，当试验车辆按一定速度通过橡胶减速带时，就会产生比较规律的、频率相对准确的激振源，从而激发起桥梁结构的某一阶振动；当车辆驶离测试桥跨时，就实现了自由振动的衰减，从而可以比较准确地测出结构该阶频率及阻尼比。人工不平顺激励源的布设如图 5-5 所示，设车速为 v，橡胶减速带的间距为 l_1，此时可用下式得出激振频率：

$$f = \frac{v}{l_1} \tag{5-1}$$

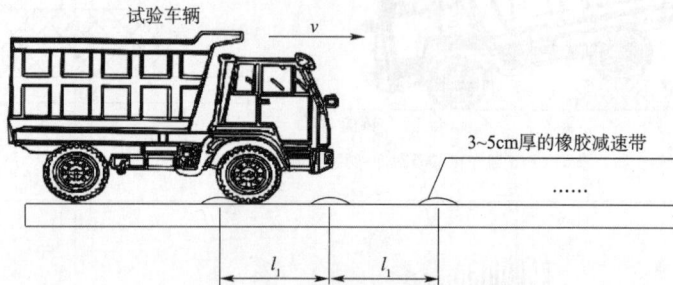

图 5-5　人工不平顺激励源的布设

3. 脉动法

脉动法是利用被测桥梁结构所处环境的微小而不规则的振动来确定桥梁结构的动力特性的方法。这种微振动通常称为"地脉动"，是由附近地壳的微小破裂和远处地震传来的脉动所产生的，或由附近的车辆、机器的振动所引发。结构的脉动具有一个重要特性，就是它能够明显地反映出结构的固有频率，因为结构的脉动是因外界不规则的干扰所引起的，具有各种频率成分，而结构的固有频率是脉动的主要成分，在脉动图上可以较为明显地反映出来。图 5-6 所示波形为某桥结构脉动记录曲线，振幅呈有规律的增减，通过频谱分析，即可得出该桥的一阶频率为 6.057Hz。

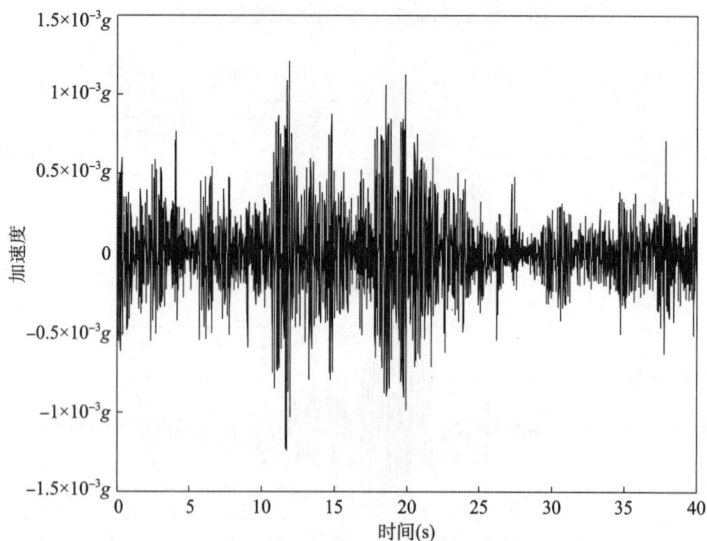

a)地脉动所引起的桥梁加速度时程曲线

图　5-6

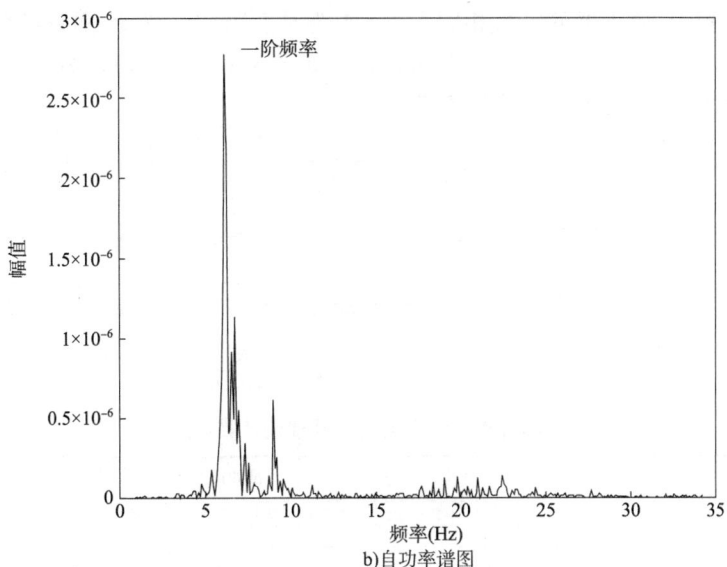
b)自功率谱图
图 5-6　某桥结构脉动所产生的加速度时程曲线及其频谱图

二、传感器选取与布置

1. 传感器的选型

一般地,在桥梁结构的动载试验中,人们关心的、可以直接测试的振动测试参量主要有三个,即结构的动应变、结构振动的幅度、结构振动的加速度。结构的动应变与静应变的测量元件、测量方法基本相同,可以利用静载试验所布置的应变片,不同之处在于需要采用动态应变仪进行量测。桥梁结构振幅宏观反映了荷载的动力作用,动位移与相应的静位移相比较,便可得出桥梁的动力冲击系数,它是衡量桥梁结构整体刚度与行车性能的主要指标。加速度则反映了桥梁动力响应对驾乘人员舒适性的影响,过大的加速度响应会导致驾乘人员的不适。因此,在桥梁动载试验中,通常选用的传感器为加速度传感器,通过加速度传感器直接测量桥梁结构的加速度时程曲线,进行频谱分析后可以得出其固有频率、阻尼比等,进行数值积分后可以得到位移时程曲线等。有些情况下,也可采用位移传感器,但位移传感器的安装一般需要有固定不动的支架,这对于桥梁,尤其是跨越江河的桥梁往往是难以实现的。因此,为了能够方便、准确地测得桥梁结构的动位移,常常采用激光挠度仪或红外挠度仪。

2. 传感器的布置

传感器的布置要根据结构形式而定,一般要根据动力特性的理论分析结果,按照理论计算得出的振型,在振幅较大的部位布置传感器,以能够测得桥梁结构最大反应(如主跨跨中截面、边跨跨中截面的加速度响应),并较好地勾画出振型曲线。

桥梁结构的振型是结构相应于各阶固有频率的振动形式,一个振动系统的振型数目与其自由度数相等。桥梁结构是一具有连续分布质量的体系,也是一个无限多自由度体系,因此其固有频率及相应的振型也有无限多个。但是,对于一般桥梁结构,第一固有频率即基频,对结构动力分析才是最重要的;对于较复杂的动力分析问题,也仅需要前几阶固有频率,因而在实际测试中,一些低阶振型才有实际意义,图 5-7 为常见梁式桥的前三阶振型。振型的测试一般是在结构上同时布置许多传感器,传感器的布设位置可根据理论计算结果来确定,并保证所有传感器的灵敏度相同、放大器的特性相同。表5-1为某五跨连续梁动力特性理论计算值,根据理论分析结果,该桥动载试验的传感器的布置方式如图5-8所示。测出各测点的振动曲线后,比较各测点的振幅、相位便可绘制出振型曲线。

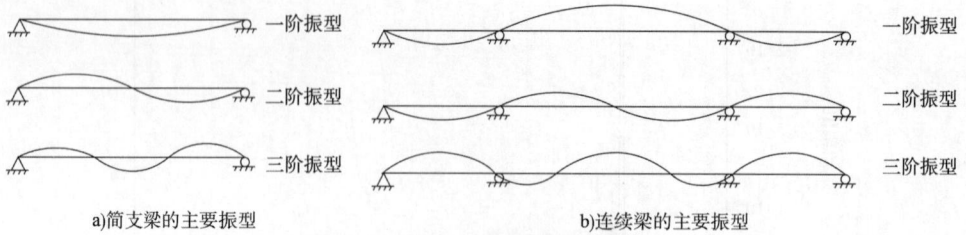

a)简支梁的主要振型   b)连续梁的主要振型

图5-7 简支梁、连续梁的前三阶振型

某五跨连续梁动力特性理论计算值   表 5-1

阶 次	频率(Hz)	周期(s)	振 型
1	4.39	2.28×10^{-1}	竖向正对称
2	6.47	1.55×10^{-1}	竖向反对称
3	7.57	1.32×10^{-1}	面外水平振动

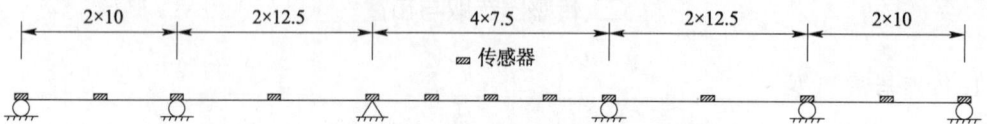

图5-8 某五跨连续梁动载试验传感器布置(尺寸单位:m)

三、振动测试系统组成

一般来说,振动测试系统主要由两大部分组成,即拾振传感器与数据采集分析系统。其主要功能如下:

1. 拾振传感器

该部分由传感器(加速度、速度或位移传感器)、导线等组成。振动测试系统中,传感器的选用十分重要,应根据测试对象的振动频率、需要检测的物理量来选用不同种类的传感器。在桥梁振动响应测试中,加速度响应由于不需要绝对的参照点,量测相对比较容易,精度也比较高,因此加速度传感器就成为最常用的拾振传感器。测得加速度响应后,既可根据加速度响应分析结构动力特性,评价结构的舒适性,也可通过对时间的积分得到速度或动态位移。

2. 数据采集分析系统

该部分的作用是将传感器采得的信号放大、转换为模拟信号或数字信号,然后进行记录及分析。大多数的数据采集分析系统都具有数字信号的放大滤波等功能。典型的数据采集分析系统由采样/保持器、模拟量/数字量转换器及数据采集记录三部分组成。其主要功能如下:

(1)采样/保持器

实现信号采样的电路称为采样器,由开关元件及其控制电路所组成。对时间连续的信号进行采样是通过周期脉冲序列的调制来完成的,实际的采样脉冲有一定宽度但通常远小于采样周期。在实际采样时,是将采样所得到的时间离散信号通过记忆装置即保持器保持起来,在信号处于保持期间,再进行模拟量/数字量的转换。

（2）模拟量/数字量转换器

模拟量/数字量转换器又叫 A/D 转换器（Analog-to-Digital Converter），是将模拟信号（电压或是电流的形式）转换成数字信号的器件。通常，A/D 转换器中的模拟量多为直流电压信号，A/D 转换器将此直流电压转换为二进制数字量，以便于进行记录与进一步的分析。

（3）数据采集记录

常用数据采集分析系统的构成模式为：将具有单片机控制的数据采集仪和微型计算机采用通信的方式联机，组成一套数据采集与分析系统，以便通过计算机通信接口对采集部分进行控制、传送数据，具有较好的互换性，再配以不同的软件，使其具有多种功能。

四、数据采集

1. 采样频率

所谓采样，就是将连续变化的信号转变为时间域的离散信号。采样的核心问题是：信号在时域离散化后如何防止信息丢失，即如何选取采样频率，从而保证采样后的离散信号能够准确、不失真地代表原有连续信号。根据采样定理，当采样频率 f_s 大于连续信号频谱的最大频率 f_m 的两倍时，采样信号的频谱与原信号频谱完全一样，采样信号无失真。否则，就会导致采样信号产生失真，造成误差。对应的物理现象是，采样频率太低、采样点太少，以致不能准确无失真地复现原信号。$f_s \geq 2f_m$ 的要求也称为采样定律，是以离散信号表征连续信号的基本要求。

实际采样时，在采样前并不知道信号的最大频率 f_m，这时如何确定采样频率 f_s 就成为问题的关键。固然可以假设 f_m 很大，从而确定 f_s。但是，随之带来的问题是由于采样频率太高而产生大量的离散数据，增加所需内存容量。为此，可以根据动力响应测试的需要，根据以往工程经验和理论计算结果，确定随机响应的最大频率 f_m，然后据此按采样定律确定采样频率 f_s。例如，常见梁式桥的一阶频率大致为 $100/L$（L 为梁式桥的跨径，单位为 m），一阶频率多在 $1 \sim 10Hz$ 之间，二阶、三阶频率为一阶频率的 $1 \sim 2$ 倍，由此可确定最大频率 f_m 及采样频率 f_s。一般来说，采样频率 f_s 取在 $50Hz$ 以上就可以满足大多数情况下的需求了。

2. 量测噪声的抑制

在试验中，测量信号常常受到各种电噪声的干扰，会导致测试精度降低。电噪声可分为静电噪声、电感噪声、射频噪声、电流噪声、接地回路电流噪声等。电噪声的抑制是数据采集系统设计及使用过程中均应注意的问题，虽然不可能完全消除电噪声干扰，但可以尽可能地减少它的影响。一个好的测试系统在设计中已经考虑了噪声的抑制与消除问题。以下仅从现场测试的环节来简要介绍抑制电噪声的方法。

（1）加接交流稳压电源，减少电源电压波动引起的噪声。各测试仪器电源都要尽量直接从稳压电源的输出端接出，且功率大的电源接入端口应安排在功率小的仪器的电源接入端口之后，这样可以减少共电源仪器之间由于电流波动造成的相互影响。

（2）测试系统单点接地。单点接地是一个很有效的抑制噪声措施，单点接地有串联和并联两种接法。并联接法是将所有仪器的接地线都并联地接到同一个接地点，这种方法是比较理想的接地方法（高频电路除外）；但由于需要连很多根接地线，布线复杂，在实际测试中不常用。串联接法是将所有仪器的接地线串接在一起，然后接到接地点；它布线简单，当各电路电平相差不大时经常采用。

（3）所有电源线和信号传输线应尽可能采用屏蔽线。应注意不要让信号传输线与电源线平行,且应尽可能使它们相互远离隔开。

(4)正在测试记录或分析时,应注意不要变动测试系统中任何仪器的任何开关,否则将产生高额噪声和出现瞬时过载现象,甚至损坏仪器。

(5)应尽量使仪器间的阻抗相互匹配,并使振动测试仪器接地电阻不大于4Ω。

五、试验组织

桥梁动载试验组织包括试验前现场准备、试验测试、实时分析及现场清理四个方面的工作。试验组织就是把上述工作内容互相衔接,形成一个有机、完整、高效率组织计划,并在试验中按照这个计划进行。动载试验组织虽然内容较少,但仍是试验成功的重要保证。

1. 试验前现场准备工作

(1)出发前应对所携带的仪器仪表、传感器等进行全面的检查与标定,确保仪器仪表状态良好。此外,要在距离测试部位适当的地方搭设棚帐,以供操作仪器使用;还要接通电源,安装照明设备,检查通信设备的状态。

(2)按照试验方案所定的传感器布置位置,进行放样定位,布置测试导线,采用合适的方法将传感器固定在被测对象上。此外,根据被测结构的动力特性,确定"跳车试验"进行的位置,并做出标记。

(3)对于运营中的桥梁,试验准备工作要注意传感器、测试导线的防护,试验开始前应封闭交通,禁止闲杂人员和非试验用车辆进入。

(4)建立试验领导组织,进行人员分工安排。一般地,根据试验实际情况,设指挥一人,试验车辆导引员一人,测试人员数名,配备相应的通信联络工具或明确联络方式,以便统一指挥,统一行动。

(5)正式试验前,要进行预测试,以检查仪器、仪表、测量线路的工作状态,确定测量放大器的放大系数。

2. 试验工作

(1)动载试验的测试内容一般包括地脉动测试、跑车测试、跳车测试三项。试验时,宜从动力响应小的测试项目做起,即先进行地脉动测试,再进行20km/h、40km/h、60km/h跑车试验,最后进行跳车试验,以便根据动力响应的大小及时调整测量放大器的放大系数,避免量测数据溢出。

(2)进行跑车试验时,要较准确控制试验车辆的车速,并根据测试传感器的布置,确定试验车辆行驶途中进行数据采集的起止位置,以免测试数据产生遗漏。

(3)每次测试后,要在现场进行数据回放和频谱分析,并与测试桥梁动力特性的理论计算值进行比较,检查测试数据是否正常,实测频率是否与理论计算值接近。如有异常情况应立即检查、分析原因,必要时应重新进行测试。

(4)试验进行过程中,注意不要触动测试元件及测量导线,以免引起读数的波动。

(5)试验完成后,清理仪器仪表、传感器,回收测试导线,拆除棚帐,清理现场,以便开放交通。

第三节 动测数据分析与评价

桥梁结构的动力特性如固有频率、阻尼系数和振型等,它们只与结构本身的固有性质,如结构的组成形式、刚度、质量分布、支承情况和材料性质等有关,而与荷载等其他条件无关;动力特性是结构振动系统的基本特征,是进行结构动力分析所必需的参数。另一方面,桥梁结构在实际的动荷载作用下,结构各部位的动力响应如振幅、位移、加速度等,不仅反映了桥梁结构在动荷载作用下的受力状态,也体现了驾乘人员的舒适性,揭示了桥梁的行车性能。桥梁结构的动载试验,就是要从大量的实测数据信号中,揭示桥梁结构振动的内在规律,综合评价桥梁结构的动力性能。

在动载试验中,可获取各种振动量如位移、应力、加速度等的时间历程曲线,由于实际桥梁结构的振动往往很复杂,一般都是随机的。直接根据这样的信号或数据来分析判断结构振动规律是困难的,一般需对实测振动波形进行分析与处理,以便对结构动力性能做出分析评价。常用的分析处理方法可以分为时域分析和频域分析两种,时域分析是直接对时程曲线进行分析,可以得出诸如振幅、阻尼比、振型、冲击系数等参数;频域分析是把时域信号通过傅里叶变换的数学处理变换为频域信号,揭示信号的频率成分和振动系统的传递特性,以得到振动能量在频域的分布情况,从而确定结构的频率和频率分布特性。得出这些振动参量后,就可以根据有关指标综合评价桥梁结构的动力性能。以下就对这两种分析方法做一简述。

一、时 域 分 析

在时域分析中,桥梁结构的一些动力参数可以直接在相应的时程曲线上得出。例如,可以在加速度时程曲线上得到各测点加速度振幅,在位移时程曲线上将最大动挠度减去最大静挠度即可得出位移振幅,通过比较各测点的振幅、相位就可得出振型。而另外一些参数,如结构阻尼特性、冲击系数则需要对时程曲线进行分析处理,简述如下。

1. 结构阻尼特性

桥梁结构的阻尼特性,一般用对数衰减率 δ 或阻尼比 D 来表示。实测的自由振动衰减曲线如图 5-9 所示,由振动理论可知,对数衰减率为:

$$\delta = \ln \frac{A_i}{A_{i+1}} \tag{5-2}$$

式中,A_i 和 A_{i+1} 为相邻两个波的振幅值,可以直接从衰减曲线上量取。实践中,常在衰减曲线上量取 n 个波形($n73$),求得平均衰减率:

$$\delta = \ln \frac{A_i - A_i'}{A_{i+n} - A_{i+n}'} \tag{5-3}$$

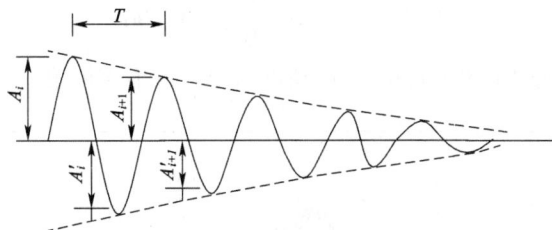

图 5-9 由自由振动衰减曲线求阻尼特性

根据振动理论,对数衰减率与阻尼比 D 的关系为:

$$\delta = \frac{2\varPi D}{\sqrt{1 - D^2}} \tag{5-4}$$

由于一般材料的阻尼比都很小,因此,式(5-4)可近似表述为:

$$D = \frac{\delta}{2\Pi} \tag{5-5}$$

图 5-10 为跳车试验所产生的自由振动衰减曲线,通过对实测数据的分析,可知该桥一阶振型的阻尼比为 0.0218。通常,桥梁结构的阻尼比在 0.01 ~ 0.05 之间,阻尼比越大,说明桥梁结构耗散外部能量输入的能力越强,振动衰减得越快,反之亦然。

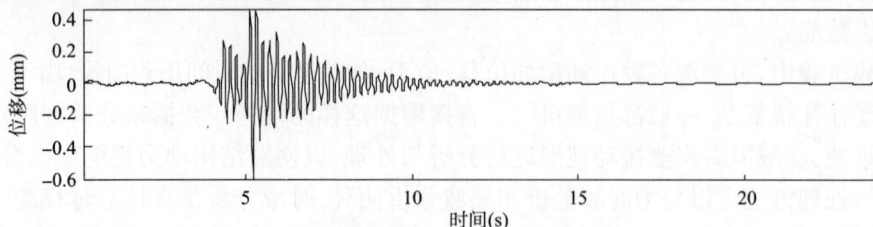

图 5-10 跳车试验产生的结构竖向振动典型波形

2. 冲击系数

动挠度与相应的静挠度的比值称为活荷载的冲击系数。由于挠度反映了桥梁结构的整体性能,是衡量结构刚度的主要指标,因此活载冲击系数综合地反映了动力荷载对桥梁结构的动力作用。活载冲击系数与桥梁的结构形式、车辆行驶速度、桥面的平整度等因素有关。为了测定桥梁结构的冲击系数,应使车辆以不同的速度驶过桥梁,逐次记录跨中截面的挠度时程曲线,如图 5-11 所示。按照冲击系数的定义有:

$$1 + \mu = \frac{Y_{dmax}}{Y_{smax}} \tag{5-6}$$

式中:Y_{dmax}——最大动挠度值;

$\quad\;\; Y_{smax}$——最大静挠度值。

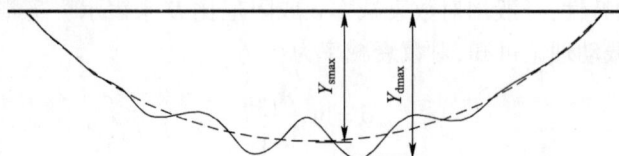

图 5-11 移动荷载作用下简支梁的挠度曲线

图 5-12a) 为 1 辆 10t 重的试验车辆以 20km/h 速度通过某预应力混凝土 T 形刚构桥时,T 构牛腿处的动挠度时程曲线。根据实测数据,可得该桥的冲击系数($1 + \mu$)为:

$$1 + \mu = \frac{Y_{dmax}}{Y_{smax}} = \frac{5.576}{5.089} = 1.096$$

对动挠度进行频谱分析[图 5-12b)],从频谱图中可得出该桥第一阶频率为 1.08Hz。

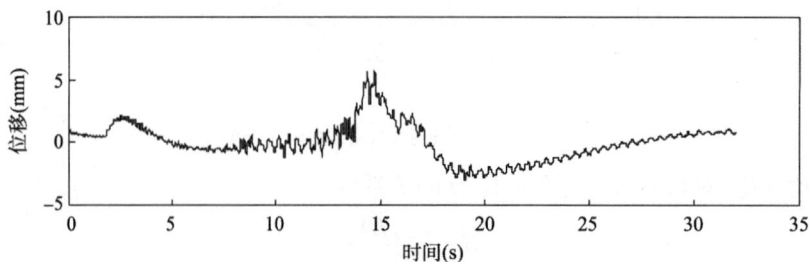

a)动挠度时程曲线

图 5-12

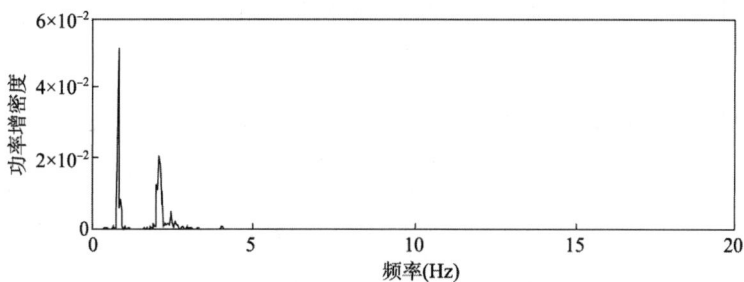

b)自功率谱图

图 5-12　20km/h 跳车所产生的 T 形刚构牛腿处动挠度时程曲线及其频谱图

二、频域分析方法

桥梁结构在风荷载、地震荷载、车辆荷载作用下所产生的振动,都是包含多个频率成分的随机振动,它的规律不能用一个确定的函数来描述,这种不确定性、不规则性是随机数据共有的特点。对于桥梁结构的振动,一般都属于平稳的、各态历经的随机过程,即随机过程的统计特征与时间无关,可以用单个样本来替代整个过程的研究。随机数据的不确定性、不规则性是对单个观测样本而言的,而大量的同一随机振动试验的集合都服从统计规律,可以用概率密度函数、功率谱密度函数所述的几种统计函数来描述。

1. 均值、均方值和均方差

随机数据的均值、均方值和均方差是样本函数时间历程的一种简单平均,它们从不同方面反映了随机振动信号的强度,其表达式分别如下:

均值 $$u_x = E[x(t)] = \lim_{T \to \infty} \frac{1}{T} \int_0^T x(t) \, \mathrm{d}t \tag{5-7}$$

均方值 $$\psi_x^2 = E[x^2(t)] = \lim_{T \to \infty} \frac{1}{T} \int_0^T x^2(t) \, \mathrm{d}t \tag{5-8}$$

均方差 $$\sigma_x^2 = E[(x(t) - u_x)^2] = \lim_{T \to \infty} \frac{1}{T} \int_0^T [x(t) - u_x]^2 \mathrm{d}t \tag{5-9}$$

均值反映了随机过程的静态强度,是时间历程的简单算术平均;均方值反映了总强度,是时间历程平方值的平均;均方差反映了动态强度,是零均值信号的均方值。均值 u_x、均方值 ψ_x^2、均方差 σ_x^2 三者之间的关系为:

$$\psi_x^2 = u_x^2 + \sigma_x^2 \tag{5-10}$$

2. 概率密度函数

各态历经随机振动过程的概率密度函数表示在样本记录中,瞬时数据 $x(t)$ 的值落在某一指定范围 $(x, x + \Delta x)$ 内的概率,如图 5-13 所示,其定义为:

$$p(x) = \lim_{\Delta x \to 0} \left[\frac{\mathrm{Prob}[x < x(t) < x + \Delta x]}{\Delta x} \right] = \lim_{\Delta x \to 0} \frac{1}{\Delta x} \left[\lim_{T \to \infty} \frac{T_x}{T} \right] \tag{5-11}$$

式中:T——总观测时间;

　　　T_x——在总观测 T 时间内,$x(t)$ 落在 $(x, x + \Delta x)$ 区间内的时间总和。

根据上述定义可知,概率密度曲线 $p(x)$ 下的面积总和等于1,它标志着随机数据落在全部范围内的必然性。概率密度函数与均值、均方值有内在的联系。均值 u_x 等于概率密度曲线下

的面积形心的坐标,如图 5-14 所示,它可以由一次矩来计算:

$$u_x = \int_{+\infty}^{-\infty} x p(x) \, \mathrm{d}x \tag{5-12}$$

均方值 ψ_x^2 可以由二次矩来计算:

$$\psi_x^2 = \int_{+\infty}^{-\infty} x^2 p(x) \, \mathrm{d}x \tag{5-13}$$

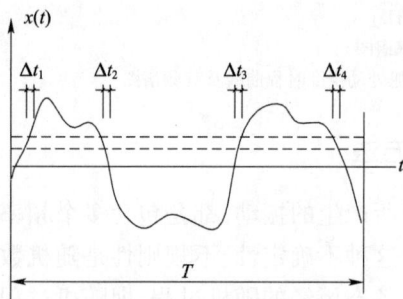

图 5-13 随机数据时程曲线　　　　图 5-14 概率密度曲线与均值的关系

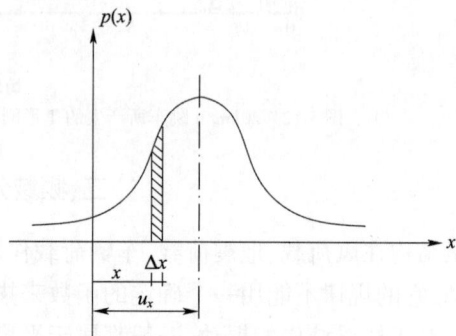

3. 自相关函数

随机变量的自相关函数是描述一个时刻的变量与另一时刻变量数值之间的依赖关系,对于各态历经随机过程的变量 $x(t)$ 的自相关函数 $R_x(\tau)$ 可以定义为 $x(t)$ 与它的延时 $x(t+\tau)$ 乘积的时间平均,即:

$$R_x(\tau) = \lim_{T \to \infty} \frac{1}{T} \int_0^T x(t) x(t+\tau) \, \mathrm{d}t \tag{5-14}$$

自相关函数主要用来确定任一时刻的随机数据对它以后数据的影响程度,$R_x(\tau)$ 的数值大小说明影响程度的大小。因此,可以利用自相关函数来鉴别混淆在随机数据中的周期成分,因为当随机数据在时间间隔很大时,自相关程度趋于零,而周期成分不管时间间隔多大,其自相关函数都变化不大。

4. 功率谱密度函数

对于平稳随机过程,随机变量 $x(t)$ 的功率谱密度定义为样本函数在 $(f, f+\Delta f)$ 频率范围内均方值的谱密度,即:

$$G(f) = \lim_{\Delta f \to \infty} \frac{\psi_x^2(f, f+\Delta f)}{\Delta f} \tag{5-15}$$

由式(5-15)得到的功率谱称为单边功率谱。在实际分析时,常采用自相关函数 $R_x(\tau)$ 的傅里叶变换来求得功率谱密度函数,其表达式为:

$$S(f) = \int_{-\infty}^{\infty} R_x(\tau) e^{-i2\Pi f \tau} \, \mathrm{d}\tau \tag{5-16}$$

由式(5-16)得到的功率谱称为双边功率谱密度函数,也称为自功率谱密度,进行逆变换可得:

$$R_x(\tau) = \int_{-\infty}^{\infty} S(f) e^{i2\Pi f \tau} \, \mathrm{d}f \tag{5-17}$$

当 $\tau = 0$ 时,上式可表示为:

$$R_x(0) = \psi_x^2 = \int_{-\infty}^{\infty} S(f)\,\mathrm{d}f \qquad (5\text{-}18)$$

式(5-18)表明,自功率谱密度 $S(f)$ 在整个频率域上的积分就是随机变量的均方值。一般振动的能量或功率与其振幅的平方或均方值成比例,所以功率谱密度反映了随机数据在频率域内能量的分布情况,某个频率对应的功率谱值大,说明该频率在振动过程中占主导地位,由此即可在纷繁的量测数据中分析出结构的固有频率。因而,在分析随机数据的频率构成时,常常利用其自功率谱的分布图形来判断桥梁结构的固有频率,在实际测试中,随机数据的自功率谱计算常采用快速傅里叶变换(FFT)来实现。图 5-15a)为某桥跨中截面跳车试验加速度时程曲线,图 5-15b)为根据加速度时程曲线进行傅里叶变换得出的加速度自功率谱图,从图上可以看出该桥的第一固有频率为 1.888Hz。

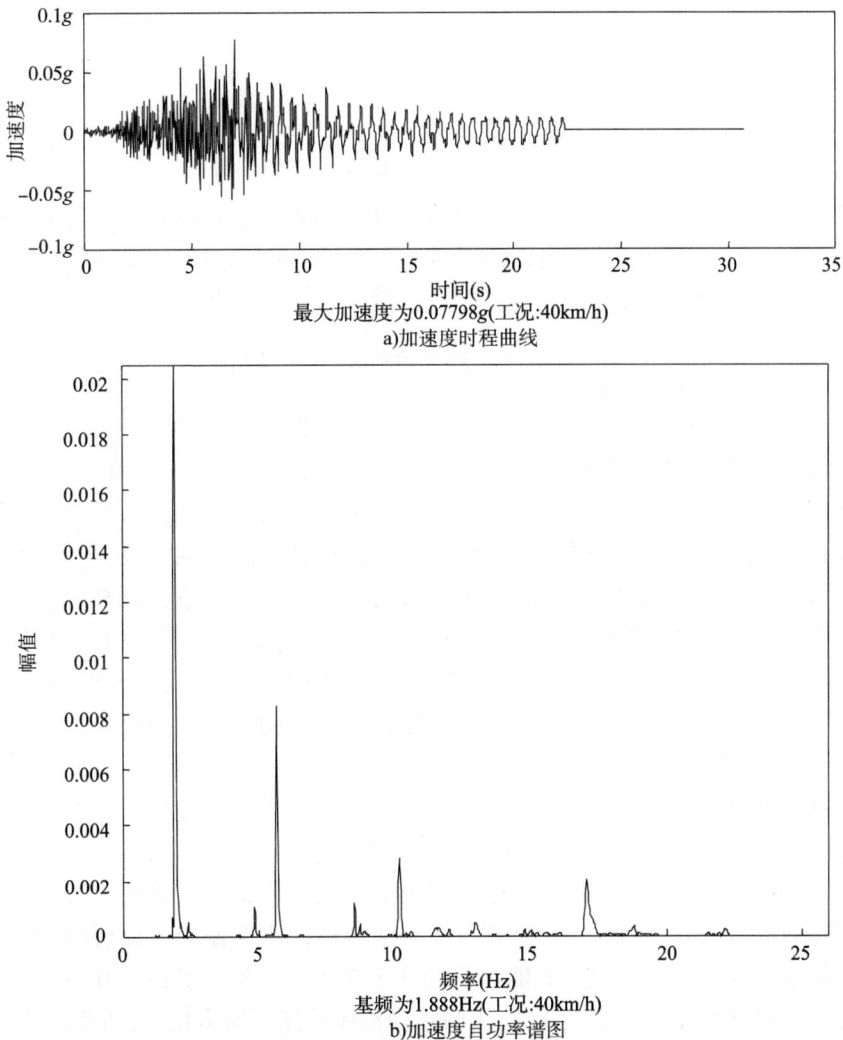

最大加速度为0.07798g(工况:40km/h)
a)加速度时程曲线

基频为1.888Hz(工况:40km/h)
b)加速度自功率谱图

图 5-15　某桥跳车试验跨中截面加速度时程曲线及其自功率谱

目前,在实际测试中,相当一部分动态数据采集仪都具有直接进行频域分析的功能,这样就极大地方便了现场测试分析。图 5-16 就是某桥在跳车试验的实测加速度时程曲线,动态数据采集仪可直接由时域信号分析得出的加速度自功率谱图,得出结构的固有频率为 9.96Hz,这样,就可比较方便地在现场进行分析与评价了。

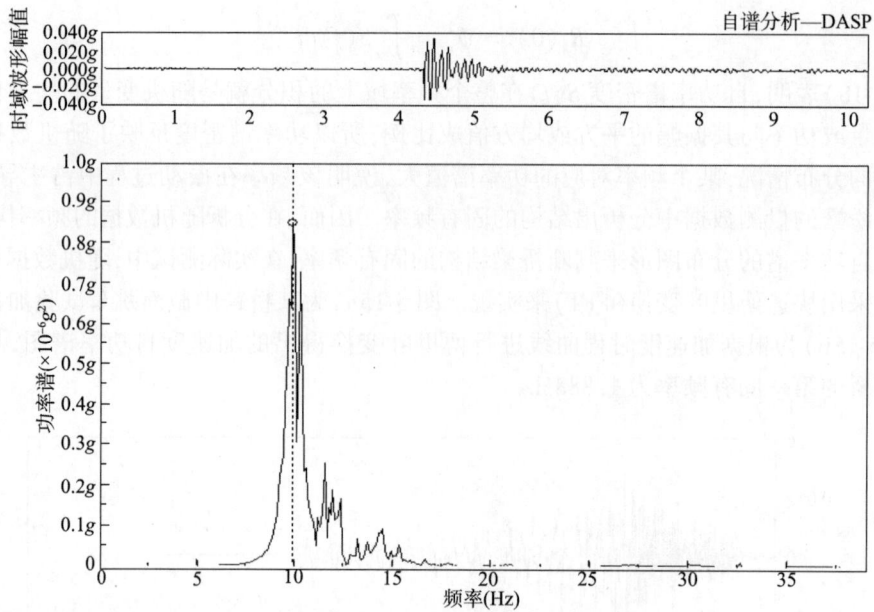

试验工况:冲击　　第1次试验　　　测点位置:第八跨中点　　　试验名:冲击7～9　　试验号:1

测点号:2　　采样频率:99.998779Hz　　　　光标位置频率:9.960816Hz

图 5-16　某桥跳车试验跨中加速度时程曲线及其频谱图

三、桥梁结构动力性能的分析评价

桥梁结构动力性能的一些参量如固有频率、阻尼比、振型、动力冲击系数以及动力响应的大小,是宏观评价桥梁结构的整体刚度、行车性能的重要指标,也是一些规范评价桥梁安全舒适运营性能的主要尺度。然而,由于桥梁结构动力特性、动力响应的复杂性,加上结构振动对结构疲劳损伤的影响规律尚不够清楚,结构振动响应对使用者(驾乘人员)的舒适性的影响也十分复杂,因而,对于动载试验所测得的加速度、振幅、动位移等参量,目前国内外尚未形成比较系统、全面、可操作的评价指标体系,也没有形成像静载试验那样严格的评价尺度。一般认为,桥梁结构的动力特性反映了结构的整体刚度、桥面的平整程度及耗散外部振动能量的能力,过大的动力响应会影响车辆的安全行驶,会导致桥梁结构产生疲劳损伤,会引起驾乘人员的不舒适,应予以设法避免的;另一方面,由于在计算分析中常常会做出一些假设,忽略了一些次要因素,故桥梁结构的实际刚度一般会大于计算取值,实测频率应大于计算频率。在桥梁检测中,通常通过以下几个方面来评价桥梁结构的动力性能:

(1)比较桥梁结构频率的理论计算值与实测值,如果实测值大于理论计算值,说明桥梁结构的实际刚度较大,整体性能较好;反之则说明桥梁结构的刚度偏小,可能存在开裂或其他不正常现象。例如,我国《公路桥梁承载能力检测评定规程》(JTG/T J21—2011)规定,当结构实测频率与理论计算频率比值小于 1.0 时,表明结构整体性能有所劣化,要适度降低承载能力的评定标度。

(2)根据实测加速度量值的大小,评价桥梁结构行车的安全性与舒适性。例如,国际标准化组织 ISO 的建议,车辆在桥梁结构行驶时最大竖向加速度不宜超过 $0.065g$,否则就可能会引起驾乘人员的不适;我国《铁路桥梁检定规范》(铁运函〔2004〕120 号)规定,在各种轨道不平顺的激励下,车辆的竖向加速度、横向加速度分别不得大于 1.3m/s^2 及 1.0m/s^2,以保障行车安全性与乘客的舒适性;我国《公路桥梁结构监测技术规范》(JT/T 1037—2022)规定,梁体加速度的均方根不得大于 0.315m/s^2,斜拉索吊索加速度的均方根不得大于 1.0m/s^2,且持续时间不得超过 30min,否则不仅会引起驾乘人员的不适,结构也容易产生疲劳损伤;此外,大多数研究者在评价桥梁结构振动对驾乘人员舒适性的影响时,常常采用英国 Sperling 指标、德国 Diekmann 指标。

(3)实测阻尼比的大小反映了桥梁结构耗散外部能量输入的能力,阻尼比大,说明桥梁结构耗散外部能量输入的能力强,振动衰减得快;阻尼比小,说明桥梁结构耗散外部能量输入的能力差,振动衰减得慢。通过实测阻尼比与设计计算时取用的阻尼比比较,可以反映结构的实际耗能能力。一般来说,混凝土桥梁的阻尼比是能够满足振动快速衰减需求的,但对于钢桥,特别是大跨径连续钢箱梁、悬索桥,阻尼比通常在 0.005 以下,难以满足抑制涡激振动、弛振等风致振动的需求,在中低风速下容易发生涡激振动,此时就需要进行专题研究,采取专门抑振措施。

(4)根据动力冲击系数的实测值来评价桥梁结构的行车性能,实测冲击系数较大则说明桥梁结构的行车性能差,表明桥梁可能存在结构整体性较差、横向联结系薄弱、桥面的平整程度不良、支座脱空等不良现象,以便与静载试验、桥梁检查的结果相互校核验证,从而准确确定桥梁病害的病灶。

思考题

1.结构振动的激振方式分为哪几种?

2.结构动力响应测试的内容有哪些?

3.拾振传感器的选取与布置需要考虑哪些因素?

4.采样频率的选定与结构基频有什么关系?

5.哪些指标参数可以通过动载试验直接测得?哪些指标参数需要进行二次分析?

第六章 无损检测技术

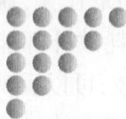

第一节 概　　述

一、无损检测技术的形成和发展

无损检测技术,是指在不影响结构受力性能或使用功能的前提下,直接在结构构件上通过测定某些物理量,推定结构性能如混凝土构件的强度、均匀性、耐久性,钢结构构件焊接质量、涂层厚度等的检测方法。

早在 20 世纪 30 年代,人们就开始探索混凝土无损检测技术。1948 年瑞士人施密特 (E. Schmid)研制成功回弹仪,1949 年加拿大的莱斯利(Leslie)等运用超声脉冲进行混凝土检测获得成功,20 世纪 60 年代罗马尼亚的费格瓦洛(I. Făcăoaru)提出超声-回弹综合法,20 世纪 80 年代美国的 Mary Sansalone 等用机械波反射法进行混凝土无损检测;进入 20 世纪 90 年代,随着检测技术的快速发展,涌现出一批新的测试方法,如微波吸收、雷达扫描、红外线谱、脉冲回波等方法。另一方面,自 20 世纪 50 年代以来,随着钢结构焊接技术的发展和推广应用,无损探伤方法日益成为钢结构焊缝质量检测的主要手段。

我国早在 20 世纪 50 年代就开始引进瑞士、英国、波兰等国的回弹仪和超声仪,20 世纪 60 年代初我国研制成功多种型号的超声波仪器,20 世纪 80 年代混凝土无损检测技术在我国得到快速发展,且开始进行钻芯法、后装拔出法的研究。经过几十年的研究和工程应用,我国研制了一系列的无损检测仪器设备,结合工程实践进行了大量的应用研究,逐步形成了《回弹法检测混凝土抗压强度技术规程》(JGJ/T 23—2011)、《超声回弹综合法检测混凝土抗压强度技术规程》(T/CECS 02—2020)、《钻芯法检测混凝土强度技术规程》(JGJ/T 384—2016)、《拔出法检测混凝土强度技术规程》(CECS 69—2011)、《超声法检测混凝土缺陷技术规程》(CECS 21—2000)等技术规程,并由此解决了工程实践中的问题,产生了巨大的社会经济效益。

无损检测技术与常规的破损、半破损试验相比,具有如下特点:

(1)不破坏被检测构件,不影响其使用性能,且简便快速。

(2)可以在构件上直接进行表层或内部的全面检测,对新建工程和既有结构物都适用。

(3)能获得破坏试验不能获得的信息,如能检测混凝土内部空洞、疏松、开裂、不均匀性、表层烧伤、冻害及化学腐蚀等,也能检测钢结构焊接质量、涂层厚度等。

（4）可在同一构件上进行连续测试和重复测试，使检测结果有良好的可比性。

（5）测试快速方便，费用低廉。

（6）由于是间接检测，检测结果要受到许多因素的影响，检测精度相对低一些。

目前，无损检测技术主要用于既有结构构件的混凝土强度推定、施工质量检验、结构内部缺陷检测等方面。随着对结构施工质量控制要求的不断提高，对既有结构物维修养护的日益重视，无损检测技术在工程建设中会发挥越来越重要的作用。

二、常用无损检测方法的分类和特点

由于无损检测技术不仅能推定混凝土的强度，而且能够反映混凝土的均匀性、连续性等各项质量指标，因此在新建工程质量评价、已建工程的安全性评价等方面具有无可替代的作用，越来越受到人们的重视。为了便于了解全貌，按检测目的、基本原理分类如下。

1. 混凝土强度的无损检测方法

在工程实践中，需要运用无损检测方法推定混凝土实际强度的情况主要有如下几种：

（1）在施工过程中，由于管理、工艺或意外事故等原因影响了混凝土质量，或预留试块的取样、制作、养护、抗压试验等不符合有关技术规程或标准的规定，以致预留试件的强度不能代表结构混凝土的实际强度时，可以采用无损检测方法推定混凝土强度，作为混凝土合格性评定及验收依据。

（2）当需要了解混凝土在施工期间的强度增长情况，以便进行吊装、预应力筋张拉或放张等后续工序时，可运用无损检测方法连续监测结构混凝土强度的发展，以便及时调整施工进程。

（3）对于既有桥梁结构，在使用过程中，有些桥梁已不能满足当前通行荷载的要求，有些桥梁由于各种自然原因而产生不同程度的损伤与破坏，有些桥梁由于设计或施工不当而产生各种缺陷。对于这些桥梁的维修、加固、改建，可通过无损检测方法推定混凝土强度，以便提供加固、改建设计时的基本强度参数和其他设计依据。

混凝土强度的无损检测方法根据其测试原理可分为非破损法、半破损法、综合法三种。

（1）非破损法

非破损法以混凝土强度与某些物理量之间的相关性为基础，检测时在不影响混凝土任何性能的前提下，测试这些物理量，然后根据相关关系推算被测混凝土的强度。属于这类方法的有回弹法、超声波法、射线吸收与散射法、成熟度法等。这类方法的特点是测试方便、费用低廉，但测试结果的可靠性主要取决于混凝土的强度与所测试物理量之间的相关性。

回弹法是采用回弹仪进行混凝土强度测定，属于表面硬度法的一种。其原理是回弹仪中运动的重锤以一定冲击动能撞击顶在混凝土表面的冲击杆后，测出重锤被反弹回来的距离，以回弹值作为与强度相关的指标，来推定混凝土强度的一种方法。

超声波法检测混凝土强度的基本依据是超声波传播速度与混凝土弹性性质的密切关系。在实际检测中，超声声速又通过混凝土弹性模量与其力学强度的内在联系，与混凝土抗压强度建立相关关系并借以推定混凝土的强度。

射线法主要根据 γ 射线在混凝土中的穿透衰减或散射强度推算混凝土的密实度，并据此推定混凝土的强度。这种方法由于涉及放射线防护问题，目前在国内外应用较少。

（2）半破损法

半破损法是以不影响构件的承载能力为前提，在构件上直接进行局部破坏性试验，或直接钻取芯样进行破坏性试验。属于这类方法的有钻芯法、拔出法、射击法等。这类方法的特点是以局部破坏性试验获得混凝土强度,因而较为直观、可靠。其缺点是造成结构物的局部破坏,需进行修补,因而不宜用于大面积检测。

钻芯法是利用专用钻机,从结构构件中钻取芯样以检测混凝土强度或观察混凝土内部缺陷的方法,具有直观、准确、可靠的特点,是其他无损检测方法不可取代的一种检测方法。钻芯法检测混凝土费用较高,费时较长,由于钻取芯样要对结构或构件造成局部破坏,所以不宜在同一结构中大面积使用。一般宜与其他无损检测方法如回弹法或超声法与钻芯法结合使用。

拔出法是使用拔出仪器拉拔埋在混凝土表层内的锚固件,将混凝土拔出一锥形体,根据混凝土抗拔力推算其抗压强度的方法。该法分为预埋法和后装法两种,前者是浇筑混凝土时预先将锚杆埋入,后者是在硬化后的混凝土上钻孔后在其上安装锚固件的拔出法。该方法比钻芯法破损小且费用较低,但其离散性较大,可靠性低于钻芯法。

射击法也称穿透探针法或贯入阻力法,是采用一种称为温泽探针(Windor prode)的射击装置,将硬质合金钉射入混凝土中,根据钉的外露长度作为阻力的度量。这种方法适用于混凝土早期强度发展情况的测定,也适用于同一结构不同部位混凝土强度的相对比较,但测试精度受混凝土粗集料的影响十分明显。

(3)综合法

所谓综合法,就是采用两种或两种以上的无损检测方法,获取多种物理参量,并建立强度与多项物理参量的综合相关关系,以便从不同角度综合评价混凝土的强度。由于综合法采用多项物理参数,能较全面地反映构成混凝土强度的各种因素,因而它比单一物理量的无损检测方法具有更高的准确性和可靠性。目前已被采用的综合法有超声回弹综合法、超声钻芯综合法、超声衰减综合法等,其中超声回弹综合法已在国内外获得广泛应用。

2. 钢筋混凝土缺陷无损检测方法

混凝土的缺陷是指那些在宏观材质不连续、性能参数有明显变异,而且对结构的承载能力和使用性能有一定影响的不良现象。常见混凝土缺陷现象主要有内部空洞、裂缝、离析、沉渣、疏松、断层、结合面不密实、碳化、冻融、化学腐蚀等。混凝土内部缺陷的成因十分复杂,即使整个结构的混凝土的普遍强度已达到设计要求,这些缺陷的存在也会使结构整体承载力严重下降,耐久性明显降低。因此,必须探明缺陷的部位、大小和性质,以便采取切实的处理措施,排除工程隐患。近年来,混凝土缺陷的无损检测方法主要分为三类:以应力波理论为基础的方法、利用电磁感应技术的方法、以射线作为探测媒介的方法。

(1)以应力波理论为基础的方法

外载荷在混凝土梁表面所引起的应力,会在混凝土介质中传播出去、形成应力波。通过接收应力波的反射频率,可推算混凝土梁内部缺陷或钢筋深度。以该理论为基础,相应的检测方法主要有冲击回波法(IE)、表面波频谱分析法(SASW)、声发射技术(AE)以及超声脉冲检测法(UT)等。

(2)利用电磁感应技术的方法

利用高频的电磁波作为探测媒介,通过测量和分析电磁波的传播时间、反射系数、折射率等,由于电磁波遇到电性差异的介质时,传播时间及波形特征有所不同,从而辨别其内部的缺陷及钢筋的分布,代表性检测方法是雷达法探测混凝土中的钢筋、空洞、裂缝分布。

（3）以射线作为探测媒介的方法

以射线作为探测媒介的方法主要有红外热像检测技术（IT）、X射线扫描技术（CT）。其中，红外热像检测技术是利用红外线，借助红外热像仪把来自目标的红外辐射转变为可见的热图像，并依据物体的红外辐射-表面温度-材料特性三者间的内在关系，通过热图像特征分析直观地了解物体的表面温度分布，进而达到推断混凝土梁内部结构和表面状态的目的。而X射线扫描技术是利用X射线，穿透物体断面进行旋转扫描，收集X射线经不同层面物质衰减后的信息，并经计算机处理后、形成物体断层的数字图像。

3. 其他无损检测方法

其他无损检测方法主要包括钢筋锈蚀状况检测、钢筋保护层厚度和钢筋间距检测、钢结构焊缝质量检测、钢结构涂层厚度检测等，检测方法多是利用电磁理论测试相关变量、进行间接推算。随着高新技术的兴起和应用，出现了一些无损检测的新方法，如基于磁记忆效应的钢筋混凝土桥梁应力状态的无损检测技术、基于超声脉冲扫描的高速检测技术等。随着工程界对新技术、新材料的应用，对检测技术也提出了更高的要求，在计算机、互联网等IT技术的渗透下，新一代检测技术正在快速发展之中，如混凝土耐久性预测、既有混凝土结构的损伤程度检测等，工程质量检测向数字化、图像化发展已成为必然趋势。

第二节　回弹法检测混凝土强度

一、回弹法的基本原理及检测要点

1. 回弹法的基本原理

回弹法属于表面硬度法的一种，其原理是回弹仪重锤以一定冲击动能撞击混凝土表面的冲击杆后，测量重锤反弹回来的距离，以回弹值（反弹距离与弹簧初始长度之比）作为与强度相关的指标，来推定混凝土强度的一种方法。由于混凝土表面硬度与混凝土强度存在内在关联，即表面硬度值随强度的增大而提高，因此，采用具有一定动能的钢锤冲击混凝土表面时，其回弹值与混凝土表面硬度也有相关关系。回弹法由于其操作简便、经济、快速，适用于施工现场对混凝土的强度进行随机的、大批量的检测，在工程上得到了广泛应用。

图6-1为回弹法的原理示意图。当重锤被拉到冲击前的起始状态时，若重锤的质量等于1，则这时重锤所具有的势能 e 为：

$$e = \frac{1}{2}E_s l^2 = 2.207 \quad (J) \tag{6-1}$$

式中：E_s——弹击拉簧的刚度，$E_s = 784.532\text{N/m}$；

　　　l——弹击拉簧工作时拉伸长度，$l = 0.075\text{m}$。

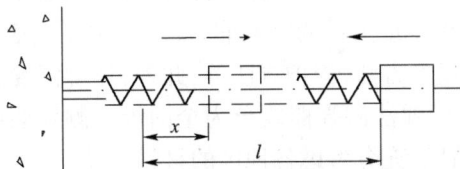

图6-1　回弹法原理示意图

混凝土受冲击后产生瞬时弹性变形，其恢复力使重锤回弹，重锤被弹回到 x 位置时所具有

的势能 e_x 为：

$$e_x = \frac{1}{2} E_s x^2 \tag{6-2}$$

式中：x——重锤反弹位置或重锤回弹时弹簧的拉伸长度。

重锤在弹击过程中所消耗的能量 Δe 为：

$$\Delta e = e - e_x \tag{6-3}$$

将式(6-1)、式(6-2)代入式(6-3)得：

$$\Delta e = \frac{E_s l^2}{2} - \frac{E_s x^2}{2} = e \left[1 - \left(\frac{x}{l} \right)^2 \right] \tag{6-4}$$

令

$$R = \frac{x}{l} \tag{6-5}$$

在回弹仪中，l 为定值，故 R 与 x 成正比，称为回弹值。将 R 代入式(6-4)得：

$$R = \sqrt{1 - \frac{\Delta e}{e}} = \sqrt{\frac{e_x}{e}} \tag{6-6}$$

从式(6-6)可知，回弹值 R 是重锤冲击混凝土表面后剩余的势能与原有势能之比的平方根。简言之，回弹值是重锤冲击过程中能量损失的反映。能量损失越小，说明混凝土表面硬度越大，其相应的回弹值也就越高。由于混凝土表面硬度与其抗压强度存在一致性的变化关系，因此，回弹值 R 的大小亦反映了混凝土抗压强度的大小。

2. 回弹仪的使用要点

(1)校验。回弹仪检定周期为半年，当回弹仪启用前、超过检定有效期限、数字式回弹仪数字显示的回弹值与指针直读示值相差大于1、经保养后，在钢砧上的率定值不合格、以及遭受严重撞击或其他损害时，均应送校验单位进行校验。

(2)率定。回弹仪使用性能的检验方法，一般采用钢砧率定法。即在室温为 5～35℃ 的条件下，表面干燥、清洁，并应稳固平放的洛氏硬度为 60±2 的钢砧上，将仪器连续垂直向下弹击三次，且率定试验应分四个方向进行，且每个方向弹击前，弹击杆应旋转 90°，每个方向的回弹平均值均应为 80±2，如果率定值不在此范围内的仪器，不得用于测试。此外，率定所用的钢砧要求每两年校验一次。

(3)保养。仪器使用完毕后，要及时清除表面污垢。不用时，应将弹击杆压入仪器内，并锁住机芯，水平存放在干燥阴凉处。

3. 回弹法测强曲线

回弹法测定混凝土的抗压强度，是建立在混凝土的抗压强度与回弹值之间具有一定的相关性的基础上的，这种相关性可用 f_{cu}-R 相关曲线(或公式)来表示，通常称为测强曲线。影响混凝土的抗压强度 f_{cu} 与回弹值 R 关系的因素非常广泛，主要包括水泥品种、粗集料、细集料、外加剂等，也包括混凝土的成型方法、养护方法等，此外，环境湿度、混凝土碳化及龄期也会产生一定的影响等。在我国，回弹法测强曲线分为全国统一测强曲线、地区曲线和专用曲线三种，以方便测试、提高测试精度，充分考虑各地区的材料差异。

统一测强曲线是由全国有代表性的材料、成型工艺制作的混凝土试件，通过试验所建立的测强曲线。对于符合下列条件的混凝土，可以按《回弹法检测混凝土抗压强度技术规程》

（JGJ/T 23—2011）附录 A、附录 B 的测区混凝土强度换算表,根据测区平均回弹值和碳化深度值,查得对应测区混凝土强度换算值。

（1）混凝土采用的水泥、砂石、外加剂、掺合料、拌和用水符合国家现行有关标准;

（2）采用普通成型工艺;

（3）采用符合国家标准规定的模板;

（4）蒸汽养护出池经自然养护 7d 以上,且混凝土表层为干燥状态;

（5）自然养护且龄期为 14 ~ 1000d;

（6）抗压强度为 10.0 ~ 60.0MPa。

需要指出的是,当粗集料最大公称粒径大于 60mm 或泵送混凝土粗集料最大粒径大于 31.5mm、由采用特种成型工艺制作,或构件的检测部位曲率半径小于 250mm 以及潮湿或浸水混凝土,测区混凝土强度均不能根据统一测强曲线查得。对于泵送混凝土,由于其粗集料构成和最大粒径与非泵送混凝土存在明显差异,其测区混凝土强度可依据下式计算:

$$f = 0.034488R^{1.9400} \times 10^{(-0.0173d_m)} \tag{6-7}$$

二、回弹法检测混凝土强度

1. 检测前准备

（1）收集资料

检测前,一般需要了解工程名称,设计、施工和建设单位名称;构件名称、编号、施工图及混凝土设计强度等级;水泥品种、强度等级、出厂厂名;砂石品种、粒径,外加挤或掺合料品种、掺量,以及混凝土配合比等;模板类型,混凝土灌注和养护情况、成型日期;构件存在的质量问题、混凝土试块抗压强度等。

（2）检测数量

一般地,混凝土强度的检测可根据实际需要采用单个构件或按批量检测方式。批量检测适用于混凝土生产工艺、强度等级相同,原材料、配合比、养护条件基本一致且龄期相近的一批同类构件,采用随机抽样法,抽检构件数量不宜少于同批构件总数的 30% 且不少于 10 件。当同批构件数量大于 30 个时,抽样构件数量可参照《建筑结构检测技术标准》（GB/T 50344）进行适当调整。

（3）测区布置

测区是指每一试样的测试区域,每一测区相当于试样同条件混凝土的一组试块。测区宜为 200mm × 200mm 的正方形区域,且必须为表面清洁、平整、干燥的混凝土原浆面。优先选能使回弹仪处于水平方向的侧面,如不能满足时,可选表面或底面。测区可对称布置在构件的两个测面,也可均匀布置在同一侧测面。相邻两测区的间距不大于 2m,测区与构件端部或施工缝边缘的距离宜为 0.2 ~ 0.5m。

单个构件的测区数不宜少于 10 个,当构件数量大于 30 个且不需提供单个构件推定强度,或构件某两方向尺寸分别不大于 4.5m、0.3m 时,每个构件的测区数量可适当减少,但不得少于 5 个测区。

2. 回弹法检测方法

（1）回弹仪率定

在检测前后,回弹仪均应在钢砧上进行率定,以确保仪器的使用性能正常。

（2）回弹值测量

每一测区选择 16 个均匀分布、净距离不小于 20mm 的回弹测点，且测点距外露钢筋、预埋件的距离不宜小于 30mm。进行回弹测试时，回弹仪对每一测点只弹击一次，且仪器轴线应始终与检测面相垂直，缓慢施压、准确读数、快速复位。

（3）碳化深度值测量

回弹值测量完毕后，选择代表性的测区测量碳化深度值，测点数不应少于构件测区数的 30%，取其平均值作为该构件每个测区的碳化深度值。当碳化深度值极差大于 2.0mm 时，应在每一测区分别测量。

测点碳化深度的测量，首先在测区表面开直径为 15mm、深度大于碳化深度的孔洞；然后清除洞中的粉末和碎屑（不能用水冲洗孔洞），采用 1%～2% 的酚酞酒精溶液滴在孔洞内壁的边缘处，碳化部分的混凝土不变色，而未碳化部分的混凝土会变成紫红色；最后采用碳化深度测量仪，连续 3 次测量已碳化与未碳化混凝土交界面到混凝土表面的垂直距离，取平均值作为检测结果，精确至 0.5mm。

3. 测区回弹值的计算

当回弹仪水平方向测试混凝土浇筑侧面时，应从测区的 16 个回弹值中剔除 3 个最大值和 3 个最小值，取余下的 10 个回弹值的平均值作为测区的平均回弹值，按下式计算：

$$R_m = \frac{\sum\limits_{i=1}^{10} R_i}{10} \qquad (6-8)$$

式中：R_m——测区平均回弹值，精确至 0.1；

R_i——第 i 个测点的回弹值。

当回弹仪非水平方向检测混凝土浇筑侧面时，测区的平均回弹值应按下列公式修正：

$$R_m = R_{m\alpha} + R_{a\alpha} \qquad (6-9)$$

式中：$R_{m\alpha}$——非水平方向检测时测区平均回弹值；

$R_{a\alpha}$——测试角度为 α 的回弹修正值，按表 6-1 或《回弹性检测混凝土抗压强度技术规程》（JGJ/T 23—2011）附录 C 采用。

非水平方向检测时回弹值的修正值 $R_{a\alpha}$ 表 6-1

R_{ma}	测试角度							
	+90°	+60°	+45°	+30°	−30°	−45°	−60°	−90°
20	−6.0	−5.0	−4.0	−3.0	+2.5	+3.0	+3.5	+4.0
30	−5.0	−4.0	−3.5	−2.5	+2.0	+2.5	+3.0	+3.5
40	−4.0	−3.5	−3.0	−2.0	+1.5	+2.0	+2.5	+3.0
50	−3.5	−3.0	−2.5	−1.5	+1.0	+1.5	+2.0	+2.5

当水平方向检测混凝土浇筑顶面或底面时，测区的平均回弹值应按下列公式修正：

$$R_m = R_m^t + R_a^t, \quad R_m = R_m^b + R_a^b \qquad (6-10)$$

式中：R_m^t、R_m^b——水平方向检测混凝土顶面、底面时，测区平均回弹值；

R_a^t、R_a^b——检测混凝土顶面、底面回弹值的修正值,按表6-2或《回弹法检测混凝土抗压强度技术规程》(JGJ/T 23—2011)附录 D 采用。

不同浇筑面上的回弹修正值 R_a^t、R_a^b 表6-2

R_m	测 试 面	
	顶面修正值(R_a^t)	底面修正值(R_a^b)
20	+2.5	-3.0
25	+2.0	-2.5
30	+1.5	-2.0
35	+1.0	-1.5
40	+0.5	-1.0
45	0	-0.5
50	0	0

在测试时,如仪器既处于非水平状态,且构件测区又非混凝土的浇灌侧面时,实测回弹值则先进行角度修正,后进行表面或底面修正。

三、混凝土强度的推定及评定

已知构件各测区的混凝土平均回弹值后,根据《回弹法检测混凝土抗压强度技术规程》(JGJ/T 23—2011)的方法对构件的混凝土强度进行推定。除给出强度推定值外,对于测区数小于 10 个的构件,还要给出平均强度值、测区最小强度值;测区数大于或等于 10 个的构件还要给出标准差。对于桥梁结构构件,其混凝土强度的评定参照《公路桥梁承载能力检测评定规程》(JTG/T J21—2011)执行。

1. 测区混凝土强度值换算值

测区混凝土强度换算值($f_{cu,i}^c$)是指由测区的平均回弹值(R_m)和碳化深度值(d_m)通过测强曲线换算得到的该测区的现龄期混凝土抗压强度值。非泵送混凝土、泵送混凝土的测区混凝土强度换算值可分别由全国统一测强曲线所制表格[《回弹法检测混凝土抗压强度技术规程》(JGJ/T 23—2011)附录 A、附录 B]查表得出。当有地区或专用测强曲线时,应优先选用地区或专用测强曲线。

2. 测区混凝土强度值换算值的修正

当不符合统一测强曲线的适用范围,如龄期超过 1000d 或抗压强度大于 60MPa 时,可采用在构件上钻取的混凝土芯样或同条件试块对测区混凝土强度换算值进行修正。钻芯法修正时,应在测区内钻取混凝土芯样,数量不应少于 6 个,公称直径宜为 100mm,高径比为 1,每个芯样应只加工一个试件。同条件试块修正时,试块应为边长 150mm 的立方体,数量不应少于6 个。其中,钻芯法修正按下列式子计算:

(1)修正量计算

$$\Delta_{tot} = f_{cor,m} - f_{cu,m0}^c \tag{6-11}$$

式中:Δ_{tot}——测区混凝土强度修正量,精确到 0.1MPa;

$f_{cor,m}$——芯样试件混凝土强度平均值,精确到 0.1MPa;

$f_{cu,m0}^c$——对应于钻芯部位回弹测区混凝土强度换算值的平均值,精确到 0.1MPa。

（2）测区混凝土强度换算值的修正计算

$$f_{cu,i1}^{c} = f_{cu,i0}^{c} + \Delta_{tot} \tag{6-12}$$

式中：$f_{cu,i0}^{c}$、$f_{cu,i1}^{c}$——第 i 个测区修正前、后的混凝土强度换算值，精确到 0.1MPa。

3. 构件混凝土强度的推定

（1）测区混凝土强度换算值的平均值及标准差

构件的测区混凝土强度平均值可根据各测区的混凝土强度换算值计算。当构件测区数不少于 10 个时，应计算强度标准差，平均值和标准差应按下列公式计算：

$$m_{f_{cu}} = \frac{\sum_{i=1}^{n} f_{cu,i}^{c}}{n} \tag{6-13}$$

$$S_{f_{cu}} = \sqrt{\frac{\sum_{i=1}^{n} (f_{cu,i}^{c})^{2} - n\,(m_{f_{cu}})^{2}}{n-1}} \tag{6-14}$$

式中：$m_{f_{cu}}$——构件测区混凝土强度换算值的平均值，精确至 0.1MPa；

　　　n——单个检测的构件的测区数，或取被抽检构件测区数之和；

　　　$S_{f_{cu}}$——构件测区混凝土强度换算值的标准差，精确至 0.01MPa。

（2）构件混凝土强度推定值

构件混凝土强度推定值（$f_{cu,e}$）的确定应符合下列规定：

①当该构件测区数少于 10 个时，因样本偏少，故取测区强度最小值作为推定值。

$$f_{cu,e} = f_{cu,min}^{c} \tag{6-15}$$

式中：$f_{cu,min}^{c}$——构件中最小的测区混凝土强度换算值。

②当构件测区混凝土强度值中出现小于 10MPa 时，因不符合统一测强曲线的最小抗压强度（10.0MPa）的要求，故取测区强度最小值作为推定值。

$$f_{cu,e} < 10.0MPa \tag{6-16}$$

③当该构件测区数不少于 10 个或按批量检测时，则以各测区强度换算值总体分布中保证率不低于 95% 的混凝土抗压强度值作为该构件或该批构件的混凝土强度推定值。

$$f_{cu,e} = m_{f_{cu}} - 1.645 S_{f_{cu}} \tag{6-17}$$

④对于按批量检测的构件，按式（6-17）计算；当该批构件混凝土强度标准差大于规定的范围（出现下列情况之一）时，说明已有某些偶然因素起作用，因此不能按批进行强度推定，需要全部按单个构件进行强度推定。

a. 批量检测构件混凝土强度平均值小于 25MPa，且标准差大于 4.5MPa；

b. 批量检测构件混凝土强度平均值为 25～60MPa，且标准差大于 5.5MPa。

4. 构件混凝土强度的评定

对于桥梁结构，则需要根据《公路桥梁承载能力检测评定规程》（JTG/T J21—2011）对构件混凝土强度状态进行评定。

已知构件测区混凝土强度换算值的平均值 $m_{f_{cu}}$ 和构件混凝土强度推定值 $f_{cu,e}$，按式（6-18）、式（6-19）分别计算其推定强度匀质系数 K_{bt} 和平均强度匀质系数 K_{bm}，按表 6-3 评定混凝土的标度。

推定强度匀质系数 K_{bt}：

$$K_{bt} = f_{cu,e}/R \tag{6-18}$$

平均强度匀质系数 K_{bm}：

$$K_{bm} = m_{f_{cu,e}}/R \qquad (6-19)$$

式中：R——混凝土设计强度等级。

桥梁结构构件混凝土强度评定标准

表 6-3

K_{bt}	K_{bm}	强 度 状 况	评 定 标 准
≥0.95	≥1.00	良好	1
(0.95,0.90]	(1.00,0.95]	较好	2
(0.90,0.80]	(0.95,0.90]	较差	3
(0.80,0.70]	(0.90,0.85]	差	4
<0.70	<0.85	危险	5

第三节　超声回弹综合法检测混凝土强度

一、概　　述

超声波用于非破损检测，是以超声波为媒介，获得物体内部信息的一种方法。目前超声波检测方法已应用于医疗诊断、钢结构焊缝探伤、混凝土检测等许多领域。混凝土超声检测是混凝土非破损检测技术中的一个重要分支，其应用主要有两个方面：一是推定混凝土强度，二是测定混凝土内部缺陷。

超声回弹综合法是指采用超声检测仪和回弹仪，在结构混凝土同一测区分别测量超声波的声时值和混凝土的回弹值，然后利用测强公式推算该测区混凝土抗压强度的一种方法。该方法与单一的回弹法或超声法相比，具有以下优点：

（1）减少混凝土龄期和含水率的影响。随着混凝土含水率增大，超声波声速提高而回弹值降低；随着混凝土龄期增长，超声波声速的增长率下降，而回弹值则因混凝土碳化程度增大而提高。因此，二者综合起来测定混凝土强度就可以部分减少龄期和含水率的影响。

（2）可以弥补相互间的不足。回弹法主要以表层的弹性性能来反映混凝土强度，当构件截面尺寸较大或内外质量有较大差异时，就很难反映混凝土的实际强度。超声波声速是以整个断面的传播速度来反映混凝土强度，能够较全面地反映混凝土内部质量。因此，采用超声回弹综合法测定混凝土强度，就可以内外结合、较确切地反映混凝土强度。

（3）提高测试精度。由于综合法能减少一些因素的影响程度，较全面地反映整体混凝土质量，所以对提高无损检测混凝土强度的精度具有明显的效果。

二、混凝土超声检测仪

1. 超声仪的基本装置

超声检测的基本装置包括超声波检测仪（以下简称超声仪）、换能器和耦合剂。

超声仪是超声检测的基本装置，其作用是产生重复的电脉冲去激励换能器发射超声波，量测超声波的传播时间、接收波振幅、频率等有关参数并转换成电信号放大后显示在示波屏上。常用的数字式超声仪基本参数范围如下：声时测量范围 $0.1 \sim 999.9 \mu s$，分辨力 $0.1 \mu s$；波幅测量范围不小于80dB,分辨力1dB;仪器信号接收系统的频带宽度为10～250kHz。

超声换能器分为发射换能器和接收换能器,发射换能器将电信号转换成机械振动,接收换能器则将机械振动转换成电信号后再送入超声仪进行处理。换能器的标称频率一般在50～100kHz范围内。

耦合剂一般采用水、黄油、凡士林等液体或膏体,常用在充填于换能器与混凝土之间时,以排除空气、形成耦合剂层,使大部分超声波进入混凝土,确保超声参数测量的准确性。

2. 超声仪的主要声学参数

常用的混凝土超声检测中声学参数主要有声速、波形、频率及振幅。

(1)声速。声速即超声脉冲波在混凝土中单位时间内传播的距离。

(2)波形。波形系指在示波屏上显示的接收波波形。

(3)波幅。超声脉冲波通过混凝土后,由接收换能器接收,并有超声仪显示的首波信号幅度,一般按分贝(dB)计量。

(4)主频。在被接收的超声脉冲波各频率成分的幅度分布中,幅度最大的频率值。

三、超声回弹综合法检测要点

超声回弹综合法检测混凝土强度技术,实质上就是超声法和回弹法两种单一测强的综合测试,因此,有关检测方法及规定与前述相同。检测方法按照《超声回弹综合法检测混凝土抗压强度技术规程》(T/CECS 02—2020)执行。

1. 检测准备

(1)检测数量

①按单个构件检测时,应在构件上均匀布置不少于10个测区;对于检测面两个方向尺寸同时不大于4.5m、0.3m的构件,测区数不少于5个。

②按同批构件检测时,随机抽样的最小样本容量应满足技术规程的要求。凡符合混凝土强度等级相同,混凝土原材料、配合比、成型工艺、养护条件及龄期基本相同,构件种类相同,施工阶段所处状态基本相同时均可作为同批构件。

(2)测区布置

测区布置符合以下要求:

①测区宜布置在构件混凝土浇筑方向的侧面;

②一个测区包括两个测面,宜在两个相对面上布置,也可在相邻面或同一面上布置;

③测面尺寸宜为200mm×200mm,采用平测时宜为400mm×400mm;

④测区应均匀布置,相邻两测区的间距不宜大于2m;

⑤测区应避开钢筋密集区和预埋钢板;

⑥测面应为清洁、平整、干燥的混凝土原浆面。

每一测区宜先进行回弹测试,然后进行超声测试。对非同一测区的回弹值和超声声速值,不能按综合法计算混凝土强度。

2. 测试方法

(1)回弹测试及回弹代表值

回弹测试与回弹值的计算参见在本章第二节。在综合法测试中,采用回弹法检测混凝土强度要注意如下几点：

①回弹测试时只需在一个测区的两个测面(即超声测试时超声波的发射面和接收面)各测读 5 个回弹值，共 10 个回弹值即可，每个测点的回弹值的读数精确至 1，同一测点只允许弹击 1 次。

②测区回弹代表值应从测区的 10 个回弹值中剔除 1 个最大值和 1 个最小值，按剩余 8 个有效回弹值的平均值进行计算。

$$R = \frac{1}{8} \sum_{i=1}^{8} R_i \tag{6-20}$$

③在测试时，如仪器处于非水平状态，同时构件测区又非混凝土的浇筑侧面，也应对测得的回弹值先进行角度修正，再进行表面或底面修正。

④不需要测量测区混凝土的碳化深度值。

(2)超声测试及声速值

①超声声时值的测量。

超声测点应布置在回弹测试的同一测区内，每一测区布置 3 个测点，如图 6-2 所示。超声测试宜采用对测，且发射和接收换能器的轴线应在同一直线上，当构件不具备对测条件时，可采用角测或平测。测量超声声时值时，应保证换能器与混凝土耦合良好，应先测定声时初读数(t_0)，再进行测点声时测量并读数(t_i)，声时值读数应精确至 0.1；测点间超声波测距(l_i)测量应精确至 1mm，允许误差应在 ±1%。

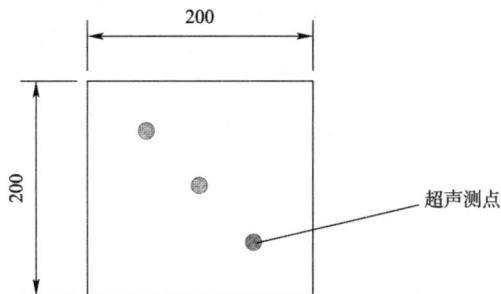

图 6-2 测区超声测点分布(尺寸单位:mm)

②声速值的计算。

当在混凝土侧面对测时，测区声速值(v_d)按下式计算，精确至 0.01km/s。

$$v_d = \frac{1}{3} \sum_{i=1}^{3} \frac{l_i}{t_i - t_0} \tag{6-21}$$

当在混凝土表面或底面对测时，测区混凝土中声速代表值(v_a)按下式修正：

$$v_a = 1.034 \times v_d \tag{6-22}$$

3. 混凝土强度的推定及评定

(1)测区混凝土抗压强度换算值的计算

构件第 i 个测区的混凝土强度换算值 $f_{cu,i}^c$，应根据修正后的测区回弹值代表值 R_{ai} 及修正后的测区声速值 v_{ai}，按已确定的综合法相关测强曲线换算而得。

当符合下列条件时，可按全国统一测强曲线表达式(6-23)计算：

①混凝土采用的水泥、砂石、外加剂、掺合料、拌和用水符合国家现行有关标准；

②自然养护或蒸汽养护后经自然养护 7d 以上，且混凝土表层为干燥状态；

③龄期为 7 ~ 2000d；

④混凝土抗压强度为 10～70MPa。

$$f_{cu,i}^c = 0.0286 v_{ai}^{1.999} R_{ai}^{1.155} \tag{6-23}$$

(2)测区混凝土强度值换算值的修正

当构件混凝土不符合统一测强曲线的适用范围时,可采用在构件上钻取的混凝土芯样或同条件试块对测区混凝土强度换算值进行修正。钻芯法修正时,应在测区内钻取混凝土芯样,数量不应少于 4 个,公称直径宜为 100mm,高径比为 1,每个芯样应只加工一个试件。同条件试块修正时,试块应为边长 150mm 的立方体,数量不应少于 4 个。测区混凝土强度值换算值的修正公式与回弹法相应的修正公式相一致。

(3)构件混凝土抗压强度推定及评定

构件混凝土抗压强度的推定、桥梁结构构件混凝土强度的评定与回弹法相应内容相同,这里不再赘述。

第四节　局部破损法检测混凝土强度

局部破损检测方法是以不影响构件的承载能力为前提,在构件上直接钻取芯样、拔出混凝土锥体等手段检测混凝土强度或缺陷的方法。这类方法以局部破坏性试验获得混凝土性能指标,较为直观可靠,因而广泛应用于房屋建筑、大坝、桥梁、公路、机场跑道等混凝土结构或构筑物的质量检测。其缺点是造成了结构物的局部破坏,需进行修补,不宜用于大面积的检测。以下简要对应用较广的钻取芯样法和拔出法进行介绍。

一、钻　芯　法

1. 钻芯法的特点

钻芯法是利用专用钻机,直接从结构混凝土中钻取芯样、以检测混凝土强度或观察混凝土内部质量的方法。用钻芯法检测混凝土的强度、裂缝、接缝、分层、孔洞、或离析等缺陷,具有直观、可靠、精度高的特点,但这种方法对构件的损伤较大、检测成本较高,只有在下列情况下才进行钻取芯样检测其强度:

(1)对试块抗压强度的测试结果有怀疑时;

(2)因材料、施工或养护不良而发生混凝土质量问题时;

(3)混凝土遭受冻害、火灾、化学侵蚀或其他损害时;

(4)需检测经多年使用的建筑结构或构筑物中混凝土强度时;

(5)对施工有特殊要求的构件,如机场跑道测量厚度。

另外,对混凝土立方体抗压强度低于 10MPa 的结构,不宜采用钻芯法检测。因为当混凝土强度低于 10MPa 时,在钻取芯样的过程中容易破坏砂浆与粗集料之间的黏结力,钻出的芯样表面变得较粗糙,甚至很难取出完整芯样。

钻芯法可用于确定检测批或单个构件的混凝土抗压强度,也可用于钻心法修正间接强度检测法得到的混凝土抗压强度换算值。

2. 混凝土芯样选取

(1)钻芯位置的选择

钻芯时会对结构混凝土造成局部损伤,因此在选择钻芯位置时要特别慎重。芯样应考虑以下几个因素综合确定:构件受力较小部位;混凝土强度质量具有代表性的部位;便于钻芯机安装与操作的部位。芯样钻取应避开主筋、预埋件和管线的位置,并尽量避开其他钢筋。另外,在使用回弹、超声或综合等非破损方法与钻芯法共同检测结构混凝土强度时,取芯位置应选择在具有代表性的非破损检测区内。

(2)芯样尺寸

抗压芯样的直径与混凝土粗集料粒径之间应保持一定的比例关系,正常芯样试件直径为100mm,且不宜小于集料最大粒径的3倍;也可采用小直径芯样,但其直径不应小于70mm,且不得小于集料最大粒径的2倍。芯样试件在自然干燥状态下进行抗压试验。

(3)钻芯数量的确定

取芯的数量,应根据检测要求而定。当要确定检测批的混凝土抗压强度时,芯样试件不宜少于15个,小直径芯样试件的最小样本量不宜少于20个;当按单个构件检测时,每个构件的钻芯数量不应少于3个,取芯位置应尽量分散,以减少对构件的影响;对于较小构件,钻芯数量可取2个。当对间接测强法进行钻芯修正时,芯样试件不少于6个,小直径芯样试件不少于9个。

3. 混凝土抗压强度的推定

(1)芯样试件的抗压强度

芯样试件的抗压强度是指由芯样试件得到相当于边长为150mm立方体试件的混凝土抗压强度,因此需要考虑强度换算系数并按下式计算:

$$f_{cu,cor} = \beta_c F_c / A_c \qquad (6\text{-}24)$$

式中:$f_{cu,cor}$——芯样试件抗压强度值(MPa),精确至0.1MPa;

F_c——芯样试件抗压试验的破坏荷载(N);

A_c——芯样试件的抗压截面面积(mm);

β_c——强度换算系数,取1.0。

(2)检测批混凝土抗压强度的推定

检测批混凝土抗压强度推定值应根据置信度、错判及漏判概率计算推定区间,以计算推定区间的上限值和下限值,具体方法可参见《钻芯法检测混凝土强度技术规程》(JGJ/T 384—2016)。

(3)单个构件混凝土抗压强度的推定

单个构件混凝土抗压强度推定不进行数据的舍弃,按照芯样试件抗压强度值中的最小值确定。

二、拔 出 法

拔出法是通过测定安装在混凝土中的锚固件的极限拔出力,并根据预先建立的极限拔出力与混凝土抗压强度之间的相关关系、推定混凝土抗压强度的检测方法。拔出法分为后装拔出法和预埋拔出法。我国从20世纪80年代就开始了拔出法的应用研究,目前执行的标准是《拔出法检测混凝土强度技术规程》(CECS 69—2011)。

1. 预埋拔出法

预埋拔出法是在混凝土表层以下一定距离处预先埋入一个钢制锚固件,混凝土硬化后,通过锚固件施加拔出力。预埋拔出法常用圆环式拔出仪进行试验,圆环式拔出仪装置包括锚头

（锚盘）、拉杆和反力支承环，如图 6-3 所示，拉杆直径 d_1 为 10mm，锚头直径 d_2 为 25mm，承力环内径 d_3 为 55mm，锚头埋深 h 为 25mm。

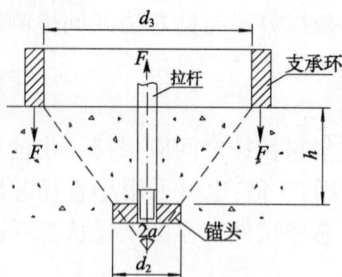

图 6-3　拔出试验简图

对单个构件进行强度测试时，应至少设置 3 个预埋点，当同批构件按抽样测试时，构件最少样本容量不宜少于 15 个。预埋点之间的距离不应小于 250mm、且距离混凝土边缘的距离不应小于 100mm。

预埋拔出试验的操作步骤可分为安装预埋件、浇筑混凝土、拆除连接件、拉拔锚头，如图 6-4 所示。施加拔出力的速度应控制在 0.5 ~ 1.0kN/s，拔出力应施加至混凝土破坏，测力显示器读数不再增加为止。

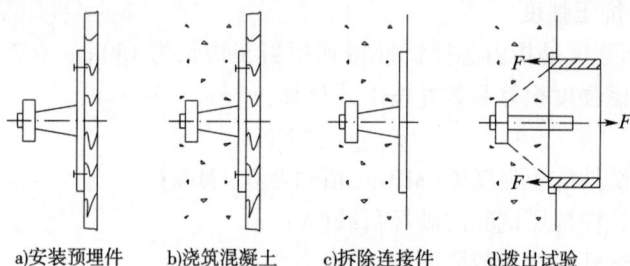

a)安装预埋件　　b)浇筑混凝土　　c)拆除连接件　　d)拔出试验

图 6-4　预埋拔出试验操作步骤

2. 后装拔出法

后装拔出法是在硬化后的混凝土表面钻孔、磨槽、嵌入锚固件并安装拔出仪进行拔出法检测，测定极限拔出力，并根据极限拔出力与混凝土抗压强度之间的相关关系推定混凝土强度的检测方法。这种方法不需要预先埋设锚固件，使用时只要避开钢筋或预埋钢板位置即可。因此，后装拔出法在新旧混凝土的各种构件上都可以使用，适应性较强。

后装拔出法可采用圆环式拔出仪或三点式拔出仪进行试验。测点布置与预埋拔出法基本相同。后装拔出试验的操作步骤可分为钻孔、磨槽、安装锚固件、拔出试验，如图 6-5 所示。施加拔出力的速度应控制在 0.5 ~ 1.0kN/s，拔出力应施加至混凝土破坏，测力显示器读数不再增加为止。当最大、最小拔出力与中间值相差大于 15% 时，要求在最小拔出力测点附近再加测 2 个测点。

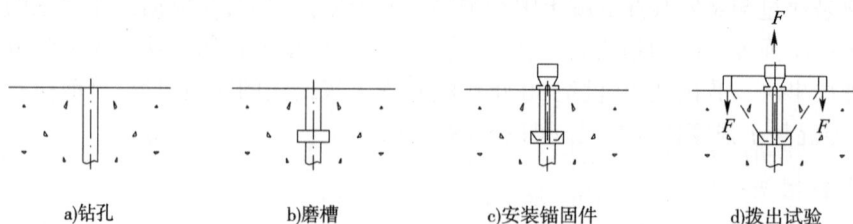

a)钻孔　　　　b)磨槽　　　　c)安装锚固件　　　　d)拔出试验

图 6-5　后装拔出法试验操作步骤

3. 混凝土强度推定

（1）构件的拔出力代表值

①当构件 3 个拔出力中的最大和最小拔出力与中间值之差的绝对值均小于中间值的 15% 时，取最小值作为该构件拔出力代表值 F。

②当最大、最小拔出力与中间值相差大于 15% 时，将加测的 2 个拔出力值和最小拔出力值一起取平均值，再与前一次的拔出力中间值比较，取小值作为该构件拔出力代表值。

（2）混凝土强度换算值

按照规程，通过大量的试验，将不同检测方法所得的构件拔出力和混凝土抗压强度采用直线回归，得到混凝土强度换算值的计算公式（即全国测强曲线）：

①后装拔出法（圆环式）。

$$f_{cu}^c = 1.55F + 2.35 \tag{6-25}$$

②后装拔出法（三点式）。

$$f_{cu}^c = 2.76F - 11.54 \tag{6-26}$$

③预埋拔出法（圆环式）。

$$f_{cu}^c = 1.28F - 0.64 \tag{6-27}$$

式中：f_{cu}^c——混凝土强度换算值（MPa），精确至 0.1MPa；

F——拔出力代表值（kN），精确至 0.1kN。

如当有地区测强曲线或专用测强曲线时，应按地区测强曲线或专用测强曲线计算。

（3）混凝土强度推定值

①对于单个构件，将单个构件的拔出力代表值根据不同的检测方法对应代入式（6-25）~ 式（6-27）中，计算强度换算值作为单个构件混凝土强度推定值。

$$f_{cu,e} = f_{cu}^c$$

②对于批抽检构件，先计算单个样本构件的混凝土强度推定值，再取具有 95% 分布保证率的强度值作为批抽检构件的混凝土强度推定值：

$$f_{cu,e} = m_{f_{cu}} - 1.645S_{f_{cu}}$$

③对于批抽检构件，当全部测点的强度标准差或变异系数出现下列情况时，该批构件应全部按单个构件进行检测：

a. 强度换算值平均值不大于 25MPa 时，标准差大于 4.5MPa；

b. 强度换算值平均值大于 25MPa 且不大于 50MPa 时，标准差大于 5.5MPa；

c. 强度换算值平均值大于 50MPa 时，变异系数大于 0.10。

第五节　混凝土缺陷检测

一、概　述

混凝土结构的缺陷是指那些在宏观材质不连续、性能参数有明显变异，而且对结构的承载能力和使用性能产生影响的区域。混凝土结构物，由于设计、施工等原因或受使用环境、自然灾害的影响，在内部可能会存在不密实区域或空洞、钢筋锈蚀等；在外部可能形成蜂窝、麻面、裂缝或损伤层等缺陷，这些缺陷的存在会严重影响结构的承载能力和耐久性能。采用简便有效的方法查明混凝土各种缺陷的性质、范围及大小，以便进行技术处理，是工程建设、运营养护过程中一个重要问题。目前，在诸多混凝土缺陷的无损检测方法中，应用最广泛、最有效的是超声检测法。

1. 超声波检测混凝土缺陷的基本原理

采用超声脉冲波检测混凝土缺陷的基本原理是：利用超声波在技术条件相同（指混凝土原材料、配合比、龄期和测试距离一致）的混凝土中传播的时间（或速度）、接收波的振幅和频率等声学参数的变化，来判定混凝土的缺陷。具体来说，混凝土内部缺陷与超声波的传播特性在以下三个方面存在关联。首先，超声脉冲波传播速度的快慢，与混凝土的密实程度有直接关系，对于技术条件相同的混凝土来说，声速高则混凝土密实，相反则混凝土不密实。当有空洞、裂缝等缺陷存在时，由于空气的声阻抗率远小于混凝土的声阻抗率，超声波遇到蜂窝、空洞或裂缝等缺陷时，会在缺陷界面发生反射和散射，因此传播的路程会改变，测得的声时会延长，声速会降低。其次，在缺陷界面超声波的声能被衰减，其中频率较高的部分衰减更快，因此接收信号的波幅明显降低，频率明显减小或频率谱中高频成分明显减少。再次，经缺陷反射或绕过缺陷传播的超声波信号与直达波信号之间存在相位差，叠加后互相干扰，致使接收信号的波形发生畸变。根据上述三个方面的特点，在实际测试中，可以利用混凝土声学参数测量值和相对变化的综合分析，判别混凝土缺陷的位置和范围，或者估算缺陷的尺寸。

2. 超声波检测混凝土缺陷的方法

超声脉冲波检测混凝土缺陷技术一般根据被测结构的形状、尺寸及所处环境，确定具体测试方法。常用的测试方法大致分为以下几种。

（1）平面测试（用厚度振动式换能器）

对测法：一对发射（T）和接收（R）换能器，分别置于被测结构相互平行的两个表面，且两个换能器的轴线位于同一直线上。

斜测法：一对发射和接收换能器分别置于被测结构的两个表面，但两个换能器的轴线不在同一直线上。

单面平测法：一对发射和接收换能器分别置于被测结构同一表面上进行测试。

（2）测试孔测试（采用径向振动式换能器）

孔中对测：一对换能器分别置于两个对应测试孔中，位于同一高度进行测试。

孔中斜测：一对换能器分别置于两个对应测试孔中，但不在同一高度进行而是在保持一定高差的条件下进行测试。

孔中平测：一对换能器分别置于同一测试孔中，以一定的高差同步移动进行测试。

根据工程实践中常见的混凝土缺陷类型，本节将简述混凝土浅裂缝、深裂缝、混凝土匀质性、不密实和空洞区域、两次浇灌混凝土结合面等缺陷的超声波检测方法。

二、混凝土浅裂缝检测

所谓浅裂缝是指局限于结构表层，开裂深度不大于500mm的裂缝。实际检测时一般可根据结构物的断面尺寸和裂缝在结构表面的宽度，大致估计被测的是浅裂缝还是深裂缝。对一般工程结构中的梁、柱、板和机场跑道等出现的裂缝，都属于浅裂缝。在测试时，根据被测结构的实际情况，浅裂缝可分为单面平测法和对穿斜测法。

1. 平测法

当结构的裂缝部位只具有一个表面可供检测时,可采用平测法进行裂缝深度检测。平测时应在裂缝的被测部位以不同的测距同时按跨缝和不跨缝布置测点进行声时测量。如图 6-6 所示。

(1)不跨缝平测

将发射换能器 T 和接收换能器 R 置于被测裂缝的同一侧,并将 T 耦合好保持不动,以 T、R 两个换能器内边缘间距 l'_i 为 100mm、150mm、200mm······依次移动 R 并读取相应的声时值 t_i。以 l' 为纵轴、t 为横轴绘制 l'-t 坐标图,如图 6-7 所示。也可用统计方法求 l' 与 t 之间的回归直线式 $l' = a + bt$,式中 a、b 为待求的回归系数,b 代表不跨缝平测声速值。

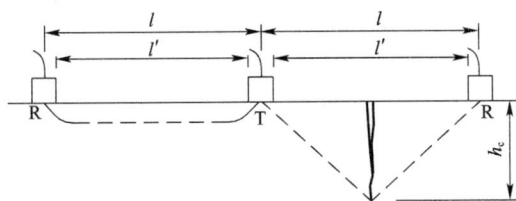

图 6-6　单面平测裂缝示意图

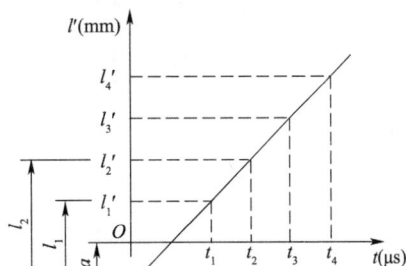

图 6-7　平测时距图

每一个测点的超声实际传播距离为:

$$l_i = l'_i + a \tag{6-28}$$

式中:l_i——第 i 点的超声波实际传播距离(mm);

　　　l'_i——第 i 点的 T、R 换能器内边缘间距(mm);

　　　a——时距图中 l' 轴的截距或回归所得的常数项(mm)。

不跨缝平测的混凝土声速值 v 为:

$$v = (l'_n - l'_1)/(t_n - t_1) \quad (km/s) \tag{6-29}$$

式中:l'_n、l'_1——第 n 点和第 1 点的 T、R 换能器内边缘间距(mm);

　　　t_n、t_1——第 n 点和第 1 点读取的声时值(μs)。

(2)跨缝平测

将 T、R 换能器分别置于以裂缝为轴线的对称两侧,两换能器中心连线垂直于裂缝走向,以 l' 为 100mm、150mm、200mm······分别读取声时值 t_i^0。该声时值便是超声波绕过裂缝末端传播的时间。根据几何关系,可推算出第 i 点的裂缝深度 h_{ci} 计算式以及 n 个测点的计算裂缝深度平均值 m_{hc}。

$$h_{ci} = l_i/2 \cdot \sqrt{(t_i^0 v/l_i)^2 - 1} \tag{6-30}$$

$$m_{hc} = 1/n \cdot \sum_{i=1}^{n} h_{ci} \tag{6-31}$$

(3)注意事项

①跨缝测量中,当在某测距发现首波反相时,可用该测距及两个相邻测距的测量值,取此三点的计算裂缝深度平均值作为该裂缝的深度值。

②跨缝测量中如难于发现首波反相,则以不同测距按式计算 h_{ci} 和 m_{hc} 值,将各测距 l'_i 与 m_{hc} 相比较,剔除 $l'_i < m_{hc}$ 和 $l'_i > 3m_{hc}$ 的数据,然后取余下 h_{ci} 的平均值作为该裂缝的深度值(h_c)。

2. 双面斜测法

当结构物的裂缝部位具有两个相互平行的测试表面时,可采用双面穿透斜测法检测。可按图 6-8 所示方法布置换能器,保持 T、R 换能器的连线通过缝和不通过缝的测试距离相等、倾斜角一致的条件下,读取相应的声时 t_i、波幅 A_i 和频率值 f_i。当 T、R 换能器的连线通过裂缝时,由于混凝土不连续性,超声波在裂缝界面上产生很大衰减,接收到的首波信号很微弱,其波幅和频率与不过缝的测点值比较有很大差异。据此便可判断裂缝的深度及是否在水平方向贯通。斜测法检测裂缝深度具有直观、可靠的特点,若条件许可宜优先选用。

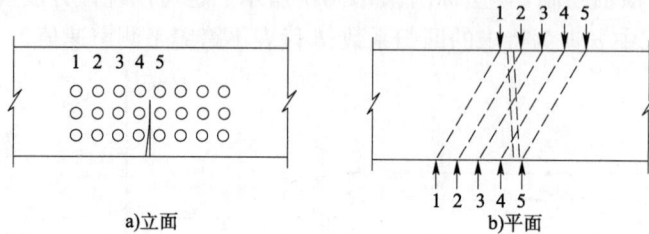

图 6-8　斜测裂缝深度示意图

三、混凝土深裂缝检测

所谓深裂缝是指混凝土结构物表面开裂深度在 500mm 以上的裂缝。对于水坝、桥墩、大型设备基础等大体积混凝土结构,在浇筑混凝土过程中,由于水泥的水化热散失较慢,混凝土的内部温度比表面高,使结构断面形成较大的温差,当由此产生的拉应力大于混凝土抗拉强度时,便会在混凝土中产生裂缝。

1. 测试方法

深裂缝的检测一般是在裂缝两侧钻测试孔,用径向振动式换能器置于测试孔中进行测试。如图 6-9 所示,在裂缝两侧分别钻测试孔 A、B,并在裂缝一侧多钻一个较浅的孔 C,测试无缝混凝土的声学参数,供对比判别之用。测试孔应满足下列要求:孔径应比换能器直径大 5 ~ 10mm;孔深应至少比裂缝预计深度深 700mm,经试测如其深度浅于裂缝深度,则应加深测试孔;对应的两个测试孔,必须始终位于裂缝两侧,其轴线应保持平行;两个对应测试孔的间距宜为 2m,同一结构的各对应测孔间距应相同。

检测时应选用频率为 20 ~ 60kHz 的径向振动式换能器,并在其接线上做出等距离标志(一般间隔 100 ~ 400mm)。测试前要先向测试孔中注满清水作为耦合剂,然后将 T、R 换能器分别置于裂缝两侧的对应孔中,以相同标高等间距(100 ~ 400mm)从上到下同步移动,逐点读取声时、波幅和换能器所处的深度。

2. 裂缝深度判定

以换能器所处深度(h)与对应的波幅值(A)绘制 h-A 坐标图(图 6-10),随着换能器位置的下移,波幅逐渐增大,当换能器下移至某一位置后,波幅达到最大并基本稳定,该位置所对应的深度便是裂缝深度 h_c。

a)平面   b)立面

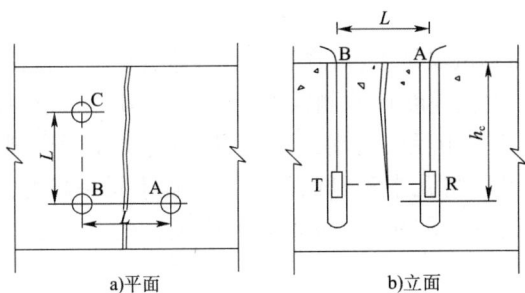

图 6-9　测试孔测裂缝深度　　　　　　　图 6-10　h-A 坐标图

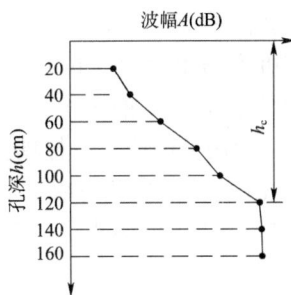

四、混凝土不密实区和空洞检测

混凝土结构物在施工过程中,有时因漏振、漏浆或因石子架空在钢筋骨架上,导致混凝土内部形成蜂窝状不密实区或空洞。对于这种结构物内部的隐蔽缺陷,应及时检查出并进行技术处理。

1. 测试方法

混凝土内部的隐蔽缺陷情况,无法凭经验直觉判断,因此这类缺陷的测试区域,一般总是要大于所怀疑的区域,或者首先作大范围的粗测,根据粗测情况再着重对可疑区域进行细测。根据被测结构实际情况,可按下列方法布置换能器进行检测。

(1) 平面对测

当结构被测部位具有两对平行表面时,可采用对测法。如图 6-11 所示,在测区的两对相互平行的测试面上,分别画出间距为 $100 \sim 300\text{mm}$ 的网格,并编号确定对应的测点位置,然后将 T、R 换能器分别置于对应测点上,逐点读取相应的声时(t_i)、波幅(A_i)和频率(f_i),并量取测试距离(l_i)。

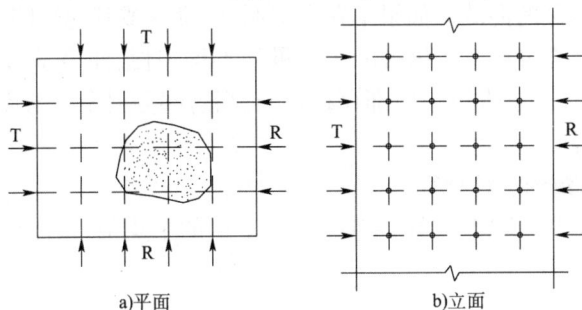

a)平面　　　　　　　　　　　　　　b)立面

图 6-11　对测法换能器布置示意图

(2) 平面斜测

结构中只有一对相互平行的测试面或被测部位处于结构的特殊位置,可采用斜测法进行检测。测点布置如图 6-12 所示。

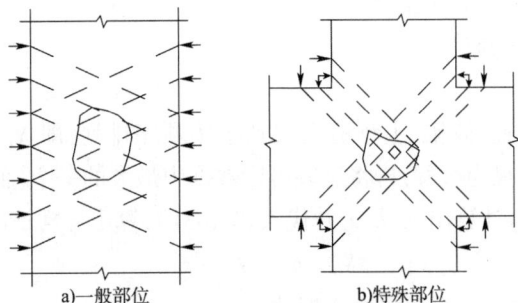

a)一般部位　　　　　　　　　　b)特殊部位

图 6-12　斜测法换能器布置示意图

133

（3）钻孔法检测

当结构的测试距离较大时,为了提高测试灵敏度,可在测区适当位置钻一个或两个竖向的测试孔。测孔的直径一般为 45 ~ 50mm,测孔深度视检测需要而定。结构侧面采用厚度振动式换能器,一般用黄油或凡士林耦合,测孔中用径向振动式换能器,用清水作耦合剂。换能器布置如图 6-13 所示。检测时根据需要,可以将孔中和侧面的换能器置于同一高度,也可将二者保持一定的高度差,同步上下移动,逐点读取声时、波幅和频率值,并记下孔中换能器的位置。

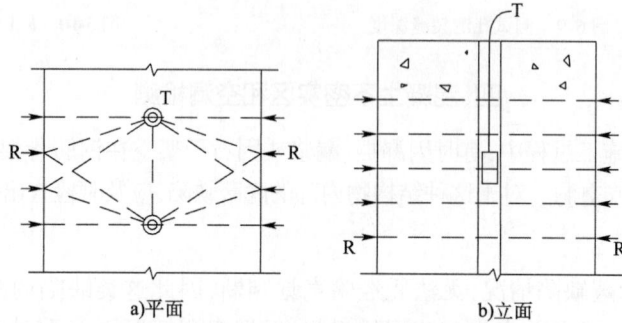

图 6-13　测试孔检测法换能器布置示意图

2. 不密实区和空洞的判定

由于混凝土本身的不均匀性,即使是没有缺陷的混凝土,测得的声时、波幅等参数值也在一定范围内波动。因此,不可能有一个固定的临界指标作为判断缺陷的标准,一般都利用统计方法进行判别。一个测区的混凝土如果不存在空洞、蜂窝区或其他缺陷,则可认为这个测区的混凝土质量基本符合正态分布。虽因混凝土质量的不均匀性,使声学参数测量值产生一定离散,但仍然服从统计规律。若混凝土内部存在缺陷,则这部分混凝土与周围的正常混凝土的声学参数会存在明显差异。

（1）混凝土声学参数的统计计算

测区混凝土声学参数（声速、波幅、主频值）测量值的平均值（m_x）和标准差（s_x）应按下式计算：

$$m_x = \frac{1}{n}\sum_{i=1}^{n}X_i \tag{6-32}$$

$$s_x = \sqrt{\left(\sum X_i^2 - n \cdot m_x^2\right)/(n-1)} \tag{6-33}$$

式中：X_i——第 i 点的声学参数测量值；

　　　n——参与统计的测点数。

（2）异常数据的判别

①将测位各测点的声速、波幅、主频值由大到小按顺序排列,即 $X_1 \geq X_2 \geq \cdots \geq X_n \geq X_{n+1}\cdots$,将排在后面明显小的数据视为可疑,再将这些可疑数据中最大的一个（假定为 X_n）连同其前面的数据按式（6-29）、式（6-30）计算出 m_x 及 s_x 并代入式（6-31）,算出异常情况的判断值（X_0）。

$$X_0 = m_x - \lambda_1 \cdot s_x \tag{6-34}$$

式中：λ_1——异常值判定系数,应按表 6-4 取值。

把 X_0 值与可疑数据中的最大值 X_n 相比较,若 X_n 不大于 X_0,则 X_n 及排在其后的声时值均为异常值,应去掉 X_n,再用 $X_1 \sim X_{n-1}$ 进行计算和判别,直至判不出异常值为止;当 X_n 大于 X_0 时,应再将放 X_{n+1} 放进去重新进行统计计算和判别。

②当测位中判出异常测点时,可根据异常测点的分布情况,按下式进一步判别其相邻测点是否异常。

$$X_0 = m_x - \lambda_2 \cdot s_x \quad \text{或} \quad X_0 = m_x - \lambda_3 \cdot s_x \quad (6-35)$$

式中,当测点布置为网格状时取 λ_2;当单排布置测点时取 λ_3。

统计数的个数 n 与对应的 λ_1、λ_2、λ_3 值　　　　表 6-4

n	20	22	24	26	28	30	32	34	36	38
λ_1	1.65	1.69	1.73	1.77	1.80	1.83	1.86	1.89	1.92	1.94
λ_2	1.25	1.27	1.29	1.31	1.33	1.34	1.36	1.37	1.38	1.39
λ_3	1.05	1.07	1.09	1.11	1.12	1.14	1.16	1.17	1.18	1.19
n	40	42	44	46	48	50	52	54	56	58
λ_1	1.96	1.98	2.00	2.02	2.04	2.05	2.07	2.09	2.10	2.12
λ_2	1.41	1.42	1.43	1.44	1.45	1.46	1.47	1.48	1.49	1.49
λ_3	1.20	1.22	1.23	1.25	1.26	1.27	1.28	1.29	1.30	1.31
n	60	62	64	66	68	70	72	74	76	78
λ_1	2.13	2.14	2.15	2.17	2.18	2.19	2.20	2.21	2.22	2.23
λ_2	1.50	1.51	1.52	1.53	1.53	1.54	1.55	1.56	1.56	1.57
λ_3	1.31	1.32	1.33	1.34	1.35	1.36	1.36	1.37	1.38	1.39

(3)不密实区和空洞范围的判定

一个构件或一个测区中,某些测点的声时(或声速)、波幅或频率被判为异常值,可结合异常测点的分布及波形状况,判定混凝土内部存在不密实区和空洞的范围。当判定缺陷是空洞时,其尺寸可按《超声法检测混凝土缺陷技术规程》(CECS 21—2000)附录 C 的方法估算。

即如图 6-14 所示,设检测距离为 l,空洞中心(在另一对测试面上,声时最长的测点位置)距一个测试面的垂直距离为 l_h,声波在空洞附近无缺陷混凝土中传播的时间平均值为 m_{ta},绕空洞传播的时间(空洞处的最大声时)为 t_h,空洞半径为 r。

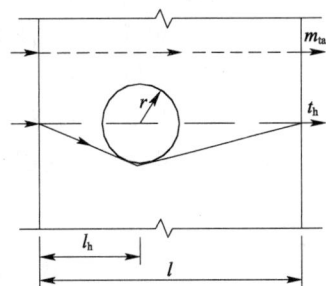

图 6-14　空洞尺寸估算原理示意图

设 $X = (t_h - m_{ta})/ m_{ta} \times 100\%$,$Y = l_h/l$,根据 X、Y 值可由表 6-5 查得空洞半径 r 与测距 l 的比值 Z,再计算空洞的大致尺寸 r。

如被测部位只有一对可供测试表面,空洞尺寸可用下式计算:

$$r = \frac{l}{2}\sqrt{\left(\frac{t_h}{m_{ta}}\right)^2 - 1} \quad (6-36)$$

Z Y \ X	0.05	0.08	0.10	0.12	0.14	0.16	0.18	0.20	0.22	0.24	0.26	0.28	0.30
0.10(0.9)	1.42	3.77	6.26										
0.15(0.85)	1.00	2.56	4.06	5.96	8.39								
0.2(0.8)	0.78	2.02	3.17	4.62	6.36	8.44	10.9	13.9					
0.25(0.75)	0.67	1.72	2.69	3.90	5.34	7.03	8.98	11.2	13.8	16.8			
0.3(0.7)	0.60	1.53	2.40	3.46	4.73	6.21	7.91	9.38	12.0	14.4	17.1	20.1	23.6
0.35(0.65)	0.55	1.41	2.21	3.19	4.35	5.70	7.25	9.00	10.9	13.1	15.5	18.1	21.0
0.4(0.6)	0.52	1.34	2.09	3.02	4.12	5.39	6.84	10.3	12.3	14.5	16.9	19.6	19.8
0.45(0.55)	0.50	1.30	2.03	2.92	3.99	5.22	6.62	8.20	9.95	11.9	14.0	16.3	18.8
0.5	0.50	1.28	2.00	2.89	3.94	5.16	6.55	8.11	9.84	11.8	13.8	16.1	18.6

五、两次浇筑的混凝土结合面质量检测

对于一些重要的混凝土结构物,为保证其整体性,应该连续不间断地一次浇筑完混凝土。但有时因施工工艺的需要或意外因素,混凝土浇筑的中途停顿的间歇时间超过 3h,或既有的混凝土结构因某些原因加固补强、需要进行第二次混凝土浇筑时,应采取凿毛、植筋等构造措施。从受力性能出发,两次浇筑的混凝土之间应保持良好的结合并形成一个整体,以确保结构的安全使用。因此,一些大体量的结构构件新旧混凝土结合面质量的检测就非常必要,超声波检测技术的应用为其提供有效途径。

1. 检测方法

超声波检测两次浇筑的混凝土结合面质量一般采用斜测法,通过穿过与不穿过结合面的超声波声速、波幅和频率等声学参数相比较进行判断。超声测点的布置方法如图 6-15 所示。布置测点时应注意以下几点:

(1)测试前应查明结合面的位置及走向,明确被测部位及范围。

(2)布置测点应使声波垂直或斜穿结合面。

(3)使测试范围覆盖全部结合面或有怀疑的部位。

(4)每一对测点应保持其测线的倾斜度一致,测距相等且一般为 100 ~ 300mm。

(5)所布置的测点应避开平行超声波传播方向的主钢筋或预埋钢板。

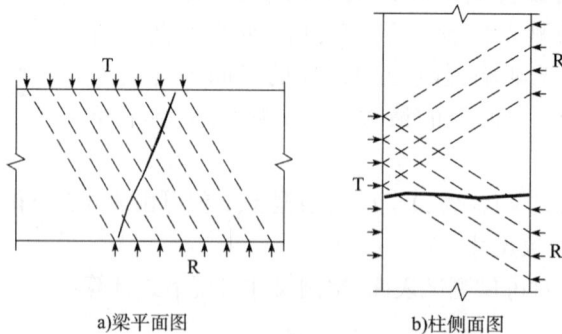

a)梁平面图   b)柱侧面图

图 6-15   检测混凝土结合面时换能器布置示意图

2. 数据处理及判定

两次浇筑的混凝土结合面质量的判定与混凝土不密实区和空洞的判定方法基本相同。把超声波跨缝与不跨缝的声时(或声速)、波幅或频率的测量值放在一起,分别进行排列统计。当混凝土结合面中有局部地方存在缺陷时,该部位的混凝土失去连续性,超声脉冲波通过时,其波幅和频率会明显降低,声时也有不同程度增大。因此,凡被判为异常值的测点,查明无其他原因影响时,就可以判定这些部位结合面质量不良。

六、混凝土表面损伤层检测

混凝土结构物在施工和使用过程中,其表面层会在物理和化学因素的作用下受到损害,如火灾、冻害和化学侵蚀等。从工程实测结果来看,一般总是最外层损伤程度较为严重,越向内部深入,损伤程度越轻。在这种情况下,虽然混凝土强度和超声声速的分布仍然是连续的,但为了便于计算和判断,在进行混凝土表面损伤层厚度检测时,可以将其简单地分为损伤层与未损伤部分两层来考虑。

1. 测试方法

超声脉冲法检测混凝土表面损伤层厚度宜选用频率较低的厚度振动式换能器,采用平测法检测,如图6-16所示。将发射换能器 T 置于测试面某一点保持不动,再将接收换能器 R 以测距30mm 依次置于各点,读取相应的声时值 t_i。每一测区的测点数不得少于 6 个,当损伤层较厚时,应适当增加测点数。检测时测区测点的布置应满足以下要求:

(1)根据结构的损伤情况和外观质量选取有代表性的部位布置测区。

(2)结构被测表面应平整并处于自然干燥状态,且无接缝和饰面层。

(3)测点布置时应避免 T、R 换能器的连线方向与附近主钢筋的轴线平行。

2. 损伤层厚度判定

以各测点的声时值 t_i 和相应测距值 l_i 绘制时距坐标图,如图6-17所示。两条直线的交点 B 所对应的测距定为 l_0,直线 AB 的斜率便是损伤层混凝土的声速 v_1,直线 BC 的斜率便是未损伤层混凝土的声速 v_2,则损伤层厚度 d 可按下式计算:

$$d = \frac{l_0}{2}\sqrt{\frac{v_2 - v_1}{v_2 + v_1}} \tag{6-37}$$

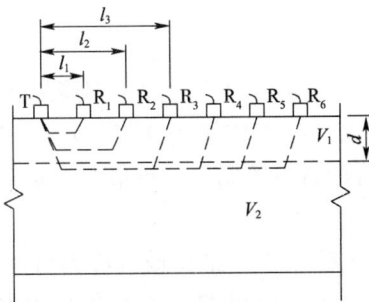

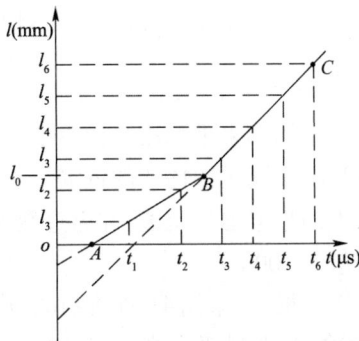

图6-16　混凝土损伤层检测测点布置　　　　图6-17　混凝土损伤层检测时距图

第六节　钢筋锈蚀及保护层厚度检测

钢筋混凝土构件的耐久性主要取决于混凝土质量和钢筋保护层厚度,在混凝土结构服役期间,由于环境作用或灾害的影响,会出现钢筋的混凝土保护层厚度减小、结构开裂、钢筋锈蚀等性能退化现象。对于既有钢筋混凝土结构,有些时候因图纸遗失、施工质量偏差等各种原因,为了掌握钢筋的布置方式、工作性能,需要了解钢筋数量和间距、钢筋直径、钢筋锈蚀状况、保护层厚度等。既有混凝土结构的钢筋状况检测宜采用无损检测方法,也可结合直接法对检测结果进行验证。常用的无损检测方法主要有:采用磁感应法或雷达法测量钢筋的保护层厚和间距、采用半电池电位法或电阻率法检测混凝土中钢筋锈蚀状况等。

一、钢筋锈蚀检测

钢筋锈蚀检测方法主要有分析法、物理法和电化学法三类。其中,电化学方法具有测试速度快、灵敏度高、可连续跟踪测量等优点,是目前最常用的钢筋锈蚀检测方法。在电化学方法中,半电池电位法是最简便有效的测试方法。

半电池电位法基本原理是钢筋混凝土阳极区和阴极区存在着电位差,此电位差使电子流动并导致钢筋腐蚀,因此,可以通过测量钢筋和一个放在混凝土表面的半电池(参比电极)之间的电位差来预测钢筋可能的锈蚀程度。标准半电池电位法测量钢筋腐蚀电位的原理图如图6-18所示。钢筋锈蚀检测就是通过测量混凝土构件表面的电势分布来判断,如果出现某种电势梯度(电阻率值变化),则可探明锈蚀钢筋的位置及锈蚀程度。

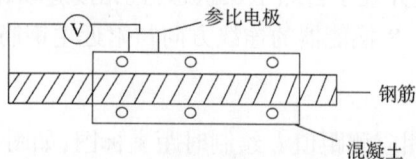

图6-18　标准半电池测量钢筋腐蚀电位的原理图

1. 测试方法

一般采用钢筋锈蚀检测仪进行检测,钢筋锈蚀检测仪由铜-硫酸铜半电池、电压仪和导线构成。检测时,先在混凝土构件上布置若干测区,每个测区应采用组矩阵式(行、列)布置测点,可采用$10cm \times 20cm$、$20cm \times 20cm$、$30cm \times 30cm$划分网格,网格的节点即为电位测点。测点位置距构件边缘应大于5cm,每个测区测点数量不宜少于20个。

2. 钢筋锈蚀检测结果判定

半电池电位检测结果可采用电位等值线图表示被测结构及构件中钢筋的锈蚀情况性状,可以较直观地反映不同锈蚀性状的钢筋分布。所谓电位等值线图,就是即按一定比例在构件图上标出各测点的半电池电位值,并通过数值相等的各点绘制电位等值线。通常,电位等值线的最大间隔一般为100mV。

对于混凝土桥梁,当采用铜-硫酸铜电极测量电位水平且结构或构件为自然状态时,根据《公路桥梁承载能力检测评定规程》(JTG/T J21—2011),可按表6-6进行钢筋锈蚀性状的评定。

评定标定值	电位水平(mV)	钢筋锈蚀性状
1	0 ~ -200	无锈蚀活动或钢筋锈蚀性状不确定
2	-200 ~ -300	有锈蚀活动性,但锈蚀性状不确定
3	-300 ~ -400	有锈蚀活动性,发生锈蚀的概率>90%
4	-400 ~ -500	有锈蚀活动性,严重锈蚀可能性极大
5	< -500	构件存在锈蚀开裂区域

二、钢筋保护层厚度和钢筋间距检测

钢筋保护层厚度和钢筋间距可利用钢筋扫描仪采用电磁感应法进行检测,或利用雷达检测系统采用雷达法进行检测。其中,雷达法通常用于结构或构件中钢筋间距和位置的大面积扫描检测以及多层钢筋的扫描检测。雷达法的优点是探测效率高、有较高的分辨率和抗干扰性,其缺点同电磁感应法,测试精度受钢筋相互间的干扰,保护层越厚,间距越小,影响越大。

1. 电磁感应法

(1)基本原理

根据电磁感应-涡流原理,利用钢筋扫描仪所带的激磁线圈探头靠近钢筋时产生的高脉冲电磁场,当钢筋位于该磁场内就会激发出涡流,并感应产生二次电磁场,导致原电磁场强度分布发生改变,引起输出信号(感生电流、电压)增大,当探头位于钢筋正上方且轴线与被测钢筋平行时,输出信号值最大。利用输出信号与钢筋直径和探头至钢筋的水平距离的函数关系可确定钢筋的位置和保护层厚度。

(2)检测方法

①预扫描,将钢筋探测仪探头在检测面上沿探测方向移动,直到仪器保护层厚度示值最小,此时探头中心线与钢筋轴线应重合,在相应位置做好标记,并初步确定钢筋埋设深度。重复上述步骤将相邻的其他钢筋位置逐一标出。

②钢筋混凝土保护层厚度的检测。

a. 根据预扫描结果设定仪器量程范围,沿被测钢筋轴线选择相邻钢筋影响较小的位置,在预扫描的基础上进行扫描探测,确定钢筋的准确位置,将探头放在与钢筋轴线重合的检测面上读取保护层厚度检测值。

b. 对同一根钢筋同一处检测2次,读取的2个保护层厚度值相差不大于1mm时,取2次检测数据的平均值作为保护层厚度值,精确至1mm;相差大于1mm时,该次检测数据无效,并应查明原因,在该处重新进行2次检测。

③钢筋间距的检测。

a. 根据预扫描的结果,设定仪器量程范围,在预扫描的基础上进行扫描,确定钢筋的准确位置。

b. 检测钢筋间距时,应将检测范围内的设计间距相同的相邻钢筋逐一标出,并应逐个量测钢筋的间距。当同一构件检测的钢筋数量较多时,应对钢筋间距进行连续量测,且不宜少于6个。

2. 雷达法

(1)基本原理

雷达法利用高频电磁波(10～1000MHz)以宽频带、短脉冲的形式,从混凝土表面向混凝土内部发射,当遇到电磁性质不同的缺陷或钢筋时,就会产生反射电磁波,根据反射电磁波的传播时间及波形特征,通过对雷达成像图的分析处理,就可以确定混凝土构件中钢筋的位置和保护层厚度。雷达检测系统由雷达主机、雷达天线等构成,具有数据存储、处理、分析功能。

(2)检测方法

①根据检测构件的钢筋位置选定合适的天线中心频率。天线中心频率的选定应在满足探测深度的前提下,使用较高分辨率天线的雷达仪。

②根据检测构件中钢筋的排列方向,雷达仪探头或天线沿垂直于选定的被测钢筋轴线方向扫描采集数据。场地允许的情况下,宜使用天线阵雷达进行网格状扫描。

③根据钢筋的反射回波在波幅及波形上的变化形成图像,来确定钢筋间距、位置和混凝土保护层厚度检测值,并可对被检测区域的钢筋进行三维立体显示。

3. 检测数据的处理和结果评定

(1)钢筋保护层厚度检测。要求每构件的测点数 n 不能少于 10,对同一根钢筋同一测点处检测 2 次,取 2 次检测数据的平均值为该测点的保护层厚度值实测值 D_{ni},精确至 0.1mm。进而计算检测构件所有测点保护层厚度值的平均值 $\overline{D}$、标准差 S_D,最后根据判定系数 K_P(见表6-7)计算特征值 D_{ne}。

$$D_{ne} = \overline{D} - K_P S_D \tag{6-38}$$

判定系数 K_P 取值   表 6-7

n	10～15	16～24	≥25
K_P	1.695	1.645	1.595

根据钢筋保护层厚度特征值 D_{ne} 与设计值 D_{nd} 的比值,以及《公路桥梁承载能力检测评定规程》(JTG/T J21—2011)的评定标准,可按表6-8确定相应的评定标度。

钢筋保护层厚度评定标准   表 6-8

D_{ne}/D_{nd}	对结构钢筋耐久性的影响	评 定 标 度
>0.95	影响不显著	1
(0.85,0.95]	有轻度影响	2
(0.70,0.85]	有影响	3
(0.55,0.70]	有较大影响	4
≤0.55	钢筋易失去碱性保护,发生锈蚀	5

(2)检测钢筋间距时,可根据实际需要采用绘图方式给出相邻钢筋间距,当同一构件检测钢筋为连续 6 个间距时,也可给出被测钢筋的最大间距、最小间距和平均间距,并将钢筋间距检测数据与设计值进行对比判断分析。

第七节　钢结构焊缝探伤及涂层厚度检测

钢桥或钢-混凝土结合梁桥多采用全焊结构,在加工和安装过程中需焊接,焊缝质量直接影响着构件的受力性能,进而影响结构的安全性与耐久性。焊缝主要缺陷包括气孔、夹渣、未焊透和未熔合等,因此,钢结构构件焊接质量的检验工作是确保施工质量的重要内容。钢板焊接质量检验主要包括焊缝外观质量与外形尺寸、以及焊缝的无损检测。钢结构焊缝的无损探伤方法有超声波探伤、射线探伤、磁粉探伤、渗透探伤、声发射探伤等。

目前,焊缝内部缺陷的检测技术一般采用超声波探伤和射线探伤。射线探伤具有直观、一致性好的优点,但其成本高、检测周期长,对微裂纹、未熔合等缺陷检测灵敏度低。超声波探伤则操作程序简单、快速,且能够弥补射线探伤法的缺点,因此成为焊缝质量检测的主要手段。焊缝表面缺陷的检测技术主要有磁粉探伤、渗透探伤等,磁粉探伤的灵敏度高、操作方便、费用低廉,因此应用较广。另一方面,涂装是保护钢结构免受外界腐蚀介质侵害的主要措施,涂层厚度因此也是钢结构检测的主要项目之一。

下面简要介绍常用的超声波焊缝探伤、射线焊缝探伤、磁粉焊缝探伤和钢结构涂装厚度检测。

一、超声波焊缝探伤

1. 探伤原理

超声波脉冲(通常为 1.5MHz)从探头射入被检测物体,如果其内部有缺陷,缺陷与材料之间便存在界面,则一部分入射的超声波在缺陷处被反射或折射,原来单方向传播的超声能量有一部分会被反射,通过界面的能量就会相应减少。这时,在反射方向可以接收到该缺陷处的反射波,在传播方向接收到的超声能量会小于正常值,这两种情况的出现都能证明缺陷的存在。

2. 探伤方法

超声波探伤是利用探头接收脉冲信号的性能来检测缺陷的位置及大小,一般分为脉冲反射法和穿透法两种。

(1)脉冲反射法

图 6-19 为采用单探头(兼作反射和接收)探伤的原理图。图中工件指作为工作对象的零部件,可以是单个零件, 也可以是固定在一起的几个零件的组合体。脉冲发生器所产生的超声波垂直入射到工件中,当通过界面 A、缺陷 F 和底面 B 时,均有部分超声波反射回来,这些反射波各自经历了不同的往返路程回到探头上,探头又重新将其转变为电脉冲,经接收放大器放大后,即可在荧光屏上显现出来。其对应各点的波形分别称为始波(A')、缺陷波(F')和底波(B')。当被测工件中无缺陷存在时,在荧光屏上只能见到始波 A' 和底波 B'。缺陷的位置(深度 AF)可根据各波形之间的水平间距比等于对应缺陷深度与工件高度之比求出,即:

$$AF = \frac{AB}{A'B'} \times A'F' \qquad (6\text{-}39)$$

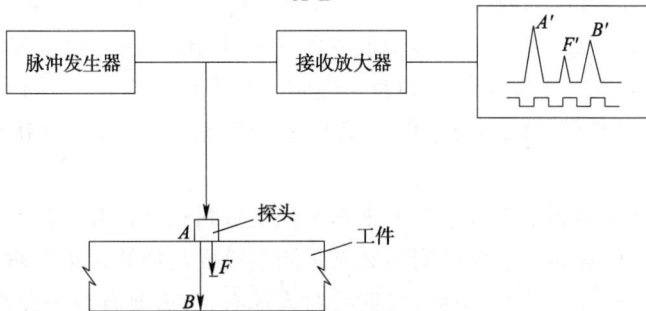

图 6-19　脉冲反射法探伤原理图

（2）穿透法

穿透法是根据超声波能量变化情况来判断工件内部状况的,它是将发射探头和接收探头分别置于工件的两相对表面。发射探头发射的超声波能量是一定的,在工件不存在缺陷时,超声波穿透一定工件厚度后,在接收探头上所接收到的能量也是一定的。而工件存在缺陷时,由于缺陷的反射使接收到的能量减小,从而断定工件存在缺陷。

根据发射波的不同种类,穿透法有脉冲波探伤法和连续波探伤法两种,如图 6-20 和图 6-21 所示。穿透法探伤的灵敏度不如脉冲反射法高,且受工件形状的影响较大,但较适宜检查成批生产的工件。

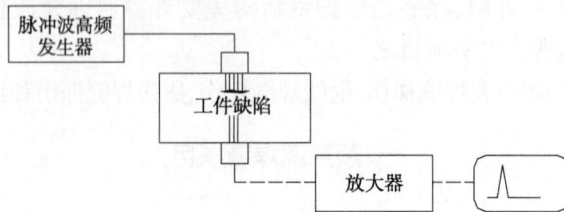

图 6-20　脉冲波穿透探伤法示意图

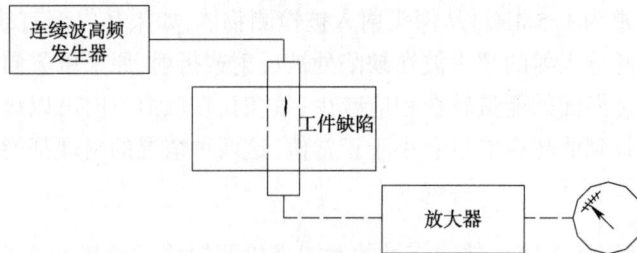

图 6-21　连续波穿透探伤法示意图

二、射线焊缝探伤

射线探伤是利用各种射线源穿过材料或工件时的强度衰减,检测其内部结构不连续性的一种探伤方法。按射线不同,射线探伤可以分为 X 射线、γ 射线和高能射线探伤三种。由于显示缺陷的方法不同,每种射线探伤又有电离法、荧光屏观察照相法和工业电视法几种。运用最广的是 X 射线照相法,下面介绍其探伤原理。

X 射线照相法探伤是利用 X 射线在物质中的衰减规律和对某些物质产生的光化及荧光作用为基础进行探伤。图 6-22a）是平行射线束透过工件的情况。当照射在工件上射线强度为 J_0 时,由于工件材料对射线的衰减,穿过工件的射线被减弱至 J_C。若工件存在缺陷,如图 6-22a）的 A、B 点,因该点的射线透过的工件实际厚度减少,则穿过的射线强度 J_A、J_B 比没有缺陷的 C 点的射线强度大一些。从射线对底片的光化作用角度看,射线强的部分对底片的光化作用强烈,即感光量大。感光量较大的底片经暗室处理后变得较黑,如图 6-22b）中 A、B 点比 C 点黑。因此,工件中的缺陷通过射线在底片上产生黑色的影迹,这就是射线探伤照相法的探伤原理。

射线检测的优点是检测结果可记录下来作为档案资料长期保存,检测图像较为直观,对缺陷尺寸和性质判断比较容易。射线检测的缺点是当裂纹面与射线接近于垂直时就很难检查出来,射线检测对微小裂纹的检测灵敏低,且射线对人体有害,需要有防护设备。

a)射线透视有缺陷的工件的强度变化情况

b)不同射线强度对底片作用的黑度变化情况

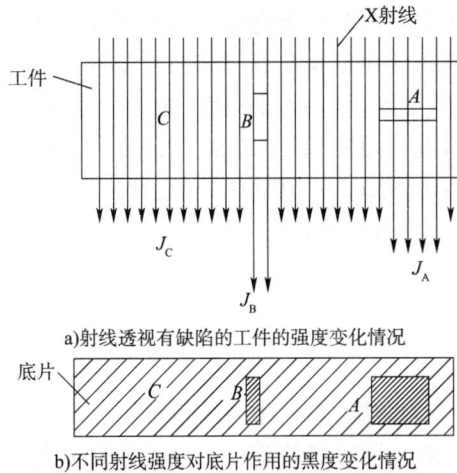

图6-22　射线透过工件的情况和与底片作用的情况

三、磁粉焊缝探伤

磁粉探伤的原理是利用铁磁材料工件受到外加磁极磁化作用后,如果材料表面或近表面存在缺陷,磁力线只能绕过缺陷,此时磁力线会局部变形,形成局部磁极,即在缺陷处形成可检测的漏磁场(图6-23),此漏磁场将吸引、聚集施加的磁粉或磁悬液等显示介质,磁粉在漏磁场上聚集而形成磁痕,磁痕在适当的光照下清晰可见,使不明显的缺陷变得清晰,方便探伤人员确定缺欠的位置、大小和形状。

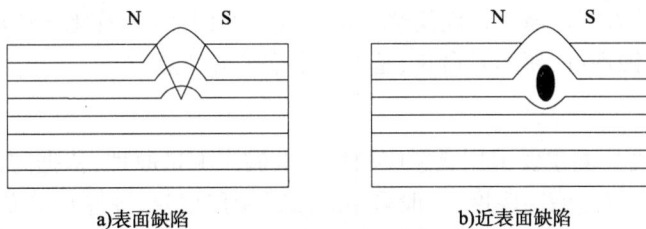

a)表面缺陷　　　　　　　　b)近表面缺陷

图6-23　缺陷漏磁场的产生

根据焊接件的结构形状、尺寸、检测的内容和范围的不同,常用的磁粉探伤的检测方法有磁轭法、触头法、绕电缆法和交叉磁轭法。磁粉探伤的一般操作步骤为预处理、磁化、施加磁粉或磁悬液、检查、退磁以及后处理。

磁粉探伤在工业部门应用也非常广泛,它具有操作简便、直观、速度快、结果可靠、价格低廉等优点,可以发现发纹、裂纹、气孔、夹杂、疏松、折叠、未焊透等缺陷,缺点是只能测得结构表层和近表层裂纹等缺陷,对深层(≥6mm)缺陷就无能为力了。多数情况下,磁粉探伤配合外观检测通常能发现超标缺陷,可以作为佐证外观检测的验证手段。

四、钢结构涂装厚度检测

易腐蚀是钢结构的主要缺点之一,当长期暴露于各种不同的气候环境和化学腐蚀环境时,钢结构的强度、韧性等主要力学性能指标会逐渐下降,使用寿命及耐久性由此也受到较大影响。防腐涂装能起到保护钢结构不受外界腐蚀介质的侵害,是保证钢结构正常使用、延长使用寿命的一个重要环节。随着钢桥在我国的推广应用,涂装材料向着高性能化方向发展,20世纪90年代后开始大量采用富锌涂料(包括环氧富锌、无机富锌、热喷锌),环氧云铁中间漆、丙烯酸聚氨酯面漆。目前,公路桥梁钢结构防腐涂装的分类、涂装体系及工艺要求、试验方法、检测规则等技术条件详见《公路桥梁钢结构防腐涂装技术条件》(JT/T 722—2008)。

涂层厚度作为涂装技术的重要指标,可采用磁性拉伸式测厚仪、磁/电磁感应测厚仪、涡流测厚仪、超声波测厚仪等仪器进行检测,其中最常用的是涂层厚度测试仪,检测标准为《钢结构工程施工质量验收标准》(GB 50205—2020);此外,常常采用膜厚计、利用磁场感应法检测热浸镀锌涂层厚度,检测标准为《金属覆盖层 钢铁制件热浸镀锌层 技术要求及试验方法》(GB/T 13912—2020)等。

1. 防腐涂装工艺简介

(1)涂料技术工艺

涂料技术以油漆类涂料作为防腐原料,是目前最常用、最经济的方法,具有成本低、工艺简单等优点,但其防腐蚀效果一般。防腐涂装施工工序包括钢材表面处理、除锈方法的选择和除锈质量等级的确定、涂料品种的选择、涂层结构和涂层厚度的设计等。

(2)热喷涂技术工艺

热喷涂技术是在对钢构件表面作喷砂除锈、使其表面露出金属光泽后,采用燃烧火焰、电弧等作为热源,将喷涂材料加热到熔融状态,用压缩空气将呈雾化的颗粒束吹附到基体表面上,随之激冷并不断层积而形成涂层的工艺方法。这种工艺的优点是对构件尺寸适应性强,构件形状尺寸几乎不受限制,是保护钢构件的一种非常有效的防腐措施。

(3)热浸镀锌技术工艺

热浸镀锌技术是将经过表面净化处理后的钢构件浸入熔融的锌浴中,在其表面形成一层致密的镀锌层的工艺方法。该工艺能使整个钢材表面受到保护,溶化锌能够均匀地覆盖在构件表面,且具有耐腐蚀性好、使用寿命长、基本不用维护等特点。

2. 检测原理

涂层(镀层)厚度检测主要采用磁感应测量或电涡流测量原理,依据防腐涂层和钢结构基体的电磁特性差异来测定涂层厚度,一般采用涂(镀)层厚度仪、膜厚计等专门仪器进行测量。

磁感应检测原理是通过测量从仪器测头经过涂(镀)层而流入铁磁基体的磁通量大小来测定覆层厚度,也可以测定与之对应磁阻的大小来揭示涂层厚度。涂层越厚,则磁阻越大,磁通量越小。这种方法适用于测量铁磁金属(钢、铁)基材上的非磁性涂(镀)层厚度。

电涡流检测原理则是利用高频交流信号在测头线圈中产生电磁场,测头靠近导电基体时,就在其中形成涡流。测头离导电基体越近,则涡流越大,反射阻抗也越大。这个反馈作用量表征了测头与导电基体之间距离的大小,也就是导电基体上非导电覆层厚度的大小。这种方法适用于测量非铁磁金属(铝、铜、奥氏体不锈钢)基材上的非导电涂层厚度。

3. 检测要求

(1)防腐涂层

防腐涂料、涂装遍数及间隔、涂层厚度均应满足设计文件及涂层产品标准的要求。涂层外观应均匀,无明显皱皮、针眼和流气泡等。涂层厚度采用涂层厚度仪进行检测,检测数量按照构件数抽查10%,且同类构件不应少于3件。每个构件检测5处,每处检测3个相距50mm的测点,厚度的允许偏差为 $-25\mu m$,每处取3个点的平均值作为该处的涂层厚度值,精确至 $\pm1\mu m$。

(2)金属热喷涂涂层

涂层外观应均匀一致,且不得有气孔、裸露斑点,以及附着不牢的金属熔融颗粒、裂纹等缺陷。涂层厚度的检查数量为：平整的表面每 $10m^2$ 测量基准面数量不得少于 3 个,不规则的表面可适当增加基准面数量。检验方法见《热喷涂涂层厚度的无损测量方法》(GB/T 11374—2012)的有关规定。

(3)热浸镀锌涂层

镀锌层的外观应平滑,无滴瘤、粗糙和锌刺,无起皮,无漏镀等。镀锌层厚度检测的样本抽取数量及厚度最小值应满足《金属覆盖层　钢铁制件热浸镀锌层技术要求及试验方法》(GB 13912—2020)的要求。

第八节　无损检测实例

一、超声回弹综合法检测混凝土强度

某既有混凝土构件设计强度等级为 C40,为检验混凝土质量,采用超声回弹综合法测试其混凝土强度。检测时在该构件两侧面均匀布置 10 个超声回弹测区,每一测区的两个相对测试面上均匀布置 8 个回弹测点、3 个超声测点,先进行回弹测试,后进行超声测试。

(1)测区混凝土强度换算值

计算测区回弹值时,从该测区两个相对测试面的 10 个回弹值中,剔除 1 个最大值和 1 个最小值后将余下的 8 个回弹值求平均,得到测区平均回弹值 R_m。测区超声声速值 v 是由超声波传播距离除以 3 个超声测点的平均声时值。本次测试回弹仪均处于水平状态,且测试面是在混凝土浇筑的侧面,因而测区平均回弹值和超声声速值均无须修正,检测记录和测区混凝土强度换算值计算结果见表 6-9。

某构件超声回弹综合法检测混凝土强度的记录和结果　　　　表 6-9

项　目		测　区									
		1	2	3	4	5	6	7	8	9	10
回弹值	1	33	37	38	42	30	52	40	36	29	36
	2	30	30	34	38	37	42	25	32	28	35
	3	38	32	32	28	32	35	35	32	29	35
	4	29	35	28	43	33	31	29	32	36	38
	5	36	26	40	35	36	38	31	33	40	40
	6	40	27	35	34	35	32	30	38	41	40
	7	41	36	38	33	38	37	32	37	29	35
	8	29	29	40	36	40	30	35	43	32	38
	9	32	33	29	29	29	29	26	49	31	40
	10	31	38	35	45	35	40	37	32	36	29
	R_m	33.6	32.4	35.1	36.3	34.5	35.6	31.9	35.4	32.8	37.1
超声时值(μs)	1	224.4	228.1	237.2	221.3	224.3	227.4	224.1	228.5	231.3	233.1
	2	224.8	231.5	234.6	240.6	238.7	236.2	227.3	233.3	223.5	227.4
	3	225.9	227.3	232.1	243.2	237.5	232.2	233.1	232.4	225.3	231.6
	平均值	225.0	229.0	234.6	235.0	233.5	231.9	228.2	231.4	226.7	230.7

续上表

项 目	测 区									
	1	2	3	4	5	6	7	8	9	10
测距(mm)	1000									
测区声速(km/s)	4.44	4.37	4.26	4.26	4.28	4.31	4.38	4.32	4.41	4.33
测区换算强度(MPa)	28.0	26.1	25.5	25.1	31.2	26.5	24.2	25.5	25.6	27.3
测区换算强度均值(MPa)	26.5									
测区换算强度标准差(MPa)	1.978									

（2）构件混凝土强度推定值

由于没有专用或地区测强曲线,因此测区混凝土强度换算值由式(6-23)计算,再由测区混凝土强度换算值的均值26.5MPa和标准差1.978,按式(6-17)得到该构件混凝土强度推定值,为23.2MPa。

（3）构件混凝土强度的评定标度

鉴于该构件强度等级C40的抗压强度设计值R为18.4MPa,可得构件的评定系数K_{bt}和K_{bm}。

推定强度匀质系数:$K_{bt}=23.5/18.4=1.28(\geq 0.95)$

平均强度匀质系数:$K_{bm}=26.5/18.4=1.44(\geq 1.00)$

根据表6-3评定该构件混凝土强度状况良好,评定标度值为1。

二、钢筋锈蚀状况检测

某公路桥梁建于1995年,其上部结构为2×16m钢筋混凝土简支梁,横向由5片T梁组成。为摸清钢筋锈蚀状况,采用钢筋锈蚀测定仪、半电池电位法对该桥10片T梁的钢筋锈蚀情况进行检测。检测时,在每片T梁腹板上设1个测区,沿钢筋布设6个$20cm\times 20cm$的网格,以网格节点作为测点,全桥共布置240个测点,测点位置距T梁边缘均大于5cm。检测前,为使铜/硫酸铜电极与混凝土表面接触良好,测区混凝土表面采用钢丝刷、砂纸进行打磨以去除污迹、尘土等,并用水将表面充分湿润。测试结果见表6-10。

钢筋锈蚀电位测试结果表　　　　表6-10

测试部位	锈蚀电位(mV)					
1-1号梁	-62	-63	-65	-62	-60	-64
	-61	-61	-65	-67	-64	-66
	-66	-63	-65	-64	-63	-62
	-61	-60	-62	-58	-57	-56
1-2号梁	-67	-57	-58	-58	-57	-56
	-59	-58	-58	-57	-56	-56
	-61	-60	-59	-58	-62	-63
	-61	-58	-60	-63	-62	-61

测 试 部 位	锈蚀电位(mV)					
1-3 号梁	−61	−60	−59	−59	−59	−63
	−55	−57	−61	−61	−63	−62
	−59	−59	−59	−57	−59	−59
	−61	−56	−55	−61	−58	−62
1-4 号梁	−60	−58	−58	−58	−58	−61
	−64	−63	−68	−66	−63	−65
	−68	−63	−63	−67	−64	−64
	−66	−68	−69	−62	−65	−71
1-5 号梁	−61	−59	−60	−56	−57	−61
	−62	−58	−61	−56	−60	−58
	−60	−58	−59	−64	−60	−55
	−59	−58	−57	−64	−61	−59
2-1 号梁	−66	−67	−63	−56	−56	−65
	−63	−64	−66	−57	−60	−61
	−65	−64	−72	−61	−58	−56
	−66	−67	−65	−62	−64	−61
2-2 号梁	−65	−66	−67	−61	−60	−59
	−63	−66	−66	−67	−63	−62
	−70	−66	−65	−63	−63	−62
	−67	−66	−60	−63	−62	−61
2-3 号梁	−68	−63	−67	−63	−64	−66
	−66	−65	−66	−62	−62	−66
	−63	−65	−67	−66	−63	−65
	−58	−58	−59	−61	−60	−62
2-4 号梁	−62	−61	−60	−68	−58	−59
	−61	−60	−61	−59	−58	−58
	−59	−59	−60	−61	−60	−59
	−60	−58	−61	−61	−58	−60
2-5 号梁	−65	−65	−61	−60	−59	−58
	−60	−61	−60	−54	−56	−60
	−55	−59	−60	−59	−59	−59
	−60	−62	−62	−61	−56	−55

　　该桥 10 片 T 梁的测试电位差值范围为 −54 ~ −72mV,均在表 6 − 8 所列的 0 ~ −200mV 之间。结合判定依据可知,该桥 T 梁钢筋基本没有发生锈蚀或锈蚀活动性不确定。根据《公路桥梁承载能力检测评定规程》(JTG/T J21—2011),评定钢筋锈蚀标度值为 1。

三、钢筋保护层厚度检测

为掌握某人行天桥主要构件钢筋保护层厚度的实际情况,选取典型区域即人行梯道底板、墩柱、梁体底板作为检测对象,每个检测区域各设 10 个测区(共 30 个测区),利用钢筋扫描仪进行检测,所得结果见表6-11。

某人行天桥主要构件钢筋保护层厚度的测试结果 表 6-11

构件	实测保护层厚度(mm)					保护层厚度总体情况(mm)				D_{ne}/D_{nd}	评定标度
						平均值	标准差	特征值 D_{ne}	设计值 D_{nd}		
梯道底板	32	35	32	34	38	34.1	2.13	30.5	30	1.02	1
	36	32	34	36	32						
墩柱	53	50	56	55	51	49.2	4.42	41.7	40	1.04	1
	45	44	46	45	47						
梁体底板	41	34	37	38	38	37	2.26	33.2	30	1.11	1
	38	34	39	35	36						

该桥钢筋保护层厚度检测结果表明:所抽检的梯道、墩柱及梁体 3 个构件各测区钢筋保护层厚度符合设计文件要求,根据《公路桥梁承载能力检测评定规程》(JTG/T J21—2011),评定标度值均为 1。

思考题

1. 混凝土强度的无损检测方法根据其测试原理如何进行分类?

2. 回弹法检测混凝土强度的原理是什么?

3. 回弹法中测区的平均回弹值在何种情况下需要修正?

4. 回弹法中测区混凝土强度换算值有何意义?

5. 采用超声回弹综合法检测混凝土强度时,在何种情况下需要钻芯法进行修正?

6. 采用回弹法、超声回弹综合法检测混凝土强度时,测区混凝土抗压强度换算值的计算有何不同?

7. 超声回弹综合法与回弹法相比较,哪种方法更有优势?

8. 超声波检测混凝土缺陷的基本原理是什么?

9. 简述常用的钢结构焊缝探伤方法及其原理。

10. 涂层厚度仪器的测量原理是什么?

第七章 桥梁施工控制与运营性能监测

第一节 桥梁施工控制的基本概念与工作内容

一、桥梁施工控制概述

设计是工程建设的灵魂,而施工技术是设计意图实现的关键,好的桥梁设计方案必须要有高水平的桥梁施工技术来支持。施工方法技术不仅关系到桥梁结构的安全和质量,而且往往是大跨径桥梁建设的瓶颈,直接影响着桥梁建设的经济性能指标。另一方面,施工阶段往往是桥梁结构最薄弱的阶段,容易发生各类事故,从历史上桥梁事故发生占比来看,施工事故占比高达40%左右,这从另一个角度说明了施工方法、施工技术的重要性。桥梁施工技术是建造桥梁的工艺和方法的总称,不同的结构体系,在不同的地形地貌、水文地质、气象气候等环境条件下均需因地制宜的选用施工方法、施工装备、施工工艺及施工控制手段。其中,施工监测控制是施工技术的重要组成部分,贯穿桥梁施工全过程,对大跨径桥梁的顺利施工与正常运营至关重要。

桥梁施工,特别是大跨径桥梁的施工,是一个复杂的、充满风险的系统工程。在该系统中,设计图纸是目标,而从开工到竣工整个施工过程中,将会遇到许多不确定性因素的影响,包括设计计算模式、材料性能参数、施工荷载、环境温湿度等诸多方面的因素,这些因素会使桥梁的实际状态与理想目标状态之间存在一定的差异。因此,在施工过程中如何排除各种因素的影响、找出相对真实的参数取值,对桥梁施工受力状况进行实时监测、预测、预警、调整,对设计目标的实现是至关重要的。一般地,上述工作常以现代控制论为理论基础来进行,因而称为施工监测控制,也可以简称为施工控制或施工监控。

施工控制不仅是桥梁施工技术的重要组成部分,也是技术含量较高、实施难度较大的部分。不同结构体系、不同施工方法、不同材料的桥梁,其施工控制技术的目标、要求、手段也不一样。以钢桁梁的悬臂架设为例,为最终达到设计标高,通常采用预设拱度的方法来解决,即将先架设的节点预先抬高来考虑后架设节段的影响。由于钢材的匀质性和制造尺寸的相对准确性,预设拱度方法在钢桁梁悬臂拼装过程中较为简便易行。但是,对于同样采用悬臂浇筑法施工的混凝土桥梁就不那么容易,因为混凝土桥梁除了材料特性的离散性外,还要受温度、湿度、时间等因素的影响,加上各节段混凝土的龄期、强度、持载历史等因素各不相同,就会造成各节段的内力和变形随着混凝土浇筑过程变化而偏离设计值的现象,甚至会出现超过设计允许应力和变形限值的情况。对于这种情况,若不通过有效的施工控制实时监测、及时调整,势必造成成桥状态的线形、内力状况难以符合设计目标,严重时可能酿成工程事故。

桥梁施工控制是确保桥梁施工宏观质量的关键。衡量一座桥梁的施工宏观质量最主要的标准,就是看其成桥状态的线形以及内力状况是否符合设计要求。对采用多工序、多阶段施工的桥梁结构,要求结构各构件内力、标高的最终状态完全符合设计要求是不容易的。例如混凝土斜拉桥,悬臂施工时主梁各节段要考虑预抬高,以使其标高符合设计要求,同时还要求成桥状态下斜拉索的索力也达到设计要求,但由于斜拉桥是多次超静定结构,主梁标高的调整将影响到斜拉索的索力,某一根斜拉索内力的调整又会影响到主梁标高和邻近斜拉索的索力。因此,如无系统有效的监测控制措施,就可能导致内力或桥面线形难以达到设计目标值。例如我国某混凝土斜拉桥,由于种种原因,成桥后主梁线形呈波浪形,不但影响行车舒适,也留下明显的外观缺陷。为此,应对施工过程的各阶段、各工序进行模拟,考虑混凝土徐变、收缩的影响,预先计算出各阶段内力和变形的预计值,将施工中的实测值与预计值进行比较,若差值超过允许的范围即应进行调整,并通过对设计参数如混凝土徐变性能的识别、结构内力的优化调整,实现施工作业与施工控制之间的良性循环,使各阶段的主梁变形和结构内力达到或接近预计值,实现预定的控制目标。

桥梁施工控制又是桥梁建设的安全保证,这一点对于大跨径桥梁更为突出。在施工过程中,由于每一阶段结构的内力和变形目标值是可以预计的,各施工阶段结构的实际内力和变形是可以监测得到的,这样就可以较全面地跟踪掌握施工进程和发展情况。当发现施工过程中监测的实际值与计算的预计值相差过大时,就要进行检查、分析原因,采取及时必要的措施进行调整,以避免重大安全事故的发生。例如 1969—1971 年,英国米尔福德港桥、澳大利亚墨尔本西门大桥以及奥地利、德国相继发生了五座大跨径钢箱梁桥或钢箱加劲梁斜拉桥的施工事故,虽然事故现象各异,但事后调查主要原因都是在悬臂施工过程中,钢箱梁受压板件局部失稳、发生屈曲所致,限于当时计算能力和水平,人们对钢结构薄壁板件稳定及钢箱梁构造的认识不足,还不会计算复杂支承约束条件钢板的抗压承载能力,而不恰当的施工方法、临时措施又加剧了事故的程度。尽管造成事故的原因是设计问题,若当时采用了施工监测控制手段,在内力较大的部位中布置应力、变形监控测点,当发现异常现象时,及时停工检查调整,就可能避免事故的发生。又如 1995 年,宁波招宝山大桥在施工过程中,由于有孔混凝土板应力计算方法使用不当,导致箱梁底板厚度不足、悬臂根部底板应力过大而发生整体破坏,不得不拆除梁体重建,造成了严重的损失。由此可见,为确保大跨径桥梁施工安全,对施工过程进行监测控制是必不可少的。

二、桥梁施工控制的发展历程

近 30 年来,随着桥梁跨径不断增大、结构体系的发展演化,工程界已普遍认识到施工监测控制在大跨径桥梁施工过程中的重要作用,施工控制已经成为施工技术的重要内容之一。实际上,桥梁施工控制在很早以前就已被人们采用,如在施工中为了保证桥梁建成时的线形符合设计要求,在采用支架法施工时总要设置预拱度,在悬臂施工中总要使施工节段的立模(或安装)标高高于设计标高,以抵消结构自重产生的挠度,实质上就是比较初级的施工实施。例如,1957 年建成的武汉长江大桥在施工过程中就进行过应力、标高的调整,以使结构竣工状态更加理想。

然而,以现代控制论为理论基础、系统地实施桥梁施工控制的历史并不长。20世纪80年代初,日本修建日夜野预应力混凝土连续梁桥时,就建立了施工控制所需的应力、挠度等参数的监测系统,并运用计算机对所测参数进行现场处理、结构计算分析,并将分析结果运用于现场进行施工控制,成为施工控制最早实践。到了20世纪80年代后期,日本在修建chichby、Yokohama等斜拉桥时,利用计算机联网传输技术建立了拉索索力自动监控调整系统,实现了施工过程中实测参数与设计值的快速验证比较,对保证施工安全和精度、加快工程进度起到了决定性的作用,成为施工控制的成功案例。稍后,日本又研制以现场计算机为主的斜拉桥施工控制系统,该系统在1989年建成的Nitchu桥和1991年建成的Tomei-Ashigara桥上应用效果良好,其最大特点是在现场完成自动测试、分析和控制全过程,并可进行参数敏感性分析和实际结构行为预测。日本工程界的实践,奠定了大跨径桥梁施工控制的基础,推动了施工控制的理论、技术、方法快速发展,并迅速在全世界得以推广应用,成为大跨径桥梁施工的基本内容之一。

在我国,1982年建成的上海泖港大桥(主跨200m的斜拉桥)首次根据现代工程控制的基本思想,有效地进行了主梁挠度和索塔塔顶水平位移的施工控制。进入20世纪90年代,随着计算分析能力的提升、自动化监测技术的发展,施工控制技术在大跨径桥梁建设中获得了广泛的应用,取得了良好的效果,并逐步成为大跨径桥梁施工技术的有机组成部分。

目前,桥梁施工控制技术已纳入施工管理的常规工作中,控制方法已从人工测量、分析与预报,发展到监控、分析、预报、调整的自动化,形成了较完善的桥梁施工控制体系,并建立了《公路桥涵施工技术规范》(JTG/T 3650—2020)等技术规范规程,对于保障大跨径桥梁的顺利施工、按预定目标合龙起到了不可替代的作用。然而,由于影响桥梁施工的因素非常复杂多变,桥址环境条件各异,大跨径桥梁的新结构、新体系对施工控制提出了更高的要求,因此,桥梁施工控制理论与方法、监测仪器设备等仍在不断发展之中,建立可靠、完善的施工控制系统仍是桥梁建设事业发展的迫切需要。

三、施工控制与施工质量控制的关系

桥梁施工质量控制是对施工全过程的各工序进行检查、监督和检验,以消除影响工程质量的各种不利因素,使所建造的工程符合设计图纸、技术规范和验收标准的要求。桥梁施工控制是对桥梁施工过程中结构的受力、变形及稳定性进行监测控制,使施工中的结构状态处于比较理想的状态,保证施工过程结构安全和成桥状态符合设计目标。

从上述两者所做的工作目的来看,桥梁施工控制与桥梁施工质量控制目标是一致的,都是保证桥梁建设质量的手段。桥梁施工质量控制重在"微观控制",而桥梁施工控制重在"宏观调控",是桥梁施工质量控制的提升与补充。以悬臂浇筑施工的预应力混凝土梁桥为例,施工质量控制重在钢筋、钢绞线质量控制,波纹管安装精度控制,模板安装精度控制,混凝土原材料及混凝土拌制质量控制,混凝土浇筑、养护质量控制,混凝土强度检验、预应力张拉控制、管道灌浆质量控制等;而施工控制则是在施工过程中监测结构内力和变形状况,根据已施工完成节段的内力和变形状态,在考虑各种不确定性影响因素后,确定下一节段的施工方案是否需要调整,如是否改变预应力束的张拉量值、调整下一节段的立模标高等。可见桥梁施工控制、桥梁施工质量控制的总体目标是一致的,但二者切入点不同、控制的参量不同、调整管控的手段不同,施工质量控制是施工控制的基础,施工控制是施工质量控制的升华,二者相辅相成,都是实现质量控制的手段方法,存在独立的路径,不能互相替代。

在中小跨径常规桥梁施工中,由于结构受力行为比较清晰、可调控参数指标较少、不存在体系转换或体系转换比较简单,往往不单独实施施工控制,而将施工控制的内容如支架的预拱度设置、预应力张拉要求等,包含在施工质量控制中。

四、施工控制的工作内容

施工控制的任务就是要确保在施工过程中桥梁结构的内力状态始终处于安全范围内,确保成桥线形与成桥结构内力状态符合设计要求。桥梁施工控制就是在施工过程中对桥梁结构内力和变形进行监测,对施工中出现的误差及时进行纠正,减小结构继续受到误差的影响,使桥梁建成后的内力、线形尽可能地接近设计理想状态。施工控制的三大任务是线形(标高及变位)控制、应力控制及稳定性的控制。施工控制过程是一个预测→施工→量测→识别→修正→预测的循环过程。施工控制就是按照"目标最优、过程可控"的原则,使桥梁建成时达到设计所希望的几何形状及合理的内力状态,并保证结构在施工过程中的安全。一般而言,对于跨径大于100m的桥梁,就需根据桥梁结构特点、施工方法开展施工控制,其施工监控工作流程如图7-1所示。桥梁施工控制围绕上述目标而展开,不同结构形式的桥梁,其施工控制工作内容不完全相同,但从总体上来看,主要包括以下几个方面:

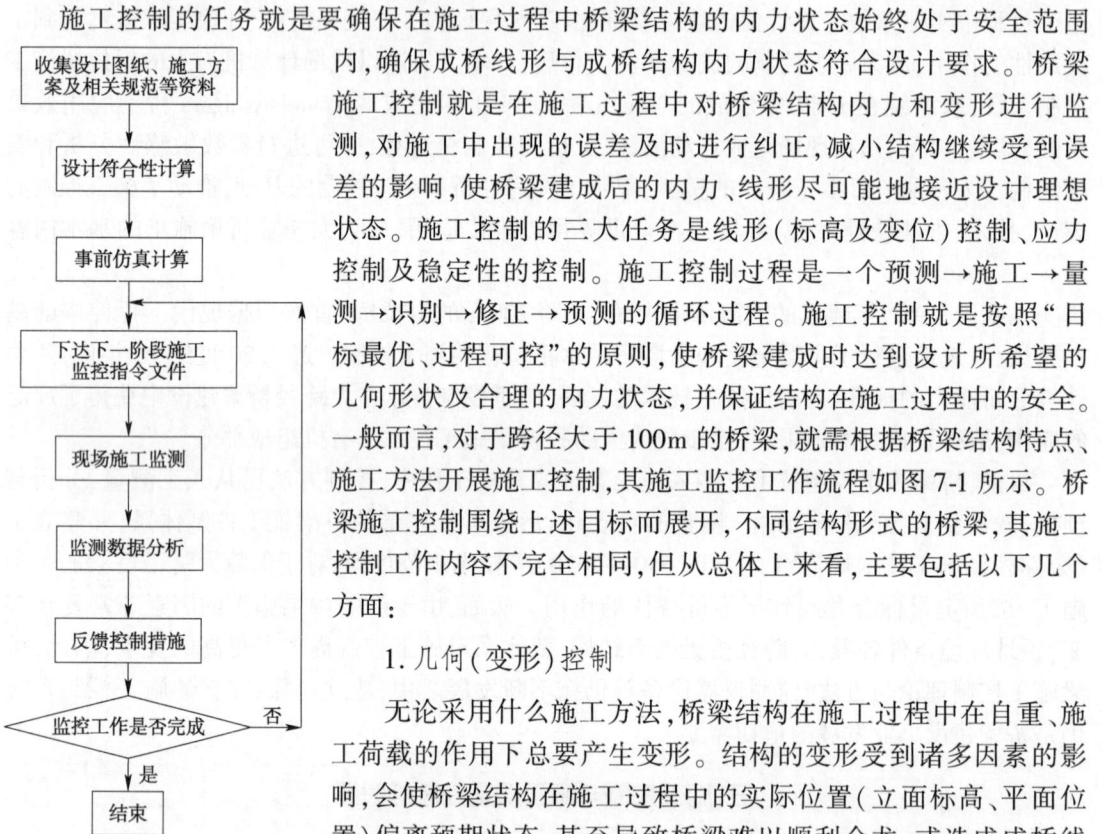

图7-1　桥梁施工监控工作流程

1.几何(变形)控制

无论采用什么施工方法,桥梁结构在施工过程中在自重、施工荷载的作用下总要产生变形。结构的变形受到诸多因素的影响,会使桥梁结构在施工过程中的实际位置(立面标高、平面位置)偏离预期状态,甚至导致桥梁难以顺利合龙,或造成成桥线形与设计目标不符。施工控制中的几何控制就是使桥梁结构在施工中的实际位置与期望位置之间的偏差控制在容许范围内,成桥线形状态符合设计要求。

与桥梁工程质量的优劣需用其质量检验评定标准来检验一样,施工控制的结果也需有一定的标准,即偏差容许值来评判施工控制的目标实现与否。偏差容许值与桥梁的结构形式、跨径大小、技术难度、施工方法等有关,目前还没有统一规定,常结合具体桥梁的施工控制的需要来确定。同时,为保证几何控制总目标的实现,每道工序的几何控制偏差的允许范围也需事先确定下来。几何控制偏差的允许值必须同时兼顾施工精度要求、施工操作方便性与可行性两个方面,制定的限值既能保证施工精度要求,又便于施工的实际操作。以悬臂节段浇筑施工法为例,图7-2示意了施工线形控制偏差的概念,施工线形控制就是要将线形偏差 Δf_i 控制在一个合理的、可接受的范围内。

图中:h_i——浇筑 $i+1$ 节段前 i 节段梁体实测标高值,$i=1,2,\cdots,n$;

h_i'——浇筑 $i+1$ 节段前 i 节段梁体预计标高值,$i=1,2,\cdots,n$;

Δf_i——浇筑 $i+1$ 节段前 i 节段梁体线形偏差值,$i=1,2,\cdots,n$。

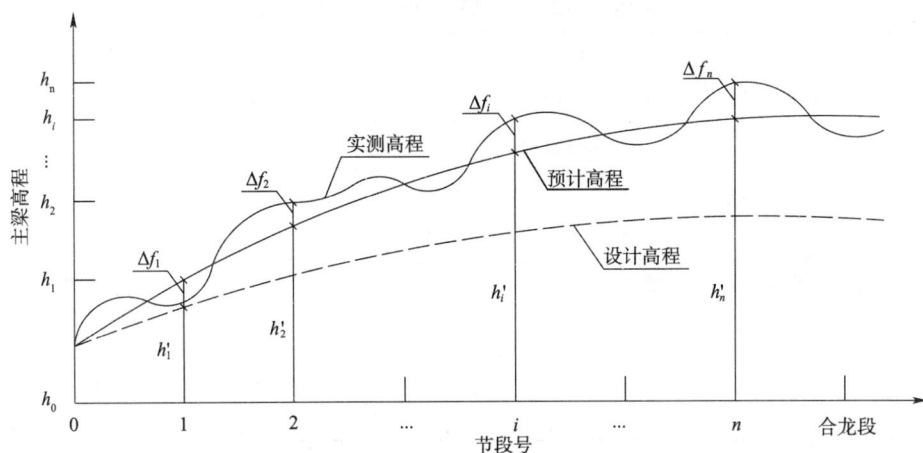

图 7-2 施工线形偏差示意图

下面根据《公路工程质量检验评定标准 第一册 土建工程》(JTG F80/1—2017)、《公路桥梁结构监测技术规范》(JT/T 1037—2022)等规范标准及一些桥梁施工控制的实例的要求，列出几种主要桥型常见几何控制的指标限值见表7-1～表7-4。

桥梁施工允许偏差的总体要求(单位:mm)　　　　　　　　　　　表7-1

控 制 项 目	允 许 偏 差	
桥面中线偏差	≤20	
桥面宽(车行道、人行道)	±10	
桥长	+300，−100	
桥面标高	$L<50$m	±30
	$L\geqslant50$m	±($L/5000+20$)

悬臂浇筑预应力混凝土连续梁桥、连续-刚构桥偏差限值(单位:mm)　　　表7-2

控制项目	成桥后线形	合龙相对高差		轴线偏位	
控制偏差限值	±50	$L\leqslant100$m	≤20	$L\leqslant100$m	≤10
		$L>100$m	≤$L/5000$	$L>100$m	≤$L/10000$

混凝土斜拉桥偏差限值(单位:mm)　　　　　　　　　　　　表7-3

索塔	控制项目	轴线偏位		倾斜度		塔顶标高
	控制偏差限值	≤15，且相对前一阶段≤8		≤$H/3000$，且≤30		±10
主梁 (悬浇时)	控制项目	轴线偏位		合龙高差		平整度
	控制偏差限值	$L\leqslant100$m	≤10	$L\leqslant100$m	±20	≤8
		$L>100$m	≤$L/10000$	$L>100$m	±$L/5000$	
主梁 (悬拼时)	控制项目	轴线偏位		拼接标高		合龙高差
	控制偏差限值	$L\leqslant100$m	≤10	$L\leqslant100$m	±20	±20
		$L>100$m	≤$L/10000$	$L>100$m	±$L/5000$	

索塔	控制项目	轴线偏位		倾斜度	塔顶标高	
	控制偏差限值	≤15,且相对前一阶段≤8		≤H/3000,且≤30	+15,0	
主缆线形	控制项目	基准索标高		基准索股高差	索股标高	主缆标高
	控制偏差限值	中跨	±L/20000	+10,−5	≤10	±50
		边跨	±L/10000			
索夹安装	控制项目	纵横向偏位		纵向位置	横向扭转	
	控制偏差限值	≤10		±10	±5	
索鞍偏移、标高	控制项目	纵横向位置		标高	底板四角高差	标高偏差
	控制偏差限值	≤10		+20,0	≤2	±20

注:表 7-1 ~ 表 7-4 中 L 为跨径,H 为索塔高度。

2. 应力控制

桥梁结构在施工过程中以及在成桥状态的内力状态是否与设计目标值相符是施工控制的重要内容之一。通常,受弯构件、受压构件或压弯构件是通过结构应力的监测来掌握其实际内力状态的;受拉构件如斜拉索、吊索则直接采用力传感器监测其轴力,如果发现实际应力与理论计算应力的偏差超过限值就要查找原因,采取必要措施进行调控,使偏差保持在允许范围之内。一般地,实测索力与计算值的偏差不应超过 ±5% ~ 10%,实测钢结构应力与计算值的偏差不应超过 ±10%,实测混凝土结构应力与计算值的偏差不应超过 ±20%。一旦结构应力(内力)超出允许范围,轻者会给结构造成危害,重者将会导致结构破坏。所以,它比变形控制显得更加重要。应力(内力)监测控制的项目和限值一般结合结构受力特点、施工工序等方面来确定,通常包括以下几个方面:

(1)结构在自重下的应力;

(2)结构在施工荷载下的应力;

(3)结构预应力效应及其产生的应力;

(4)斜拉桥拉索索力及其产生的应力;

(5)悬索桥主缆索股索力、吊杆索力,中下承式拱桥吊杆索力;

(6)温度应力,特别是大体积基础、墩柱在浇筑过程中的温度应力;

(7)其他应力,如基础变位、风荷载、雪荷载等引起的结构应力;

(8)施工设备如支架、挂篮、缆索吊装系统等的应力。

3. 稳定控制

桥梁结构的稳定性包括抗滑移稳定性与抗倾覆稳定性,也包括受压构件的整体稳定或局部稳定。桥梁结构的稳定性往往关系到桥梁结构的安全,由于结构失稳属于征兆不突出、过程不可逆的破坏形态,因此,它比桥梁的应力、变形监测有着更加重要的意义。桥梁施工过程中不仅要严格控制变形和应力,而且要严格地控制施工各阶段结构构件的局部和整体稳定。桥梁的稳定安全系数是衡量结构稳定安全的重要指标,目前主要通过稳定分析计算,并结合结构应力、变形情况来综合评定。此外,除桥梁结构本身的稳定性必须得到控制外,施工过程中所用的支架、挂篮、缆索吊装系统等施工设备的稳定性也应满足要求。

一般来说,变形控制、应力控制、稳定性控制取得了成效,桥梁施工过程的安全性就得到了保障,桥梁施工安全控制是上述变形控制、应力控制、稳定性控制的综合体现。结构形式不同,直接影响施工安全的因素也不一样,在施工控制时须根据结构形式、施工方法、施工工序、施工荷载等实际情况,确定施工控制的重点。

第二节　施工控制的基本思想与方法简介

一、现代控制论的基本思想

现代控制论作为一门普遍适用的工程方法,其主要研究对象是多输入、多输出的多变量系统的优化控制,已经广泛地应用于航天、电力、通信、交通等工程领域。现代控制论能够使系统按照预定的轨迹运行,并实现多指标综合优化,在工程实践活动发挥了重要的指导作用。近几十年来,现代控制理论发展非常迅速,并形成了很多独立的分支,如反馈控制、最优控制、自适应控制、模糊控制、智能控制等,目前,应用最广泛的是随机最优控制理论。

现代控制论的基本思想可以简要概括为:通过对输出的实时测量,在消除量测噪声的情况下,估计预测控制对象的实际状态,然后根据控制对象的状态偏差及发展态势确定控制量的大小,从而通过输入的调整实现闭环控制,使控制对象达到预期的目标状态。以较为常用的线性定常系统的随机最优控制为例,其控制过程框图如图7-3所示,主要工作内容包括线性系统及随机干扰 $W(t)$ 的描述、测量系统的设计及量测向量 $Y(t)$ 和量测噪声 $V(t)$ 的刻画、系统状态向量 $X(t)$ 的最优估计与预报,以及最优控制向量亦即系统输入 $U(t)$ 的求解等方面,是一个闭环的输入→测量→预测→反馈控制过程。由于量测到的状态变量信号 $Y(t)$ 由有用信号 $X(t)$ 和量测噪声 $V(t)$ 混合组成,为全面准确把握控制对象的行为、从量测信号中去伪存真,就要对状态向量 $X(t)$ 的进行参数最优估计。最优控制问题就是在已知系统的状态方程、初始条件以及某些约束条件下,寻求一个最优控制向量 $U(t)$,使系统的状态或输出在控制向量作用下满足某种准则或使某一性能指标达到最优值。

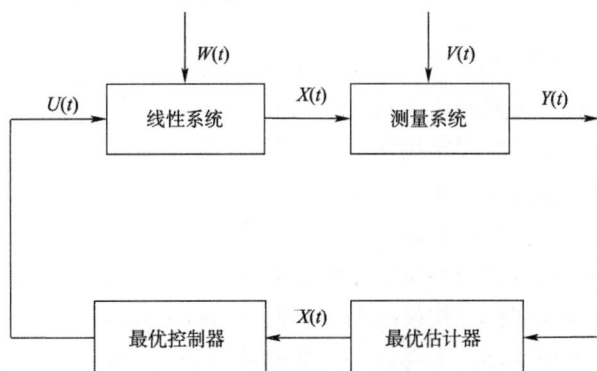

图7-3　随机最优控制实施框图

二、桥梁施工控制方法

桥梁施工控制是一个典型的随机最优控制理论应用问题。一般地,桥梁施工控制是以现代控制论为理论基础,根据具体结构体系受力特点,将结构线形、结构内力作为状态向量,将拉索索力、预应力钢筋张拉力、立模标高等作为控制向量,考虑环境温湿度、施工荷载等各种随机干扰因素,排除各种测量测试误差,使各阶段结构线形、结构内力及最终成桥状态达到比较理想的目标状态。由于受环境、材料性能、施工误差等不确定性因素的影响,桥梁施工是一个较为复杂的系统工程,在整个施工过程中,受许多不确定因素的影响,会使实际状态与理想的目标状态之间存在一定的差异。因此,对施工状态进行实时监测、预测、调整,从而实现设计目标就成为桥梁施工控制的中心任务。桥梁施工控制一般流程如图7-4所示,包含了合理成桥状态的确定、结构响应倒退分析、理想施工状态的确定、控制参数识别、施工偏差分析估计、前进析、随机干扰影响分析、控制作用分析等方面。

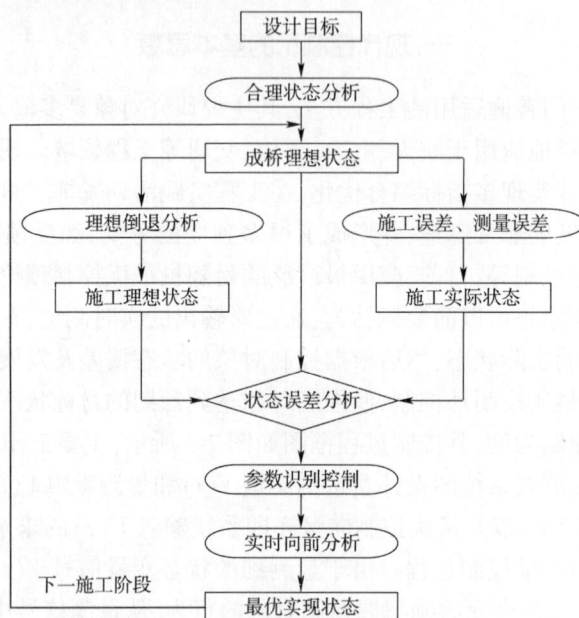

图7-4　桥梁施工控制的一般流程

桥梁结构形式、受力特点、施工方法不同,其施工控制的重点、方法及具体控制内容存在较大差异,需要结合具体情况进行施工控制分析计算。一般来说,桥梁施工控制主要内容可大致归纳为如下几点:

(1)结构施工过程仿真分析。仿真分析内容包括前进分析、倒退分析及随机干扰影响分析等。其中,前进分析就是按照施工工序逐步分析计算各施工阶段(节段)的应力、变形等各种结构响应,计算出下一施工阶段结构内力、标高的预测值;倒退分析就是以成桥目标状态为基准,基于计算参数的最优估计结果,逐阶段(节段)计算施工荷载、时效因素如收缩徐变产生的结构响应,计算出各施工阶段结构的理想目标状态;随机干扰分析就是分析环境温度、施工误差、计算参数等各种随机因素对桥梁施工状态的影响程度。具体计算时,上述3个方面的计算过程交替进行,有时还需根据结构反应的实测值对结构的参数进行识别,不断修正结构计算参数,以确定该桥施工监控的理论参考轨迹。结构仿真分析一般采用专用的桥梁施工控制分析软件或通用分析软件进行。

(2)每一施工阶段(节段)的结构内力、变形监控测量。测量的内容包括结构标高、线形的变化,结构控制截面的应力状态,主要材料试验结果如混凝土的弹性模量、重度等,主要施工设备的重量、作用位置等。对于斜拉桥、系杆拱,还包括拉索索力监测。

(3)计算参数识别及结构状态的估计。计算参数识别及结构状态的估计是指从包含有量测误差的监控测量结果中进行状态向量的最优估计,需要估计的计算参数包括混凝土的自重、弹性模量的变化规律、预应力损失、结构索力、收缩徐变系数、构件日照温差的变化范围等,这些参数的估计可以采用最小二乘法、卡尔曼滤波法、神经网络法等方法。

（4）比较各施工阶段（节段）的目标状态与实际状态。对桥梁结构反应的实测值与理论值进行分析对比，如果二者的偏差超过事先确定的容许范围，根据事先拟定的控制策略和实际状态监控测量的结果，通过结构仿真分析计算，确定拉索或预应力钢筋张拉力、立模标高预抬高量等控制量调整方法和调整量值，以使实际状态与目标状态尽可能接近。

（5）对每一施工阶段（节段），按照上述流程进行监控测量、状态估计、参数识别、模拟分析、控制量调整，直至桥梁施工完成，使每一施工过程的状态及成桥状态尽可能接近目标状态。

以较为简单、常用的预应力混凝土连续梁（连续刚构）为例，其施工监控工作内容、工作流程如图7-5所示，通过前进分析、倒退分析、随机干扰分析等方面计算成果与实测结果的比较，使施工状态始终接近目标状态。由此可见，施工控制就是一个施工、监测、识别、调整、预测、施工的循环过程，其实质就是使施工按照预定的施工标高、理想状态的控制截面应力顺利推进。实际上，无论是理论仿真分析得到的理想状态，还是实际施工过程均存在各种误差，所以，施工控制的核心任务就是对各种误差进行分析、识别、调整，对桥梁结构未来施工节段的变形、应力做出预测，并采取有效措施调整、消除各种施工误差的影响。总的来讲，桥梁施工控制可分为预测控制法、自适应控制法等，简述如下：

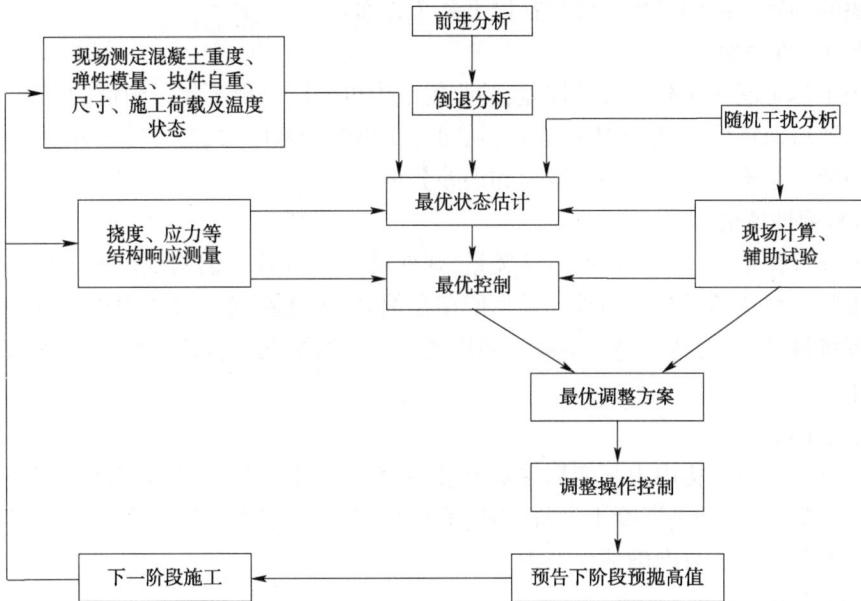

图7-5　预应力连续梁施工监控工作内容及控制流程简图

预测控制法是指在全面考虑影响桥梁结构状态的各种因素和施工所要达到的目标后，对结构的每一个施工阶段（节段）形成前后的状态进行预测，使施工沿着预定的轨迹进行。由于预测状态与实际状态间免不了存在一些偏差，某种偏差对施工目标的影响则在后续施工状态的预测予以考虑，以此循环，直到施工完成和获得与设计相符合的结构状态。预测控制法是桥梁施工控制的主要方法。预测控制以现代控制论为理论基础，常见的预测方法有卡尔曼滤波法、灰色理论法等。

自适应控制法也称参数识别修正法。它是指在施工过程中，结构的某些设计参数如重度、弹性模量、混凝土的收缩徐变系数、摩阻系数等与实际情况不完全相符，系统不能按设计要求得到符合预期目标的输出结果。因此，可以通过系统辨识、参数估计，根据桥梁结构变形、应力等方面的实测结果与按照参数的初步估计值的理论计算结果的反复比较，来逐步逼近结构设计计算参数的真实值，不断地修正计算参数，使实际输出与目标值逼近，从而实现控制意图。

三、影响桥梁施工控制的因素

大跨径桥梁施工控制的主要目的是使施工实际状态最大限度地与设计理想状态相吻合。要实现上述目标，就必须全面了解可能使施工状态偏离理想设计状态的所有因素，以便对施工实施有的放矢的有效控制。一般来说，影响桥梁施工控制的因素主要有以下几方面：

1. 结构参数

无论何种桥梁的施工控制，结构参数都是必须考虑的重要因素。结构参数是施工控制中结构施工内力及变形模拟分析的基本资料，其偏差大小直接影响结构仿真分析结果的准确性。事实上，实际桥梁结构参数一般是很难与设计所采用的结构参数完全吻合的，总是存在一定的偏差，施工控制中如何恰当地计入这些偏差，使结构参数尽量接近桥梁的真实结构参数，是首先需要解决的问题。结构参数主要包括以下几个方面：

(1)结构构件截面尺寸

任何施工都可能存在截面尺寸误差，验收规范中也允许出现不超过限值的误差，而这种误差将直接导致截面特性、结构自重的误差，从而直接影响结构内力、变形等的分析结果。所以，控制过程中要对结构尺寸进行动态取值和误差分析。

(2)材料弹性模量

结构的弹性模量和结构变形有直接关系，弹性模量的偏差对结构变形的分析结果影响较大。由于混凝土弹性模量总会与设计采用值存在偏差，因此在施工过程中要根据施工情况经常性进行现场抽样试验，特别是在混凝土强度波动较大的情况下，应随时对材料弹性模量的取值进行修正。

(3)材料重度

材料重度是引起结构内力与变形主要因素，施工控制中必须要计入实际重度与设计取值间可能存在的偏差，特别是混凝土材料，不同的集料与不同的钢筋含量都会对重度产生影响，施工控制中必须对其进行准确估计与识别。

(4)材料热膨胀系数

热膨胀系数的准确与否也将对施工控制产生影响，尤其是钢结构要特别注意。

(5)施工荷载

施工荷载对结构受力与变形的影响较大，在进行施工控制分析中是不能忽略的，要根据实际情况取值。

(6)预加应力

预加应力是预应力混凝土结构内力与变形控制的重要参数，但预加应力值的大小受很多因素的影响，包括张拉设备、管道摩阻系数、混凝土弹性模量、收缩徐变等，施工控制中要对其取值偏差做出合理估计。同样的，斜拉索作为一种广义的预加应力，索力直接影响结构变形与受力，掌握各阶段真实索力是非常必要的。

以预应力混凝土连续梁施工监控为例，以上几种影响施工控制的结构参数，可以采用各种办法予以测量或识别。如混凝土弹模可以通过不同龄期的混凝土弹性模量试验获取,施工荷载在进入主梁标准节段施工后基本保持不变,可以较容易把握。预应力张拉值的识别可以根据预应力张拉前后主梁实测应力增量来识别。主梁节段重量则由于各节段混凝土浇筑量差异较大,较难精确把握,但也可以采取参数识别方法获取准确量值。

2. 温度变化

温度变化对桥梁结构的受力与变形影响很大。在不同温度条件下对结构状态(应力、变形状态)进行量测,其结果会存在较大差异。温度变化相当复杂,包括季节温差、日照温差、骤变温差等,而在原定控制状态中又无法预先知道温度实际变化情况,通常在控制实施过程中是将控制理想状态定位在某一特定温度条件下进行模拟仿真分析,在尽可能接近该温度条件且温度变化较小的情况下(如 22 时—次日 6 时),进行结构状态变形监控测量,而应力监测则应采取足够的、同步的温度补偿措施,从而将温度变化不确知性剔除。

3. 混凝土的收缩徐变

对混凝土桥梁结构而言,材料收缩、徐变对结构内力、变形有较大的影响,当采用悬臂浇筑施工时更为突出,这主要是由于悬臂浇筑施工时各节段混凝土龄期、应力水准、加载持续时间相差较大等原因引起的,在施工控制时可采用参数辨识或模型试验方法来确定收缩徐变参数,以便采用较为合理的、符合实际的收缩徐变计算模式。

4. 结构分析计算模型

无论采用什么分析方法和手段,总是要对实际桥梁结构进行简化,建立计算模型的。这种简化使分析计算模型与结构实际受力情况之间存在误差,包括各种假定、边界条件处理、模型本身精度等。施工控制时需要根据测量结果对计算模型进行不断的修正,以使计算模型所产生的误差降到最低限度。

5. 施工监测测量

监测包括结构温度监测、应力监测、变形监测、索力监测等,是桥梁施工控制最基本的手段之一。由于测量仪器仪表、测量方法、数据采集、环境条件等因素的影响,施工监测测量结果会存在误差。这些误差既可能造成结构实际参数、状态与目标值吻合较好的假象,也可能造成将本来较好的状态调整得更差的情况,所以,保证测量的可靠性对施工控制极为重要。在控制过程中,除要从测量仪器设备、方法上尽量设法减小测量误差外,在进行控制分析时还应进行结构状态监控测量结果的最优估计。

6. 施工管理

施工管理好坏不仅直接影响桥梁施工质量、进度,也会影响施工控制的顺利进行。以悬臂浇筑施工的预应力混凝土连续梁、连续刚构桥为例,如果两相对悬臂施工进度存在差别,就必然使两悬臂在合龙前等待不同的时间,从而产生不同的徐变变形,由于徐变变形较难准确估计,所以容易造成合龙困难。此外,施工工艺的好坏又直接影响控制目标的实现,除要求施工工艺必须符合施工规范要求外,在施工控制中尚须计入构件制作、安装等方面的误差。

综上所述,可以将影响施工控制因素大致归纳为客观规律因素、客观随机因素和人为误差因素三大类,其基本处理原则如图 7-6 所示。

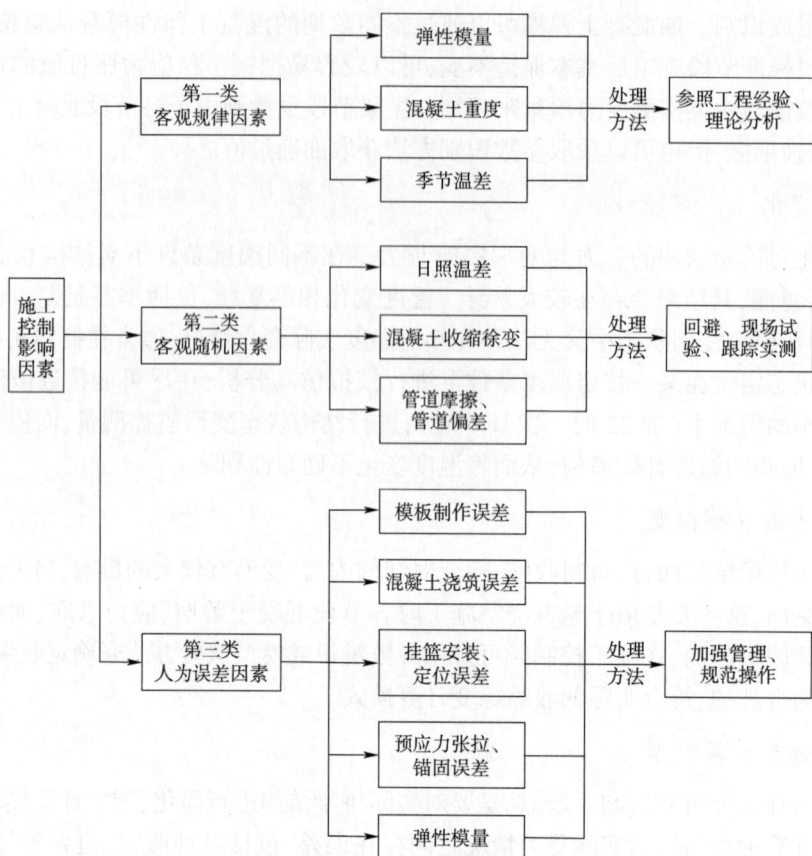

施工控制影响因素
├── 第一类 客观规律因素
│   ├── 弹性模量
│   ├── 混凝土重度 ──处理方法──> 参照工程经验、理论分析
│   └── 季节温差
├── 第二类 客观随机因素
│   ├── 日照温差
│   ├── 混凝土收缩徐变 ──处理方法──> 回避、现场试验、跟踪实测
│   └── 管道摩擦、管道偏差
└── 第三类 人为误差因素
    ├── 模板制作误差
    ├── 混凝土浇筑误差
    ├── 挂篮安装、定位误差 ──处理方法──> 加强管理、规范操作
    ├── 预应力张拉、锚固误差
    └── 弹性模量

图 7-6　施工控制的影响因素分类

四、施工控制实例简介

1. 结构概况

某三跨连续梁跨径布置为 73m + 130m + 73m = 276m，支点梁高 7.0m，跨中梁高 3.2m，截面型式为单箱双室，中箱室顶板厚度 25cm，腹板厚度 45～65cm，采用 C55 混凝土。箱梁采用三向预应力体系。除腹板悬臂束采用 19-ϕ^s15.2 钢绞线外，其余钢束均采用 15-ϕ^s15.2 钢绞线。悬臂节段施工过程中，对称张拉相应的顶板、腹板悬臂预应力钢束；合龙段施工时，先张拉腹板合龙束，再张拉顶板合龙束，最后张拉底板合龙束。

该桥采用悬臂浇筑法施工，从 12 号、13 号墩顶对称向南北两岸同步施工。主梁共分为 2 个边跨直线段、3 个合龙段，16 个悬臂施工节段，1～16 号节段采用挂篮悬臂浇筑施工，12 号、13 号墩顶 0 号块、边跨直线段采用支架现浇施工，合龙段采用吊架浇筑施工。合龙段顺序为先合龙边跨，再合龙中跨，最后施工桥面铺装，全桥施工共分为 16 个节段、19 个工况。该连续梁立面断面布置如图 7-7 所示。

2. 施工监控计算

根据该桥实际情况，采用空间杆系有限元模型，按照该桥施工程序，将施工过程中的分析计算划分为 20 个阶段，计算该桥在各施工阶段的内力、应力和变形等，确定出主梁和墩柱关键的部位应力和位移控制参数。然后，根据实际测试结果，识别出该桥结构的设计参数如混凝土重度、强度和弹性模量、挂篮重量等后,根据持载龄期不断修正混凝土弹性模量、徐变系数等计算参数,以成桥理想状态为目标,反复迭代求出各施工阶段的理想状态和控制参数,形成施工控制的预测值和期望值的数据库。

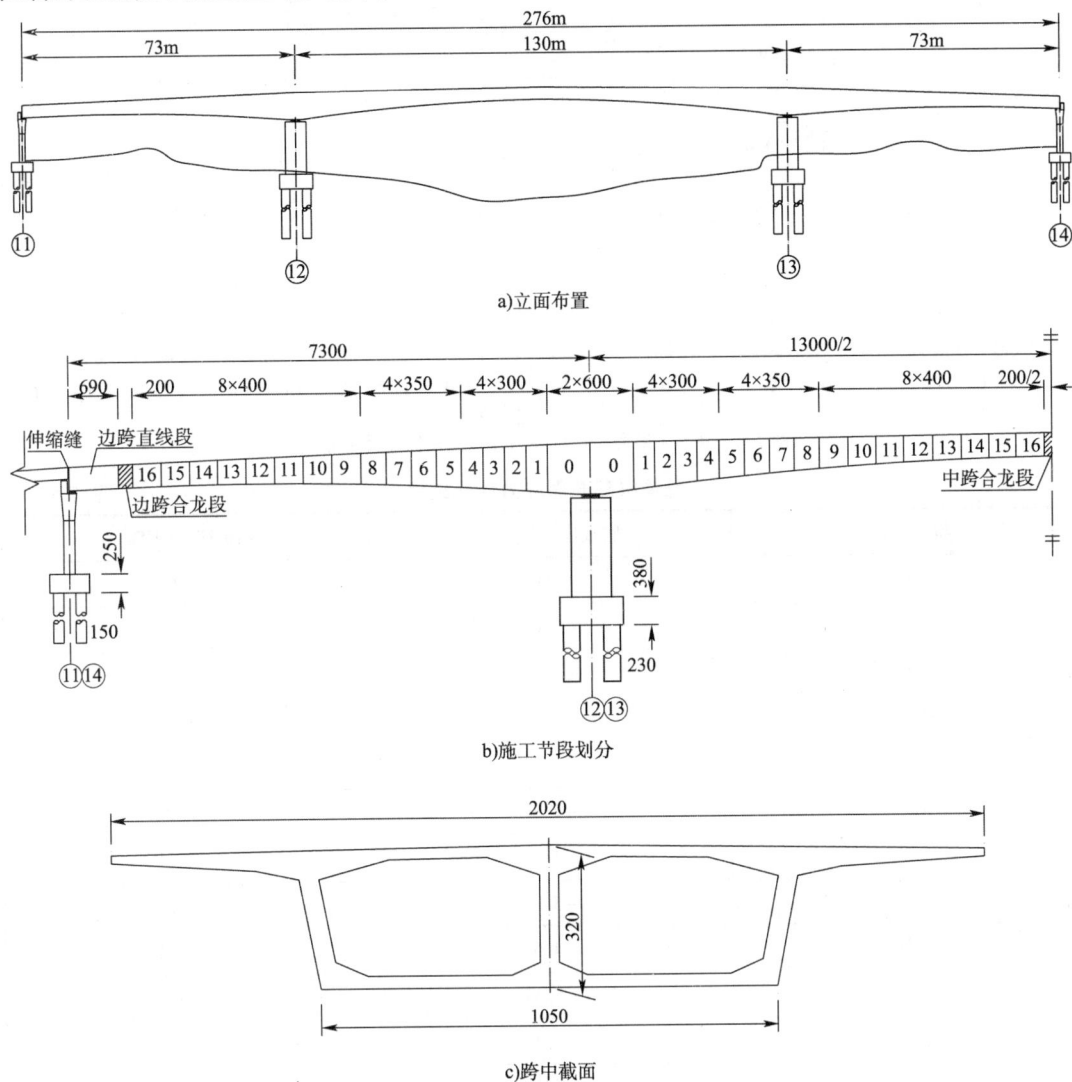

a)立面布置

b)施工节段划分

c)跨中截面

图7-7 某连续梁立面及断面布置(尺寸单位:cm)

各阶段立模标高的计算按设计标高 + 预拱度(恒载 +1/2 活载) + 挂篮变形,其中,恒载变形计算充分考虑了混凝土收缩徐变、预应力损失等影响,经详细的分析计算,得出该桥中跨及边跨各节段反拱值计算结果、中跨及边跨各节段立模标高,图7-8为梁顶设计标高与立模标高间的关系曲线,然后,根据挂篮变形试验实测结果、考虑各施工梁段重量及临时荷载就可综合确定该节段施工的挂篮变形,再综合变形实测结果、计算值的误差分析等其他影响因素,就可准确确定立模标高。

计算结果表明:该桥在施工过程中,中跨各节段预拱度最大者为 13 号节段,量值为160mm,边跨各节段预拱度最大者为 10 号及 11 号节段,量值为61mm,整个施工过程中,中跨13 号节段累计产生的挠度为85mm,边跨11 号节段累计产生的挠度49mm,悬臂根部箱梁截面顶底板上下缘分别产生13.9MPa、13.8MPa 的压应力(见表7-5)。

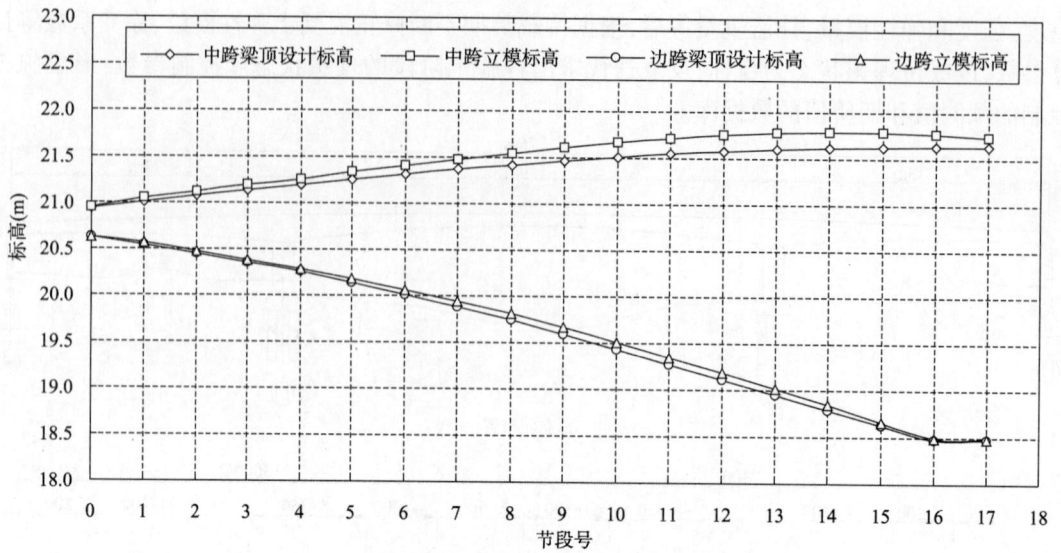

图7-8 各施工节段设计标高与计算立模标高关系曲线

悬臂根部截面应力计算结果

表7-5

阶　　段	底板应力（MPa）	顶板应力（MPa）
CS0	0.00	0.00
CS1	−1.09	−0.34
CS2	−1.84	−0.97
CS3	−1.88	−3.66
CS4	−2.01	−5.93
CS5	−2.36	−7.19
CS6	−3.14	−7.24
CS7	−3.99	−7.20
CS8	−4.62	−8.98
CS9	−5.49	−10.1
CS10	−6.42	−11.2
CS11	−7.35	−12.2
CS12	−8.49	−12.3
CS13	−9.80	−12.0
CS14	−11.2	−11.5
CS15	−12.7	−11.0
CS16	−13.3	−12.1
边跨合龙	−13.9	−13.1
中跨合龙	−9.87	−13.8
二期恒载、桥面铺装	−12.1	−12.0
10 年收缩徐变	−10.7	−11.1

3. 变形监控

变形监测的目的主要是获取、识别已形成的桥梁结构的实际几何形态,其内容包括梁体标高、轴线偏差、结构线形偏差等,变形测点布置如图7-9所示。线形、变形监测主要内容包括:

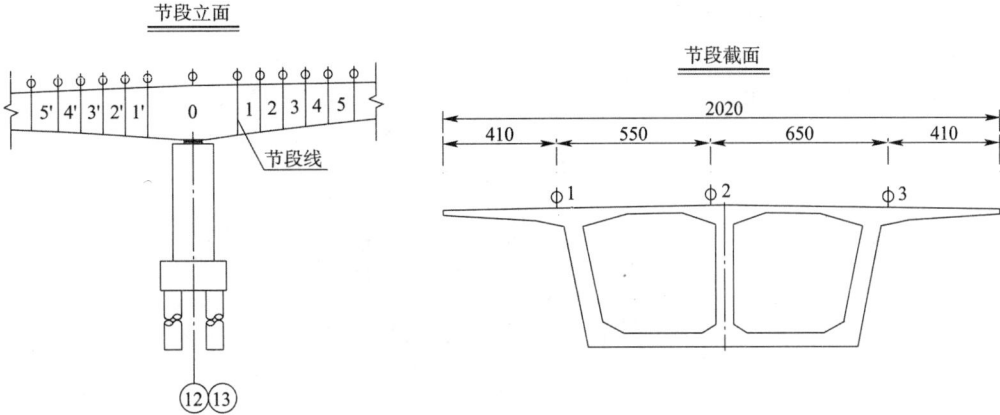

图 7-9　变形监控测点布置图(尺寸单位:cm)

(1)各施工阶段主梁控制截面变形监测;

(2)各施工节段主梁中轴线及结构尺寸监测;

(3)根据实测结果,必要时提出下一阶段施工调整措施和调整参数量值;

(4)合龙前两悬臂端的标高及高差测试,必要时提出具体的合龙调整措施;

(5)两次体系转换施工过程中主梁变形监测;

(6)二期恒载施工所产生的主梁控制截面变形监测;

(7)全部施工完成后全桥主梁线形测试。

变形监测采用电子经纬仪按角度交会法或边角交会法进行观测,桥面变形采用精密水准仪按闭合水准线路劲性测量。在各节段施工中,需进行立模、混凝土浇筑前、混凝土浇筑后、预应力张拉前、预应力张拉后的各监测点的标高观测,观测时须在结构温度趋于稳定后方可进行,以便观察各点的挠度的变化历程,保证悬臂端的合龙精度及桥面线形。

4. 控制截面应力监控

根据该桥实际情况、受力特点,选取了该桥11个最不利截面作为应力监测截面,布置72个测点,其中箱梁悬臂根部应力测试截面3号、9号截面布置了9个应力测点(测点4、5、6位于中性轴上,为收缩徐变应力测点),其他截面各布置6个应力测点,测试元件为钢弦式应变计,以测试桥梁在各种荷载作用下箱梁顶、底板的正应力,具体布置如图7-10所示。应力监测内容主要包括:

(1)各施工阶段主梁及桥墩控制截面应力监控测试;

(2)各施工阶段预应力束张拉所产生的梁体控制截面应力监控测试;

(3)基于实测应力结果,必要时提出下一阶段施工调整措施和调整参数量值;

(4)体系转换所产生的主梁及桥墩控制截面应力测试;

(5)二期恒载施工所产生的主梁及桥墩控制截面应力监控测试。

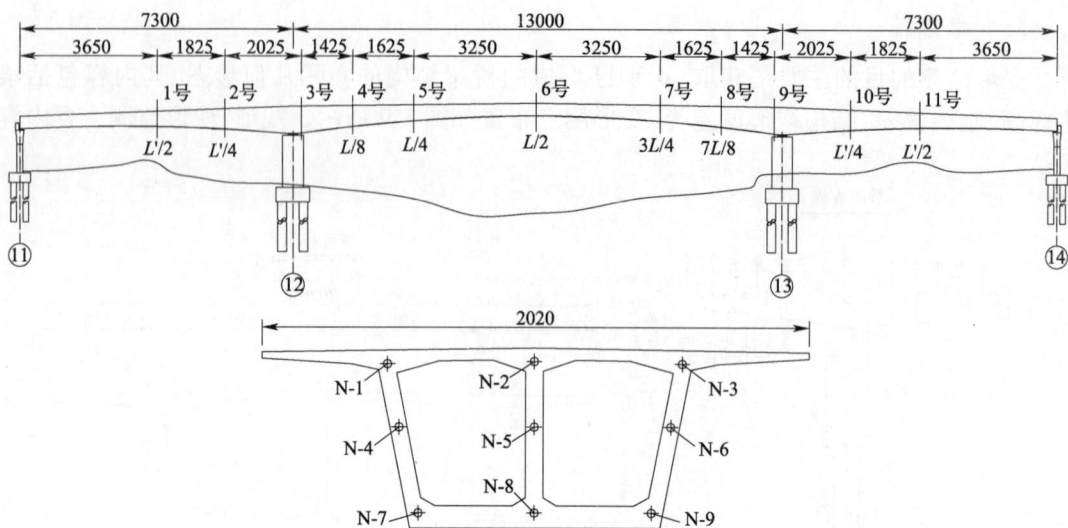

图 7-10 应力监控测点布置图(尺寸单位:cm)

5. 辅助试验测试

辅助试验主要包括混凝土弹性模量、强度测试,钢筋混凝土重度测试,梁体内预应力束张拉摩阻系数、伸长量测试,日温度变化和季节温度变化的测量,施工荷载(挂篮重量、临时堆放材料重量等)测试,梁体高度以及顶板、底板和腹板等几何参数测量,挂篮加载试验等。这些试验测试是进行参数识别的前提,可结合施工过程进行。辅助试验测试的目的在于提高参数识别准确度与可靠性,使计算参数的不确定性对计算结果的影响减至最小。

6. 监控结果简介

该桥施工阶段各梁段实际线形与预计线形吻合良好,各梁段的偏差处于允许范围,合龙误差小于 5mm,成桥预拱度较为合理,中跨跨中部位预留了 60～90mm 的预拱度,全桥线形在总体上略高于设计线形。各控制截面的实测应力变化与理论应力变化趋势吻合较好,结构受力状态与设计目标值比较接近,实测最大应力为跨中截面的顶板应力 13.94MPa。主要监控结果如图 7-11、图 7-12 所示。

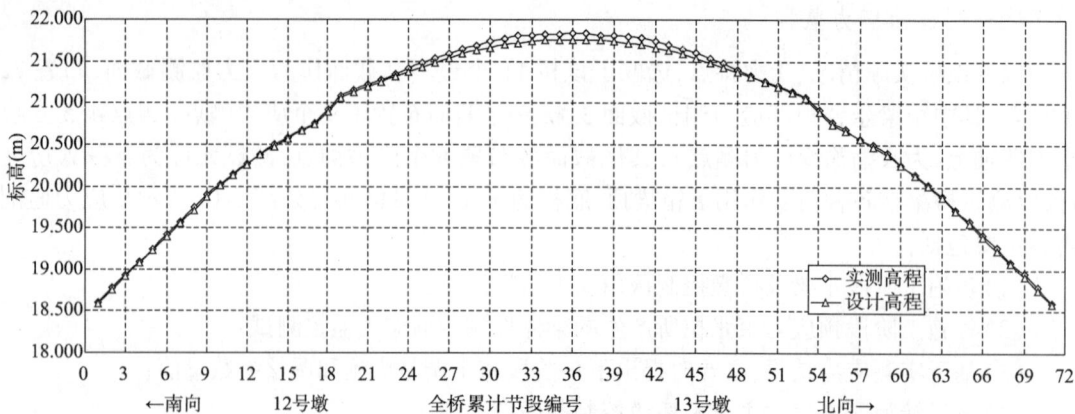

图 7-11　全桥各截面实测标高与设计标高的关系曲线

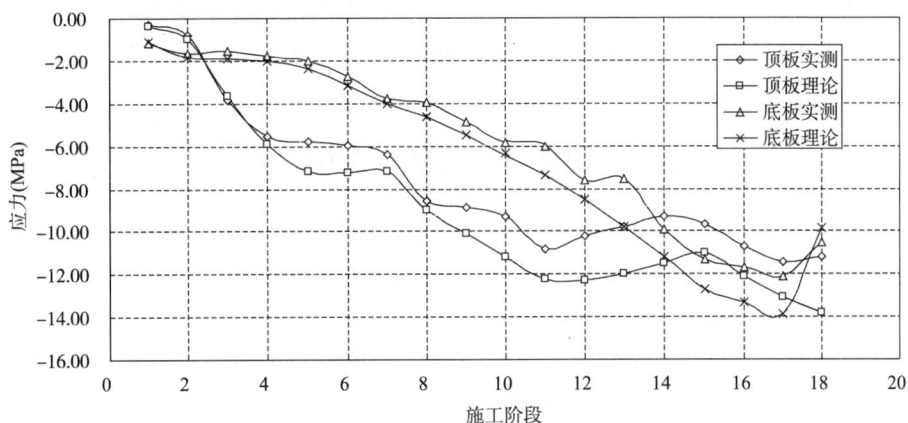

图 7-12　各施工阶段 3 号截面应力实测值与理论值对比曲线

第三节　桥梁结构变位的中长期监测

一、结构变位中长期监测概述

在桥梁结构的使用过程中，由于受地质情况、地下水位变化、混凝土收缩、徐变、温度变化、桥梁周边施工、使用荷载增大等内外在因素的影响，桥梁结构的基础会产生沉降或变位，内力（应力）也会随之发生变化，影响结构的使用性能或承载能力。对于静定结构，这些变化往往引起桥面线形不顺畅，影响行车的舒适性；对于超静定结构，这些变化不仅会引起桥面线形不顺畅，而且会导致桥梁结构实际受力状况改变。基础沉降或水平变位对桥梁结构的影响是长期的、严重的，有时甚至会危及桥梁结构的安全使用，因此必须通过相应的监测方法、监测手段，掌握上述因素的变化规律、发展趋势，把握其对桥梁结构受力状态、使用性能的影响程度。桥梁结构变位的中长期监测对于确保桥梁运营安全、延长桥梁使用寿命、解决极端条件下桥梁安全使用具有重要的作用，能够及早地发现桥梁病害、内力状态的不利改变、实时掌握桥梁运营状况、及时采取进一步对策，防止环境影响或结构病害演化成为重大桥梁事故，是保障中小跨径桥梁安全运营的重要手段之一。

根据内外部因素影响时间的长短，监测期限从数月至数年不等，因此称为中长期监测。就监测内容而言，基础沉降、桥梁变位的监测是最常用的，有时也会结合桥梁受力特点、病害特征进行支座相对变形或关键部位裂缝开展情况的监测；就监测手段而言，基础沉降、桥梁变位常常采用测量学方法进行变位监测，利用全站仪、精密水准仪、测距仪、全球定位系统（GPS）等测量仪器设备，在独立坐标系中，测量桥梁变位控制点的坐标，而支座相对变形或裂缝开展情况可采用专用位移计进行监测；就应用阶段而言，变位监测工作可以在施工阶段开展，也可以在运营过程中布设。如果基础沉降、水平变位超过一定限值或发展变化速度较快时，就应通过对各次测量所得出的桥梁变位控制点坐标比较，分析判断桥梁结构长期变位的发展趋势；通过结构计算分析，得出由长期变位所产生的结构内力、内力（应力）增量，必要时根据桥梁结构的结构形式、受力特点等，采取诸如仿真分析、静载试验、动载试验、应力（内力）监测等进一步的试验检测手段，综合结构受力特点、设计内力、结构配筋等结构基本情况，全面把握评估沉降或变位对结构受力性能、使用性能的影响，提出相应的处理措施或建议。

在进行基础沉降和桥梁变位的中长期监测时,除遵循测量学变形观测的基本原则之外,还应根据监测目的及结构特点,在控制基准网与桥梁变形控制点布设、监测期限与监测安排、监测期限与量测制度等方面做出针对性计划。

二、控制基准网与桥梁变形控制点布设

控制基准网应由 4~6 个以上的基准点组成,以构成若干个大地三角形。基准点应布置在桥梁以外的适当范围内,并与桥梁变形控制点具有良好的通视条件。在整个监测过程中,应定期对基准网进行检查,确保各基准点固定不变。

桥梁变形控制点的设置应根据桥梁结构的实际情况和观测目的来确定。变形控制点可以是相对标高观测点,可以是平面相对位置观测点,也可以是二者的结合,视桥梁结构具体情况和观测目的而定。一般来说,变形控制点应设在桥梁墩台基础等部位,或设置在桥跨跨中、$L/4$、$3L/4$ 等变形较大的部位;对于斜拉桥、悬索桥,应在索塔身、塔顶设置变形观测点;对于拱桥,应在拱肋(拱圈)的 $L/4$、$L/2$、$3L/4$ 等变形控制点设置观测点。此外,为保证观测精度,尚应设置一些校核测点。变形测点应固定在易于保存的部位,必要时还要采取一些保护措施,以确保其在整个观测过程中相对于桥梁稳定不变。

三、监测期限与监测安排

桥梁基础沉降和变位中长期监测的时间长度、观测时间间隔、观测安排等方面应根据所监测对象的特点及外部条件来确定。一般来说,监测由地质情况、地下水位变化、混凝土收缩徐变、温度变化等因素引起的桥梁变位时,监测的时间长度应在 1 年以上,以便能够较为准确地分析各影响因素的影响程度,排除一些次要因素。同时,只有确认由上述因素引起的变位已经基本稳定时,监测工作方可终止。监测由桥梁周边施工、使用荷载增大等因素引起的桥梁变位时,监测的时间长度可根据具体情况来确定。对于一些病危桥梁的中长期监测,监测的时间长度宜适当延长。至于监测时间间隔、监测安排,应根据桥梁结构的实际情况、外部条件等方面来统筹考虑,一般地,由变化时限长的影响因素如年温差所引起的变位监测宜安排得稀疏一些,监测时间间隔宜长一些;而那些变化时限较短的影响因素所引起的变位监测宜安排得密集一些,监测时间间隔宜短一些;当沉降变形接近设定的限值时或沉降变形急剧发展时,应缩短监测时间间隔、加密监测频率,必要时采取不间断的监测。

四、监 测 限 值

监测限值的确定是桥梁基础沉降和水平变位中长期监测工作的关键之一,是关系到变位监测安排、结构性能评价的核心指标。一般来说,监测限值的确定可以采取基于规范规程的方法和基于结构仿真分析结果的方法。

对于中小跨径简支梁,由于属静定结构,墩台变位会导致桥梁使用性能的劣化,但不会产生附加内力,相关规范规程如《建筑与桥梁结构监测技术规范》(GB 50982—2014)、《公路桥涵养护规范》(JTG 5120—2021)、《城市桥梁养护技术规范》(CJJ 99—2017)等给出了墩柱沉降、倾斜的变形限值,即桩顶横向变位限值为 10mm、相邻桥墩不均匀沉降差的限值为 5mm,因不均匀沉降引起的桥面纵坡变化不得大于 0.2%,因此,监测限值的确定可直接引用上述规范规程给出的限值。

对于连续梁桥、拱桥等超静定结构,墩台变位不仅导致桥梁使用性能的劣化,而且会产生较大的附加内力,影响桥梁的受力状态与安全性能。因此,监测限值的确定应根据结构内力仿真分析结果、结合相关规范规程来综合确定,即先计算出结构正常使用所能够允许的最大附加内力,然后由此附加内力求出结构所允许的最大变位,并综合考虑测量精度、温度变化的影响,提出监测限值。

五、量 测 制 度

(1)在整个监测过程中,所采用的仪器设备均应定时进行检查校验。

(2)在整个监测过程中,每次监测均采用相同监测线路,采用同一仪器设备,测量人员应固定不变。

(3)对于监测期限在1年以上的情况,量测时间安排应涵盖季节温湿变化、水文变化的各种极端情况。

(4)对于监测期限在2年以上的情况,每年相同季度、月份的监测条件应基本相同,以便监测结果的比较分析。

(5)每次测量应在夜间进行,以消除大气折射、温度的影响。

(6)在整个监测过程中,如通过前一阶段的监测,发现监测桥梁的变位有突然变化的态势时,应加密测量次数、增加测点布置。

六、监测实例简介

某三跨桁架拱桥拓宽时,在旧桥两侧各修建了一幅新桥,新桥选用了与旧桥相同的跨径布置,结构形式为预应力混凝土连续梁。由于新桥的钻孔灌注桩基础距旧桥基础最小距离为2.0m,而旧桥为扩大基础,埋深较浅,新桥基础施工可能会对旧桥基础产生不利影响。同时,受现有交通状况及施工场地的制约,在新桥施工全过程中,旧桥不仅要有条件地继续通行车辆,还堆放了大量的施工机械和施工材料。为确保旧桥的安全、完善和检验旧桥运营荷载限制办法,在新桥施工期间对旧桥进行了中长期变位监测,共进行了29期平面变位测量、78期沉降测量工作,监测工作持续进行了15个月。

变形监测基准网设置在旧桥的四周,8个变形测点设置在旧桥的桥墩、桥台上,如图7-13所示,为了提高监测精度,基准点与变形测点之间的距离均在100m以内,所有平面基准点均采用带有强制归心装置的混凝土监测墩,所有变形测点均安置强制归心装置,并采用铜质标心。在监测实施时,按照二等变形测量要求,标高基准网布设成闭合水准路线,水平变位测量采用电子全站仪进行监测,确保每期监测的各项技术指标均符合规范要求。此外,为了检核基准网的稳定性,在监测过程中,对基准网进行了6次监测,确保基准网稳定不变。

考虑到施工荷载对旧桥各变形监测点影响较大,监测时根据旧桥内力分析计算结果,得出了两墩台之间不均匀沉降、水平变位差值的允许限值分别为4.0mm和9.0mm。监测结果表明:在新桥施工期间,旧桥未发现异常情况,各变形监测点的累积最大沉降、最大水平位移量分别为4.1mm、12.2mm,两墩台之间的累积最大不均匀沉降量为1.7mm,两墩台之间的累积最大水平位移差值为4.3mm,不足允许限值的一半,新桥施工对旧桥影响程度不大,旧桥结构是安全可靠的。

a)监测桥梁立面布置

b)沉降测点与高程控制网

c)水平变位测点与平面控制网

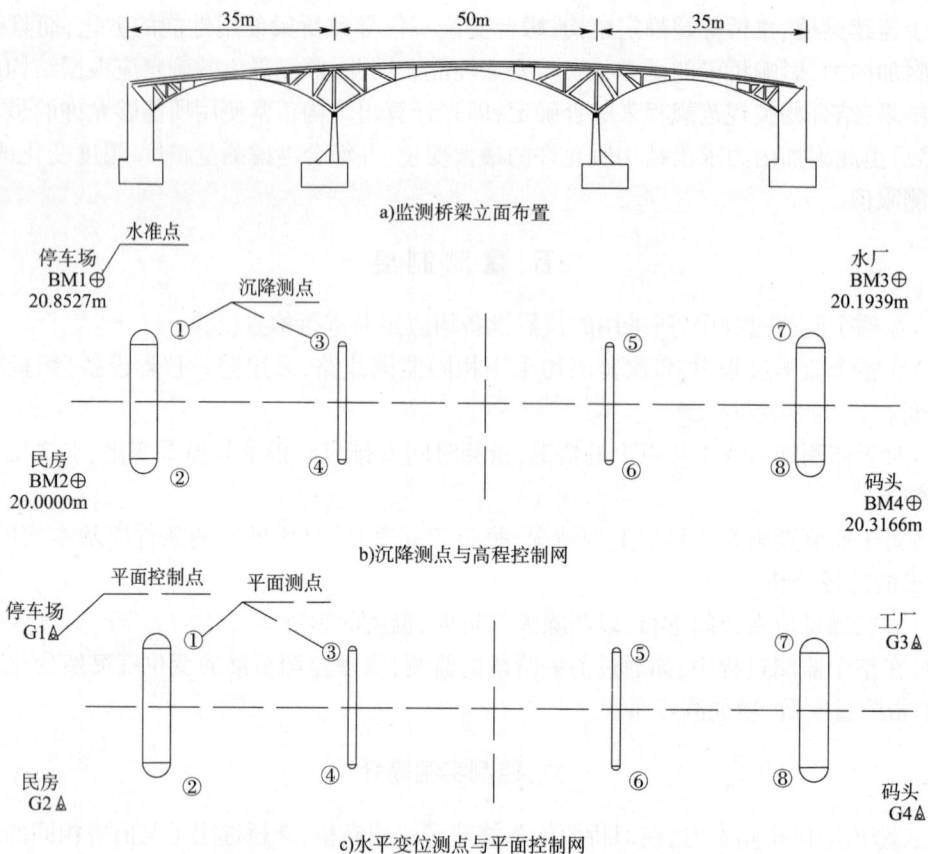

图 7-13　某桥长期监测基准网及变形控制点的布置

第四节　桥梁健康监测诊断技术简介

一、结构健康监测诊断技术的发展

自 20 世纪 50 年代以来,人们就意识到大型复杂结构安全监测的重要性,早期的监测主要针对大跨径桥梁结构的长期变形、基础沉降等几何形态因素,涉及的内容比较单一,应用对象主要是大跨径桥梁及大跨空间结构,从而掌握使用环境、地质情况、使用条件、预应力损失等内外在因素对大型复杂桥梁长期性能的影响规律。进入 20 世纪 80 年代,随着自动化技术、通信技术的发展,桥梁变位监测逐步发展为健康状况监测与诊断系统。所谓健康监测诊断系统,就是通过大量传感元件实时采集结构应力、变形、振动、环境、使用荷载等方面的数据,进而评价结构实际状态、评估结构的健康状况。结构健康监测评估是近 30 年发展起来的新兴方法,涉及多学科的交叉及融合,随着电子信息技术的发展,结构健康监测评估在理论上、应用上均取得了长足的进步,已用于国内外上千座(栋)大跨径桥梁和高层高耸结构。在我国,结构健康监测技术的应用相对较晚,但近年来发展迅速,已在上百座大型复杂桥梁上设计安装了自动化程度不同、性能各异的桥梁健康监测系统,在数十栋高层或大跨空间结构也安装了各具特色的结构健康监测系统。

一般地,桥梁健康监测诊断系统,是指利用一些设置在桥梁关键部位的传感器、测试元件、测试仪器,实时在线地量测桥梁结构在运营过程中的各种反应,并将这些数据传输给中心控制系统,按照事先确定的评价方法与反应阈值,实时地评价诊断桥梁结构的健康状况,必要时提出相应的处理措施,并在极端情况下(如台风、地震)给出警示信号或处置对策如关闭交通。桥梁健康监测诊断系统通常由传感器采集、数据传输、数据分析挖掘、结构健康状况评价与预警四大功能模块构成,必要时接入人工巡检管理系统,将桥梁日常检查结果与健康监测结果融为一体,其主要功能模块如图7-14所示。桥梁健康监测诊断系统是传统长期监测技术的发展和延伸,它的特点表现在:监测内容比较全面,测试、诊断、评估、预警实现了自动化,能够实时发现桥梁病害或结构状态的不利改变,并采取预防性处理措施。

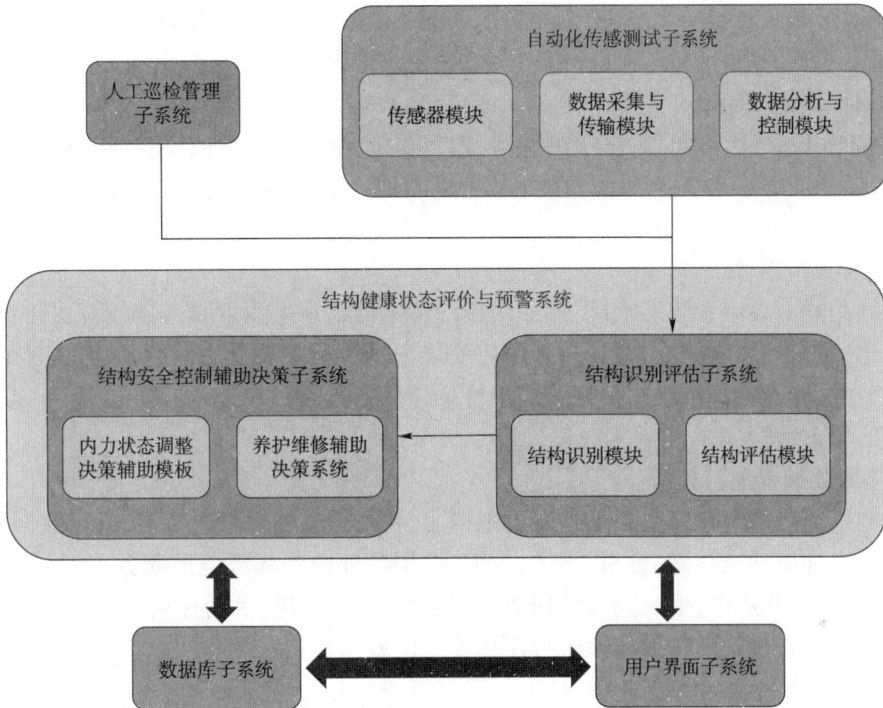

图7-14　桥梁健康状况监测系统的总体框架

　　桥梁健康监测与诊断技术对于确保桥梁运营安全、解决极端条件下桥梁安全使用具有重要价值,能够较早地发现桥梁内力状态的不利改变,以便及时采取预防性维养及状态调整,降低桥梁的维修费用,防止在极端气象条件下(如地震、台风、船舶撞击)出现次生灾害,并避免桥梁大修时关闭交通所引起的重大损失。但也无须否认,桥梁健康监测评估正处在发展阶段,尚存在一些局限或不足:一是仅针对正常使用阶段,无法回答结构承载能力是否能够满足要求,也难以反映构件或结构一些局部损伤的影响;二是监测系统受制于一些传感器使用寿命的制约,难以持续采集结构从建造到运营全过程的结构响应;三是健康监测系统比较复杂昂贵,技术也不够成熟,目前仅应用于大跨径桥梁或高层高耸结构,尚难以推广应用于量大面广的常规桥梁结构。从工程应用角度来看,桥梁健康监测技术的发展方向是增强监测系统的针对性与实用性,加强健康监测与定期检测、日常巡检的融合,综合统筹监测系统的可靠性、前瞻性与经济性。

二、桥梁健康监测系统的基本功能

　　根据《公路桥梁结构监测技术规范》(JT/T 1037—2022),桥梁健康监测诊断系统需要监测的物理量包括环境荷载、运营荷载、桥梁特征和桥梁响应四类,主要包括监测采集、数据传输存储、数据分析挖掘、结构状态评估等功能模块,具体的健康监测系统的设计应按照因地因时制宜的原则,根据桥梁在路网中的重要性、结构特点、运营风险、系统建设费用等因素进行扩充或简化。一般地,桥梁结构健康监测系统的基本功能如下:

(1)荷载源实时在线监控

监控内容包括风荷载、地震、温度和交通荷载等,所使用的传感元件大致有:①风速仪,记录风向、风速,进而通过数据处理系统得出桥址处的风功率谱等统计规律;②温度湿度计,记录温度、湿度、温度差时程历史,进而分析温湿度对结构响应的影响;③车辆荷载称重系统或摄像机,记录交通荷载源时程变化、车流变化情况和交通事故,通过数据处理系统分析后可得车辆荷载谱、超限车辆的统计特征等;④强震记录仪,记录地震动输入。

(2)几何变位监测

采用 GPS、位移计、倾角仪、电子测距器、数字相机、全站仪等测试仪器,监测桥梁各部位的几何变位,如索塔的水平变位和倾斜度、主缆和加劲梁的线形变化、支座和伸缩缝的相对位移等。

(3)结构反应监测

包括结构静力反应和动态响应,如采用压磁传感器记录主缆索股、斜拉索、系杆、吊杆的张力历史变化,以评估缆索的受力状况;采用应变仪记录桥梁主要受力构件的应力历程,以评估构件的疲劳性能与残余寿命;用拾振仪记录桥梁结构各部位的动态反应如加速度、振幅,分析监测结构的动力特性等。

(4)监测数据管理与分析

桥梁健康监测系统在采集到上述海量数据后,要根据具体桥梁的特点,进行数据的分析处理,实时地、合理地分类存储、更新、筛选、压缩、挖掘各种内外部环境监测数据、结构静动力监测数据、荷载源监测数据、事故灾害处理数据等,以便由表及里、去伪存真、去粗存精,为数据远程传输、动态显示查询、结构损伤诊断与评估等工作服务。

(5)结构损伤诊断与评估

根据大量的、全面的监测数据结果,结合人工巡查所得出的局部损伤、破损检测结果,利用结构损伤诊断分析方法,按照事先确定的评价方法与反应阈值,实时评估结构的损伤程度、性质,进而判断桥梁可能存在的质量隐患、发展态势及其对结构安全运营造成的潜在威胁,预测结构的结构状态的改变、损伤程度或安全程度,必要时根据反应阈值发出预警,为桥梁评估、管理、养护以及维修加固提供科学依据。另一方面,在诸如地震、强台风、船舶撞击、超重交通荷载等突发性极端事件发生后,能够全面、快速地诊断出结构损伤损坏程度,进行结构性能的全面评估,必要时提出相应的处理措施,以便采取交通管制措施或确定维修加固对策。

(6)用户界面

在对健康监测系统所监测获得的各类数据进行由表及里、去伪存真的处理分析评估的基础上,将浩瀚繁复的数据以比较直观形象的方式呈现给不同阶层用户,并采用与时俱进的推送方式,便于用户及时了解桥梁整体状况,使之能够全面的、一目了然地掌握桥梁状态变化及其发展变化态势。

三、桥梁结构健康监测系统实例简介

某跨径为 140m + 400m + 140m 的钢箱梁斜拉桥属某高速公路的控制工程,该高速公路交

通量较大、重载货车占比较高,桥址处地震设防烈度为Ⅷ,靠近河流入海口,每年有 4~9 个台风登陆,航道为Ⅱ级,航运比较繁忙,船舶撞击风险较大。为确保该桥安全正常运营,根据实际需要建立了桥梁健康监测系统。

健康监测系统由前端监测采集、数据传输、监测数据分析及用户终端四部分构成。其中,前端监测采集模块的采集内容及相应的设备元件见表 7-6,按照"必须、够用、可靠"的原则,共布设各类采集设备元件 166 个。

某大桥健康监测系统的监测采集内容及相应设备元件简表   表 7-6

采 集 类 别	采 集 内 容	采 集 方 法 及 设 备 元 件
荷载源	车辆荷载特性	视频监测 + 动态称重系统
	风荷载	风速仪
	地震动输入	强震记录仪
结构变位	主梁挠度	液位连通管
	索塔水平变位	GPS
	支座相对位移	位移传感器
结构响应	斜拉索索力	磁通量传感器
	控制截面应力	应变计
	桥面振动响应	加速度传感器
其他	箱梁内温湿度	温度传感器、湿度传感器
	船舶航行轨迹记录	视频监测

监测系统采用基于 4G 无线网络进行数据传输,将数据统一传输至该高速公路的监测中心进行存储,然后根据分层分类的原则,进行监测数据的分析、挖掘与整理,在可视化加工的基础上,根据不同层级用户的需求,形成周报、月报、年报等监测报告,采用计算机浏览器、手机浏览器、微信小程序等各种方式呈现或推送,供用户调阅查询。监测结果表明:该桥各项监测指标均在正常范围内变化,使用性能正常,运营性能稳定。

思考题

1. 桥梁施工控制最主要的指标有哪些?
2. 在施工控制过程中,如何消除不确定性因素的影响?
3. 在施工控制过程中,哪些参量可以视为控制向量?
4. 为什么中长期监测主要进行变位监测,而不进行应力监测?
5. 桥梁健康监测的优势体现在哪里?如何弥补局限?

第八章 桥梁日常养护维修

第一节　桥梁常见病害及其成因

在桥梁使用过程中,由于交通量的增长、运营荷载的增大,以及服役年限的增长,外界环境对桥梁的侵蚀影响逐步增大,既有桥梁各种病害也会逐渐发展,对桥梁安全运营与正常使用构成严重威胁。据不完全统计,至2020年,我国有公路桥梁91万多座,平均桥龄约为25年,其中,存在各种病害缺陷、承载能力不适应运营荷载要求的桥梁比例高达15%左右,数量十分巨大。本着可持续发展与节约社会资源,采取各种政策、制度和技术手段,通过加强日常维修养护、承载能力评估、适用性评价、加固改造等方法手段,来千方百计地延长既有桥梁的使用寿命就显得十分重要。

桥梁维修加固的一般原则是"预防为主,防治结合",使桥梁经常处于完好的技术状态,达到安全、耐久的目的。桥梁的病害大致可分为承载能力不足、使用性能较差、耐久性能不足。以上三种病害的发生、发展直接影响到桥梁结构的承载能力、使用性能及耐久性能,严重时会危及桥梁运营安全,造成重大安全事故。

一、影响承载能力的病害

1. 桥梁结构存在倒塌、成为机构的隐患

桥梁结构的一些体系因赘余度少、构造不当或养护不到位,在使用过程中,病害产生后逐步发展演化,如未能得到及时的处治,病害会逐步演变为严重的隐患,一旦外界因素、使用条件发生变化或使用不当时,就可能丧失整体性,桥梁结构整体倒塌或成为机构,造成重大安全事故。例如,砌体桥台在土压力、水压力及车辆荷载作用下丧失整体性,发生桥台倒塌、梁体坠落的事故;悬臂梁或T构牛腿因剪切裂缝不断扩展,导致牛腿破坏、挂梁坠落的事故;上部结构梁体因支承方式不当、赘余度不足而在偏心荷载作用下侧倾倒塌(图8-1)等。桥梁结构存在倒塌、成为机构的隐患桥梁最为严重的病害,往往会演变为重大桥梁安全事故。

2. 预制装配式桥梁结构受力的整体性、协同性丧失

预制装配式结构在中小跨径梁桥比较常用,如预制装配式空心板、预制装配式T梁、双曲拱桥等,装配式结构具有施工快捷、量大面广的特点。借助于各种各样的横向连接构造,装配式桥梁结构具有一定的整体受力性能,但由于施工质量不佳、构造方式不当、使用荷载过大等种种原因,在其使用过程中,装配式结构的横向联系逐步削弱如铰接板梁桥在铰缝处开裂,导

致装配式桥梁受力的整体协同性逐步丧失,传力途径或传力机理发生变化,承载能力严重下降,病害特征急剧发展。预制装配式桥梁结构受力的整体协同性丧失是一种比较常见的、危害较大的桥梁病害,普遍存在于预制装配式空心板、预制装配式 T 梁、双曲拱桥、刚架拱桥等结构中,一般可以通过增大截面、加厚桥面铺装层、加强横向联系等措施予以加固改造。

图 8-1　上部结构侧倾倒塌

3.混凝土结构受力裂缝宽度过大

结构应力超限、受力裂缝宽度过大是混凝土桥梁比较常见的一种病害,受力裂缝出现的原因是混凝土拉应力超过了其抗拉强度,裂缝主要表现为弯曲受力裂缝、弯剪受力裂缝、扭转裂缝、锚下劈裂裂缝等形态,如钢筋混凝土 T 梁常常因抗弯承重能力不足、正应力超限而产生弯曲受力裂缝(图 8-2),又如混凝土箱梁顶板因桥面板弯曲应力过大而产生的顺桥向裂缝,腹板因主拉应力超限而产生的剪切斜裂缝,底板应整体弯曲应力而产生的横桥向裂缝。一般来说,结构应力超限、受力裂缝宽度过大主要与设计安全储备不足、构造配筋不当、使用荷载过大、基础不均匀沉降变位等因素有关,普通钢筋混凝土简支梁(板)桥常见受力裂缝见表8-1,预应力混凝土连续(箱)梁桥的常见受力裂缝见表8-2,拱式桥梁的常见受力裂缝见表8-3。一般来说,这些裂缝在使用荷载反复作用下会逐步扩展甚至超过规范限值,不仅导致桥梁承载能力、整体刚度的严重削弱,而且影响到桥梁结构的耐久性能。混凝土结构受力裂缝宽度过大的病害,可采取增大构件截面、施加预应力、粘贴钢板等结构加固补强措施予以消除或控制。

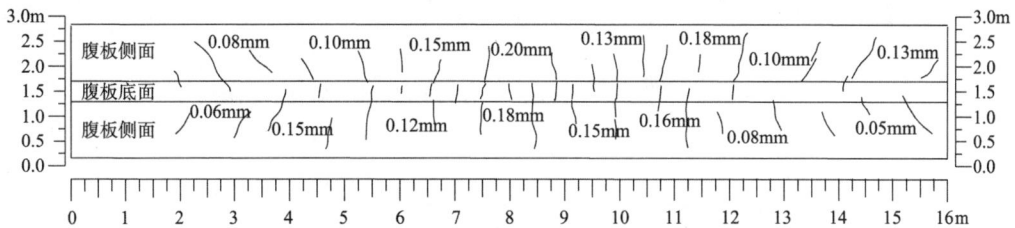

图 8-2　某跨径 16m 的钢筋混凝土简支 T 梁裂缝展开图

普通钢筋混凝土简支梁(板)桥常见裂缝　　　　　　　　　　表 8-1

裂缝种类与 发生部位	图　示	主要特征与发生原因
下缘受拉区的 竖向裂缝	 裂缝	(1)裂缝在跨中分布较密(间距 0.1 ~ 0.2m),两端逐渐减少; (2)裂缝大致与主筋垂直,由下翼缘向上发展; (3)宽度较细,一般在 0.05 ~ 0.15mm 之间; (4)在试验荷载作用下变化不大,经过较长时间运营已趋稳定; (5)由梁弯曲应力过大引起

裂缝种类与发生部位	图　示	主要特征与发生原因
腹板斜裂缝		(1)裂缝间距为 0.3～0.5mm，裂缝由几条至几十条不等，分布在支点至 L/4 的范围，与剪力分布直接相关； (2)变截面梁斜裂缝在梁中性轴附近宽度最大，向两端发展形成枣核状；等截面梁斜裂缝在主筋附近宽度最大； (3)由剪切、弯曲、扭转作用产生的主拉应力超限引起
顺主筋方向的纵向裂缝		(1)裂缝顺主筋方向延伸，长度可能较长； (2)对结构有很大的危害，破坏钢筋和混凝土的共同作用条件，使钢筋应力骤增； (3)水分渗入混凝土发生电化学锈蚀作用，钢筋锈蚀膨胀将混凝土胀裂； (4)保护层过薄或存在蜂窝等质量不良现象
梁端上部裂缝		(1)由于墩台产生不均匀沉降，使梁端部局部支承压力增大，局部应力过大所致； (2)裂缝由下往上开裂，严重者宽度可达 0.3mm 以上； (3)部分裂缝呈劈裂状
运梁不当引起的梁体裂缝		运送梁时支撑点没有放在梁的两端吊点上，而是偏向跨中，导致临时支承点处产生过大负弯矩而引起开裂
梁侧水平裂缝		(1)近似水平方向的分层裂缝； (2)由施工不当引起，分层灌注，间隔时间过长所致
腹板上不规则竖向裂缝		(1)裂缝宽度一般 0.2mm 左右，间距无一定规律； (2)使用荷载作用下裂缝继续发展，数量增多，随使用时间增长而逐渐停止发展； (3)构造因素、混凝土收缩和外力作用的综合产物
横隔开裂		(1)横隔梁湿接缝开裂由于施工质量不佳、构造不当、荷载过大等因素而引起； (2)横隔板底部竖向裂缝由于横向联系较差，导致部分梁体单独受力，以及刚度不足等因素所致，裂缝宽度一般在 0.05～0.25mm 之间

裂缝种类与发生部位	图 示	主要特征与发生原因
连续梁跨中底部和支点顶部竖向裂缝	裂缝 裂缝 裂缝	(1)一般出现在跨中、支点区域,原因在于有效预应力不足、正应力过大、混凝土抗拉能力不足,裂缝宽度一般在 0.1~0.2mm 之间; (2)在外荷载反复作用下(汽车动荷载及温度),裂缝可能会扩展
箱梁弯曲裂缝和锚固齿板后横向裂缝	预应力束 受弯裂缝 锚固齿板 裂缝	(1)箱梁弯曲裂缝分布于跨中附近,裂缝数量较多但较细(0.05~0.25 mm),为抗弯刚度不足或混凝土的强度较低所致; (2)箱梁锚固齿板后横向裂缝一般 1~3 条,裂缝较宽(≥0.25mm),为构造缺陷引起的局部拉应力过大所致
牛腿及挂梁局部裂缝	悬臂梁 挂梁 裂缝	(1)原因主要是配筋不足,高度偏小,挂梁与牛腿连接不顺形成跳车,在剪力、冲切作用下导致局部主拉应力过大等; (2)裂缝均呈 45°斜向角度
预应力 T 梁下翼缘的纵向裂缝	横隔板 裂缝 预应力T梁	(1)为预应力 T 梁中较严重的一种裂缝,裂缝一般出现在最外的一排预应力钢束附近,或腹板与下缘交界处,宽度一般为 0.05~0.1mm; (2)成因主要为局部预压应力过大,保护层太薄,或施工工艺不当
先张法梁端锚固处的裂缝	空心板	(1)裂缝均起始于张拉端面,宽度约为 0.1mm,长度一般有一定的延伸; (2)由于在两组张拉钢筋之间梁端混凝土处于受力区使梁端易发生水平裂缝; (3)因锚头处应力集中和锚头产生的楔形作用而使锚头附近产生细小水平裂缝
箱梁腹板斜向、水平向裂缝及顶、底板纵向裂缝	斜裂缝 斜裂缝 水平裂缝 水平裂缝 纵向裂缝 纵向裂缝	(1)箱梁腹板斜裂缝一般发生在支点至反弯点间的梁段上,属剪切裂缝,产生原因主要是纵向或竖向预应力不足、腹板厚度偏小,设计、施工方案不当等因素; (2)箱梁腹板水平向裂缝,主要由箱梁横向弯曲空间效应与内外温差应力使腹板内侧或外侧产生较大的竖向应力、箱梁横向刚度不足、畸变应力影响、竖向预应力不足等原因引起; (3)箱梁顶、底板梗腋处的纵向裂缝主要为预应力局部应力过大、箱梁的正剪力滞效应考虑不足、偏心荷载下箱梁畸变扭转引起腹板上下端局部应力过大等所致

裂缝种类与发生部位	图 示	主要特征与发生原因
箱梁横隔板裂缝		(1)发生于箱梁横隔的上下部,裂缝宽度不大,一般小于0.2mm; (2)产生原因包括箱梁较宽,或横隔板中施加的横向预应力不足或损失过大,或箱梁抗扭能力差等
T梁横隔板裂缝		(1)在梁端及腹板变断面的梁上均有发生,由棱角边缘向上延伸,焊缝开裂; (2)裂缝宽度一般在0.2~0.3mm之间; (3)由于偏载、扭转、施工质量等因素引起
后张法梁端或锚固部位的裂缝		(1)通常发生在梁端或预应力筋的锚固部位,裂缝宽度比较短小,发生在梁端时多与主筋方向一致,在锚固部位时与梁纵轴线方向呈30°~45°; (2)运营初期发展,但不严重,以后会趋于稳定; (3)主要为端部或锚固部位应力集中、或混凝土浇筑质量较差所致

拱式桥梁的常见裂缝 表8-3

裂缝种类与发生部位	图 示	主要特征与发生原因
刚架拱裂缝		(1)刚架拱在跨中实腹断下缘,大、小节点及次拱腿中部反弯区可能会出现裂缝,裂缝宽度一般在0.05~0.25mm之间; (2)主要是受力裂缝,也与构造不当有关,在外荷载反复作用下,裂缝可能会发生较大的扩展; (3)裂缝成因包括拱肋截面偏小、构造缺陷、施工质量差及实际荷载大等因素
桁架拱裂缝		(1)桁架拱在上弦杆及实腹段跨中附近底面及侧面横向开裂,或下挠过大,表明杆件的有效预加应力不足,或截面高度偏小,普通钢筋配置不足; (2)斜杆开裂,说明拉应力过大,预加应力不足或截面尺寸(配筋)不足; (3)各杆件节点附近开裂,由于各杆件轴线一般不会相交于一点,且受其他附加应力影响使节点局部应力过大引起开裂

裂缝种类与 发生部位	图　　示	主要特征与发生原因
空腹式箱(肋) 拱顶及拱脚 裂缝		(1)在主拱圈的拱顶下缘及侧面横向裂缝及拱脚上缘及侧面的横向裂缝,裂缝宽度一般在0.05~0.2mm之间; (2)主要为截面的抗弯强度不足、配筋偏少、拱轴线不合理、墩台不均匀沉降或向路堤方向滑动或转动、超重车影响、整体性差、施工质量差等引起
主拱圈或 腹拱圈出现 纵向裂缝		(1)在主拱圈或腹拱圈出现纵向裂缝,裂缝宽度一般较小; (2)可能是墩、台基础的上、下游不均匀沉降引起,如果只是边拱箱接缝处开裂,一般是接缝的连接不好,整体性差,偏载作用下边拱箱受力变形较大引起
拱肋与系杆 相接部位裂缝		(1)在系杆拱桥的拱肋与水平系杆(桥面板)相接部位容易出现斜向裂缝; (2)裂缝出现的主要原因是构造不当、局部应力过大或混凝土浇筑质量较差所致; (3)运营初期发展,但不严重,以后会趋于稳定
吊杆横梁裂缝		(1)在吊杆横梁的中部下缘、吊点区域出现竖向弯曲裂缝和剪切斜向裂缝; (2)原因在于有效预应力不足、正应力过大、混凝土抗拉能力不足; (3)裂缝宽度一般在0.05~0.15mm之间; (4)在外荷载反复作用下,裂缝可能会有所变化,但不会很严重
空腹式拱桥 裂缝		(1)空腹式钢筋混凝土拱在拱脚、立柱、立柱与拱圈相接的部位可能会出现开裂; (2)原因在于桥面板在立柱与腹孔位置未设铰或变形缝,不能适应环境温度变化; (3)在裂缝宽度一般不会很大,在外荷载及温度作用下,裂缝可能会有所发展

裂缝种类与 发生部位	图　　示	主要特征与发生原因
钢筋混凝土 双曲拱桥裂缝	 腹拱顶横向裂缝 主拱肋及 拱波裂缝 拱波顶部纵向裂缝	（1）双曲拱桥的拱波顶出现纵向裂缝、拱波沿桥纵向裂缝、拱肋与拱波连接处环向开裂等裂缝； （2）裂缝成因多为各拱波之间横向联系弱，整体性差，横截面的组合不合理，墩台横向不均匀沉降等

4.结构或构件的损伤疲劳程度严重

钢结构、钢-混凝土组合结构在使用荷载反复作用及外界环境影响下，一些构件如钢箱梁的正交异性(顶)板等可能会因结构活载应力幅度过大、疲劳损伤程度比较突出，甚至出现焊缝裂纹等病害，对钢结构的使用寿命、耐久性与承载能力构成严重威胁。此外，一些桥梁如斜拉桥的斜拉索，系杆拱的系杆、吊杆在使用荷载及外界环境因素的共同作用下，也容易出现系杆、短吊杆的疲劳及应力腐蚀问题，对斜拉桥、系杆拱的安全正常使用构成严重威胁，甚至酿成重大安全事故。结构或构件的损伤疲劳虽然不至于产生即时性破坏，但出现后加固改造难度很大，往往会影响桥梁结构的正常使用。

5.桥墩基础变位或不均匀沉降，下部结构开裂

墩台是桥梁的重要组成部分，关系到桥跨结构在平面和标高上的位置，并将荷载传递给地基。墩台的承载力和稳定性在很大程度上决定了桥梁的耐久性。桥梁结构在服役过程中，由于基础工程施工质量不佳等影响，会导致桥梁墩台产生不均匀沉降或水平位移。桥梁墩台、桩基础等下部结构由于水流冲刷等病害常常威胁到桥梁的安全运营。此外，墩台基础受上部结构及桥面系传递的荷载、下部地基基础不均匀沉降、温度等诸多因素的影响，出现了各种各样的影响桥梁承载能力的裂缝病害，裂缝开展宽度过大也将严重影响到桥梁的安全运营。

常见的墩台、基础的缺陷及病害主要有以下几种：

（1）浆砌片石桥台、护坡等部位，由于缺乏维护、加上水流冲刷等原因出现开裂、破损、淘空等情况。

（2）桥台由于侧墙内填土不密实，或采用含水率较大或渗水不良的土壤，造成填土不均匀沉降和排水不良而发生裂缝，常常引起侧墙与台体的分离；或由于气候条件、流水和流冰的侵蚀造成墩台表面风化剥落，发生桥台侧墙、胸墙倾斜、鼓肚、两侧锥坡和八字翼墙鼓肚、沉陷。

（3）扩大基础由于回填不当、排水不畅引起土压力和支承力的变化，导致墩台产生位移、开裂等病害。

（4）桩基础由于桩头残渣清理不净，桩头处理不好，以及桩身各种质量缺陷(如桩顶露筋、夹泥断桩、缩颈离析、桩位偏差)，造成桥梁墩台出现各种不同的缺陷和病害，具体表现方式包括下沉、开裂、倾斜、滑移等。

（5）下部结构桥墩、桥台由于受到基础不均匀沉降、局部应力集中、设计构造失误、施工质

量不佳、混凝土温度收缩、支座损坏后产生的次生内力、水压力及冲刷淘空等出现了各种结构性裂缝,部分裂缝宽度开展得很宽,成为影响桥梁承载能力的安全隐患。

(6)沉井基础常因开挖方法、地下水处理、减少摩阻方法不好及刃脚部位的封底不严密,造成墩台的缺陷和病害。

(7)其他病害,如混凝土剥离、露筋、桥面漏水、混凝土空洞、蜂窝麻面,以及天然地基上的浅基础被冲刷悬空;灌注和打桩基础受水冲刷、侵蚀等。

下部结构墩台常见裂缝病害汇总见表8-4。

下部结构墩台常见裂缝病害汇总表　　　　　　　　　表8-4

裂缝种类与发生部位	图　　示	主要特征与发生原因
局部应力引起墩帽角隅开裂		(1)裂缝多位于墩帽角隅部位及中线附近; (2)严重时导致部分混凝土剥落露筋; (3)主要由于局部应力过大所致; (4)裂缝形态呈30°~45°倾斜状
墩(台)帽裂缝		(1)裂缝多位于墩(台)帽两个墩柱中部下缘受拉区和墩柱顶部负弯矩受拉区; (2)由于墩(台)帽设计抗弯承载能力、结构构造配筋不足所致
桥墩水平裂缝		(1)裂缝呈水平分层状; (2)多数为施工质量不佳而造成的混凝土灌注或振捣不密实引起; (3)当结构的受力形式发生改变(如纵向约束改变)时,有可能是受到上部结构传来的水平力过大所致
T形墩帽开裂		(1)T形墩帽顶部裂缝主要由于悬臂过长,产生了拉应力; (2)倒角部位斜向裂缝主要由于局部应力集中引起; (3)其他可能的原因有施工质量较差、墩帽结构配筋不足
前墙向桥孔倾斜、两侧出现竖向裂缝		(1)为下部基础沉降所引起的附加内力所致; (2)一般呈竖向形态,裂缝宽度一般在0.2~0.5mm之间; (3)裂缝发生于桥台的截面(刚度)突变处

裂缝种类与发生部位	图　示	主要特征与发生原因
台帽下开裂		(1)主要是由于台帽在支承垫石下的钢筋配筋不足所致; (2)也有可能是受到较大的冲击力引起
台身竖向开裂		(1)形态上宽下窄,而且往往有发展趋势; (2)主要由于基础不均匀沉降、局部应力集中等原因而产生; (3)其他如大体积混凝土温度收缩、施工质量不佳等因素也可能导致此种裂缝产生
局部应力引起墩帽开裂		(1)主要是由于局部承压应力过大所致,因上部结构和活载的作用力集中地通过支座(或立柱)传至桥墩,使其周围墩顶其他部位产生拉应力; (2)也可能是由于支座支承状态不当、支座损坏而引起
基础受冲刷淘空		(1)基础下被水冲刷而淘空,严重时发生倾斜,使基础受力不均,引起基础横向或竖向开裂或局部塌陷等; (2)主要是基础埋置深度不够,或不适用采用浅基础,或人为在河中采砂石所致
墩柱倾斜		(1)墩柱倾斜产生的原因有地基不均匀沉降、滑移、桩基础未打入持力层或发生断桩、施工质量较差等; (2)加固方式可采用增设桩基、增大截面或旋喷加固地基等
基础滑动和倾斜		(1)主要是地基不稳定,摩擦力小,承载力不够,引起不均匀沉降或由于桥台前河床疏浚或台后填土水平压力过大; (2)地质情况不好时,地基容易失稳,产生塑性流动,推动台身带动基础滑动和倾斜,也可能是由于台后竖向压力过大挤压所致,导致滑动和倾斜

6.设计荷载等级偏低,结构承载能力不适应交通需求

由于受经济、技术等方面因素的制约,相当一部分既有桥梁建造时设计荷载等级偏低,存在先天不足,加上交通流量日益增大,超重车辆、超载车辆越来越多,但在使用过程中并未对运营荷载进行有效管控,导致这些桥梁的病害在使用过程中进一步恶化加剧,存在比较严重的安全隐患。例如在我国,自20世纪50年代以来,随着汽车工业、交通运输业的不断发展,公路桥梁设计荷载标准经历了从汽—10、汽—13、汽—15、汽—20、汽—超20、公路—Ⅰ级的发展历程,导致我国桥梁超负荷使用这一问题更为严重,既有桥梁"带病工作"现象普遍存在。

此外,尚有相当一部分跨河桥、跨线桥存在桥下通航或通车净空不能满足实际需求的问题,由于一些桥梁修建时的技术标准偏低,而城市发展、航运发展较快,对超限船只、超高车辆管理不到位,由此造成船舶、车辆撞击桥梁的事故时有发生,给既有桥梁的安全运营带来了潜在的安全隐患。

二、影响使用性能的病害

1.桥面不平整,线形不平顺,桥梁振动过大

在车辆轮胎的不断作用下,许多桥梁的桥面铺装层容易破损,特别是使用了数十年以上的既有桥梁,桥面铺装病害表现为坑洼不平、开裂、破损。例如,一些结构体系如T形刚构、连续梁桥在使用荷载、收缩徐变及预应力损失等综合因素的作用下,跨中桥面下挠,导致桥面线形不平顺;又如,在简支梁桥的梁端接头处和悬臂梁挂梁支点处的填缝材料,由于缺乏养护而产生脱落,且易遭受车轮的磨耗,从而出现较大沟槽、引起跳车及邻近梁段的振动、加剧构件的疲劳损伤。此外,桥面不清洁,泄水孔堵塞,下雨造成桥面积水、渗漏甚至于冻胀,车辆过桥时泥浆飞溅,不仅会影响使用功能,也会降低耐久性。这些病害如不及时进行维修养护,势必缩短桥梁的使用寿命(图8-3)。

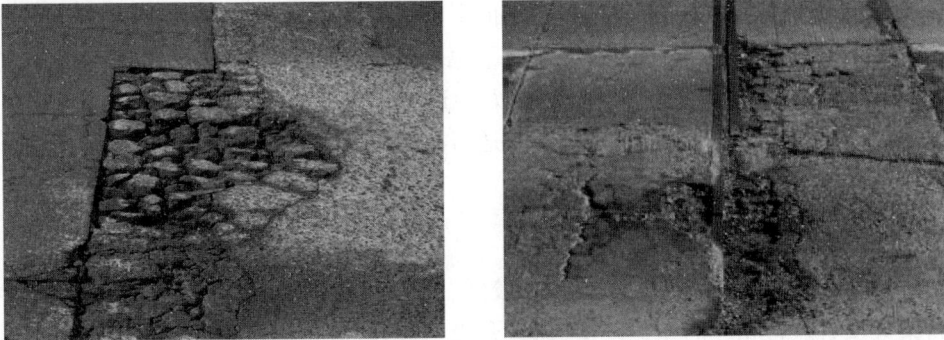

图8-3 桥面坑槽破损

2.桥头跳车

由于桥头位于刚性桥面和柔性路面的交接处,因此在车辆荷载的长期作用下易产生不均匀沉降,致使桥面与引道连接处不平整、不顺适,从而使车辆驶过桥头时产生跳车。桥头跳车不但影响车速,降低行车质量,而且影响驾乘人员的心理状态,同时跳车产生的附加冲击效应也会影响桥梁使用寿命。

3. 桥下过水不畅,桥面排水性能不良

一些桥梁由于养护不当,导致桥孔淤塞严重,可能出现桥梁被洪水冲垮等问题。另一方面,一些桥梁的排水坡度不够、桥面不清洁或泄水管堵塞,导致雨后桥面积水较多,影响车辆行人的正常通过,严重时会加大桥梁的负荷,如遇梁体上缘开裂破损,还会使桥面积水渗透到箱梁内部、导致箱梁积水严重,影响到桥梁的安全性与耐久性。

4. 伸缩缝破损、支座脱空

一些桥梁尤其是中小跨径梁桥,由于构造或维护不当,梁桥的伸缩缝容易出现破损、堵塞、顶死现象(图8-4),如未能及时处理,最终会丧失伸缩功能,导致桥梁在环境温度作用下会产生附加内力。此外,中小跨径梁桥、斜弯桥的支座常常出现的脱空、移位、拍击、剪切变形过大、活动支座失去活动能力等病害(图8-5)。伸缩缝丧失功能、支座性能不良,轻则导致结构受力行为与设计图式不符,影响桥梁的使用性能;重则使梁体产生附加内力或产生内力重分布,影响桥梁安全使用。

图8-4　伸缩缝损坏

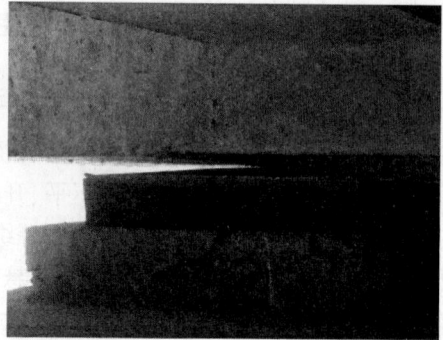

图8-5　支座移位脱空

5. 栏杆或防撞栏破损、缺失,失去防护功能

栏杆或防撞栏损坏后,如未及时修复,不但影响桥梁的美观,更重要的是使行车或行人产生不安全感,引发交通事故,在一些极端情况下也会造成重大安全事故。此外,人行道或人行搭板存在的一些隐患如搭板搭接构造不当、人行道分隔设施功能不足等也会引发安全事故。桥梁栏杆或防撞栏局部损坏多数是机动车交通事故造成的,少数是人为损坏所致,但均与养护维护不及时有关联。

6. 桥梁与道路不匹配

许多桥梁由于建成年限较长,设计标准较低。在道路路线的改扩建过程中,往往道路拓宽后,而桥梁又没有进行相应的拓宽改造、荷载升级,或与既有道路衔接不够顺畅如转弯半径过小,导致桥梁与道路等级或线形不匹配,形成瓶颈,既影响通行能力,又增加了行车的危险性,尤其是夜间行车,容易引发交通事故。

三、影响耐久性能的病害

混凝土结构的耐久性是指混凝土结构在自然环境、使用环境及材料内部因素的作用下,在设计要求的目标使用期内,不加固处理而保持其安全、使用功能和外观要求的能力。耐久性的好坏,决定着结构的使用寿命。影响混凝土结构耐久性的因素很多,可分为内部因素和外部因素两大类。

早期建设的公路桥梁混凝土强度等级普遍偏低,施工质量相对较差,以至于经过数十年的使用,混凝土腐蚀、碳化现象普遍,强度退化严重;此外,由于施工质量控制得不够严格,导致结构尺寸偏差过大、混凝土密实性较差,导致钢筋锈蚀严重,混凝土构件普遍存在蜂窝等现象。这些病害不仅严重影响着桥梁承载能力,而且对桥梁耐久性构成严重威胁。

1. 混凝土结构非受力裂缝

混凝土结构非受力裂缝是钢筋混凝土桥梁普遍存在的一种病害。非受力裂缝一般与结构构造不当、混凝土材料质量不佳、施工养护条件不当、施工工艺质量存在缺陷、环境温度变化等因素有关。一般来说,结构非受力裂缝的影响因素主要有材料因素、施工因素、环境因素三大类,简述如下:

(1)材料因素

材料质量差或养护不当会产生裂缝,当水泥质量和品质有问题时,在混凝土浇筑后会产生不规则裂缝(龟裂),如图8-6所示。此外,集料不适宜也会引起裂缝,当集料含泥量过大时,随着混凝土的结硬、收缩,出现不规则花纹状裂缝;当集料是碱集料或风化集料时,在混凝土硬化后将出现裂缝,裂缝往往以集料为中心,在集料周围出现,有时也有带圆锥形剥离的,如图8-7所示。

图8-6 混凝土质量问题引起的裂缝　　图8-7 集料问题

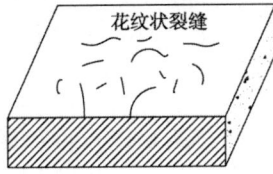

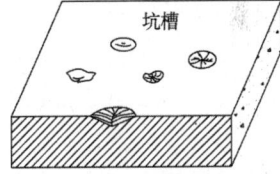

(2)施工因素

施工质量、施工工序、施工材料及模板支架不当引起的混凝土裂缝比较普遍,归纳起来,主要有以下几种。

①混凝土搅拌时间过长,运输时间过长,会使混凝土凝固速度加快,在整个结构上产生不规则的细裂缝。

②模板固定不牢固,致使混凝土在浇筑后不久产生与模板移动方向平行的裂缝,如图8-8所示。

③支架不均匀下沉、脱模过早,也会在支点或刚度变化部位等处产生裂缝,如图8-9所示。

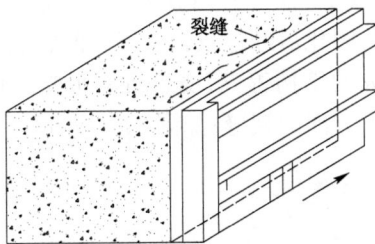

图8-8 模板问题引起的结构裂缝　　图8-9 支架下沉、脱模过早不均匀下沉引起的裂缝

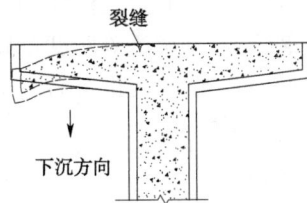

④接头或接缝部位处理得不好,造成混凝土预制构件装配时,施工接缝处现浇混凝土的新旧混凝土浇筑缝变成通缝(图8-10);或由于支座安装不当,使支点处形成斜裂缝。

⑤混凝土养护不当或失水产生收缩裂缝,这类裂缝常常出现在混凝土刚刚浇筑之后,分布

方向比较杂乱,深度较浅,约为钢筋保护层厚度,特别是在风大的天气,空气干燥时浇筑的混凝土更容易产生裂缝,如图 8-11 所示。

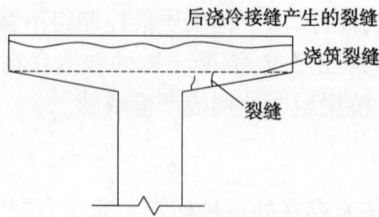

图 8-10　接头部位处理不好产生的裂缝　　图 8-11　养生缺陷产生的塑性收缩裂缝

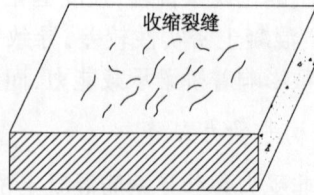

⑥当振捣不充分或析水多时,在断面高度急剧变化的部位,以及钢筋、导管等保护层小的部位,常因混凝土的沉降,导致在混凝土刚浇筑之后产生较浅的裂缝,通常裂缝沿钢筋或导管方向产生。由于钢筋沉降小,周围混凝土沉降大,所以在钢筋下面形成空隙,如图 8-12 所示。

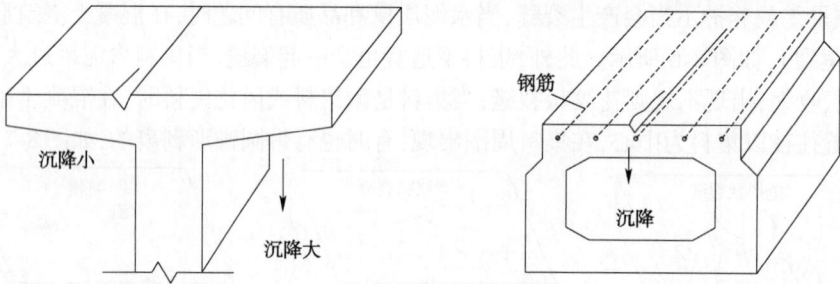

图 8-12　混凝土沉降产生的裂缝

⑦大体积混凝土或使用了早强水泥的混凝土,在冬季养生保温不够时,常因水化热作用、构件内部产生量值较大的自平衡应力,在浇筑后 2 ~ 3d 导致混凝土结构中产生裂缝,裂缝经常以直线等间距方式出现,如图的 8-13 所示。

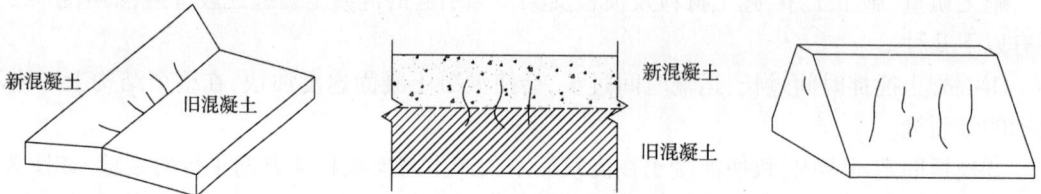

图 8-13　混凝土水化热引起的裂缝

⑧水灰比大的混凝土,由于干燥收缩,在龄期 2 ~ 3 个月内容易产生裂缝。这类裂缝易在开口、角网等部位产生,特别是当浇筑断面很薄,硬化后经过较长一段时间,更容易产生约束引起的混凝土收缩裂缝;对刚架桥等刚度差异较大的结构等,后浇筑桥面板受其他构件的约束、混凝土收缩徐变性能差异较大,也容易产生水平方向的裂缝,如图 8-14 所示。

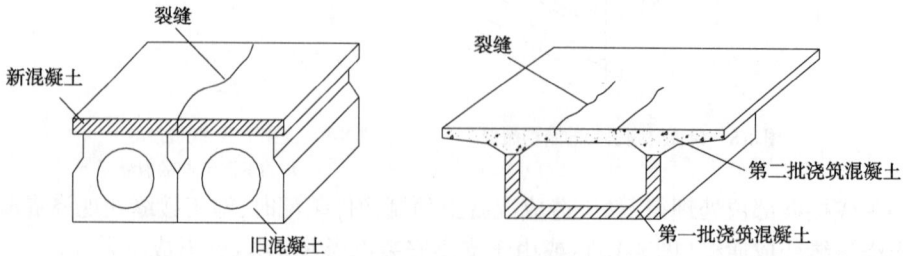

图 8-14　干燥、收缩产生的裂缝

（3）环境因素

温度裂缝与结构体系、结构构造、所处环境等因素相关，产生的原因不同，表现形式也有不同，可能出现在混凝土构件的表层、深层或贯穿整个构件。桥梁构件的表层裂缝的走向一般没有规律性，钢筋混凝土的深层或贯穿裂缝的走向，一般与主筋方向平行或接近平行。裂缝的宽度受温度变化的影响大，裂缝宽度随温度变化而扩张或闭合，防止或减小温度裂缝比较有效的措施是布置合理的分布钢筋网，选择比较合理的结构形式。此外，钢筋锈蚀后体积膨胀，会使混凝土构件产生顺着钢筋的裂缝，一些桥梁因构造不当也会产生非受力裂缝。

2. 混凝土腐蚀

混凝土的腐蚀是混凝土桥梁的"癌症"，一些使用年限较长的桥梁或结构往往因受压区混凝土腐蚀而破坏。一般来说，混凝土材料是耐水材料，在潮湿环境或水中能保持强度的稳定性，潮湿条件也是混凝土材料早期强度形成和发展不可缺少的条件。但是长期处于潮湿条件下，尤其在干湿交替循环状态下，混凝土的耐久性问题会受到影响。很多桥梁墩台，往往在水位浮动的部位首先破坏，特别是在具有腐蚀介质的水中。空气中的水和雨水是一种成分很复杂的液体，再混入桥面的污物、大气中腐蚀介质，常含有溶解的气体、矿物质和有机质等，常见的有酸性物质、氧离子、氯离子、氮、碳酸气、硫化氢及其他酸性离子，以及碱金属和碱土金属离子，当这些酸、碱物质超过一定限度时，会侵蚀、损害桥梁的混凝土和金属材料（图8-15）。

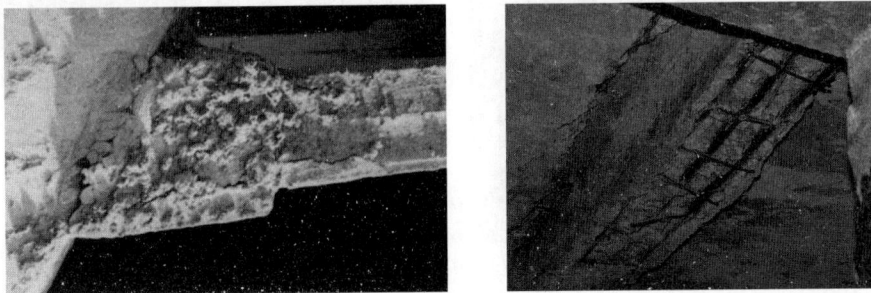

图8-15　混凝土表面腐蚀

混凝土的腐蚀一般都与水有关，主要体现为碱集料反应、盐腐蚀和冻融三大破坏现象。

（1）碱-集料反应

混凝土碱-集料反应是指来自水泥、外加剂和环境中的碱金属离子与砂石等集料中的活性组分发生膨胀性化学反应，在水泥砂浆与粗集料的界面处生成白色凝胶物质，这种物质在潮湿环境中吸水膨胀，从而造成混凝土结构从内部开始的胀裂，在表面上出现龟裂或地图状裂纹，直至整体性开裂或破坏。

（2）盐腐蚀

近海地区桥梁，特别是跨海桥梁，由于空气中和雨水中都含有一定的氯盐，混凝土的盐腐蚀问题比较突出。在寒冷地区的冬季，为消除桥面的冰冻和积雪，也广泛采用喷洒盐水的方法，盐水通过伸缩缝流向墩台，通过桥面系渗透到混凝土的缝隙里，不仅引起碱-集料反应，而且引起盐腐蚀。

（3）混凝土冻融

寒冷地区有较长的冰冻期，渗入混凝土中的水结冰又融化，如此反复，使混凝土的裂缝不断扩大,导致结构慢性破坏作用。冻融的结果,加剧了碱-集料反应和盐腐蚀的破坏作用。混凝土结构是多孔的,在塑性期或硬化初期会因为水分蒸发造成早期开裂。在以后的使用过程中,早期产生的裂缝会随着车辆反复荷载的冲击下逐渐扩展。

对于碱-集料反应、盐的腐蚀、冻融作用,应以防止和抑制为主。减少混凝土中的碱含量是解决办法之一,使用低碱水泥、低碱外加剂,可以减缓问题的发生。

3. 混凝土碳化

混凝土的碳化是指水泥石中的水化产物与周围环境中的二氧化碳作用生成碳酸盐或其他物质的现象。碳化将直接影响混凝土结构的性质及耐久性。混凝土碳化影响因素主要有水泥品种、混凝土密实度、环境条件三方面。一般来说,一座桥梁建成以后,影响碳化的因素就已经确定了。为了降低碳化速度,只能从如何保护混凝土不受或少受侵袭来着手。

4. 混凝土保护层厚度不足、钢筋锈蚀

钢筋在混凝土的保护下才能正常发挥受力作用。混凝土是具有碱性的,钢筋在碱性环境中形成钝化膜,阻止金属阳极与电解质的接触,使钢筋难于锈蚀,钝化膜一旦破坏,在有水和氧的条件下就会发生钢筋的氧化锈蚀。一旦混凝土保护层厚度不足或产生裂缝,就破坏了钢筋所处的碱环境,产生了钢筋锈蚀的条件。钢筋锈蚀时体积膨胀,又会进一步促使混凝土保护层脱落,最终导致桥梁结构耐久性能严重削弱,使用寿命的大大缩短(图8-16)。

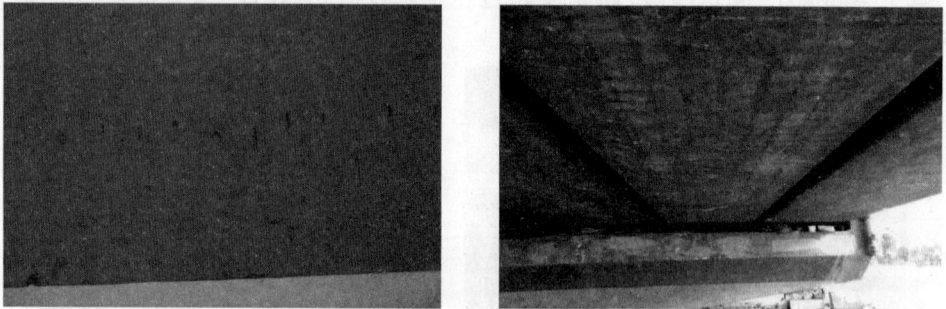

图8-16 混凝土保护层厚度不足的典型情况

5. 护坡及锥坡破损、冲刷淘空

墩台是桥梁的重要组成部分,其耐久性直接决定了桥梁结构耐久性。墩台基础常见的耐久性病害如混凝土剥落、露筋和裂缝,水流冲刷导致护坡、锥坡破损或淘空,墩台桩基础冲刷严重、埋深不足,桥墩被车辆、船只、漂流物或流冰撞损等,虽然不一定产生即时的危险,但却对桥梁结构的耐久性与安全性构成严重威胁,应根据墩台基础缺陷的严重程度及施工条件采取不同的方法进行维修,使其处于良好状态。

6. 钢结构、钢-混凝土组合结构表面锈蚀

钢结构、钢-混凝土组合结构在外界环境影响下,其油漆涂装的保护性能会随时间的推移而逐步退化,结构表面会产生锈蚀现象,锈蚀一旦产生,轻者影响观瞻,重者削弱承重构件面积、产生应力腐蚀现象,对结构的耐久性造成较大影响,行之有效的对策是加强巡查、及时维护。

钢筋混凝土桥梁常见的耐久性病害汇总于表8-5,其他桥型结构常见的耐久性病害汇总于表8-6。

钢筋混凝土桥梁常见的耐久性病害   表 8-5

表观病害特征	病变形态	病变产生原因	病变出现时间	对钢筋锈蚀的影响程度	备注
施工接缝	与构件厚度、高度垂直,表面呈羽状多孔	混凝土浇筑间歇时间超过初凝时间	早期	钢筋可能锈蚀	
露筋	钢筋局部露在混凝土表面	钢筋错位或局部保护层过薄	早期	钢筋锈蚀	病变多产生在箍筋处
疏松剥落	混凝土表层大面积疏松、剥落或露筋	硫酸盐侵蚀	中后期	钢筋锈蚀或严重锈蚀	
空鼓层裂	敲击混凝土表面有空鼓声	混凝土浇筑质量不良,表面存在蜂窝及空洞	早、中、后期	钢筋可能锈蚀	
锈斑	棕色点状或块状锈斑	混凝土密实性差,或钢筋保护层厚度不足	中、后期	钢筋锈蚀	
顺筋裂缝	沿主筋、分布筋、箍筋位置出现与钢筋平行的裂缝	混凝土密实性差、钢筋保护层厚度不足、盐污染或碱集料反应开裂	后期	钢筋锈蚀或严重锈蚀	先产生裂缝,后引起钢筋锈蚀
胀裂脱落	混凝土保护层呈碎片状胀裂、脱落或露筋	混凝土密实性差,或钢筋保护层厚度不足	后期	钢筋严重锈蚀	

其他桥型结构常见的耐久性病害   表 8-6

桥型	表观病害特征	病变形态	病变产生原因	病变出现时间	对结构的影响程度	备注
钢结构桥	钢结构锈蚀	涂层脱落、表面锈蚀	腐蚀环境、涂层厚度不足、渗漏水、涂装施工质量	早、中、后期	随时间的增长会发展,逐步恶化	钢箱梁桥、钢板梁桥、钢桁梁桥、钢管混凝土拱桥
	钢结构焊接不良	焊缝开裂、焊接不实	施工质量、漏焊、应力集中、高残留应力	早、中期	随时间的增长会发展,严重时导致断裂	
	钢梁桥面铺装	车辙、推拥、开裂、滑移	黏结层材料性能、温度、车载、铺装层厚度	中、后期	对铺装材料及钢桥面板经济耐久性造成影响	

桥型	表观病害特征	病变形态	病变产生原因	病变出现时间	对结构的影响程度	备注
索结构桥	拉索、系杆锈蚀、断裂	钢丝生锈、流淌锈水,锈皮起鼓脱落	套筒灌浆不饱和、灌浆材料离析不凝固、套筒存在裂纹	早、中期	削弱截面,严重时导致拉索断裂	斜拉桥、悬索桥、系杆拱桥、中下承式桥
	索结构锚头锈蚀	锚头螺纹、锚圈、螺栓及孔洞锈蚀、流淌锈水	锚头安装后未及时除锈、涂抹黄油,螺栓松动、腐蚀介质侵入、防护层脱落失效	早、中期	对索结构的锚固可靠性造成较大影响	
圬工桥	砌体表面缺陷	砌缝开裂、灰缝砂浆脱落、松散、边角碎裂	施工质量、材性老化、荷载过大、介质腐蚀	中、后期	随时间的增长发展、恶化,耐久性逐步降低	拱桥、组合结构桥

在桥梁检测评估、病害分析诊断的基础上,对于那些承载能力不足、使用性能较差、耐久性存在隐患的结构或构件,需要采取有针对性的维修加固。桥梁维修加固可分为一般性养护维修和结构性加固。一般性维修主要针对影响桥梁使用性能、耐久性能的病害。当桥梁结构无法满足承载能力、通行能力等方面的要求时,需要对桥梁进行加固或技术改造。

第二节 桥梁日常养护维修的内容与方法

为了满足桥梁的正常运营要求,保持并尽量延长桥梁的使用寿命,对桥梁结构进行经常性的养护维修是非常必要的。桥梁的经常性维修养护,主要工作是对危及桥梁正常使用和耐久性能的病害进行修缮,如对桥面铺装层、伸缩缝、防排水设施、桥梁主体结构的各种缺陷进行维修。在桥梁服役过程中,通过经常性养护维修消除病害,恢复原设计功能,避免小问题演化为大病害,使桥梁经常处于完好的技术状态,达到安全、耐久的目的。由此可见,经常性的养护维修是保证和延长桥梁使用寿命的一项非常重要的工作。

一、桥梁养护工作的基本要求

(1)桥梁养护工作必须贯彻"预防为主,防治结合"的方针,坚持"养早、养小、养全、养好"的原则,采取经常保养与综合维修相结合的方式,整治既有病害,及时消除危及行车安全的隐患,经常保持结构物或构筑物处于完好状态,保证过往车辆得以安全、平稳、顺畅通行。

(2)桥梁养护应推广使用国内外有关科研成果,积极采用新技术、新材料、新设备、新工艺;建立健全桥梁养护维修管理系统,全面推行现代化管理,认真执行检查、计划、作业、验收等基本工作制度。

（3）应逐步提高养护机械化水平，提高生产率，依照操作规程进行相关工程维修，保证各项养护维修工作有序进行，避免对桥梁使用功能产生新的不利影响，如桥面维修不得增加过大的荷载，在桥梁上增加静荷载(风雨篷、广告牌、管线等)必须满足桥梁安全技术要求，经管养部门批准后方可实施。

（4）必须使用经过检验合格的原材料、成品、半成品，桥梁养护维修施工期间应加强质量检验，确保工程质量。

（5）桥梁养护维修作业，必须贯彻文明施工、安全生产的方针。正确处理养护维修作业与交通运输的关系，在保证安全和质量的前提下，尽量不中断交通或少中断交通；重视环境保护，防止环境污染；养护维修工程车辆应使用专门标志，现场养护维修人员应统一着装，并应有安全保护措施。

（6）在养护技术上应做到：

①桥梁的养护维修，首先应符合安全和载重等级的要求，对于达不到安全和承载能力的桥梁，应根据其技术状态确定大修或改建，使其满足实际交通荷载的要求。

②对采用新材料、新结构的桥梁，应制定专项养护方案，并在使用过程中不断积累桥梁技术状况的观测资料，进行动态跟踪管理。

③重视调查研究，针对病害原因采取相应的技术措施，强化科学养护维修管理，坚持"质量否决权"制度。

④列入文物保护范围的桥梁的养护，还应当符合文物部门的有关规定。

二、桥面系养护

1. 桥面铺装

桥面铺装的养护工作内容与基本要求是桥面保持清洁、平顺、无缺损，保证防水、排水系统处于正常工作状况，具体落实到：

（1）经常清扫桥面，保持桥面清洁完整。严禁在桥面上堆置杂物或占为晒场等，以保证车辆过桥时行驶的安全。

（2）铺装平整，无裂损、无坑槽、无明显病害。

（3）桥面在雨后应及时清理，避免雨水积存。

（4）在冬天下雪或结冰后，应及时清除桥面上的冻块或积雪。

（5）桥面铺装出现表面碎裂或脱皮现象，应将破损部分凿除，沿铺装层内钢筋方向凿成方形或矩形，及时修复。损坏面较大者，在桥梁承载能力允许的前提下，可加铺一层沥青混凝土或者将整孔铺装层凿除，重新铺装。

（6）桥面防水层如有损坏应及时进行修理。维修应按原有桥面标高、纵坡、横坡修复。如出现原桥建设施工误差造成桥面积水、排水不畅时，可局部调整纵、横坡，但由此增加的荷载必须在结构承载能力允许的范围内。

2. 伸缩缝

伸缩缝必须经常养护，及时维修，使其平整顺直、牢固完整、无塞嵌、无漏水，处于完好状态。养护工作的内容与基本要求如下：

（1）嵌入伸缩缝内的杂物应及时清除。

（2）伸缩装置内的密封橡胶条损坏、老化时，应及时更换。

（3）伸缩缝装置出现异常应及时检查，锚固构件及伸缩构件等出现脱焊、裂缝时，应及时修复或更换。

3. 人行道、栏杆和护栏

桥梁人行道、栏杆和护栏必须经常养护，做到栏杆无摇晃现象，横杆连接牢固，伸缩缝处水平构件能自由伸缩。如有变形、断裂、缺损现象，应及时按原结构式样恢复。其主要内容是：

（1）钢筋混凝土栏杆和护栏如有裂缝、饰面破损及剥落的应按原饰面修复。轻者可灌注环氧树脂，重者应凿除破损部分，重新修补完整。

（2）金属栏杆应经常清洗，油漆表面应均匀、光滑，无漏漆、脱皮、起皱等现象。对油漆损伤部分进行补涂，根据油漆品种和老化程度进行周期性防腐油饰。

（3）栏杆的垂直度允许误差不得大于 3mm，护栏及栏杆在相邻桥孔处的高差不得大于 3mm。

（4）人行道具备条件时应在相应位置设置无障碍坡道及盲道，表面铺砌石材的应考虑防滑，改造时应先做好主梁结构防水。

4. 排水设施

排水设施是保护桥梁避免水害的关键之一，必须保证其完好畅通。具体要求是：

（1）桥面泄水孔、排水管应定期检查、清理疏通，保障排水通畅。泄水管下端露出长度不足时，应予以接长，避免桥面积水沿梁侧面下泄。

（2）泄水管损坏要及时修补，接头不牢或脱落要重新接上，损坏严重的要予以更换。

（3）泄水孔改造位置应设置在积水部位，平坡段应加密，并与泄水管连接。桥面泄水孔周围切割规则，尺寸大小一致，其上口混凝土做出坡度，管口应低于水泥混凝土铺装层，管口周围应做防水处理，表面平整无裂纹。

5. 行车道板的维修补强

桥面行车道板，起着直接承受作用于桥面铺装上的荷载，并传递分配荷载的作用。行车道板与铺装层、伸缩缝一起，都直接承受汽车车轮荷载的作用。因此，行车道板是桥梁主要构件中承受荷载相对大的构件之一。受过桥车辆的日趋重型化以及交通量的增长的影响，就使得桥面板处于车轮荷载反复冲击的使用状态，因此，钢筋混凝土桥面板破坏的情况时有发生。

钢筋混凝土行车道板的破坏主要有裂缝、磨耗、剥离、露筋、锈蚀，严重的还会出现碎裂、脱落、洞穴等。行车道板破坏的原因是多方面的，主要还是设计不当、施工质量不良以及使用中遭受外界过大的荷载作用等。行车道板出现碎裂、脱落等破坏现象后，将直接影响车辆的过桥通行，危及交通安全。

行车道板出现表面碎裂、脱落或洞穴现象后，必须采取局部加固补强的方法进行维修。修复时将破损部分全部凿除（图 8-17、图 8-18），再浇筑混凝土，并注意加强养护。如桥梁承载能力允许，在行车道板修补后，还可再加铺一层沥青混凝土。行车道板的碎裂或其他严重损坏，就必须采取重新浇筑混凝土行车道板的措施。根据其桥面损坏产生原因的不同，桥面板损坏的修补措施如表 8-7 所列。

主要工序

第1步：凿毛、清洗
第2步：表面处理
第3步：界面防水处理
第4步：纤维混凝土修补
第5步：养生

局部修复：
缺陷范围小、严重程度低时 ⟹

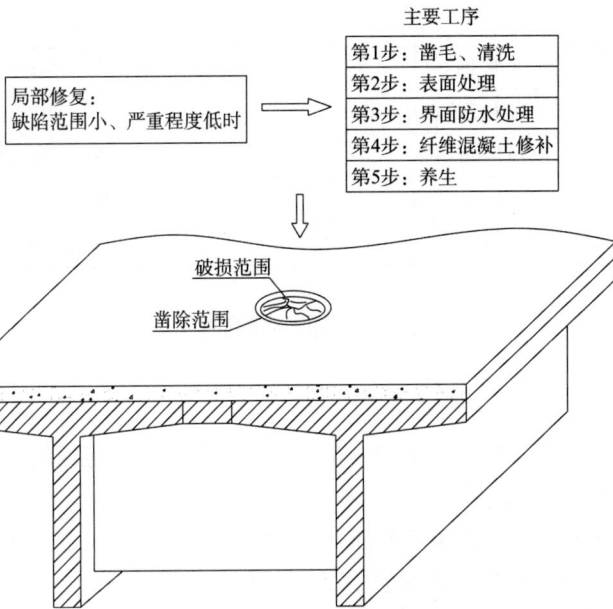

破损范围
凿除范围

图 8-17　桥面板局部修复

主要工序

第1步：凿除旧面板层
第2步：表面界面处理
第3步：植筋焊钢筋网
第4步：纤维砼现浇层
第5步：沥青混凝土层摊铺
第6步：养生

整体加固：
缺陷范围大、严重程度高时 ⟹

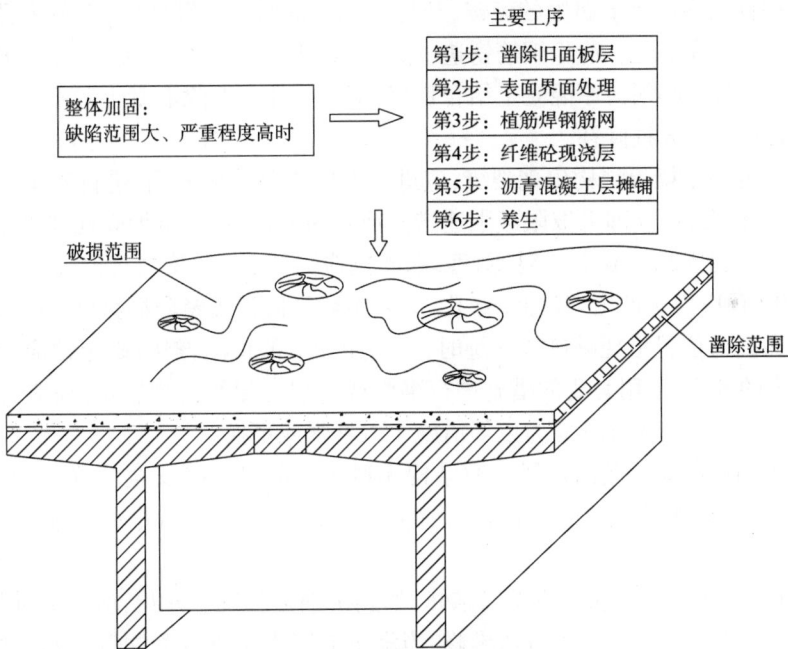

破损范围
凿除范围

图 8-18　桥面板整体更换加固

桥面板损坏的修补措施　　　　　　　　　　　　　　　　　表 8-7

序号	损　坏　原　因	修　补　措　施
1	过大的轮载作用	加固行车道板，限制车辆重量
2	过大的冲击作用	桥面铺装、伸缩装置的养护维修
3	设计承载力不足	加固行车道板、重新浇筑混凝土或更换行车道板
4	混凝土质量与施工不良	重新浇筑行车道板或更换行车道板
5	分布钢筋数量不足	加固行车道板

序号	损坏原因	修补措施
6	由主梁产生负弯矩或拉应力作用	加固行车道板
7	行车道板的刚度不够	加固行车道板(增大行车道板或缩短跨径)
8	行车道板自由边过大的弯矩作用	设置横梁、加固行车道板或重新浇筑部分混凝土
9	由于支承梁的不均匀下沉而产生的附加弯矩	设置横梁分担主梁的荷载及加固行车道板

三、上部结构的养护

1. 钢筋混凝土及预应力混凝土梁桥

(1)当梁板结构裂缝宽度小于 0.15 ~ 0.20mm 或表 3-9 规定值时,应采用环氧树脂或聚合物类材料等方法进行封闭处理。

(2)当裂缝宽度大于 0.15 ~ 0.20mm 时,应采用化学灌浆方法进行处理。如裂缝发展严重,应分析原因,进行裂缝危害评估,造成结构承载能力不足时,应通过静载试验、结构检算等手段查明原因,制定加固处理方案。

(3)桥梁构件出现混凝土腐蚀的碱迹、开裂、剥落、钢筋锈胀等现象,应凿去已松动的保护层,直至露出完好的混凝土。清除钢筋锈迹,涂刷防锈剂或阻锈剂,采用环氧或聚合物类修补用材料修补,修补材料必须与原混凝土结合良好,成为一体。凿除混凝土后不得明显降低结构承载力,必要时宜采用分批修补。

(4)预应力混凝土梁板结构出现裂缝,应进行专门检测分析原因,进行安全性评估。对影响或危害桥梁结构者,应立即采取限载限速措施或封闭交通,并制定加固处理措施。

(5)预应力筋锚固端混凝土开裂、剥落,暴露预应力锚具,应及时对预应力锚具做防腐处理,并封堵锚头,预应力构件出现渗漏、穿孔,应采用环氧树脂或聚合物类材料进行有压封堵。

(6)预应力孔道位置出现碱迹或水迹时,应采用相应的检测方法,确定预应力筋的腐蚀程度,并查找进水的源头,采用必要的措施进行维修或补强。如经检测鉴定,预应力损失严重且无法维修的,应采取增设体外预应力束等措施予以补强或更换。

(7)混凝土箱梁应保持箱内通风。原结构无通风孔的可选择安全位置、避开主要钢筋钻孔。箱梁底板出现碱迹、水迹时,应检查其内部有无积水。若箱体有积水,应查寻水源,在底板钻孔放水。

(8)横隔板联结性能较差时,应予以维修,如连接钢板若发生开焊,应及时补修,若开焊处较多时,应采用加大横隔板截面等方法维修,当浇筑混凝土困难或无法振捣密实时,可采用流动性好的免振混凝土或挂网喷射混凝土的方法进行维修。

2. 拱桥

(1)经常性检查拱桥主拱圈线形,发现有明显的位移或变化时,应设置测量仪器进行监测,并检查主拱圈拱顶、拱脚处有无裂缝。

(2)注意观测拱脚、墩台有无明显位移或沉降。

(3)混凝土拱桥裂缝限值应符合表 8-8 的规定。主拱圈及拱上建筑等结构开裂超过限值时,应进行检测并限载,查明原因,进行加固处理。

(4)如发现没有防水层或防水层损坏失效时,应挖开拱上填料重做或在桥面上加铺放水路面,防止桥面水渗漏。

(5)圬工拱桥要注意灰缝的保养,如有脱落应及时修补,如砌块有风化剥落,可喷刷一层1~3cm的M10以上的水泥砂浆,喷浆应分2~3层喷注,每隔一至二日喷一层。必要时,可加布一层钢丝网,以增加喷涂层的强度。

(6)圬工拱桥由于拱圈变形、墩台移动、拱圈受力不对称或基础沉陷等原因,容易产生较深裂缝。圬工拱桥一经开裂,往往容易发展,危及桥梁的使用与安全,这时可用压注水泥砂浆或其他化学浆材的方法进行修补。

(7)对于整体性能相对较差的多肋式拱桥或双曲拱桥,当横向联系布置数量不够或刚度、强度不足而产生损坏时,将会使拱桥横向稳定性降低,拱顶、拱脚出现裂缝。常用维修方法是增大拱肋间横向联结系截面、增加横向联结构件数量,使各拱肋的受力变形比较均匀,使单片的拱肋在横向联成整体,从而加强拱肋的横向刚度,避免单肋受力现象的发生。

混凝土拱桥裂缝限值 表 8-8

裂 缝 部 位	允许最大缝宽(mm)	其 他 要 求
拱圈横向	0.30	裂缝高小于截面高的一半
拱圈纵向(竖缝)	0.50	裂缝长小于跨径的1/8
拱波与拱肋结合处	0.20	

注:表中所列除特指外适用于一般条件。对于潮湿和空气中含有较多腐蚀性气体等条件下的缝宽限制应要求严格一些。

3. 系杆拱桥

系杆拱桥兼有拱桥与索结构的特征,其日常检查养护除应遵循拱桥的方法外,尚应根据系杆拱桥的特点,对以下几个方面进行有针对性的养护维修:

(1)系杆、吊杆封锚及吊杆锚固区混凝土不得有开裂、腐蚀、剥落等病害,酷暑和严寒季节应加强检查和养护。当发现吊杆锚具有松弛和锈蚀时,应及时维修;发现锚头与横梁吊点密封处存在漏水和积水现象时,应及时检测内部锈蚀和损坏情况,采取相应的处理措施。

(2)柔性系杆的下承式拱桥的拱脚部分、中承式拱桥的边拱混凝土内的预埋钢管、系杆拉索分束穿入预埋钢管的间隙应压注加满防腐油脂。

(3)吊杆的检查和养护维修、更换的要求同斜拉索,但应特别关注短吊杆的检查与养护,防止在温度作用下出现剪切、挤压等破坏现象。吊杆更换时,应尽量采用易检查、易维护的构造形式。

(4)对主体结构变位进行定期观测,监测内容包括桥面标高、拱肋轴线侧向偏离,墩台不均匀沉降、拱肋矢高等。当发现墩台基础不均匀沉降超过设计允许值时,应由设计部门制定加固调整方案。

(5)拱肋、纵横梁的检查与维护,应根据结构材料的不同,参照钢桥或混凝土梁桥养护方法。

(6)对于大跨径或结构特殊复杂的系杆拱桥,应根据该桥结构特点、施工特点,应在原设计单位指导下编制专门的养护手册,并按养护手册进行日常养护维修。

4. 钢桥

(1)保持各部联结节点、杆件、铆钉、高强度螺栓、焊缝的正常状态。对有损伤的联结节点、杆件、铆钉等,应作标记并经常观察其发展状况。及时清除节点和缝隙部分的污垢,使其保持清洁干燥。对于有裂纹的杆件,应及时维修或更换。

(2)为防止桥梁杆件锈蚀,除对局部钢构件进行及时除锈油饰外,还应定期对全桥钢构件进行全面的除锈油饰工作。

(3)检查杆件局部变形。若变形值在规定值范围内,应予以校正或补强。如同一杆件同一部位的变形校正后再次变形,应对此杆件进行更换。要求杆件弯曲率不超过下列规定:压杆为其长度的 1/500;拉杆为其长度的 1/300,对于超标弯曲杆件,必须及时校直。

(4)检查、维护、更换铆钉、螺栓等连接件,使其处于良好的工作状态。不良铆钉的容许限度超过规范规定时,需要对不良铆钉进行有选择的更换。对大型节点,同时更换的数量不得超过该节点螺栓总数的 10%,对螺栓少的节点应逐个更换。在一个连接处(或节点)少量更换的螺栓、螺母及垫圈的材质、规格、强度等级应与原桥上使用的相同,不得混用。

5. 钢-混凝土结合梁桥

钢-混凝土结合梁日常检查养护除应遵循混凝土梁桥、钢桥的方法外,尚应根据钢-混凝土结合梁的特点,对以下几个方面进行有针对性的养护维修:

(1)混凝土桥面板裂缝的检查。重点检查支点负弯矩区桥面板、端部桥面板及剪力钉对应区域的桥面板开裂状况,观察裂缝的方向、宽度、长度、间隔、位置、密度及发展程度等,如裂缝宽度超过限值、渗漏水现象严重,应采取修补裂缝、重做防水层或其他加固维修措施,具体方法同混凝土梁桥。

(2)桥面板磨损的检查维修。桥面板对结构性能影响较大,如有缺损应及时修补,若发现纵向压裂或压酥现象,应通过承载能力试验或检算,以查明其产生原因是否为抗弯承载力不足,并采取相应的加固措施,保证新旧混凝土共同工作。

(3)剪力钉根部裂纹检查。进入钢箱梁内部检查顶板,严重的裂纹可直接通过观察剪力钉焊趾根部状况,也可通过检查桥面混凝土及铺装局部变形及开裂来反映剪力钉严重变形开裂状况。对于较大的破碎带,修补时应在无活载状态下进行,桥面板更换应按原设计施工程序卸载。

(4)结合面的检查。检查钢-混凝土结合面有无相对滑移、开裂或掀起现象发生,重点检查区域为支座附近及梁端。钢梁与混凝土桥面板之间的剪力键应完好无损,不得有纵向滑移及掀起,钢结构组合面板支撑处及板肋不应有损坏或变形,连接件附近的混凝土不得有疲劳损坏。如混凝土损坏,可采用剔除损坏混凝土,重新浇筑不低于原桥混凝土强度等级的混凝土补强。维修时应在无活载情况下,错开断面进行。

(5)结构变形的检查。检查桥面线形是否与设计线形一致,如变形超过规定,应检查混凝土弹性模量是否符合要求、徐变是否超过标准、桥面排水是否通畅、施工过程是否达到设计要求。

6. 斜拉桥

(1)应经常观察拉索的振动情况,检查拉索减振措施的有效性,并做好风速、风向、雨量、拉索振动状况的观测记录。拉索聚乙烯(PE)防护层不得出现裂缝、老化、剥落鼓起等被损现象,当出现破损现象时,应先检查露丝和钢丝锈蚀情况,如有锈蚀,应先除锈,后清理护层,将老化剥落的 PE 层去掉,用同样的 PE 材料,采用热补的方法进行修补。拉索的检查和养护维修要有详细的资料并归档。当拉索损坏情况严重时,应在设计单位指导下进行拉索维修更换的专项工程。

（2）塔端锚头、主梁端锚头必须每半年进行一次保养,对在钢梁外侧并有钢盖板罩的锚头应每3年进行一次保养。锚具的锚杯及锚杯外梯形螺纹和螺母不得锈蚀和变形,锚板不得断裂,墩头应无异常。锚固结构的支承垫块不得锈蚀、位移、变形。如锚杯和螺母上的梯形螺纹出现变形、裂缝等,应做进一步探伤、测量索力等技术鉴定后,根据结果确定专项维修。

（3）当斜拉桥钢筋混凝土或预应力混凝土主梁的裂缝超过规定值或挠度超过设计规定的允许值时,应查明原因,通过计算分析、进行专门设计,采取索力调整等措施予以解决。

（4）按期观测斜拉桥主塔的倾斜和主桥的线形。岸跨有辅墩的斜拉桥,必须对主塔与辅墩的不均匀沉降加强监测,超过设计要求时,必须进行辅墩支座调整,调整应在原设计单位指导下进行。

（5）主塔、梁体等构件的养护视其结构和材料的不同,参照钢桥或混凝土梁桥养护方法。

（6）对于大跨径斜拉桥,应根据该桥特点,在原设计单位指导下编制专门的养护手册,并按养护手册进行日常养护维修。

7. 悬索桥

（1）悬索桥主缆及吊索不得产生锈蚀。对主缆与吊杆钢索防护应进行经常性检查,发现漆膜损坏(如开裂、碎片)或外裹防水材料分层剥落,应重新清理后油漆或重裹防水层。若缠丝断裂或散开,则应首先查看主缆有无锈蚀,待清洗除锈后,重新缠绕并油漆或包裹防水材料,确保主缆防护层完好,避免水分渗入,使其保持正常工作状态。

（2）索头紧固螺栓不得有松弛和锈蚀,在酷暑和严寒季节更应加强检查和养护,及时拧紧螺栓,保持设计的紧固力,防止螺母锈蚀无法调整。悬索桥主缆各索股应受力均匀,索股摆动应一致。当吊杆明显摆动时,应调整索夹,并拧紧套筒螺母。索鞍、缆索股的锚头和吊杆锚头及钢索出口密封处,应经常检查,如发生漏水、积水、脱漆、锈蚀、裂纹、开焊等应及时处理维修。拉索的阻尼垫圈或减振器,不得有漏水和橡胶老化现象,必要时应更换。

（3）定期进行索塔变位观测,若变位超过设计允许值时,必须由设计部门制定加固和调整方案,进行维修。

（4）锚碇的锚碇室门,应定期打开通风和做好排水,保持室内干燥环境。

（5）索塔与加劲梁的检查和养护要求,视其结构和材料的不同,参照钢桥或混凝土梁桥养护方法。

（6）对于大跨径悬索桥,应根据该桥结构特点、施工特点,在原设计单位指导下编制专门的养护手册,并按养护手册进行日常养护维修。

8. 桥梁支座

一方面,中小跨径桥梁因活载所占比例大,在使用过程中支座容易产生各种病害,需要在养护维修工作中重点关注;另一方面,支座设计寿命一般为20～25年,在桥梁服役期间可能要进行多次更换。支座的检查保养及更换要点如下:

（1）支座检查保养

支座应定期检查和保养,并应符合下列规定:

①支座各部分应每年检查保养一次,检查可用肉眼或放大镜,重点检查橡胶支座有无裂缝、外鼓、变硬、老化、钢板锈蚀等现象。

②支座保持完整、清洁,要扫除垃圾,冬季清除积雪和冰块,保证桥跨结构自由伸缩,支承垫板要平整紧密。

③固定支座每年应检查锚栓牢固程度,支承垫板应平整紧密,并及时拧紧接合螺栓。

④支座的金属部分应定期保养,不得锈蚀。为了防锈,支座各部分除钢辊和滚动面外,其余都要涂刷油漆保护。钢板支座涂抹润滑油前,必须先用钢丝刷或揩布把滚动面揩擦干净。

⑤板式橡胶支座的剪切位移应在设计范围内,支座不得产生超过设计要求的压缩变形,橡胶保护层不应开裂、变硬、老化,支承垫石顶面不应开裂、积水,对于产生诸如剪切变形过大、裂缝、外鼓、压溃等老化现象的支座应立即予以更换。

⑥球型支座应每年清除尘土、更换润滑油一次。支座地脚螺栓不得剪断,橡胶密封圈不得龟裂、老化。支座相对位移应均匀,支座高度变化不应超过3mm;每年应对支座钢件(除不锈钢滑动面外)进行油漆防锈处理。

(2)支座更换

桥梁支座出现诸如滚动面不平整、支点承压不均匀、性能老化失效等缺陷时,应进行调整和更换。调整时可采用千斤顶把上部结构顶起,然后移动调整支座的位置。更换连续梁一联的边支座时,可由梁端起顶;当更换中间支座时,应由相邻两个支点同时起顶,并应符合下列规定:

①板式橡胶支座损坏、失效应即时更换。

②板式橡胶支座出现脱空或不均匀压缩变形应及时进行调整。

③支座的座板翘起、变形、断裂应予更换,焊缝开裂应予维修。

④对需抬高的支座,可根据抬高量的大小垫入钢板或就地浇筑钢筋混凝土垫块。

支座更换前,应在收集和掌握桥梁设计、竣工、养护、运营等方面资料的基础上,进行全桥检查,对结构的可靠性、耐久性,对顶升过程的安全性、可行性进行评估,顶升方案、施工工序及施工工艺应进行专项设计;支座更换过程中,应进行全过程监测,控制每级顶升高度,避免超过不均匀高差控制限值,并对顶升梁段纵横向设置临时限位装置,每级顶升完成后,应及时垫实。图8-19为某16m简支T梁桥的支座更换设计方案示意图。

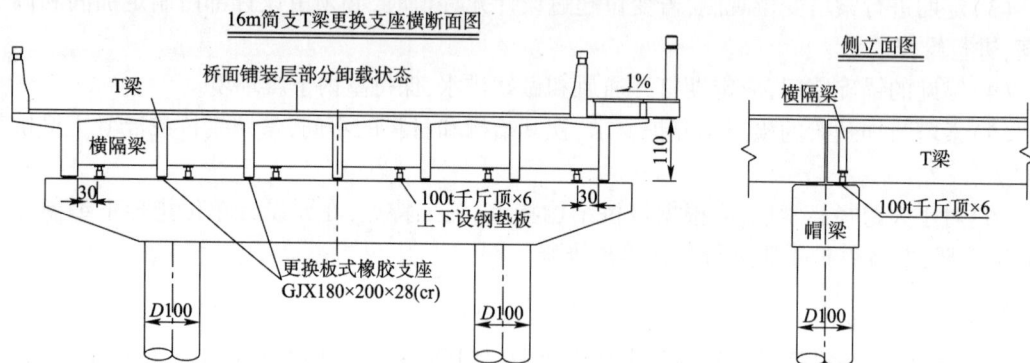

图8-19 某16m简支T梁桥的支座更换设计方案示意图(尺寸单位:cm)

四、下部结构的养护

墩台是桥梁的重要组成部分,它不仅关系到桥跨结构线形平顺与否、传力途径是否流畅,而且关系到桥梁结构的耐久性能与安全运营。墩台的承载能力不足,或出现下沉、倾斜、位移及转动会引起上部结构的损坏,严重时甚至会造成整座桥梁坍塌,因此,必须加强桥梁墩台、护坡、锥坡的养护。原则上,下部结构的病害如混凝土剥落、露筋和裂缝等,均应根据缺陷的严重程度及施工条件采取相应的方法进行维修,维修技术工艺同上部结构。

1. 墩台

（1）墩台应保持清洁，及时清除其表面的杂草、积土和污物，对于经常受到人为污染的墩台，可设围栏防护，墩台周边的垃圾污物也应做到及时清扫。

（2）砌体表面夹缝脱落，应重新勾缝，表面部分严重风化和损坏应清除损坏部分，并用原结构材料补砌，结合牢固，色泽和质地应与原砌体基本一致。

（3）当混凝土表面发生侵蚀剥落、蜂窝麻面等病害时，应及时将周围凿毛洗净，用水泥砂浆抹平。不易用水泥砂浆补牢的，可采用环氧树脂或其他聚合物类材料等性能较好的材料补修。

（4）桥台顶面没有流水坡或坡面凹凸不平，采用聚合物类材料或混凝土填补，并做成横向坡度，以利排水。

（5）当立交桥桥墩靠近机动车道，应在桥墩周边加防护设施。

（6）墩台的维修应按以下原则进行：

①当墩台受水浸、风化剥落深度在钢筋保护层以内时，可采用高强度聚合物类防水材料补修。当剥落深度超过保护层，且损坏面积较大时，应对钢筋进行除锈补强，增设钢筋网与桥台锚固，浇筑混凝土予以裹覆。在水位变化频繁处，涂刷防水材料防护。

②当墩台由于混凝土收缩徐变、温度影响，局部应力集中及施工不良等原因而产生裂缝时，应视裂缝大小及其产生原因分别采取涂刷环氧树脂、化学灌浆、结构加固补强等处理措施，墩台裂缝限值可参照《城市桥梁养护技术规范》（CJJ 99—2017）的规定，见表8-9。

③桥台发生水平位移和倾斜，应分析原因，制定合理的加固方案，进行加固补强。

④桥墩被车辆、船只、流冰等撞损，可将损伤的桩柱凿除松动部分，添加钢筋，立模灌注原等级的混凝土，按原样恢复，或在损伤处，将原混凝土凿毛，加设围带，用扩大体积法或纤维织物法使损伤的部位得以加强，并增设防撞警示标志。

⑤连续梁桥墩台不均匀下沉超过设计允许值，应及时调整支座标高，以保证其上部结构合理的受力状态。

墩 台 裂 缝 限 值   表 8-9

裂缝部位及所处侵蚀环境			最大允许缝宽（mm）	其 他 要 求
墩台帽			0.30	
墩台身	经常受浸蚀性环境水影响	有筋	0.20	
		无筋	0.30	不允许贯通墩台身截面的一半
	常年有水，但无浸蚀性现象	有筋	0.25	
		无筋	0.35	不允许贯通墩台身截面的一半
	无侵蚀性静水及土壤影响		0.40	不允许贯通墩台身截面的一半

2. 基础

基础及地基的完整性、稳定性决定了整座桥梁的使用性能，地基沉降、基础变位危及桥梁安全，必须加强地基基础的养护、维修工作，使之处于良好的工作状态。桥梁的墩台基础沉降和位移，超过其对应的容许限值，应采取相应措施予以加固。基础的维修与加固应符合下列要求：

（1）当基础局部被冲空时，可视情况采取如下措施：①水深在3m以内时，一般可筑草袋围堰或板桩围堰，然后把水抽干；当水难以抽干时，可浇筑水下混凝土封底后再抽水。抽水后以砌块或混凝土填补冲空部分，并将周围风化地基用水泥砂浆封闭。②水深超过3m以上时，以麻袋盛装干硬性混凝土，通过潜水作业将袋装混凝土分层填塞冲空部分，并注意比基础宽0.2～0.4m。③当基础置于风化岩石上，基底外缘已被冲空时，应及时清除表面严重风化部分。④当基础周围被冲刷淘空范围较大的，除填补基底被冲空的部位外，应在基础四周采用打梅花桩，桩间用砌石砌平卡紧，或用浆砌片石、混凝土预制块、石笼等，对基础进行防护。

（2）当地基承载力不足，引起墩台基础沉降，要进行加固，具体加固方法见第九章。

五、其他设施养护

1. 附属设施养护

（1）声屏障应牢固、整洁、有效，发现有松动、破损、变形的，应及时修理或更换。

（2）桥梁、地道的照明设施应完整、牢固。除经常检查外，雨、雪天后应特别检查，如有缺陷或异常应及时维修或更换。

（3）安装景观照明设施不得影响桥梁结构的完整和耐久性，不得影响桥梁养护维修及行车安全，并应设漏电保护装置，专人维护保养。

（4）标志牌包括桥名牌、承载能力标志牌、限速标志牌、限高标志牌、反光标志牌、交通标志牌等应完好无损；标志牌应字体规范、字迹清晰、鲜明。反光膜完整，反光效果符合设计要求，牢固可靠；标志牌应定期清洗，发生弯折、变形、倾斜应尽快修复，损坏或丢失应及时更换或补齐。

（5）防护设施包括航道灯、航空灯、护栏、安全岛、反光镜、分隔带、限高架、避雷针、爬梯、电梯、开启桥的报警装置等应完好、牢固、稳定、有效，如有缺失损坏，应及时更换修理。避雷针地线附近严禁堆放物品和修建任何设施，禁止挖掉地线覆土，并防止冲刷。

（6）开启桥开启时的声、光等报警设施应保证完好、有效，如有损坏应及时维修、更换，对于报警电力线路应定期保养。

2. 抗震设施养护

（1）桥梁的抗震挡块、紧固件、阻尼限位装置等设施应经常检查和养护，使其各部件（或构件）保持良好的使用性能。

（2）当桥梁抗震设施中出现裂缝、混凝土剥落及混凝土破碎等病害时，应及时进行养护、修补或更换。

（3）抗震缓冲材料出现变形、损坏、腐蚀老化等病害时，应及时进行维修或更换。

（4）抗震紧固件、联结件松动或残缺时，应及时紧固或补齐，并涂覆防锈层。

（5）型钢、钢板、钢筋制作的支撑、支架、拉杆、卡架等桥梁的抗震加固构件，应定期进行防锈和防腐处理，发现残缺损坏应及时进行维修和更换。

（6）桥梁横纵向联结、限位的装置，应完好有效；高强钢丝绳、U形钢棒等阻尼限位装置等应定时进行防锈处理，发现松动时，应及时对限位装置进行紧固。

（7）地震发生后，应针对地震造成的抗震设施的破坏情况，及时进行修复。

3. 桥头引道养护维修

桥头引道常见缺陷主要包括：①桥面与引道路面衔接处的路面沉陷、桥头搭板破损、交接段引道纵坡与桥面衔接不顺适等,常常导致桥头产生"跳车"现象;②引道路面损坏,产生积水、渗水,出现坑塘,高低不平;引道两边的挡土墙、护栏等产生严重变形、破坏或缺损;③挡土墙、翼墙、护坡等附属工程发生倾斜、下沉、开裂、位移等现象;④护坡、锥坡因受洪水冲刷而发生冲空、坍塌或产生缺口等。

桥头引道的维修措施一般包括:采取修整措施,保证引道平整和正常排水;对桥头衔接处下沉的路面填补修理,使之连接平顺,不致产生跳车;对挡土墙、护栏等结构物按原结构进行修补或更换;对护坡进行修补;砌体挡土墙砌块应牢固稳定,如有松动应及时修补。

总的来说,在过去的 20 多年中,一方面,随着化学灌浆及植筋锚固技术、碳纤维粘贴加固工艺、新旧混凝土界面处理工艺等技术工艺迅速成熟,桥梁日常养护维修技术工艺的快捷性、可靠性、可操作性有了很大幅度的提升,原有加固维修技术工艺也得以不断改良完善;另一方面,随着信息技术向工程建设管养工作的渗透,信息化管理为桥梁日常养护维修的标准化、流程化、规范化提供了坚实的保障,已经成为桥梁日常养护维修的得力工具。可以相信,新材料、新技术、新工艺的成熟与推广应用必将为既有桥梁日常养护维修提供坚实的保障。

六、桥梁预防性养护

遵循可持续发展与节约社会资源的基本原则,汲取既有桥梁使用过程中暴露出来的问题与教训,国内外普遍认为,在桥梁建设时应更加注重桥梁全寿命设计的理念,优化完善桥梁细部构造、连接部构造等细节的处理,以便从源头上消除既有桥梁的先天缺陷;在既有桥梁管理维护时,应从加强预防性养护、贯彻"预防为主,防治结合"的方针等方面提升既有桥梁的管理养护技术水平。为此,需要从工程理念、工程设计、建桥材料、施工质量、管理养护五个方面入手,来全面增强桥梁结构对环境因素和使用条件的适应性,增强钢桥、钢筋混凝土桥梁的耐久性能,充分考虑后期检查、维修、改造的实施条件,以延长桥梁的使用寿命,降低桥梁全寿命建造维护成本。

从新建桥梁设计层面出发,降低桥梁全寿命成本的关键在于完善桥梁细部构造设计。细部构造不但关系到桥梁传力途径是否可靠、受力是否合理,而且关系到桥梁结构的耐久性能。耐久性设计不仅体现在材料选取上,而且体现在构造细节与施工工艺上。改进桥梁细部构造、提高桥梁耐久性可从以下几个方面入手:

(1)在工程立项阶段采用先进、发展和适度超前的思路决策桥梁的建造标准。

(2)科学选用混凝土、钢筋和其他建材。

(3)上部结构应优先选用整体现浇或整体预制的方式。

(4)改进桥梁重要构件的可检查性、可维修性与可更换性。

(5)优化结构的可施工性,使施工质量容易提高、施工可靠性易于得到保证。

(6)增强桥梁结构的冗余度,使其具有一定的承载潜力。

(7)完善寒冷地区混凝土的防冻设计。

(8)避免主体结构直接受雨水侵蚀。

(9)设计良好的排水系统、完善防水系统。

(10)改善结构内部钢筋所处的环境。

从既有桥梁管理养护层面出发,降低桥梁全寿命成本的关键在于加强预防性养护。预防性养护是指在还没有发生明显病害之前就进行养护,目的是防止病害的发生或减缓病害的发展,增强耐久性和延长使用寿命。与传统的更正式养护或被动式养护不同,预防性养护更加注重养护的前瞻性、预见性,强调"未雨绸缪、提前干预",以达到更好的养护效果,并降低养护成本。一般来说,具体的预防性养护措施如下:

(1)封闭裂缝。

(2)修补缺损混凝土。

(3)清理污染部位。

(4)对保护层偏薄、混凝土孔隙率大、环境湿度大的部位进行防水处理。

(5)对漏水、渗水部位进行修理。

(6)对伸缩缝进行维护、清理。

(7)对雨水泄水口清理和雨水管进行疏通。

(8)对支座进行清理和维护。

(9)加强桥面系维护,减小车辆荷载对桥梁结构的冲击效应。

(10)对钢结构及金属构件进行清洁和油饰。

(11)对斜拉桥、悬索桥、系杆拱等特殊结构桥梁进行锚头维护。

(12)对护坡等附属结构进行维护。

思考题

1. 影响桥梁结构耐久性能的病害有哪些?

2. 简述普通钢筋混凝土简支梁(板)桥常见裂缝种类与发生部位。

3. 影响桥梁承载力的病害有哪些?这些病害会产生哪些危害和隐患?

4. 桥面系的养护分为哪几个部分?

5. 普通钢筋混凝土梁(板)和预应力混凝土梁体纵向裂缝宽度限值各是多少?它们的区别是什么?

6. 改进桥梁细部构造、提高桥梁耐久性可从哪几个方面入手?

第九章 桥梁加固改造

第一节 桥梁加固改造的程序与原则

当桥梁结构因荷载标准提高、原结构承载能力严重削弱、桥面宽度难以适应实际交通需求等原因,无法满足承载能力、通行能力等方面要求时,需要对桥梁进行加固补强或技术改造。常用的加固技术方案有:增大原承重构件截面、增设新杆件、改善原结构受力体系或加强原结构的整体性等,以达到提高桥梁整体承载能力的目的。

既有桥梁加固技术改造工作不同于建新桥梁,它是一项技术性很强的工作,一方面要求尽可能不损伤原有结构,另一方面要求加固补强的部分与原结构形成整体、协同受力、共同工作。既有桥梁加固技术改造是一项非常细致而又极具灵活性的工作,需要考虑的因素和涉及到的问题很多,无论是技术改造方案的拟定,还是加固方案的具体实施,其难度往往比新建桥梁大,因此必须慎重处理,在对各种可能的技术改造方案的技术经济效果进行充分比选后,从中选择合理的加固或改造方案,选择可靠简便的施工技术工艺。

一、桥梁加固改造一般程序

桥梁加固一方面要求全面客观、科学准确地分析诊断病害成因,另一方面要求加固处治对策达到"对症下药、药到病除"的效果,并做好既有交通疏解措施,严格遵循相应程序进行。桥梁加固的一般程序为:

(1)收集桥梁的设计、施工、监理等方面的技术资料。

(2)现场病害调查、历次检查检测资料收集与分析。

(3)既有桥梁的承载能力检定及技术状况的评定,病害原因诊断与分析。

(4)确定加固改造的目的、要求及技术标准。

(5)加固改造、病害处治方案的拟定、论证,完成初步设计。

(6)加固改造初步设计评审。

(7)加固设计计算与施工图设计,工程数量与预算编制,必要时对加固施工工艺、流程、施工监测方案再次进行评审论证。

(8)既有交通疏解措施落实。

(9)进行加固工程施工,其间需要实施关键工序检验、施工质量控制与施工监测。

（10）加固效果检验与竣工验收。

二、桥梁加固改造的基本原则

既有桥梁的病害加固处治应贯彻"防治结合、以防为主"的方针，着力避免"小病不治，酿成大病"。在病害加固处治实施过程中，应做到"有序实施、不留后患"。就具体的桥梁病害处治加固而言，在实施过程中，应遵循以下6项原则：

1. 从实际出发原则

桥梁加固改造前，必须对原有桥梁结构承载能力、使用性能进行系统全面的鉴定，对桥梁结构的各种病害、缺陷等实际状态进行客观准确地把握和评价，对病害成因进行科学全面地分析与诊断。加固设计时的分析计算模式、材料性能指标要尽可能地与实际情况符合，加固方案应充分考虑既有交通的干扰与影响，具备较强的可操作性，加固改造所选用的施工工艺、设备机具应与施工现场实际条件紧密结合，具有较高的可靠性。

2. 消除隐患原则

加固方案设计时，应充分考虑各种长期因素（如温度变化、地基不均匀沉降、腐蚀、冻融、振动等环境原因）对桥梁结构承载能力、耐久性能及使用性能的不利影响，适度考虑交通流量增大、超重超载车辆、施工荷载等因素对结构受力行为的影响，对其可能造成的损坏或不利影响预先提出对策，避免这些不利因素再次影响加固改造效果，彻底消除既有桥梁的各种隐患。

3. 全面比较原则

桥梁加固方案的确定，是在全面综合地考虑既有桥梁结构的病害状况、使用历史、荷载变异、功能要求、加固效果、既有交通状况、加固施工技术条件（施工技术工艺、设备机具、熟练技工等）以及一些非技术因素（经济指标、工期长短、交通疏解等）等多方面的因素后，经过多个加固方案的全面比较、反复论证后，优中选优。

4. 预防损坏原则

在加固施工过程中，若发现既有桥梁结构或构件存在其他尚未发现的缺陷或病害时，应立即停止施工，并会同设计单位、监测单位采取有效措施处理后方可继续施工，防止加固改造施工对原有结构造成新的损害。

5. 协同受力原则

桥梁加固方案的确定，还应采取有效措施或主动加固对策，充分考虑新旧结构的强度、刚度与使用寿命的均衡与匹配，尽可能地保证新增加的截面和构件与原有结构能够可靠地协同工作、整体受力，共同承担外荷载，使加固后的结构达到安全、可靠、耐久的目标。

6. 有序实施原则

一般来说，桥梁加固施工过程可能包含卸载、加载、协同受力等复杂的受力过程，某些情况下还可能包括体系转换，在这个过程中，结构受力图式、荷载大小及作用位置等都在不断变化中。因此，应严格按照设计所确定的施工工序实施，严格控制施工临时荷载，尽量减小作用在原有结构上的施工荷载，避免在某个阶段产生过载现象，导致对原有结构造成新的损害。

三、桥梁病害处治加固实施要点

（1）桥梁的技术改造与加固工程通常要求在不中断交通或尽量少中断交通的条件下进行施工，因此要求施工工艺简便可靠，施工速度快、工期短，将加固改造对既有交通的干扰与影响降到最低。

（2）桥梁病害加固处治施工时，往往可能对原有结构物、相邻结构或构件产生不利影响，应取切实有效的临时加固处置措施，防止在加固期间产生新的病害或损伤，尽量减少对原结构的损坏，对于确无利用价值的构件则予以报废、拆除。

（3）加固处治施工中对原有结构的拆除、清理工作量大，工程较繁琐零碎，存在许多不安全、不确定因素，要求设计人员尽最大可能根据实际情况完善设计，要求施工人员更加注重操作的安全性、施工质量与施工工艺的稳定性。

（4）加固施工现场狭窄、拥挤，工作条件常常受到原有结构及既有交通的制约与干扰，应合理安排工序，科学调配施工机具材料，做到有条不紊。

第二节　上部结构常用加固方法

早在20世纪50年代，国外就对桥梁结构病害的维修加固方法、施工技术工艺、施工机具开始了系统的研究与应用。经过70余年的研究开发与工程实践，桥梁加固维修的施工技术工艺已比较成熟。在过去的20多年中，体外预应力加固技术、碳纤维粘贴加固工艺、化学灌浆及植筋锚固技术、新旧混凝土界面处理工艺等技术工艺迅速成熟，得到了广泛使用。桥梁上部结构常用的加固方法大致有增大构件截面加固法、粘贴加固法、体外预应力加固法、改变结构体系加固法、增加辅助构件加固法等，对于拱桥，尚可根据其受力特点采取一些专用加固方法，如顶推法等。在实施过程中，应充分考虑桥梁实际状况、病害特点及改造需求，综合考虑施工工艺的成熟性、施工工期的合理性、结构构造的可靠性以及对既有交通的干扰影响等方面，采用合理可靠的、技术可行的、经济简便的加固方案。现将各种常用加固方法简述如下。

一、增大构件截面加固法

目前国内外有相当一部分桥梁，由于修建年代较早，其建造标准和荷载等级偏低，面对不断增大的交通流量及运营荷载，呈现出承载能力不足的缺点。主要原因之一是原桥结构截面偏小，不能满足现有荷载等级的要求，对于这部分桥梁可以采用增大构件截面的方法进行加固。增大截面加固法，顾名思义，是采用相同材料或不同材料来加大原结构混凝土截面，达到提高结构承载能力、增大结构刚度的目的。以拱桥为例，当拱脚、拱顶因承载能力不足开裂后，加固拱圈截面的一般程序可采取：清洗修补拱背、凿毛处理，在原拱圈中植入钢筋、铺设钢筋网，后浇筑拱圈加厚层，如图9-1所示。

一般来说，增大结构（构件）截面是中小跨径桥梁常用的加固补强方法之一，其优点是可以有效提高结构承载能力、增大结构刚度，缺点是恒载增加较多、新增截面只承受活载、新旧材料的受力性能可能会存在差异。增大截面的途径有增加受力主筋、加大混凝土截面，加厚桥面铺装层和喷锚混凝土加固等几种方法。

1. 增大梁肋法

既有桥梁中有相当一部分是属于多梁（肋）式结构，如装配式T梁桥、钢筋混凝土肋拱桥等。当这类桥梁的承载能力、刚度、稳定性和抗裂性能不足时,往往因为原截面高度不够或面积过小,对于这些桥梁的加固,通常是将梁肋的下缘加宽加高,扩大截面,并在新增混凝土截面中增设受力主筋与箍筋,以提高混凝土梁(肋)的有效高度和抗弯承载力(图9-2),从而提高桥梁的承载力。

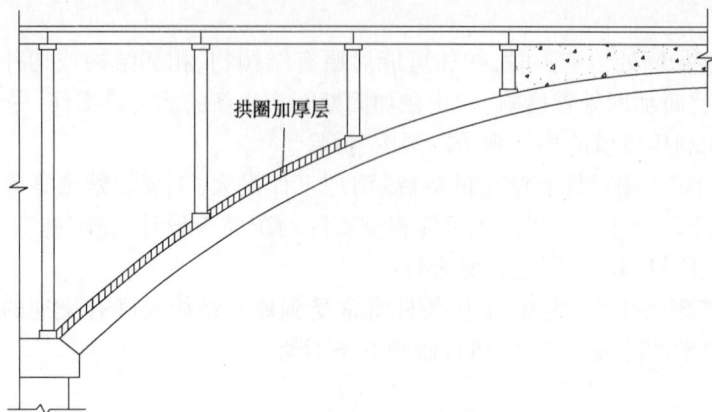

图 9-1　加厚拱圈截面加固法

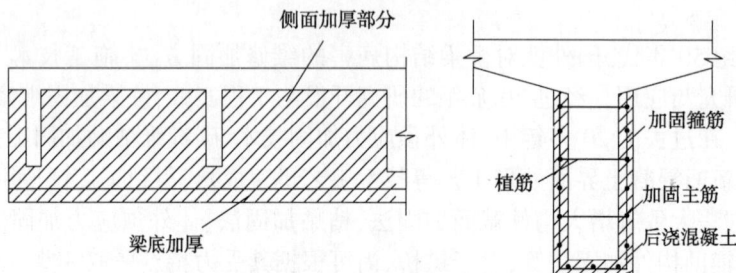

图 9-2　钢筋混凝土 T 梁加大梁肋加固法

在浇筑新混凝土截面时,为了保证新旧混凝土之间有良好的黏结、确保新增截面更好地参与受力,应在全封闭交通的条件下进行施工作业;其次,应将结合部位的旧混凝土表面凿毛,露出集料,清洗干净,喷涂界面黏结剂,增设剪力连接件或种植短钢筋;再次,应每隔一定距离凿露出主筋,以便通过锚固钢筋将新增加的主筋与原结构中的主筋连接起来,然后,悬挂模板,采用附壁式振捣器,现场浇筑新增加的混凝土。

2. 加厚桥面铺装层法

当既有中小跨径梁式桥的承载能力不足、截面过小、刚度不足时,也可根据实际情况将原有桥面铺装层拆除,在桥面板上浇筑一层新的钢筋混凝土补强层,用以提高桥梁的抗弯刚度,这种加固补强方式称为桥面加厚法。其主要目的是增大主梁有效高度和抗压截面、改善桥梁荷载横向分布性能,从而达到提高桥梁整体承载能力,由于这种方法会使梁体自重和恒载弯矩增加较多,可能导致既有结构下缘受拉钢筋控制应力超出规范限值,故这种加固方法一般只适用于跨径较小的 T 梁桥或板梁桥,而且在加固前应对梁(板)的受力状况进行详细的分析,在梁(板)下缘应力、裂缝宽度容许范围的内确定桥面的加厚高度。

为了使新旧混凝土有良好的结合,施工时应将既有桥面板表面凿毛洗净,设置剪力连接件或种植短钢筋,用环氧树脂作为胶结层,同时在桥面板上敷设钢筋网,以增强桥面板的整体性和抗压能力,防止新浇筑的混凝土补强层开裂。

对于采用三角垫层的桥面板,可将原三角垫层凿去,代之以与原桥面板结合为整体、共同受力的钢筋混凝土补强层,或用钢筋混凝土补强层取代桥面铺装层,这样在不增加桥梁自重的情况下进行加固补强,效果会更为明显。

3. 喷射混凝土加固法

当既有梁体截面过小,下缘应力较大出现裂缝,而桥下净空允许时,可采用喷射混凝土法进行加固,其要点如下:

(1)采用化学灌浆方法修补梁体结构裂缝。

(2)按照提高承载能力的需求、在梁体下缘布设钢筋网,通常可采用两种方法加强新旧混凝土的结合,其一是按一定间距将梁底的保护层凿除、洗净,通过连接钢筋先将部分钢筋沿桥的纵横向焊接到原有主筋上,构成钢筋骨架;其二是钻孔,在梁底植入化学锚固螺栓或剪力连接件,喷涂界面黏结剂。然后根据加固设计计算要求,布设、形成新增的钢筋骨架。新增钢筋骨架的主要作用是承受活荷载所产生的拉应力及温度应力,减少收缩裂缝,加强喷射混凝土的整体性等。

(3)喷射混凝土的厚度根据设计需要确定,但每次喷护厚度不宜超过 5~8cm,若需加厚,应待前次喷射混凝土结硬后方可再次喷射,以免在重力作用下导致新旧混凝土之间剥离,复喷混凝土时间应视水泥品种、施工时的气温和速凝剂掺量等因素而定。

4. 增焊主筋法

当结构因主筋应力超过容许范围而桥下净空又受到限制,不宜加大截面高度时,可采用只增焊主筋的方法进行加固,其加固要点如下:

(1)加焊主筋:首先凿开梁体的混凝土保护层,露出主筋,将原箍筋切断拉直,再把新增钢筋焊在原主筋上,增焊钢筋的断头宜设在弯矩较小的截面。为减少焊接时的温度应力,采用断续双面焊缝,从跨中向两端依次施焊。

(2)增设箍筋:如果原桥梁的箍筋不足,梁腹出现剪切裂缝,则加固过程中在增设主筋的同时,应在梁的侧面增加箍筋。具体做法是在梁腹上埋入梢钉或化学锚栓,将新增的箍筋固定起来,并把箍筋上端埋入桥面板中。

(3)卸除部分恒载:加固时为了减小原结构的截面应力,使新增加的钢筋充分发挥作用,应尽可能封闭交通、采取多点起顶措施,将梁顶起,或凿除部分桥面铺装,然后进行加固施工。

(4)恢复保护层:钢筋焊接好并接长后,应重新做好保护层。材料最好是环氧树脂混凝土或微膨胀混凝土。修复保护层通常有三种可供选择使用的方法,即涂抹法、压力灌注法、喷护法。

二、粘贴加固法

当桥梁抗弯、抗剪能力不足时,可以采用粘贴钢板、碳纤维布(板)、钢筋、玻璃钢、芳纶纤维布等方法,以提高构件的抗弯、抗剪能力,阻止既有裂缝进一步扩展。粘贴加固方法具有能够有效提升结构承载能力、加固施工简便、不影响桥梁净空、对既有交通影响小等优点,但也存在难以改善原有结构应力状况、耐久性能相对较差的缺点。目前常用的粘贴加固方法有粘贴钢板加固法、粘贴碳纤维布(板)加固法、粘贴芳纶纤维布等加固方法。

1. 粘贴钢板加固法

梁体外部粘贴钢板加固法是用黏结剂、螺栓将一定厚度的钢板粘贴到构件需要加固的部位上,以提高结构承载力的一种方法。采用粘贴钢板法加固桥梁时,应对桥梁的缺陷和病害进行具体分析,并进行结构计算,根据缺陷和病害发生的部位,设计钢板粘贴的部位,其加固要点如下:

(1)钢板厚度。当用来提高构件的抗弯能力时,应将钢板粘贴在梁(板)受拉翼缘的表面,如对于钢筋混凝土 T 梁,将钢板粘贴在下翼缘、必要时增加锚固措施(图 9-3),使钢板与混凝土形成整体、参与受力,综合考虑钢板的抗腐蚀能力、施工方便性、承载能力提高幅度,钢板的厚度一般在 8~12mm 之间,以适应构件的表面状况。

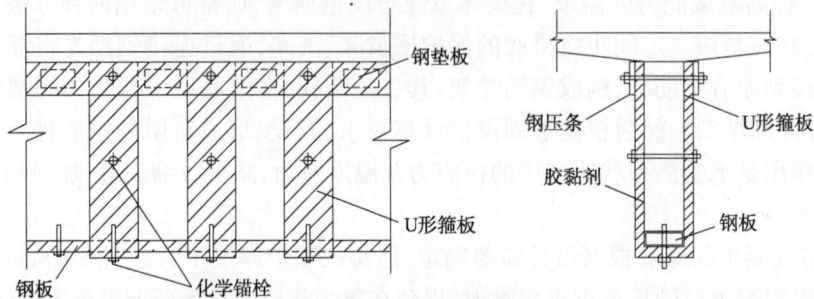

图 9-3　粘贴钢板法加固 T 梁

(2)表面处理。为了确保的粘贴效果,必须对钢板和混凝土的粘贴面进行认真细致的处理。首先应将混凝土表面的破碎部分清除,然后凿毛凿平,使其集料裸露出来,并用钢丝刷或压缩空气清除浮尘,粘贴钢板前还需用丙酮擦洗数遍。钢板表面也应先用汽油洗去油污,用喷砂法或砂轮打磨除锈,使表面露出光泽,然后也用丙酮擦洗干净,最后在钢板表面涂一层环氧树脂薄浆将其保护起来。

(3)粘贴工艺。先在混凝土表面刷一层环氧树脂类胶浆,然后在钢板上涂一层环氧树脂类胶浆,间隔片刻再在钢板上均匀地铺一层环氧树脂砂浆,一般厚度在 2mm 左右,随即将钢板贴到混凝土表面上,旋紧螺栓进行加压,使多余的胶浆沿板边挤压出来,达到密贴的程度。一般地,为避免钢板与混凝土剥离,每隔 30~40cm 间距钻孔、梅花形布设螺栓,一方面便于使钢板与混凝土表面密贴,另一方面借助于旋紧螺栓所产生的机械作用力,使钢板与混凝土形成整体。

(4)检查粘贴质量。一般是采用肉眼观察,如发现钢板与混凝土表面之间有空隙的地方,及时填入胶结剂补贴。

(5)防护处理。一种是采取清除钢板表面污染,先涂一层环氧树脂薄浆罩面,然后涂两层防锈漆在上面进行保护。另一种是采用喷射混凝土在钢板上面喷射一层混凝土保护层,喷射混凝土与原结构组成组合工作体系,克服了粘贴的钢板易于生锈的缺点。

(6)当粘贴钢板用以加固和增加梁的剪切强度时,钢板应粘贴在梁的侧面,跨缝粘贴。用于粘贴的钢板可以一般是带状的。带状钢板沿垂直于裂缝的方向粘贴、倾斜度一般为 45°~60°。梁的上下端应设水平锚固板,以提高端部的锚固强度(图 9-4)。

2. 粘贴碳纤维布(板)加固法

粘贴碳纤维布加固是利用树脂类黏结材料将碳纤维布粘贴于混凝土表面,借助于碳纤维材料良好的抗拉强度达到增大构件承载能力及刚度的目的。碳纤维拉伸强度一般在 2400~3400MPa 之间,与普通钢板相比,具有拉伸强度高、自重小、化学结构稳定等优点,是一种性能比较优越的加固补强材料。粘贴碳纤维布补强加固具有施工方便,耐腐蚀及耐久性能好、不增加结构自重等优点,适用于各种形式的钢筋混凝土构件的加固补强,但也存在难以改善原有结构应力状况、黏结材料耐久性较差等缺点。

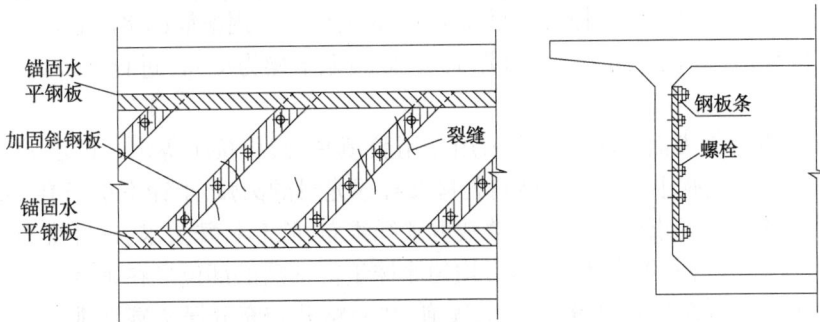

图9-4 粘贴钢板法加固混凝土箱梁腹板

碳纤维一般分为布材和片材(板材)两种,碳纤维布材质量轻且厚度薄,具有一定柔度,加固方式比较灵活,碳纤维片材具有一定的刚度和方向性。粘贴碳纤维布加固修补结构技术适用于各种结构类型、各种结构部位的加固修补,如梁、板、桥墩、拱肋等结构。粘贴碳纤维布加固施工时,将碳纤维材料用专门配制的树脂或浸渍树脂粘贴在混凝土构件需补强加固部位表面,树脂固化后与原构件形成新的受力复合体,共同工作。碳纤维补强加固施工工艺程序如图9-5所示,加固要点如下:

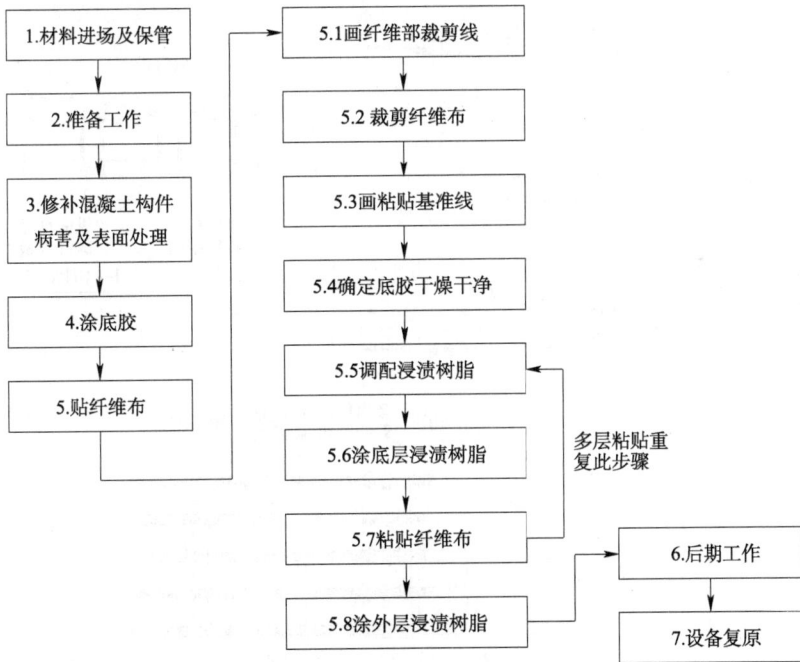

图9-5 纤维加固施工控制流程图

(1)粘贴工艺流程为卸荷→基底处理→涂底胶→找平→粘贴→保护,即在加固前应对所加固的构件尽可能卸荷,加固后要做好防护层。

(2)基底处理。混凝土表层出现剥落、空鼓、蜂窝、腐蚀等劣化现象的部位应予以凿除,对于较大面积的劣质层在凿除后应用环氧砂浆进行修复。裂缝部位应首先进行封闭处理。用混凝土角磨机、砂纸等机具除去混凝土表面的浮浆、油污等杂质,构件基面的混凝土要打磨平整,尤其是表面的凸起部位要磨平,转角粘贴处要进行倒角处理并打磨成圆弧状($R \geqslant 10mm$),用吹风机将混凝土表面清理干净,并保持干燥。

(3)涂底胶。严格按规定比例配置底胶,将主剂与固化剂先后置于容器中,根据现场实际气温决定用量并严格控制使用时间,一般情况下1h内用完。用滚筒刷将底胶均匀涂刷于混凝土表面,待胶固化后(固化时间视现场气温而定,以指触干燥为准)再进行下一工序施工,一般固化时间为2~3d。

(4)找平。混凝土表面凹陷部位应采用专用胶填平,模板接头等出现高度差的部位应采用专用胶填补,以尽量减小高度差。转角处应修补成光滑的圆弧,半径不小于10mm。

(5)粘贴。按设计要求的尺寸及层数裁剪碳纤维布,除非特殊要求,碳纤维布长度一般应在3m之内。调配、搅拌粘贴专用胶,然后均匀涂抹于待粘贴的部位。在确定所粘贴部位无误后,用特制滚子反复沿纤维方向滚压,去除气泡,并使粘贴胶充分浸透碳纤维布。多层粘贴应重复上述步骤,待碳纤维布表面干燥后方可进行下一层的粘贴。在最后一层碳纤维布的表面均匀涂抹粘贴胶。碳纤维布沿纤维方向的搭接长度不得小于100mm,碳纤维端部固定用横向碳纤维或粘钢固定。

(6)保护加固后的碳纤维布。表面应采取抹灰或喷防火涂料进行保护。

以某钢筋混凝土刚架拱桥拱肋截面加固为例,采用纵向粘贴碳纤维板、横向粘贴碳纤维布的方法,其具体布置、构造方式如图9-6所示。

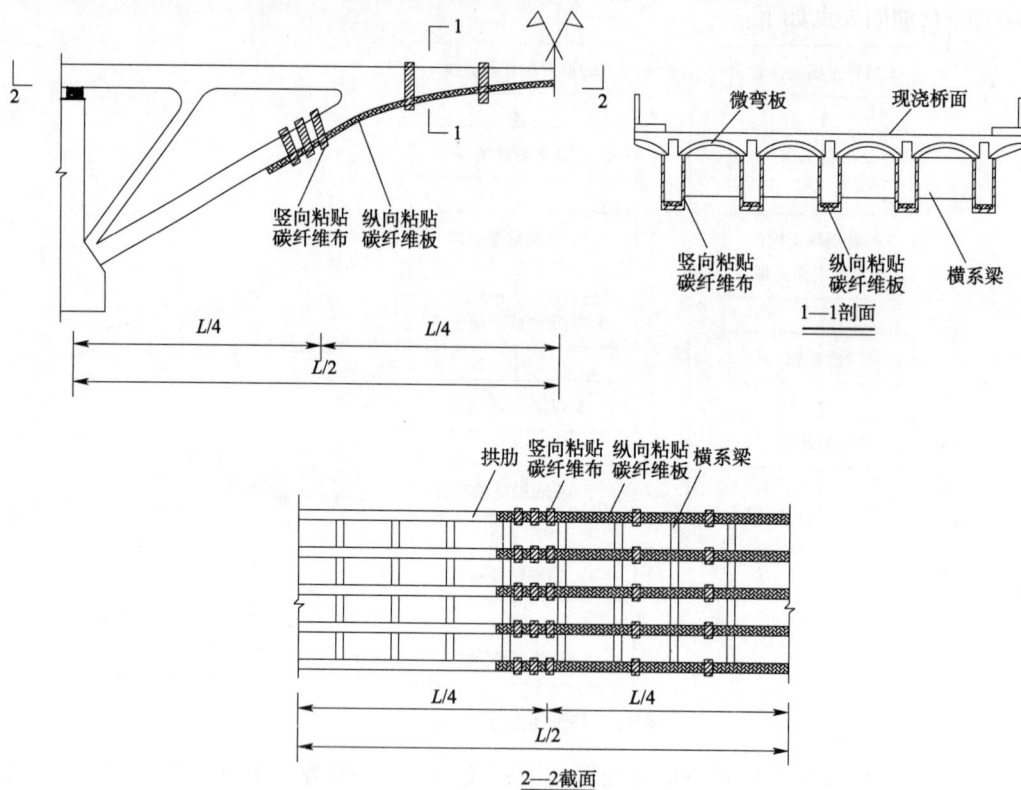

图9-6 粘贴碳纤维布加固混凝土刚架拱桥

3.粘贴芳纶纤维布加固法

芳纶纤维具有拉伸强度、弹性模量高,密度低,耐磨、耐冲击、耐化学腐蚀性、抗疲劳好等特点,具有修补补强材料所应有的特性,特别适用于韧性补强和冲击补强。其拉伸强度约是钢板的5倍,比重约是钢板的1/5，柔软性等同于合成纤维，具有良好耐候性、耐水性、耐热性、耐寒性。粘贴芳纶纤维布加固法施工安全，操作简单，其具体施工工序、施工工艺可参照粘贴碳纤维布加固法。

三、体外预应力加固法

对于钢筋混凝土、预应力混凝土梁桥，其病害主要有两种：一种主要表现为承载能力不足（如抗弯强度、抗剪强度不足），另一种主要表现为使用应力过大、梁体开裂、产生过大的下挠变形。对于前者，可以采用加大截面加固法、外包钢板加固法、粘贴碳纤维布加固法等被动加固方法；对于后者，如仍采用上述被动加固方法则难以根除或缓解病害，只能采用体外预加力加固法、改变结构体系加固法等主动加固方法，这一点对于大跨径梁桥如连续梁、连续刚构则更为突出，这是因为大跨径混凝土梁桥因恒载所占比例较大且无法卸载，导致后增加的截面或构件难以有效分担原有恒载产生的内力。

体外预应力是相对体内预应力而言的，体外预应力结构是把预应力筋布置在主体结构构件之外，从而达到改善既有桥梁使用性能并提高其极限承载能力的目的。采用体外预应力对钢筋混凝土、预应力混凝土梁桥进行加固，不仅可以有效抵消部分恒载产生的应力，而且能够有效地改变结构的内力分布特征。体外预应力加固具有如下特点：

（1）能够较大幅度的提高既有桥梁承载能力，改善既有桥梁承重构件的应力状态及其分布。加固后所能达到的荷载等级与原桥设计标准及安全储备有关，一般情况下可将原桥承载力提高30%~40%。

（2）体外预应力加固所需设备简单，人力投入少，施工工期短，技术经济效益明显。

（3）在加固过程中，可以实现不中断交通或间歇式限制交通。

（4）对原桥损伤较小，不影响桥下净空，不增加桥面标高。

（5）体外预应力虽然加固效果明显，但对设计施工技术水平要求较高，既要对既有结构的病害状态、病害成因准确分析，也需要对设计计算及结构构造精细把握。

常用的体外预应力材料主要有精轧螺纹钢筋、钢绞线、成品预应力索，某些情况下也有采用张拉碳纤维板或软钢丝的工程实践。为使原结构应力状况得到有效的改善，体外预应力加固法通常与其他加固方法配合使用，并反复优化施工工序。

对于中小跨径T梁，如果桥下净空能够满足通车或通航的要求，可采用在梁体下缘设置体外预应力筋或预应力拉杆（图9-7），必要时采用喷射混凝土作为保护层。其加固施工主要工序如下：

（1）在梁端顶部设置锚固构造与锚固垫板。

（2）在梁体腹板或横隔梁上设置预应力拉杆的连接构造或转向构造。

（3）待锚固端的混凝土达到了强度要求后，安装拉杆，采取旋紧螺母、千斤顶或法兰螺盘张拉等方式对拉杆施加预应力。张拉时应注意每片梁上的拉杆应保持均衡、同步对称张拉。

（4）封锚张拉完毕，即用防水砂浆或环氧砂浆填入锚固槽封锚。

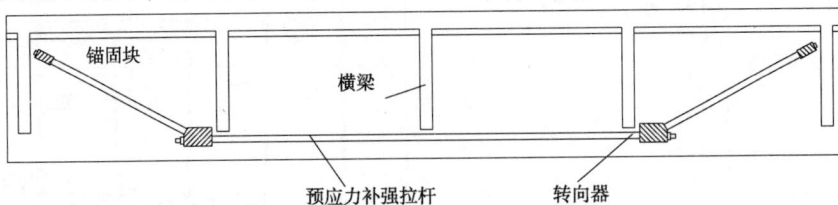

图9-7 下撑式预应力拉杆加固钢筋混凝土T梁

对于由钢筋混凝土T梁、钢筋混凝土现浇板、混凝土空心板组成的中小跨径宽桥，常常因宽跨比大而产生横向弯曲,如其整体性差或横向配筋不当,则可能出现的顺桥向弯曲裂缝或单板受力现象。此时,可采用增设横桥向预应力的方法予以加固,对于钢筋混凝土 T 梁常在横隔板对应位置布设、张拉精轧螺纹钢筋;对于现浇板、空心板多采用分布式无黏结预应力束,并辅以喷射混凝土措施予以防护(图 9-8)。

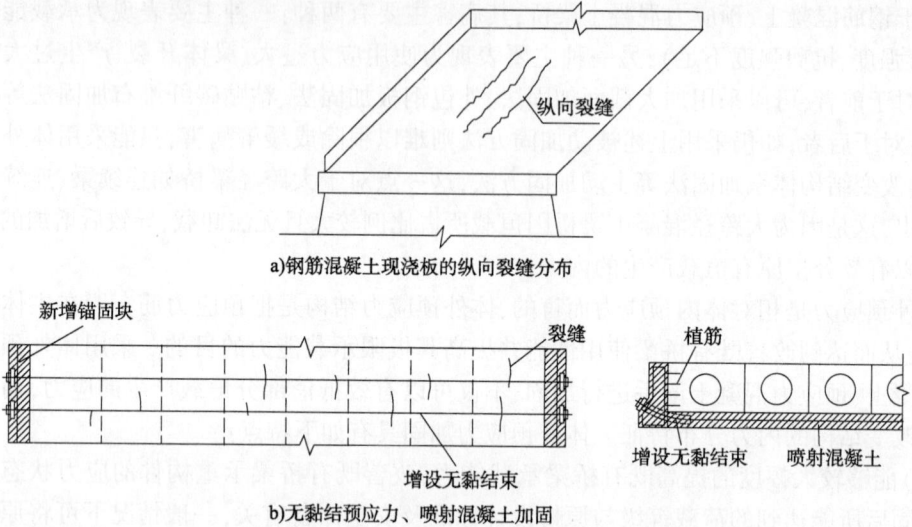

a)钢筋混凝土现浇板的纵向裂缝分布

b)无黏结预应力、喷射混凝土加固

图 9-8　横向布设无黏结预应力钢绞线、喷射混凝土加固宽桥

对于大跨径混凝土 T 形刚构、连续梁、连续刚构,梁体下挠、底板腹板开裂是比较常见的病害。对此,可在箱梁内布设纵向预应力束,增设转向、锚固装置,以改善梁体正应力分布、提高抗弯抗剪强度,通常,预应力采用大吨位环氧喷涂无黏结成品索,转向、锚固装置以尽可能利用原有的横隔板为宜(图 9-9)。对于箱梁腹板开裂,可采用精轧螺纹钢筋等预应力材料,在箱梁顶板、底板上设置锚固装置,通过布置在桥面张拉装置,从而使混凝土箱梁桥腹板应力状态得以主动调整,腹板剪切裂缝的扩展得以有效抑制(图 9-10)。

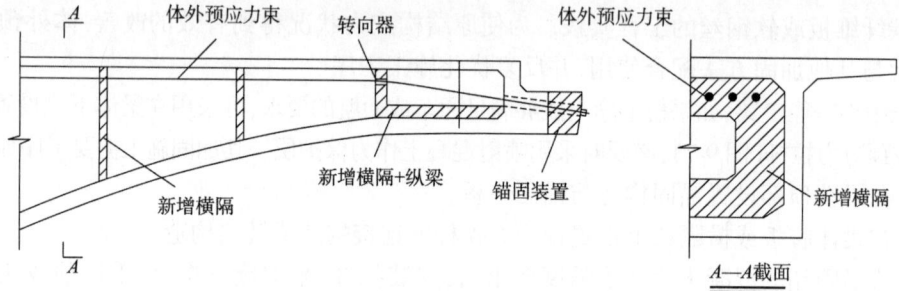

图 9-9　布设纵向预应力束加固混凝土箱梁桥

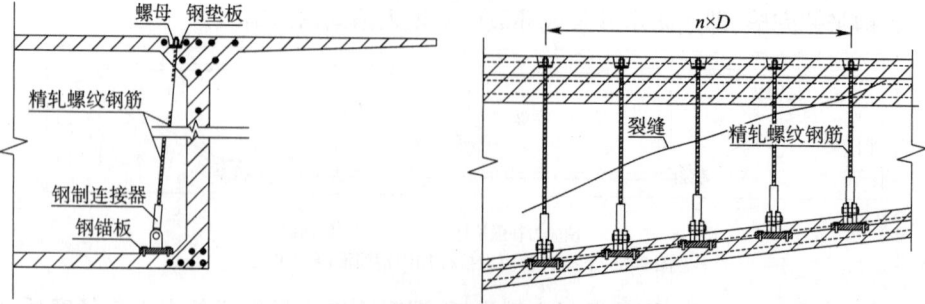

图 9-10　布设竖向预应力筋加固混凝土箱梁腹板

四、改变结构体系加固法

改变结构体系加固既有桥梁通常是指增设附加构件及其相应构造,或进行技术改造,使桥梁受力体系发生改变,从而改善桥梁的性能,达到提高承载能力的目的。改变结构受力体系的方法多种多样,总体来说加固效果比较突出。改变结构体系加固法比较复杂,需要针对具体问题进行专门研究、细致分析,目前常用的大致有梁的连续加固、增设八字撑架、梁拱结合及增设斜拉索改造等方法。

1. 梁的连续加固法

根据简支梁与连续梁的受力特性,可将多跨简支梁转变为多跨连续梁,或将多跨简支梁桥改造成桥面连续体系,从而减小既有桥梁跨中截面的弯矩和挠度值,改善多跨简支梁桥的受力特性,提高既有桥梁的承载能力或安全储备。其加固的基本要点如下:

(1)凿开桥面铺装,将梁体上缘的保护层凿除,使主筋外露,将箍筋切断拉直。然后沿梁顶增设纵向受力主筋,钢筋的直径、根数和长度以及是否需要预加应力等,应根据梁体上缘负弯矩量值及分布来计算确定。计算时,恒载按简支体系计算,活载按连续体系计算。

(2)浇筑梁体上缘新增的混凝土和梁端接头处的混凝土。

(3)必要时,顶升梁体、拆除原有支座,用一组新支座替代原有的两组支座。

(4)重新浇筑好桥面铺装层。

桥面连续的加固方法是将相邻两跨连接处的桥面铺装凿开,增焊受力主筋,从而使相邻数跨或全桥桥面铺装的受力主筋连为整体,然后修补好桥面铺装即可。

2. 八字撑架加固法

在桥下净空和墩台基础受力许可的条件下,可采用在梁(板)底下加八字支撑的方法加固,如图 9-11 所示。通过斜撑的设置使单跨简支梁转变为弹性支承的三跨连续梁,利用结构体系的改变使结构的受力状况得到改善,达到提高原桥承载能力的目的。这种方法亦可用于跨连续梁桥,其加固方法及要点是:

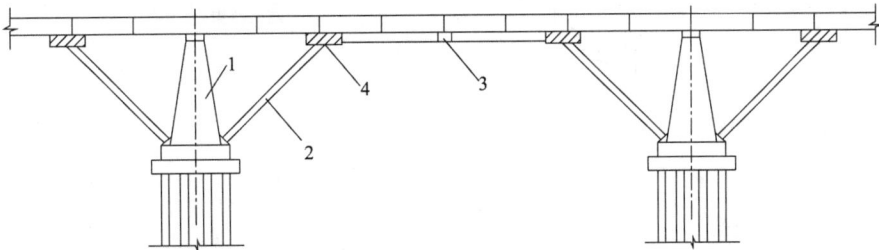

图 9-11　采用八字撑架加固混凝土简支梁
1-原桥墩;2-钢筋混凝土斜撑;3-钢筋混凝土水平撑;4-转向装置

(1)在桥孔梁底下设置斜撑的支撑点,支撑点的位置选择要适当、合理。当原结构为简支时,对支撑点的位置由该部位梁体截面所容许承担的弯矩和剪力决定,要求在恒载与活载组合的情况下此新增支点处不出现超过原有(上缘)配筋所容许的负弯矩,单跨梁则按三跨弹性支承连续梁验算。当原结构为连续梁时,支点位置应通过试算确定,其原则是控制主梁在该点出现的负弯短与该点未加斜撑前由恒载产生的正弯矩相近,并使所有截面在运营期间的应力均不超过容许值。增加斜撑后,恒载按原有结构受力体系计算,活载按由原有结构受力体系与斜撑组成的框架计算。

（2）如果通过设计计算，发现仅仅依靠调整支撑点的位置已不能满足对该桥加固改造所要求的承载能力时，则在设置八字撑架的同时，还应采取对梁体增设主筋或加厚桥面板等措施加强梁的薄弱截面，进行综合处治。

（3）新增支承处应设置聚四氟乙烯板滑动支座，以保证支座基本无水平剪力，支撑的上下支点均应按活动铰支承来设计细部构造。

（4）必要时，在梁底与撑架之间埋设扁千斤顶，施加一定的支顶力，使新增撑架能够主动分担一定的恒载内力，千斤顶支顶力大小需通过计算确定。

增设撑架法也常常用于既有混凝土箱梁翼板拓宽工程中，此时，撑架的一端支承在箱梁腹板与底板交界的外侧，另一端支承在悬臂翼板的中部。

3. 梁拱组合加固法

当既有梁桥承载能力严重不足、需要较大幅度提高荷载等级时，也可采用将梁式桥转换为拱梁组合体系的加固方法。新增拱肋与既有梁体共同承受荷载的作用，从而提高了承载能力，其主要加固程序如下：

（1）根据加固改造设计需要在既有墩台处补砌墩台，设置拱座。

（2）采用施加预应力的方式使梁体产生一定的上拱度，或用千斤顶将梁体在跨中部位适当顶起，对原桥部分卸载，以减小原结构的恒载应力。预加应力或支顶力要适度，避免产生新的病害。

（3）按照设计所确定的工序，装配（现浇）拱肋，浇筑拱上立柱或安装吊杆。

（4）卸除千斤顶或部分拆除预应力索，使新老结构共同作用，由梁式桥转换为拱梁组合体系。

4. 增设拉索加固法

当既有大跨径混凝土 T 形刚构、连续梁、连续刚构承载能力严重不足时，也可根据实际情况，采用在墩顶设置索塔、在梁体适当部位上设置 2～3 对斜拉索，将梁式桥转换为部分斜拉桥的加固方法（图 9-12）。其主要加固程序如下：

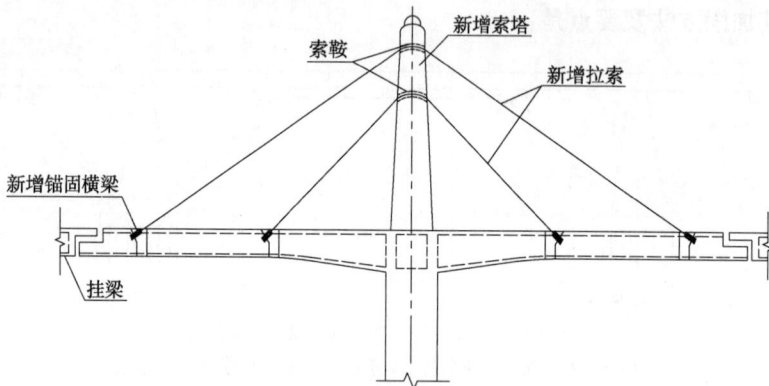

图 9-12 增设斜拉索加固大跨径 T 形刚构桥示意图

（1）根据加固改造设计需要，在既有墩顶处增设索塔，索塔可以是混凝土结构，也可以是钢结构；索塔通常多采用塔梁固结方式，也可以采用加宽桥墩、直接在墩顶接高的构造方式。

（2）在原梁体适当位置增设横隔板（梁）、布置锚固构造，横隔板（梁）、锚固构造可以是现浇混凝土构件，也可以是钢结构，以连接可靠、方便施工、不过多增加恒载为宜。

（3）按照设计所确定的施工工序，安装、张拉斜拉索，斜拉索索力大小要适度，避免产生新的病害。

(4)同步监测梁体挠度及控制截面应力,必要时根据实际情况调整拉索张力。

五、增设辅助构件加固法

在桥梁墩台及地基安全性能好,并具有足够承载能力的情况下,可采用增设新纵梁或横梁的加固方法,来提升上部结构的承载力。加固时尽可能加强新增构件与原有构件的连接构造,以利形成整体、共同受力。由于新增主梁可以有效地分担活载作用,使原有梁体中的内力得以减小,由此使加固后的桥梁承载能力和刚度得到有效提高。增设辅助构件加固法对于活载内力占比较大的中小跨径梁桥、拱桥,具有比较明显的加固效果与经济优势。

1. 增设纵梁

对于结构基本完好而需要提高荷载等级的 T 形梁,可采用增加纵梁的方法加固。具体方式可根据原结构承载能力、加固改造需求与施工方便性灵活选择,如在原纵梁之间增设小纵梁,以形成主次梁共同承担荷载的受力图式[图 9-13a)],当增设的纵梁位于主梁的一侧或两侧时,则兼有加宽的作用,必要时在新增纵梁与原有 T 梁之间增设底板,形成箱形截面,或将新增纵梁直接设计成箱梁,形成"以强扶弱"的格局[图 9-13b)、c)],一般情况下,增设纵梁时多同步采用增强横向联结系或增设横梁的配套措施,以增强原有纵梁、新增纵梁的整体性,改善荷载横向分布,间接提高桥梁的承载力[图 9-13b)~d)]。

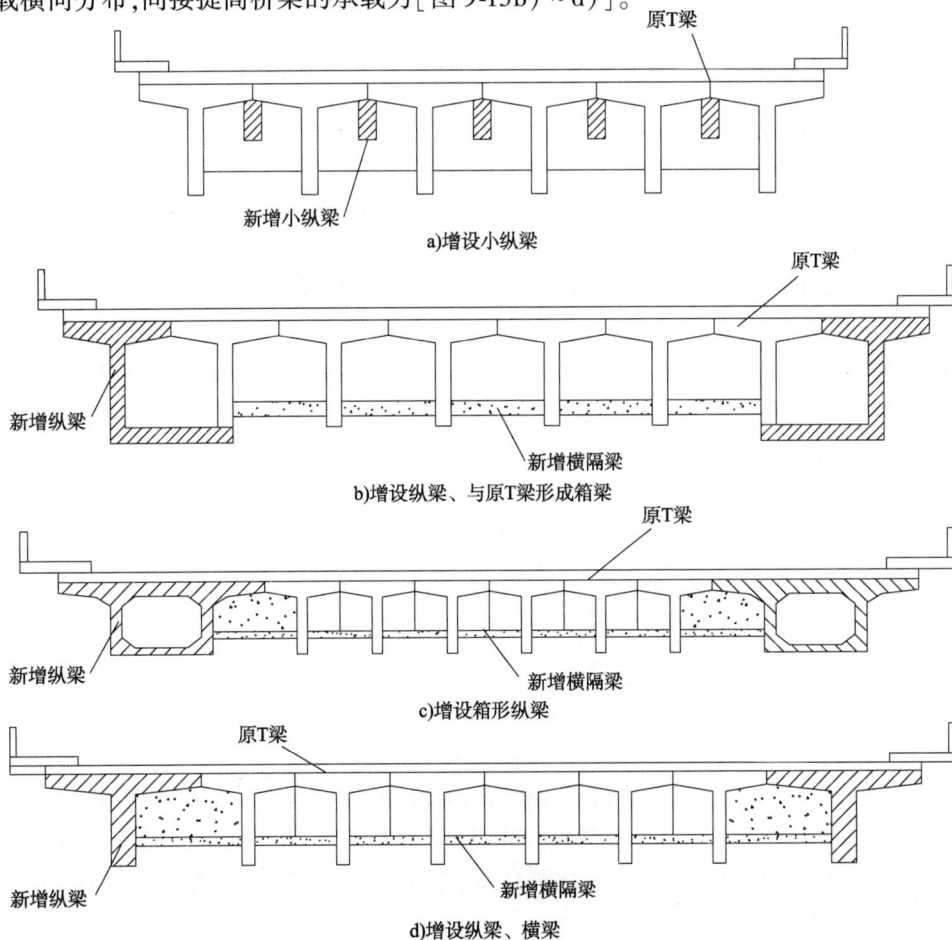

a)增设小纵梁

b)增设纵梁、与原T梁形成箱梁

c)增设箱形纵梁

d)增设纵梁、横梁

图 9-13 增设纵梁加固混凝土 T 梁桥示意图

2. 增设辅助横梁

对于某些因横向整体性较差而降低了承载能力的装配式梁桥，或对于受力整体较差的双曲拱、桁架拱桥中，某些情况下在加固时可采取增设横梁的办法来加强各纵梁之间的横向联结系，其加固要点如下：

（1）在纵梁上需要新增加横梁的部位钻孔。

（2）设置贯通全桥宽的横向连接钢筋，并将钢筋的两端用螺母将其锚固在纵梁上。

（3）将纵梁与新增横梁结合处的混凝土表面凿毛，悬挂模板现浇混凝土横梁。

（4）必要时，在新增设的辅助横梁中，设置、张拉预应力筋，以提高新增辅助横梁的强度及抗裂性。

六、其他加固方法

桥梁上部结构加固方法除上述增大构件截面加固法、粘贴加固法、体外预应力加固法、改变结构体系加固法、增加辅助构件加固法5种方法之外，一些情况下，还会根据桥梁结构受力特点、病害特征等，采取其他一些加固方法。例如，对于拱桥，如其水平位移过大而导致拱顶开裂，则可采用顶推加固法；又如，T形刚构桥刚度不足、下挠过大时，在采用体外预应力加固法的同时，也可将桥墩加粗加厚，以增大其抗弯刚度等。现将其他加固方法简述如下：

1. 拱桥的顶推加固法

拱桥由于设计、施工不当，以及地基软弱，引起墩台下沉位移，拱圈及拱上建筑严重开裂时，应限载或禁止通行，查明原因，采取加固处理措施。拱桥加固除可采取前述方法外，尚可根据拱桥的受力特点、病害特征采取一些其他加固方法。

（1）对于地基已稳定的桥台，当拱轴线变形较大、承载能力不足时，可采用顶推方法按下述程序调整拱轴线，恢复其承载能力。

①先将拱脚的锚固钢筋切断，并将拱上建筑与桥台分开，使顶推时拱上建筑能随同拱圈自由变形。

②顶推可在拱桥的一端顶推，也可在两端同步顶推。顶推的基本做法是在桥台的拱脚处安装传力结构（钢夹具或刚性横梁），通过千斤顶施加推力，将拱圈自拱脚向跨中方向顶推，以实现调整桥台位移和拱轴线、恢复承载能力的目的，如图9-14所示。

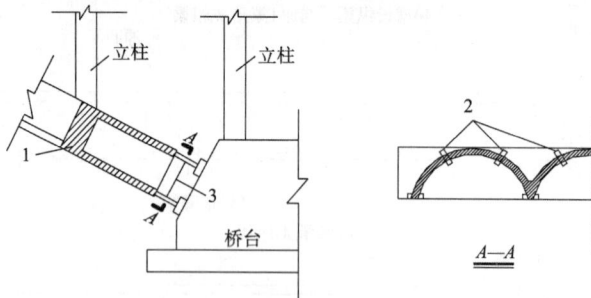

图9-14 顶推法调整拱轴线示意图
1-横系梁；2-钢横梁；3-千斤顶

③顶推完成后，在拱脚端的空隙处浇筑高强快凝混凝土，必要时也可将顶推千斤顶一并浇筑在内。

④顶推应按照相关程序，分级缓慢进行，并同步加强监测，直至达到计算要求的顶推水平

距离,如有其他控制指标超出设计计算要求,应立即停工检查。

⑤顶推完成后,整修结构的其他部分。

(2)对于地基不稳定、产生水平位移的桥台,可采用在台后增设小跨径引桥和增设水平摩阻板的方法,如图9-15所示,并按下述程序处治:

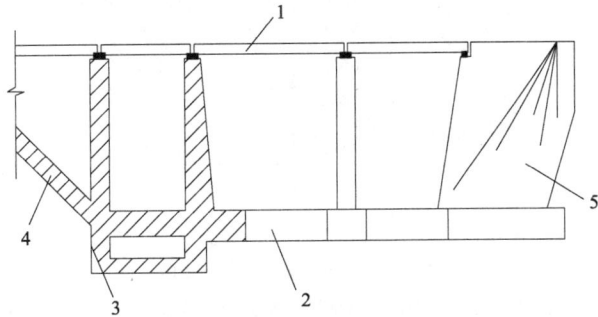

图9-15　拱桥桥台水平位移整治

1-增设的小跨径引桥;2-水平摩阻板;3-原有拱桥桥台;4-拱圈;5-新增桥台

①分段将台后路基填土挖除,增设1~2孔小跨径桥孔,增设水平摩阻板,并与原桥台连成一体,以抵抗桥台滑移,使桥台不再继续产生水平位移。

②视水平位移大小,必要时采用前述方法,在桥台后布设反力梁、千斤顶,顶推桥台,消除或补偿桥台水平位移所产生的不利影响。

③下部结构处理完成后,再将拱上结构损坏部分加以修理,必要时重铺桥面铺装层。

2. 钢管混凝土的加固补强

钢管混凝土是一种承载能力大、施工方便快捷的结构材料,非常适于受压,常常用于钢管混凝土拱桥的拱肋、高桥墩的建设中。由于泵送混凝土材料、施工工艺、温度变化及混凝土收缩等因素的影响,经过一段时间,钢管与内填混凝土之间会存在缝隙,使混凝土与钢管脱开,导致钢管混凝土实际受力状况与设计意图不相符,从而产生安全隐患。对此,常常采取化学灌浆补强处理措施,以恢复钢管与混凝土密贴状态,其主要流程如下:

(1)钻灌浆孔,钻孔位置、数量根据检测结果确定。

(2)通过空压机从所钻的孔压入空气,以检查灌浆孔的可使用性,以及钢管与混凝土之间的缝隙大小、贯穿程度,以指导后续施工。

(3)根据通风检查结果,定出可使用的灌浆孔,对不通的灌浆孔先进行原孔位清理,如仍不能使用,再在原孔位两侧选择适当部位钻设新的灌浆孔。

(4)在处理或重新钻设完灌浆孔位,安装好灌浆管后,采用适宜的化学浆材,进行压力灌浆,灌浆压力原则上先小后大,逐步加压,并视现场情况加以调整。

(5)在化学浆材固化后,根据检测结果、缝隙情况,进行二次化学灌浆,确保内填混凝土的密实性。

3. 改桥为涵加固法

对于一些跨径较小的混凝土桥梁,在不影响泄洪能力的情况下,可采用改桥为涵的加固方法,原结构受到涵洞填充物的连续支承,承载能力会大幅提高,涵洞的形式可视具体情况,采用圆管涵、拱涵或箱涵等形式(图9-16)。

总之,桥梁加固方法的比选,关键在于因地因事制宜、对症下药,选取效果上明显、构造上可靠、施工上可行、经济上合理的加固方案,并尽量采取主动加固对策,以期病害桥梁在承载能力与使用性能两方面都得以改善,尽可能减小对既有交通的干扰影响。

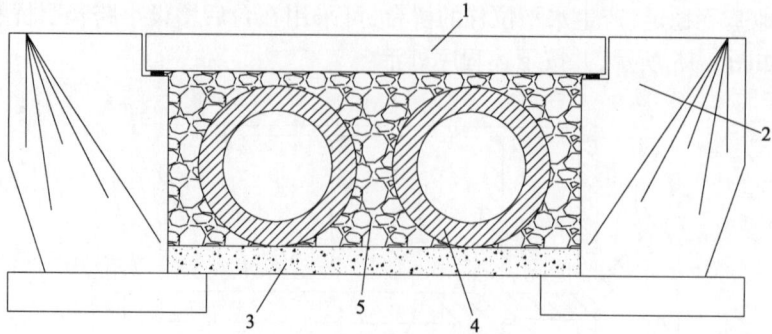

图 9-16　改桥为涵加固法示意图

1-原钢筋混凝土简支板;2-原桥台;3-新增钢筋混凝土垫层;4-新增管涵;5-内填浆砌片石垫层

七、加固改造实例

某大桥主桥为 243.367m 的中承式钢筋混凝土肋拱桥,拱肋净矢高 48m,矢跨比为 1/5,两条分离式钢筋混凝土拱肋用 K 撑和 X 撑连接,采用半劲性骨架法施工,于 1990 年建成通车。其中,主桥中部 180m 范围内设置 17 对吊杆,吊杆间距 10.14m,桥面系采用"横梁+空心板"的构造,吊杆上端锚固于拱肋,下端锚固于横梁,横梁为预应力混凝土结构,在其上布设预应力混凝土桥面板,形成以横梁为主的桥面系。

由于该桥存在吊杆锚固处无法检查、抗疲劳性差等先天缺陷,加上当时我国工程界对温度效应、吊杆应力腐蚀机理的认识也不够到位,"横梁+空心板+吊杆"简支桥面系存在冗余度不足、整体性较差的隐患,导致该桥短吊杆在应力腐蚀作用下发生断索,桥面系在 2001 年 11 月 7 日发生了局部垮塌事故,如图 9-17 所示。随后,在该桥桥面恢复工程中,将原有吊杆全部更换为 PES7 成品索,锚固构造为镦头锚,上下端分别锚于拱肋上缘和横梁下缘,于 2002 年 7 月恢复通车。

图 9-17　某大桥概貌及桥面局部垮塌情形

由于该桥主要隐患在桥面恢复工程中并未得到根除,"横梁+空心板+吊杆"简支桥面结构体系受力的整体性较差、结构强健性不足的问题依然存在,在汽车荷载作用下单根吊杆的应力幅较大,容易出现疲劳损伤。经过近 20 年的运营,该桥的部分吊杆再次出现了钢丝腐蚀损伤,吊杆下锚头螺母、螺纹锈蚀等安全风险。为消除上述安全风险,有关方面决定对该桥的桥面系进行改造加固。改造加固要点如下:

①采用纵横钢格子梁+混凝土桥面板的整体结构,将桥面系由简支结构改造成连续结构,以解决桥面系的强健性不足、安全可靠度偏差的问题。

②采用钢-混凝土组合桥面板,大幅度减轻桥面系的恒载重量,原桥面系重量为 323.5kN/m,

改造后重量为 195.3kN/m，自重减轻了 39.6%，从而增大了主拱肋的承载能力储备和安全系数，相关计算结果见表 9-1。

③对桥面每侧加宽 2m，将非机动车道与机动车道分离，增加机动车车道数，提高其通行能力。

④更换吊杆，采用 1860MPa 级钢绞线整束挤压吊杆，上锚点采用挤压锚、设置于拱圈上缘，下端采用销接式构造、位于桥面上，以便于吊杆的张拉、调索、检查和更换。

⑤改造门架立柱、伸缩缝，以保证桥面系的连续性，为此，将近拱脚处支承桥面系的原有门架盖梁切除、采用劲性骨架混凝土横梁来降低标高，将伸缩缝从拱肋与横梁交界桥面处移至桥面系端部，以改善短吊杆受力状况、使钢格子梁组合桥面体系在主桥范围内连续。

改造前后拱肋控制截面内力及安全系数比较　　　　　　　　　　　　表 9-1

	截面	轴力(N)	剪力(N)	弯矩(N·m)	安全系数
改造前	拱脚	-6.88×10^7	-1.37×10^6	-4.76×10^7	2.08
	拱肋 1/4	-5.38×10^7	-1.09×10^6	-3.76×10^6	1.39
	拱顶	-4.99×10^7	-0.69×10^6	1.59×10^7	1.27
改造后	拱脚	-5.56×10^7	-2.32×10^6	-5.29×10^7	2.35
	拱肋 1/4	-4.29×10^7	-0.72×10^6	-1.83×10^6	1.78
	拱顶	-3.99×10^7	-0.45×10^6	1.12×10^7	1.63

上述改造措施，使得桥梁通行能力大幅增加，拱肋控制截面的内力得以有效减小，结构的强健性与冗余度得以显著提升，结构的可检查性、可维护性得以明显改善，取得了良好的改造加固效果。

第三节　墩台基础常用加固方法

如果墩台与基础的承载能力不足，产生沉降、倾斜等影响承载能力的病害时，或遭受船舶漂流物撞击产生损伤时，应对桥墩、桥台及基础进行必要的补强加固。通常，墩台基础的加固施工工艺与上部结构加固施工有许多相同之处，但也存在一些比较特殊复杂的环节如水下混凝土的施工等。

一、墩台加固方法

1. 箍套加固法

当桥墩、桥台等下部结构承载能力不足、施工质量不好、水流冲刷磨损、风化剥落、排水不良以及其他因素(如地震、火灾、船舶和漂浮物撞击等)造成损坏、变形、侧移及鼓肚等各种病害时，可以对有缺陷的桥墩、桥台等采取外围浇筑一层钢筋混凝土箍套，或粘贴碳纤维布、芳纶纤维布的方法进行加固补强，其中以钢筋混凝土箍套最为常用。原则上，钢筋混凝土箍套厚度不宜小于 10～15cm，并注意通过植入钢筋、布设化学锚栓与原结构形成整体(图 9-18)。常用的钢筋混凝土箍套加固方法流程是：

(1)在桥墩桥台或桩基上按一定间距钻孔。

(2)在桥墩桥台上植筋或布设化学锚栓。

(3)布设钢筋网。

(4)布设模板、现浇混凝土对桥墩桥台形成套箍,或采用喷射混凝土法施工。

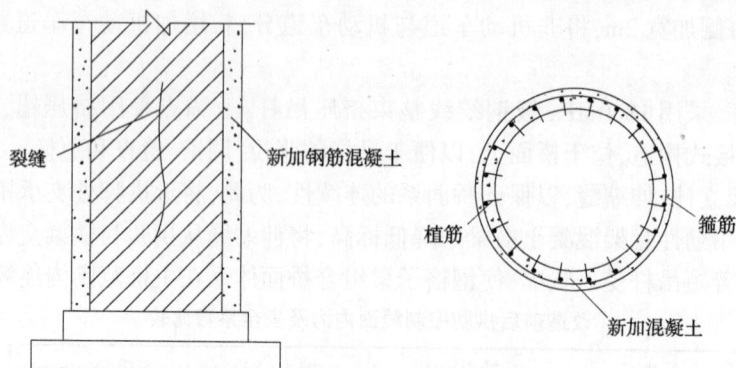

图 9-18　钢筋混凝土箍套法加固桥墩

当采用粘贴碳纤维布、芳纶纤维布加固墩台时,其加固要点、粘贴方法可参见前述上部结构粘贴加固法的有关施工方法。

对于水中桩基采用钢筋混凝土箍套法加固时,需布置组合式套筒并逐节下沉后,再布设钢筋网、浇筑混凝土,其施工工序工艺比较复杂,可参见有关书目。

2. 桥台滑移倾斜的处理方法

(1)增设支撑:对因墩台因尺寸不足,难以承受台背压力而往桥孔方向产生倾斜或滑移的埋置式桥台,可采用修筑撑壁法加固。对于单孔小跨径桥台,为防止桥台滑移,可在两台之间加建水平支撑,如采用整跨浆砌片石撑板,或用钢筋混凝土支撑梁进行加固。

(2)增建辅助挡土墙:对于因桥台水平土压力太大而引起的桥台倾斜,应设法减少桥台后壁的土体压力,可在台背新建挡土墙,以增强挡土能力。

(3)减轻荷载法:筑于软土地基上的桥台,常由于填土较高,而受到较大侧向土压力作用,从而使桥台产生前移,以至发生倾斜。此时,可采取更换台背填土、加厚桥台胸墙等措施来减小土压力。

3. 预应力拉杆加固法

当桥台尚未稳定、桥台与拱上侧墙等结构物已经变形时,可采用设置拉杆或锚索的方法进行调整加固。拉杆可采用预应力索或粗钢筋制作,亦可采用预应力混凝土构件。其加固要点如下:

(1)计算需要施加的水平力大小,根据稳定力矩和倾覆力矩绝对值相等才能保持基底应力均衡的原则,确定拟施加的水平力大小。

(2)据水平力的大小,设计施工立柱、拉索以及地锚梁。

(3)在桥台后墙全宽范围内人工凿除砌体,浇筑混凝土地锚梁。

(4)安装立柱、拉索、拉杆。

(5)逐级张拉拉杆或拉索到位,并加强监测。

4. 桥台帽梁拓宽方法

一些情况下,需要对既有桥梁进行拓宽,随着上部结构的拓宽,下部结构桥墩、桥台也要随之加宽。当原结构布置有桥台或帽梁时,常常采用接长帽梁(墩台帽)的做法,也可视情况增

设新的下部结构。接长帽梁法(图9-19)要点如下:

(1)移走或部分移除原上部结构。

(2)对旧帽梁连接端部混凝土进行凿毛,并凿除原帽梁挡块,使新旧混凝土连接表面粗糙,使主要受力钢筋露出,进行植筋,在新旧混凝土连接表面形成剪力连接件,采用焊接和搭接的方式布设钢筋网。

(3)当接长范围较大时,需在帽梁前后侧面布设体外预应力筋,此时帽梁接长部分内需加密钢筋网,并设置螺旋钢筋网、钢板等预埋件。

(4)支模板浇筑接长部分混凝土、形成整体,完成其他辅助工序。

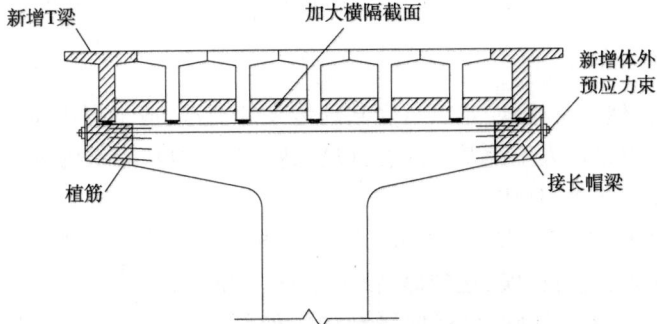

图9-19 接长帽梁法加宽

二、基础加固方法

1. 扩大基础加固法

扩大基础底面积加固法,也称为扩大基础加固法。此方法适用于基础承载力不足或埋深不够,而且墩、台又是砌筑刚性实体基础的情况。扩大基础底面积应由地基承载力计算确定。当地基承载力满足要求、而缺陷仅仅是基础不均匀沉降变形过大时,可采用扩大基础底面积加固的方法,扩大基础承压面以满足地基变形为原则。具体施工方法是:在刚性实体基础周围,加石砌圬工或少筋混凝土,扩大基础承压面。新旧基础应注意置入钢筋、牢固结合,如图9-20所示。

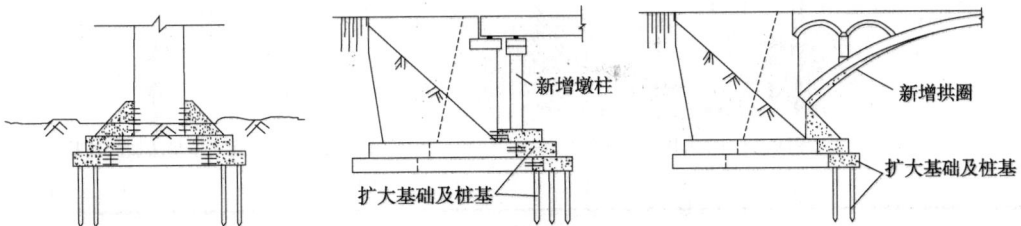

图9-20 扩大基础面积法加固刚性基础

2. 增补桩基加固法

当桥梁桩基础基底下存在软弱下卧层,或基础底面未设置在坚硬的持力层上时;或因桩基础深度不足;或由于水流冲刷过大等原因造成墩台倾斜墩台会产生沉降;或因船舶、漂流物撞击而导致桩端头损伤,此时,桩基础会产生沉降、倾斜、破损等各种病害。对于这一情况,采用增补基桩加固是一种常用有效的加固方法(图9-21)。增补桩基加固法是原基础周围补加钻孔桩(或打入钢筋混凝土预制桩、钢管柱),扩大原承台或基础、并牢固结合,以此提高基础承载力、增强基础稳定性。

1-原承台;2-新承台;
3-原桩基;4-新桩基

1'-立柱;2'-新接承台;
3'-原桩;4'-新加钻孔灌注桩

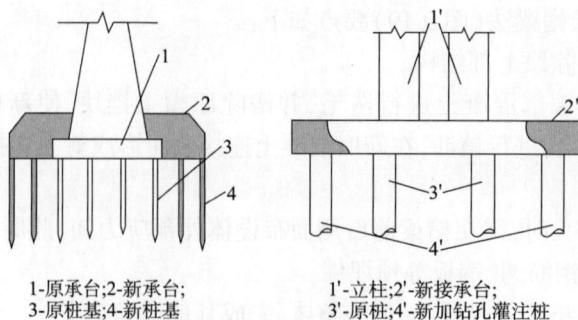

图 9-21　增补桩基础加固法

3. 人工地基加固法

当基础下面的天然地基松软、难以承受基础传来的荷载,或上层土壤承载力足够、但在深层存在软弱土层是,可采用人工地基加固法,以提高或改善地基的承载能力。常用的人工地基加固法有砂桩法、注浆法等,具体如下:

(1)砂桩法。当软弱地基层较厚时,将钢管或木桩打入基础周围的软弱土层中,然后将桩拔出,灌入干燥的粗砂,进行捣实,达到提高地基土密实度的目的。

(2)静力压浆法。墩台基础之下,向墩台中心处斜向钻孔或打入压浆管,通过管孔及孔眼,在一定压力下将水泥浆、化学浆等注入土层中,通过浆液凝固,把原有松散土固结为有一定强度和防渗能力的整体,从而加固地基,提高地基承载力,如图 9-22 所示。

(3)高压旋喷注浆法。在墩台基础周边,用钻机将旋喷注浆管置于预计的地基加固深度,借助注浆管的旋转和提升运动,用一定压力从喷嘴中喷射液流,冲击土体,把土和浆液搅拌成混合体,固结后与原基础联成整体,地基承载力得以提高,如图 9-23 所示。

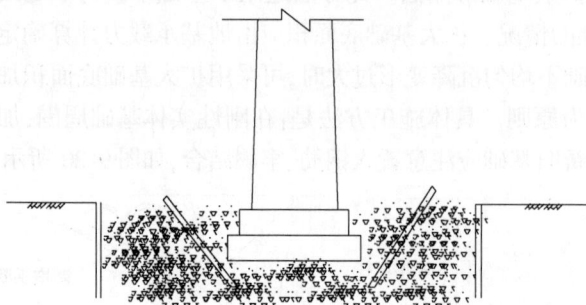

图 9-22　静力压浆法加固地基

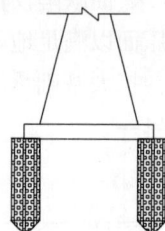

图 9-23　高压旋喷注浆法加固地基

思考题

1. 简述桥梁加固改造的一般流程。
2. 桥梁加固改造的基本原则是什么?
3. 上部结构常用的加固方法有哪些?
4. 简述体外预应力加固法的适用范围和优缺点。
5. 桥台滑移倾斜的处理方法有哪几种?
6. 扩大基础加固法适用于哪些情况?

附录1 桥梁检测加固综合实例

一、工 程 概 况

1. 桥梁概况

某大桥全桥总长517m,其中主桥长245m,为32.5m+4×45m+32.5m的6跨预应力混凝土等高度连续箱梁,箱梁采用单箱单室截面形式,梁高3m,顶板宽11m,底板宽4.8m,顶底板内设高强钢丝预应力束;引桥长272m,分别为北侧10×16m及南侧7×16m钢筋混凝土简支T梁桥跨,桥面总宽为12.25m;下部结构为双柱式桥墩,框架桥台,钻孔灌注桩基础。

该桥建成于1983年,设计荷载标准为"汽车—20级、挂车—100"。随着交通量的增长,1994年在该桥上游侧扩建了一幅新桥,并将旧桥桥面拓宽加固改造。拓宽改造后,主桥箱梁和引桥T梁翼板加宽50cm,并增设斜撑加固,取消单侧人行道,并将桥面车行道由原9.0m(两车道)拓宽为10.0m(三车道)。大桥现状总体布置及横断面布置如附图1-1、附图1-2所示。

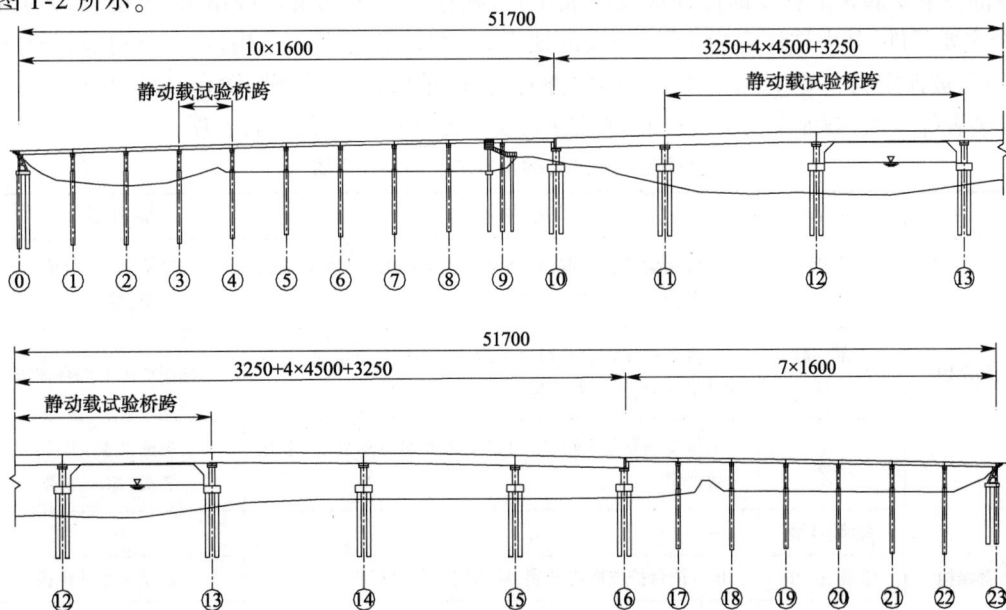

附图1-1 某大桥桥型总体布置图(尺寸单位:cm)

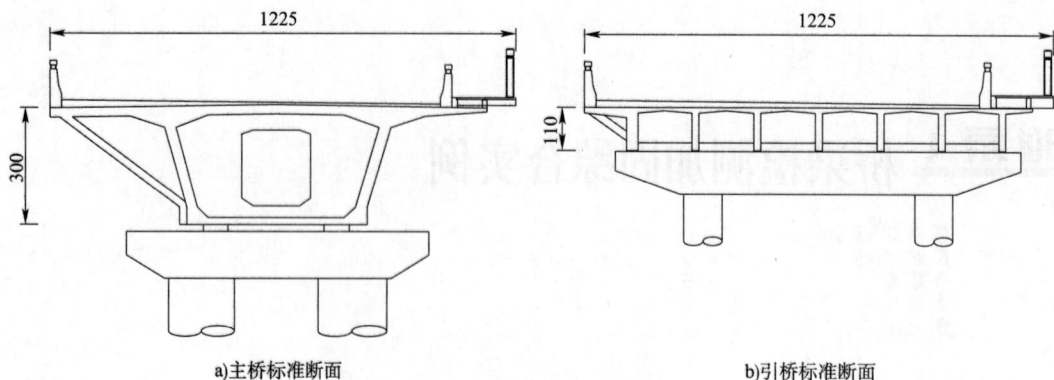

a)主桥标准断面   b)引桥标准断面

附图 1-2　横断面布置图(尺寸单位:cm)

2. 检测需求

该桥经过 30 多年的运营后,实际交通量显著增大,桥梁长期处于超负荷运营状态,近年,在桥梁的养护巡查过程中,发现桥梁各部位存在明显的病害,诸如上部承重结构出现受力裂缝、桥面系破损严重、桥梁的振动响应过大等;部分病害对桥梁的运营安全、结构的耐久性及行车的舒适性均造成了严重的影响。为检验该桥的承载能力及使用性能,根据桥型特点、现场条件及病害初步检查结果,对该桥进行了系统全面的检测评估。

二、病害检查及无损检测

1. 病害检查

大桥的外观病害检查主要依据《公路桥涵养护规范》(JTG H11—2004)实施,桥梁的技术状况评定则依据《公路桥梁技术状况评定标准》(JTG/T H21—2011)执行;经过详细的病害检查,对该桥按照上部结构、下部结构和桥面系的部位划分,并对各部位进一步部件的划分后,全桥各部件主要病害汇总及部件评级见附表 1-1。根据病害情况及评级结果,该桥总共划分为14 个主要部件,其中被评定为 4 类(有大的缺损)的部件有上部承重构件、人行道及栏杆护栏等三项,被评定为 3 类(有中等缺损)的部件有支座、锥坡护坡、桥墩、墩台基础、桥面铺装、伸缩缝装置等六项,被评定为 2 类(有轻微缺损)及 1 类(完好)的部件有五项。

全桥各部件主要病害汇总及部件评级表   附表 1-1

部位划分	部件名称	病害总述	部件评级
上部结构	上部承重构件	主桥箱梁开裂严重,裂缝宽度严重超限;引桥 T 梁裂缝较多,裂缝宽度尚未超限	主桥:4 类;引桥:3 类,综合:4 类
	上部一般构件	主桥箱梁横隔梁及斜撑开裂,裂缝宽度未超限;引桥横隔梁开裂,斜撑未开裂	给予 2 类的综合评级
	支座	主桥支座钢垫板锈蚀,引桥支座普遍压缩变形、老化失效严重	主桥:2 类;引桥:3 类,综合:3 类
下部结构	翼墙、耳墙	—	—
	锥坡、护坡	0 号桥台护坡横向开裂,局部掏空形成孔洞	给予 3 类的评级
	桥墩	存在较宽的环形施工缝,盖梁普遍破损露筋	给予 3 类的综合评级

部位划分	部件名称	病害总述	部件评级
下部结构	桥台	桥台表面局部破损,轻微露筋	给予2类的综合评级
	墩台基础	水下承台及基础冲刷、露筋及露集料严重	给予3类的综合评级
	河床	河床冲刷、下切现象不明显	给予2类的评级
	调治构造物	—	—
桥面系	桥面铺装	全桥混凝土桥面铺装普遍横向及纵向开裂、引桥各墩顶横向开裂、局部坑槽、集料严重外露	给予3类的评级
	伸缩缝装置	全桥伸缩缝均出现不同程度的堵塞;部分伸缩缝橡胶带变形损坏严重	给予3类的评级
	人行道	普遍存在开裂、破损病害;人行道悬挑梁部位局部破损露筋严重	给予4类的评级
	栏杆、护栏	全桥栏杆破损、露筋严重,部分区段栏杆向外倾斜、松动	给予4类的评级
	排水系统	桥面排水设施尚属完好	给予1类的评级
	照明、标志	照明完好,桥头设置桥铭及限载标志牌,车道标线局部脱落	给予2类的评级

注:1.表中"—"代表该桥无此部件;
　　2.综合评级表示对于重要部件以其中缺损严重的构件综合评级。

由于该桥规模较大,病害类型较多,根据不同病害的严重程度,将其划分为影响桥梁结构承载能力及安全性能的病害、影响桥梁运营使用的病害及影响结构耐久性能的病害三大类,为便于表述,对影响桥梁结构承载能力及安全性能的重点病害、对影响桥梁运营使用及耐久性能的其他病害简述如下:

(1)重点病害

①主桥箱梁裂缝。

主桥10~16号轴各跨箱梁存在严重的影响结构受力及安全性的裂缝病害,包括箱梁腹板及底板横向受力裂缝、箱梁腹板斜向剪切裂缝及顶板中部纵向裂缝,其中尤其以箱梁跨中区域的腹板及底板横向受力裂缝最为严重,其最大裂缝宽度达到1.50mm,已经严重超过规范限值,对桥梁安全运营构成严重威胁。另外箱梁内横隔梁存在竖向裂缝,箱梁外侧翼板加固的斜撑存在横(环)向裂缝,箱梁裂缝病害汇总见附表1-2。

主桥箱梁裂缝病害汇总表　　　　　　　　　　　　　附表1-2

病害类型	病害具体描述	病害示意图
箱梁腹板及底板横向裂缝	11~12号轴与14~15号轴跨中附近箱梁内外侧底板及腹板出现两条明显的横向受弯裂缝,裂缝形态下宽上窄,其中14~15号轴箱梁跨中附近最大裂缝宽度达到1.5mm,远超出规范允许值,且裂缝已基本沿横向贯通;13~14号轴跨中附近箱梁外侧底腹板出现两条受弯裂缝,裂缝形态下宽上窄,最大缝宽为0.35mm,已超出规范允许限值,但裂缝尚未完全贯通	

223

病害类型	病害具体描述	病害示意图
箱梁腹板斜向剪切裂缝	11~16号轴各跨箱梁靠近支点附近腹板均出现不同程度的斜向剪切裂缝,裂缝形态中宽端窄,最大裂缝宽度为0.38mm,已超出规范允许限值	
箱梁顶板纵向裂缝	10~16号轴箱梁顶板出现数量较多不连续的纵向裂缝,最大裂缝宽度0.18mm,分布于箱梁顶板的横向中部位置,尚未超出规范限值	
箱梁横隔板竖向裂缝	箱梁内大部分横隔板均存在少量竖向裂缝,最大裂缝宽度0.25mm,已达到规范允许限值	
斜撑横(环)向裂缝	10~16号轴箱梁加固翼板的各根斜撑均出现不同程度的横(环)向开裂,斜撑最大裂缝宽度0.12mm,尚未超出规范限值	

②引桥 T 梁裂缝。

引桥各跨16m简支 T 梁腹板均普遍存在弯曲受力裂缝,最大裂缝宽度0.20mm,大部分裂缝宽度均在0.20mm以下;各跨 T 梁 $L/4$ 截面附近存在少量弯剪裂缝,最大裂缝宽度0.12mm,尚未超出规范允许限值;各桥跨1号边 T 梁曾进行过加固改造,边 T 梁外侧翼板的宽度也加宽了50cm,边梁腹板及翼板也进行了加厚或加宽处理,导致边 T 梁左腹板跨中附近出现较多的弯曲受力及混凝土收缩综合裂缝,最大裂缝宽度为0.15mm,而边 T 梁外侧翼板出现较多的内宽外窄的混凝土收缩裂缝。引桥 T 梁裂缝病害汇总见附表1-3。

病害类型	病害具体描述	病害示意图
引桥 T 梁腹板弯曲受力裂缝	引桥各跨 T 梁均出现不同程度的受弯裂缝,最大裂缝宽度 0.20mm,大部分裂缝宽度均在 0.20mm 以下,尚未超出规范允许限值	
T 梁 L/4 截面弯剪裂缝	引桥各跨 T 梁 L/4 截面附近出现少量弯剪斜向裂缝,最大裂缝宽度 0.12mm,尚未超出规范允许限值	
边梁腹板及翼板受力及收缩裂缝	边 T 梁左腹板跨中附近出现较多的受弯及混凝土收缩综合裂缝,最大裂缝宽度为 0.15mm,边 T 梁外侧翼板出现较多的内宽外窄的混凝土收缩裂缝	

(2)其他病害

其他病害为影响桥梁使用性能及耐久性能方面的病害和缺陷,包括梁体表面缺陷、桥面铺装、人行道板、栏杆及护栏、支座及伸缩缝病害等方面,见附表 1-4。

大桥其他病害汇总表 　　　　　　　附表 1-4

病害类型	病害具体描述
梁体混凝土表面缺陷	主桥箱梁、引桥 T 梁梁体及下部结构墩台混凝土表面存在不同程度的破损、露筋,蜂窝麻面,被车船刮损等缺陷
墩台混凝土表面缺陷	下部墩台盖梁普遍存在破损露筋,个别墩柱存在较宽的环形施工缝,水下承台及基础冲刷、露筋及露集料严重
桥面铺装病害	全桥混凝土桥面铺装普遍存在横向及纵向开裂,引桥各墩顶横向开裂、局部坑槽、集料严重外露
人行道病害	全桥人行道板大面积开裂、破损、残缺;人行道悬挑梁部位局部破损露筋严重
栏杆及护栏病害	全桥钢筋混凝土栏杆 20% 以上破损、露筋锈蚀,其中 11 ~ 12 号轴栏杆向外倾斜及局部破损、松动
支座病害	主桥 10 ~ 16 号轴大部分氯丁橡胶支座钢垫板锈蚀严重;引桥 T 梁板式橡胶支座普遍存在压缩变形严重、老化失效的严重病害
伸缩缝病害	0 号、16 号、23 号轴伸缩缝出现不同程度的堵塞;10 号轴伸缩缝橡胶带变形损坏破损严重;10 号、16 号人行道部位伸缩缝橡胶带变形脱落

(3)技术状况评定

根据《公路桥梁技术状况评定标准》(JTG/T H21—2011)的有关规定,该桥全桥技术状况评定结果见附表1-5,经综合评定,全桥技术状况评分 D_r 为69.9,技术状况等级评定为3类;但该桥主要承重构件及桥面系人行道、护栏被评定为4类部件,根据规范及桥梁实际病害检测结果,需要进行大修加固处理。

全桥技术状况评分及等级评定表   附表1-5

类别 i	桥梁部位及评级				桥梁部件及评级			
	桥梁组成	权重	评定等级	评分	部件名称	权重	评定标度	部件得分
1					上部承重构件	0.70	4类	52.5
2	上部结构	0.4	2类	61.4	上部一般构件	0.18	2类	85.8
3					支座	0.12	3类	76.3
4					翼墙、耳墙	—	—	—
5					锥坡、护坡	0.01	3类	68.6
6					桥墩	0.31	3类	77.5
7	下部结构	0.4	2类	78.5	桥台	0.31	2类	83.2
8					墩台基础	0.29	3类	72.5
9					河床	0.08	2类	87.7
10					调治构造物	—	—	—
11					桥面铺装	0.40	3类	73.4
12					伸缩缝装置	0.25	3类	65.0
13	桥面系	0.2	3类	69.8	人行道	0.10	4类	46.5
14					栏杆、护栏	0.10	4类	53.3
15					排水系统	0.10	1类	97.5
16					照明、标志	0.05	2类	88.9
全桥技术状况评分 D_r		69.9			总体技术状况等级 D_j 评定		3类	
备注	D_r(SPCI、SBCI、BDCI)		[95,100]	[80,95)	[60,80)		[40,60)	[0,40)
	技术状况分类		1类	2类	3类		4类	5类

2. 无损测试

无损测试结果表明:①主桥箱梁、引桥 T 梁及桥墩盖梁各测区的混凝土强度推定值分别为42.9MPa、38.6MPa 及 36.9MPa;②混凝土平均碳化深度在 4.5 ~ 7.5mm 之间;③箱梁及 T 梁腹板、桥墩盖梁的混凝土保护层厚度满足设计及规范要求,箱梁底板及引桥横隔梁的混凝土保护层厚度不满足设计及规范要求;④混凝土结构内钢筋分布和直径基本满足设计及规范要求;⑤箱梁底板测区钢筋存在轻度锈蚀,桥墩盖梁测区钢筋存在中度锈蚀,其他箱梁底板、T 梁腹板及引桥横隔梁的测区钢筋无明显锈蚀。

三、静力及动力荷载试验

1. 主桥静力及动力荷载试验

(1)静力试验加载效率

根据大桥的外观病害检查结果、分析计算结果及现场条件选取了大桥的 11～13 号轴两跨作为主桥静载试验对象,如附图 1-1 所示。经详细的分析计算,采用 5 辆重 380kN 重车、分 8 个阶段加载,加载方式为单次逐级递加到最大荷载,然后逐级卸到零级荷载,以使 3 个控制截面的加载效率达到要求。在 5 台重车试验荷载作用下,控制截面控制内力值及加载效率见附表 1-6。

控制截面试验弯矩及加载效率 附表 1-6

控制截面	截面位置	加载级别	加载目的	设计值(N·m)	试验值(N·m)	加载效率
A—A	11～12 号跨中	1～3	最大正弯矩	6.96×10^6	6.86×10^6	98.6%
B—B	12 号轴支点	3～5	最大负弯矩	-7.19×10^6	-6.83×10^6	95.0%
C—C	12～13 号跨中	6～8	最大正弯矩	7.21×10^6	6.97×10^6	96.6%

(2)静力试验加载程序

加载汽车布置的载位及加载受力简图如附图 1-3 所示,试验荷载的加载程序如下:

①工况一——使 11～12 号跨中截面处正弯矩达到加载效率。

②工况二——使 12 号支点截面处负弯矩达到加载效率。

③工况三——使 12～13 号跨中截面处正弯矩达到加载效率。

④卸载阶段。

(3)静力试验量测方案

试验内容包括梁体挠度测试和应变测试两个方面。挠度测试截面选取试验桥跨的跨中、$L/4$ 及支点等关键截面,共计布设 13 个变形测点。应变测试选取 11～12 号跨中、12 号支点及 12～13 号跨中等 3 个截面,每个截面布置 7 个应变测点。测点布置如附图 1-4、附图 1-5 所示,量测内容为各级试验荷载下的相对变形、相对应变及卸载后的残余值。

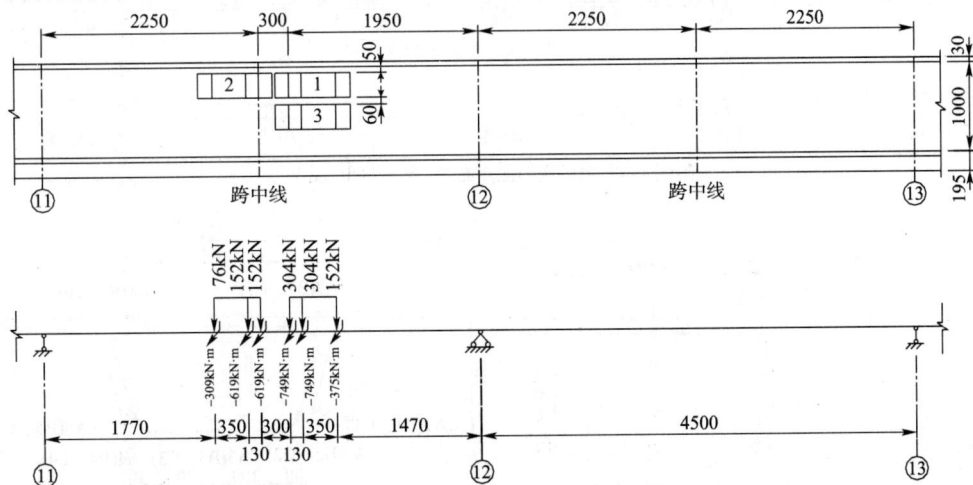

a)工况一加载载位及受力简图

附图 1-3

2250　　300　　1950　　　1950　　300　　2250

50
60
1000
30
195

2　　1
3　　　　　4
5

⑪　　跨中线　　⑫　　跨中线　　⑬

76kN
152kN
152kN
304kN
304kN
152kN

152kN
304kN
304kN

-309kN·m
-619kN·m
-619kN·m
-749kN·m
-749kN·m
-375kN·m

-375kN·m
-749kN·m
-749kN·m

⑪　　1770　350　300　350　1470　　1470　350　　2550　　⑬
　　　　　130　130　　　　⑫　　　130

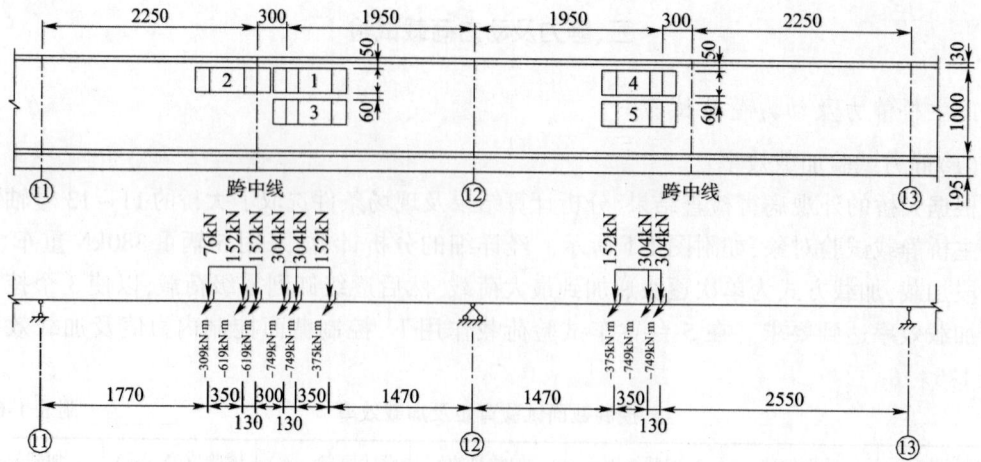

b)工况二加载载位及受力简图

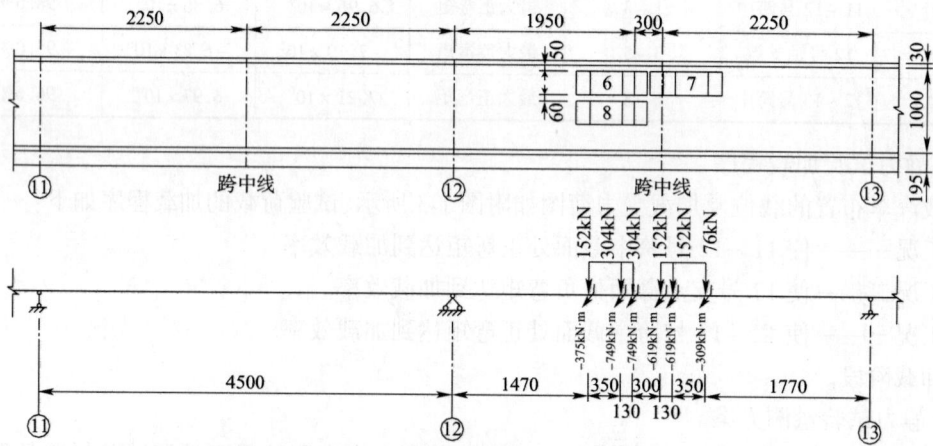

2250　　　2250　　1950　　300　　2250

50
60
1000
30
195

6　　7
8

⑪　　跨中线　　⑫　　跨中线　　⑬

152kN
304kN
304kN
152kN
152kN
76kN

-375kN·m
-749kN·m
-749kN·m
-619kN·m
-619kN·m
-309kN·m

⑪　　4500　　⑫　　1470　350　300　350　1770　　⑬
　　　　　　　　　　　130　130

c)工况三加载载位及受力简图

附图1-3　工况一至工况三试验加载载位及受力简图(尺寸单位:cm)

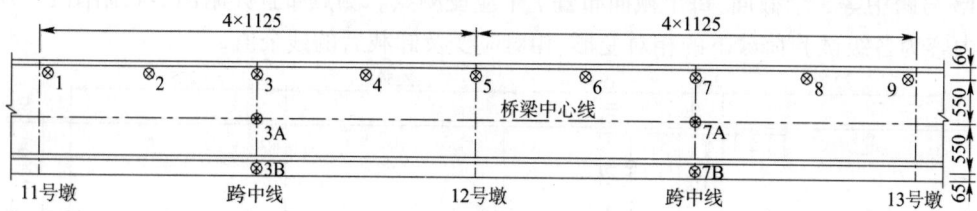

4×1125　　　　　4×1125

60
550
550
550
65

⊗1　　⊗2　　⊗3　　⊗4　　⊗5　　⊗6　　⊗7　　⊗8　　⊗9
桥梁中心线
⊗3A　　　　　　⊗7A
⊗3B　　　　　　⊗7B

11号墩　　跨中线　　12号墩　　跨中线　　13号墩

附图1-4　主桥变形测点布置(尺寸单位:cm)

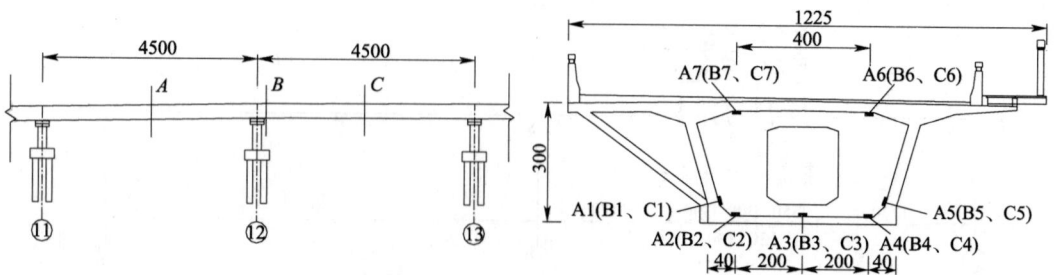

4500　　　4500

A　　B　　C

⑪　　⑫　　⑬

1225
400
300

A7(B7、C7)　　A6(B6、C6)

A1(B1、C1)　　　　　　A5(B5、C5)
A2(B2、C2)　A3(B3、C3)　A4(B4、C4)
40　200　200　40

附图1-5　主桥应变测点布置(尺寸单位:cm)

228

(4)静力荷载试验结果

①挠度测试结果。

各加载阶段满载时挠度实测值与理论值对比见附表1-7。各满载阶段实测和理论挠度对比曲线如附图1-6所示。各加载阶段满载阶段下,11～12号桥跨主要测点挠度校验系数在0.82～1.37之间,不能满足《公路桥梁荷载试验规程》(JTG/T J21-01—2015)及《公路桥梁承载能力检测评定规程》(JTG/T J21—2011)的要求;12～13号桥跨主要测点挠度校验系数在0.50～0.75之间,能够满足上述规范的要求。

主桥挠度实测值与理论值比较(单位:mm)   附表1-7

测点编号	截面位置	工况一(3级加载)			工况二(5级加载)			工况三(8级加载)		
		实测值	理论值	校验系数	实测值	理论值	校验系数	实测值	理论值	校验系数
1	11号墩顶	-0.7	0		-0.7	0		0.1	0	
2	$L/4$	-3.9	-3.6	1.08	-3.3	-2.9		0.6	0.9	
3		-7.2	-6.1	1.18	-6.2	-4.9	1.27	1.4	1.3	
3A	$L/2$	-5.4	-5.3	1.02	-4.8	-4.2	1.14	1.3	1.5	
3B		-3.7	-4.5	0.82	-3.2	-3.5	0.91	1.8	1.6	
4	$3L/4$	-4.9	-4.1	1.2	-4.1	-3.0	1.37	1.0	1.2	
5	12号墩顶	-1.0	0		-0.9	0	—	-0.1	0	
6	$L/4$	0.6	1.2		-0.8	-1.2	0.67	-2.9	-4.2	0.69
7		0.6	1.6		-1.3	-2.2	0.59	-4.4	-6.2	0.71
7A	$L/2$	2.2	1.5		-1.0	-1.9	0.53	-3.7	-5.5	0.67
7B		2.5	1.3		-0.8	-1.6	0.5	-2.4	-4.8	0.5
8	$3L/4$	0.3	0.9		-0.8	-1.3		-2.7	-3.6	0.75
9	13号墩顶	-0.6	0		-0.7	0		0	0	

注:表中挠度实测值为已考虑残余值的弹性挠度值。

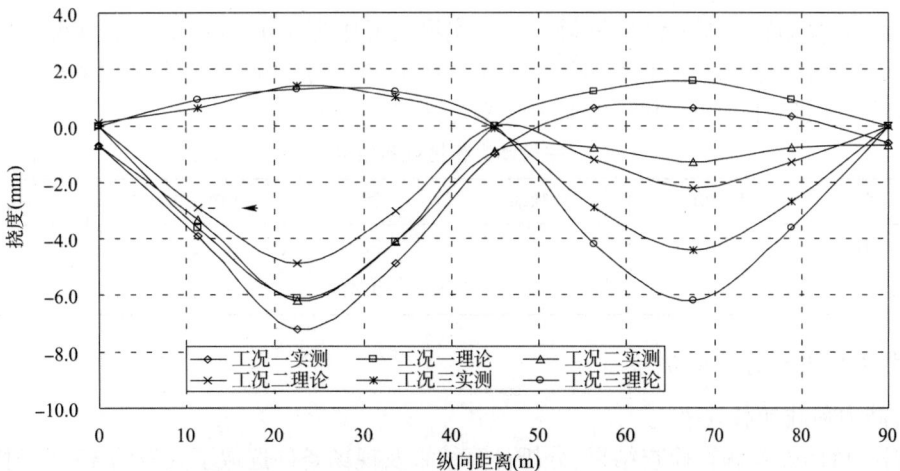

附图1-6 各满载阶段实测挠度曲线与理论挠度曲线对比

②应变测试结果。

各加载阶段满载时应变实测值与理论值对比见附表1-8。各加载阶段满载阶段下,A截面各主要测点应变校验系数在 0.71 ~ 0.91 之间，B 截面各主要测点应变校验系数在 0.57 ~ 0.86 之间，C 截面各主要测点应变校验系数在 0.67 ~ 0.79 之间，均能满足《公路桥梁荷载试验规程》(JTG/T J21-01—2015)及《公路桥梁承载能力检测评定规程》(JTG/T J21—2011)的要求。

主桥应变实测值与理论值比较(单位:με) 附表 1-8

截面	测点位置	工况一(3级加载)			工况二(5级加载)			工况三(8级加载)		
		实测值	理论值	校验系数	实测值	理论值	校验系数	实测值	理论值	校验系数
$A—A$	梁底板上缘	51	56	0.91	36	47		−8	−12	
	梁顶板下缘	−15	−21	0.71	−12	−17		6	5	
	梁腹板下部	38	46	0.83	20	39		−7	−10	
$B—B$	梁底板上缘	−34	−32		−40	−55	0.73	−14	−33	
	梁顶板下缘	7	12		18	21	0.86	8	12	
	梁腹板下部	−20	−27		−26	−46	0.57	−16	−28	
$C—C$	梁底板上缘	−5	−12		16	23		44	56	0.79
	梁顶板下缘	3	5		−7	−8		−14	−21	0.67
	梁腹板下部	−5	−10		12	19		36	47	0.77

注:表中应变实测值为已考虑残余值的弹性应变值。

③残余应变和变形。

残余变形和残余应变观测表明:11 ~ 12 号桥跨跨中截面的最大残余挠度 −0.2mm、最大残余应变 −3 με,与该跨跨中相应的最大挠度 −7.4mm、最大应变 48 με,残余值与相应的最大值的绝对值比值分别为 0.03 和 0.06;均能满足规范中相对残余比值 $S_p/S_t \leqslant \alpha_1(\alpha_1 = 0.2)$ 的要求。

④裂缝情况。

在试验过程中,检测桥跨未产生肉眼可见的新裂缝出现,箱梁既有裂缝宽度发生了明显的扩展,卸载后少部分宽度较大的裂缝短期内未能复原。

(5)动力荷载试验结果

该桥主桥动力特性试验结果见附表 1-9,实测阻尼比为 0.0086 ~ 0.0261,实测一阶自振频率为 3.17Hz,而对应的理论计算一阶频率为 3.31Hz;各动载测试阶段实测频率均小于理论计算值,表明主桥的实际刚度偏弱,振动响应偏大,行车性能较差。

主桥动力特性试验结果 附表 1-9

测试阶段	理论值	地脉动	跳车	20km/h 跑车	40km/h 跑车
自振频率(Hz)	3.31	3.27	3.03	3.22	3.17
阻尼比ξ(%)	—	0.86	2.61	2.46	1.76

2. 引桥静力动力荷载试验

(1)静力荷载加载效率

根据大桥的外观病害检查结果、分析计算结果及现场条件选取了大桥的 3 ~ 4 号桥跨作为引桥静载试验对象,如附图 1-1 所示。经分析计算,采用 3 辆总重 320kN 重车、分 3 级加载,加载方式为单次逐级递加到最大荷载。在设计荷载等级汽车—20 级、挂车—100 及 3 台重车试验荷载作用下,各片 T 梁满载阶段下控制截面内力及加载效率见附表 1-10。

T 梁跨中截面弯矩及加载效率

T 梁 编 号	设计值(N·m)	试验值(N·m)	加 载 效 率
1		7.06×10^5	95.9%
2	7.36×10^5	5.75×10^5	78.1%
3		4.79×10^5	65.1%
4		3.67×10^5	49.8%

（2）静力荷载加载程序

加载的试验荷载程序如下：

1 级加载：一台重 320kN 重车在 3～4 号跨中偏载布置，车后轴距离跨中 1.5m。

2 级加载：一台重 320kN 重车在 3～4 号跨中偏载布置，车后轴距离跨中 1.5m。

3 级加载：一台重 320kN 重车在 3～4 号跨中居中布置，车后轴距离跨中 1.5m。

卸载阶段：将 3～4 号跨中加载的 3 辆重车依次撤离。

（3）静力荷载量测方案

试验内容包括梁体挠度测试和应变测试两个方面，挠度测试截面选取试验桥跨的跨中、$L/4$ 及支点等关键截面；应变测试选取 3～4 号跨中截面，在各片 T 梁底布置应变测点。量测内容为各级试验荷载下的相对变形、相对应变及卸载后的残余值。

（4）静力荷载试验结果

①挠度测试结果。

加载阶段满载时挠度实测值、理论值及主要测点挠度校验系数汇总见附表 1-11。满载阶段下，3～4 号桥跨主要测点挠度校验系数在 0.72～0.93 之间，能够满足《公路桥梁荷载试验规程》（JTG/T J21-01—2015）及《公路桥梁承载能力检测评定规程》（JTG/T J21—2011）的要求。

3 级加载挠度实测值、理论值及校验系数汇总　　　　　　　

测点 编 号	截 面 位 置	实测值(mm)	理论值(mm)	校 验 系 数
1	3 号墩顶	−0.9	0.0	—
2	$L/4$	−4.1	−4.4	0.93
3	$L/2$	−5.6	−6.4	0.88
4	$3L/4$	−4.0	−4.6	0.87
5	4 号墩顶	−0.5	0.0	—

②应变测试结果。

加载阶段满载时应变实测值、理论值及校验系数汇总见附表 1-12。在满载阶段下，跨中截面各测点应变校验系数在 0.46～0.90 之间，能满足《公路桥梁荷载试验规程》（JTG/T J21-01—2015）及《公路桥梁承载能力检测评定规程》（JTG/T J21—2011）的要求；但部分主要测点校验系数偏大，且实测横向应变分布与理论值存在一定偏差，表明各片 T 梁横向整体性较差，单梁受力现象明显。

3 级加载应变实测值、理论值及校验系数汇总　　　　　　　

测 点 编 号	测 点 位 置	实测值(με)	理论值(με)	校 验 系 数
1	跨中 1 号梁底	112	188	0.60
2	跨中 2 号梁底	155	173	0.90

测点编号	测点位置	实测值(με)	理论值(με)	校验系数
3	跨中3号梁底	113	159	0.71
4	跨中4号梁底	89	138	0.64
5	跨中5号梁底	49	106	0.46
6	跨中6号梁底	39	74	0.53
7	跨中7号梁底	24	42	0.57

③残余应变和变形。

残余变形和残余应变观测表明:跨中截面的最大残余挠度 0.1mm、最大残余应变 4με,与该跨跨中相应的最大挠度 -5.5mm、最大应变 159με,残余值与相应的最大值的绝对值比值分别为 0.02 和 0.03;均能满足规范中相对残余比值 $S_p/S_t \leqslant \alpha_1 (\alpha_1 = 0.2)$ 的要求。

④裂缝情况。

裂缝监测结果表明:在试验过程中,检测桥跨未产生肉眼可见的新裂缝出现,但梁体既有裂缝宽度均有所扩展,最大裂缝宽度均未超出规范限值,卸载后绝大部分裂缝宽度能够恢复原状。

(5)动力荷载试验结果

动力荷载试验结果见附表1-13,综合动载试验各测试阶段结果,引桥实测阻尼比为0.0072 ~ 0.0171,实测一阶自振频率为7.42Hz,而对应的理论计算一阶频率为7.68Hz;各动载测试阶段实测频率均小于理论计算值,表明主桥的实际刚度偏弱,振动响应偏大,行车性能一般。

引桥动力特性试验结果   附表1-13

测试阶段	理论值	地脉动	跳车	20km/h 跑车	40km/h 跑车
自振频率(Hz)	7.68	7.57	7.03	7.47	7.42
阻尼比ξ(%)	—	0.88	1.71	1.64	0.72

四、检测评定结论及建议

通过对该桥进行系统全面的检查、检测工作,并仔细审查该桥的全部设计竣工、历史改造加固及其他养护资料,可得出以下结论与建议:

(1)外观检查结果表明:该桥外观总体状况较差,全桥技术状况评分 D_r 为69.9,技术状况等级评定为3类;被评定为4类(病害较严重)的部件包括桥梁主要承重构件、桥面人行道和护栏三项,被评定为3类(有中等缺损)的部件有支座、锥坡护坡、桥墩、墩台基础、桥面铺装、伸缩缝装置等六项;根据规范及桥梁实际病害检测结果,需要进行大修加固处理。

(2)无损检测结果表明:①各混凝土构件测区的强度推定值介于 36.9 ~ 42.9MPa 之间;②各构件混凝土表面的平均碳化深度介于 4.5 ~ 7.5mm 之间,主桥箱梁底板及引桥横隔梁的混凝土保护层厚度不满足规范要求,其他构件测区保护层厚度满足规范要求;③各测区混凝土结构内钢筋分布和直径基本满足设计及规范要求;箱梁底板测区钢筋出现轻度锈蚀,桥墩盖梁测区钢筋出现中度锈蚀,其他构件测区钢筋无明显锈蚀。

(3)主桥静载试验测试数据表明:主桥的挠度校验系数超过《公路桥梁荷载试验规程》(JTG/T J21-01—2015)及《公路桥梁承载能力检测评定规程》(JTG/T J21—2011)的限值要求,

试验过程中既有裂缝明显扩展,裂缝宽度严重超出规范限值,主要检测指标不满足规范要求,主桥的承载能力及正常使用性能不能满足"汽车—20级、挂车—100"设计荷载等级的要求。

(4)引桥静载试验测试数据表明:引桥的静力工作性能尚可,检测指标基本满足规范的要求,在试验过程中既有裂缝有所扩展,但裂缝宽度均未超过规范限值,结构基本处于线性工作状态,桥梁的承载能力和正常使用性能基本能满足"汽车—20级、挂车—100"设计荷载等级的要求,但其横向整体性较差,承载潜力偏低。

(5)动载试验测试数据表明:主桥及引桥的实际刚度均较弱,振动响应偏大,行车性能较差。

综上所述,该桥承载能力不满足"汽车—20级、挂车—100"设计荷载等级的要求,使用性能及耐久性较差,其技术状况评定为3类,桥梁上部承重结构等主要部件存在较为严重的病害。鉴于该桥交通繁忙、重车较多,为此,建议采取如下大修加固措施:

(1)由于该桥承载力不足,病害比较严重,且桥面系状况较差,行车响应大,需要立即采取限载及限速措施,以免既有病害的进一步恶化。

(2)对主桥采用布设体外预应力束、增大截面及粘贴钢板等方法进行加固,以恢复主桥的承载能力;对引桥T梁采用粘贴钢板的方法进行加固,加固前对梁体裂缝采用表面封闭或化学灌浆的方法进行修补。

(3)对桥梁其他病害诸如结构混凝土表明缺陷、桥面铺装开裂坑槽、伸缩缝损坏、支座变形锈蚀、人行道板破损、栏杆护栏破损露筋等病害进行大修处理,以保证桥梁的正常使用功能及耐久性。

五、加固维修方案

1.加固设计原则及标准

(1)加固设计原则

根据该桥原设计荷载标准、实际病害情况及耐久性要求,加固设计主要从恢复该桥上部结构承载能力恢复入手,遵循利于养护,在满足设计承载力、强度、刚度、必要的安全储备前提下,使该桥的使用性能及耐久性能得到全面的恢复。加固设计的基本原则如下:

①保证结构病害得到妥善处理,保证上部结构承载能力恢复到设计荷载标准。

②充分考虑方案的有效性、合理性及经济性,同时考虑结构的承载潜能。

③尽量减少对既有交通的影响;充分考虑疏导方案对工程本身、社会及环境的影响。

④兼顾结构加固后的耐久性、使用舒适性及整体外观。

(2)加固设计标准

由于该桥桥龄较老,承载能力不足,病害较严重,桥梁技术状况较差,桥梁改造拓宽后实际活载有所增加,对该桥加固设计维持原设计荷载标准"汽车—20级、挂车—100"不变。加固方案重在恢复该桥承载能力及使用性能,提高桥梁的安全储备与耐久性。

2.病害成因分析

(1)主桥箱梁裂缝

①主桥箱梁底板及腹板跨中部位较宽的横向裂缝病害,主要为预应力损失、预应力锚固齿板部位构造缺陷及超载等因素造成。

②主桥箱梁腹板近支点部位斜裂缝,主要为桥梁改造后实际荷载偏大、箱梁腹板抗剪承载

力不足等因素引起。

③箱梁顶板纵向不连续裂缝,为顶板未设横向预应力及腹板间距过大造成顶板横向局部受弯、横向承载力不足所致。

④箱梁横隔板及斜撑出现的裂缝病害为箱梁顶板承载力不足导致局部应力过大所致。

⑤引起上述严重的裂缝病害的原因还包括施工质量及原材料性能的退化等因素。

(2)引桥 T 梁裂缝

①T 梁出现的受弯裂缝及弯剪裂缝,应为桥梁改造后实际荷载偏大、横向联系较差及原材料性能的退化等因素所致。

②引桥 T 梁外侧斜撑出现的裂缝病害为 T 梁翼板拓宽引起的局部应力过大所致。

③引起 T 梁裂缝病害的原因还包括施工质量及原材料性能的退化等因素。

(3)其他病害

①主桥箱梁、引桥 T 梁及下部墩台混凝土表面缺陷病害,主要为桥龄较老、材料性能的退化、施工质量及车船撞击等因素所致。

②引起其他病害(铺装层、伸缩缝、支座、栏杆护栏及人行道板)的主要成因包括:在长期超载负荷下的疲劳负载、上部结构出现的裂缝对桥面板的反射作用、施工质量、温度作用、材性退化及缺乏必要的维修养护等综合作用。

3. 主桥加固计算

(1)计算参数

遵循上述加固原则、根据病害产生承压,经过反复比较,综合加固效果、加固技术工艺、经济造价等多方面的因素,最终采用的主桥加固方案为:增设体外预应力束＋增大腹板截面＋底板粘贴钢板＋顶板粘贴碳纤维布。为全面准确地分析该桥加固前后的受力性能,建立了该桥的空间杆系有限元计算模型,主要的计算参数见附表 1-14。

主 要 计 算 参 数 　　　　　　　　　　　　　附表 1-14

设计参数	活载	汽—20 级(按实际车道布置考虑),挂—100,人群荷载 3.5kN/m²
	温度	按整体温升 20℃,整体温降 20℃,温度梯度 15℃考虑其温度效应
材料参数	预应力筋	原桥顶板及底板采用 YB-255-64 标准 $24 \times \varphi 5$ 高强钢丝 $R_y^b = 1600\text{MPa}$,$E = 2.1 \times 10^5 \text{MPa}$;张拉控制应力 $\sigma_k = 0.75R_y^b$
	体外预应力	拟采用 $12 \times \varphi^s 15.24$ 钢绞线成品索,$R_y^b = 1860\text{MPa}$,$E = 1.95 \times 10^5 \text{MPa}$;张拉控制应力 $\sigma_k = 0.60R_y^b$,按 6 束布置考虑
	普通钢筋	按换算截面考虑
	混凝土	原箱梁结构为 C50 混凝土,新增横隔及腹板增大截面部分采用 C40 混凝土
	桥面铺装	体外束张拉期间,凿除原桥面铺装层 8～18cm 混凝土桥面,张拉体外束后,按双向横坡设置 C40 混凝土桥面铺装

(2)计算内容

按《公路钢筋混凝土及预应力混凝土桥涵设计规范》(JTG D62—2004)组合Ⅰ～组合Ⅲ进行承载能力极限状态内力的荷载组合,计算内容包括以下三个方面:

①加固前后承载能力极限状态验算;

②加固前后结构内力(应力)计算;

③加固前后梁体挠度计算。

（3）计算结果

①加固前后承载能力极限状态验算。

按该桥《公路钢筋混凝土及预应力混凝土桥涵设计规范》（JTG D62—2004）进行承载能力极限状态内力的荷载组合，按照箱梁的配束、配筋进行加固前后截面极限承载力验算，验算结果见附表1-15、附表1-16。验算结果表明：加固前在组合Ⅰ、组合Ⅲ情况下，支点处负弯矩不满足相应的抗弯承载能力及规范要求。加固后跨中、支点截面的抗弯能力大幅提高，抗剪承载能力也有所提升，结构安全储备大大增强。

正截面抗弯极限承载能力验算（单位：N·m）　　　　　　附表1-15

加固前/后	截面位置	组合Ⅰ	组合Ⅱ	组合Ⅲ	抗弯承载能力	是否满足规范
加固前	跨中	3.00×10^7	2.54×10^7	2.92×10^7	4.51×10^7	满足
	支点附近	4.65×10^7	3.84×10^7	4.56×10^7	4.52×10^7	不满足
加固后	跨中	3.05×10^7	2.60×10^7	2.97×10^7	4.95×10^7	满足
	支点附近	4.75×10^7	3.94×10^7	4.66×10^7	4.96×10^7	满足

斜截面抗剪极限承载能力验算（单位：N）　　　　　　附表1-16

加固前/后	截面位置	组合Ⅰ	组合Ⅱ	组合Ⅲ	抗剪承载能力	是否满足规范
加固前	支点附近	6.55×10^6	5.60×10^6	6.41×10^6	8.47×10^6	满足
加固后	支点附近	6.57×10^6	5.60×10^6	6.57×10^6	8.58×10^6	满足

②加固前后应力计算结果比较。

加固前后最大、最小正应力及最大主拉应力计算结果见附表1-17。计算结果表明：加固后，箱梁正截面在各种荷载组合作用下处于全受压状态；在最不利荷载组合作用下，第一主应力最大值出现在距支点1.1m梗腋处（顶板倒角部位），距支点1.1~3.0m范围内梗腋第一主应力由3.23MPa减小到0.83MPa。

加固前后应力状态比较（单位：MPa）　　　　　　附表1-17

应力	最大正应力	最大主拉应力	最小正应力
位置	12号支点附近箱梁上缘	14~15号跨中附近箱梁下缘	12~13号跨中附近箱梁下缘
加固前应力	2.84	3.23	−10.0
位置	12号支点附近箱梁上缘	12号支点附近箱梁下缘	12~13号跨中附近箱梁下缘
加固后应力	0.72	0.83	−7.5

注：表中应力以拉为正、以压为负。

③加固后梁体挠度变化。

根据计算结果，在体外预应力等加固补强措施的作用下，主桥各跨箱梁跨中均发生了一定程度的上挠，最大上挠量在主桥的第2跨、第5跨，量值为5.16mm，最小上挠量在边跨，量值为4.12mm，加固所采用的措施能够在一定程度上抑制结构的下挠，对预应力损失所引起的下挠变化趋势予以缓解。

4.加固设计要点

（1）主桥箱梁加固

为根治该桥病害，恢复原设计荷载标准，经详细的加固计算，采用增设体外预应力的方

式对箱梁进行主动加固,以有效解决箱梁抗弯抗剪承载能力不足的现状,具体加固要点如下:

①利用箱梁内横隔梁作为转向及锚固构件,增设体外预应力束对主桥6跨箱梁进行加固,预应力束采用环氧喷涂无黏结预应力成品索,并对箱梁原有横隔梁根据局部验算结果进行了加厚与补强,预应力束的数量根据计算结果确定为布设6束 $12 \times \phi_s 15.24$ 成品索,钢绞线张拉控制应力 $\sigma_k = 0.60 f_{pk}$,各束预应力成品索张拉力1870kN;箱梁体外预应力加固方案如附图1-7所示。

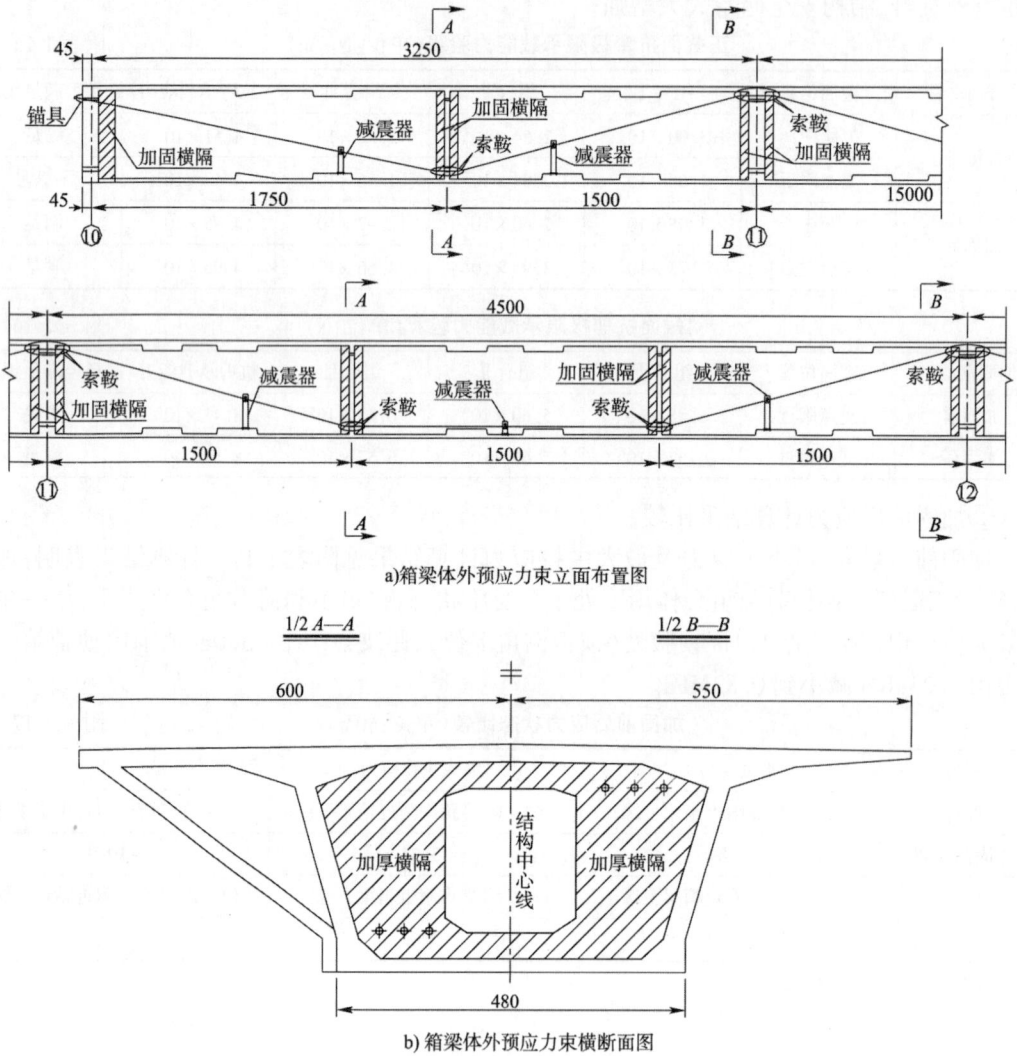

a)箱梁体外预应力束立面布置图

b) 箱梁体外预应力束横断面图

附图1-7　箱梁体外预应力加固方案(尺寸单位:cm)

②对箱梁腹板斜向剪切裂缝采用加厚腹板混凝土截面(10cm厚C40钢筋混凝土)进行加固,箱梁腹板增大截面加固方案如附图1-8所示。

③对箱梁顶板中部纵向裂缝采取粘贴碳纤维布的方式予以加固,具体方法是:箱梁顶板横向粘贴两层碳纤维布,并在纵向设置一层碳纤维布予以紧固,粘贴材料采用专业配制的改性环氧树脂胶黏剂进行粘贴,横向箱梁顶板粘贴碳纤维布加固方案如附图1-9所示。

④对箱梁底板横向裂缝采取粘贴钢板法进行加固,具体方法是:箱梁底板纵向粘贴8mm

厚钢板条,并在粘贴范围内设置U形箍,U形箍采用6mm厚钢板,采用专业配制的改性环氧树脂胶黏剂进行粘贴,并采用化学锚栓对钢板压实紧固;箱梁底板粘贴钢板加固方案如附图1-9所示。

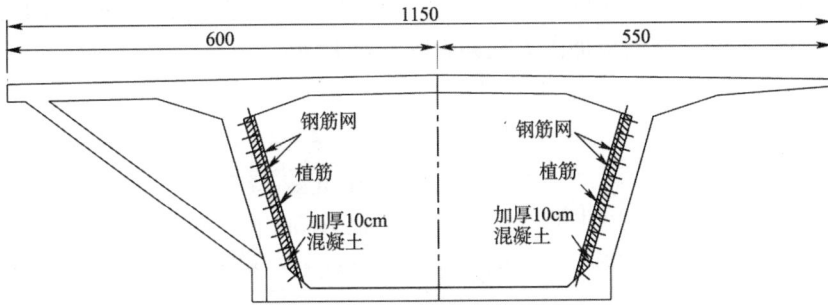

附图1-8 腹板增大截面加固方案(尺寸单位:cm)

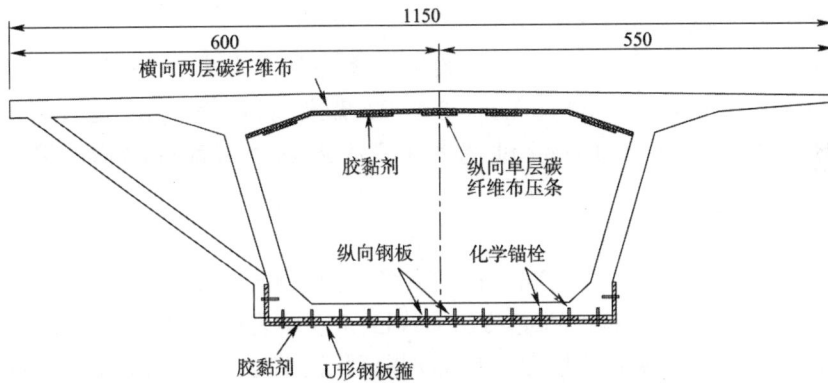

附图1-9 底板粘贴钢板+顶板粘贴碳纤维布加固方案(尺寸单位:cm)

⑤主桥箱梁的加固次序为表面缺陷处治→修补裂缝→加固横隔板→腹板增大截面→布置并张拉体外束→粘贴钢板、碳布加固底板和顶板。

(2)主桥箱梁外侧斜撑加固

根据检测结果,引桥T梁外侧斜撑未发现裂缝,而主桥箱梁外侧斜撑均出现了裂缝,但绝大多数裂缝宽度均在0.15mm以下,因此先对既有斜撑表面裂缝采用表面封闭法进行修补,然后在原有斜撑之间各增设一道斜撑,采用植筋法对两头进行连接,加密后的斜撑间距由5m变为2.5m一道。加密斜撑加固法能有效增强主桥箱梁翼板的整体受力性能;主桥箱梁外侧斜撑加固(加密)方案如附图1-10所示。

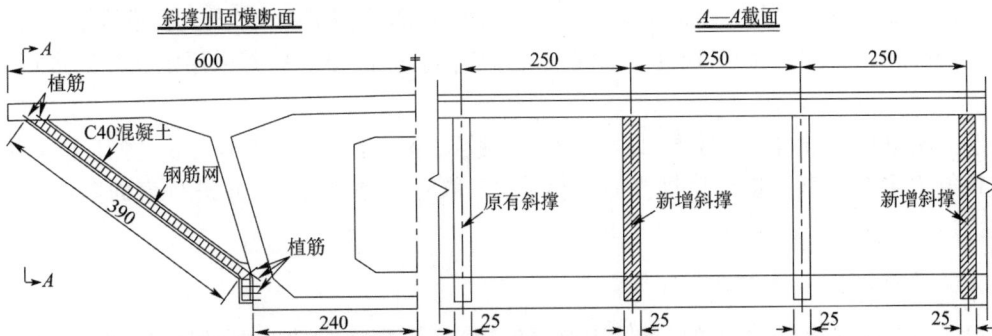

附图1-10 主桥箱梁外侧斜撑加固(加密)方案(尺寸单位:cm)

（3）引桥 T 梁加固

针对引桥 T 梁裂缝较多、整体性差、承载潜力偏低的现状，采用粘贴钢板法对引桥 T 梁进行加固补强：在跨中区域的 T 梁底部粘贴 8mm 厚钢板，并在粘贴范围内设置 U 形钢箍，U 形箍采用 6mm 厚钢板，粘贴材料采用专业配制的改性环氧胶黏剂进行粘贴，并采用化学锚栓对钢板压实紧固，引桥 T 梁粘贴钢板加固方案如附图 1-11 所示。

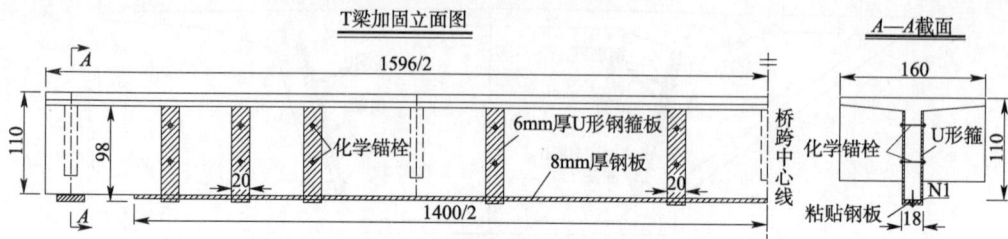

附图 1-11　引桥 T 梁粘贴钢板加固方案（尺寸单位：cm）

（4）结构表面裂缝修补

在桥面铺装层凿除卸载后，在主桥箱梁增设体外预应力束、增大截面、粘贴钢板、碳纤维布加固之前，对主要承重结构（箱梁、T 梁、横隔梁、斜撑等）混凝土表面出现的裂缝分别采用表面封闭法（$w < 0.20$mm）和"壁可法"注浆（$w \geq 0.20$mm）修补混凝土表面出现的裂缝。

（5）其他病害维修

对其他影响桥梁使用性及耐久性的病害和缺陷，包括桥面铺装、人行道板、栏杆及护栏、支座及伸缩缝病害等部件进行维修。维修方法大致是：对于病害或缺损严重的，采取局部或整体更换的方式维修；当病害或缺损程度为一般或缺损面积较小时，原则上采用高一等级的相同材料或采用树脂类聚合物补强材料进行修补。具体维修内容要点如下：

①桥面铺装更换。为改善桥面行车舒适性及外观状况，改善桥面线形，缓解活载冲击力，对旧桥原面混凝土铺装层全部凿除，并采用 C40 混凝土进行重新铺装。桥面铺装更换后恒载有所减小，能够一定程度上抵消上部结构箱梁加固材料增加的恒载。

②伸缩缝更换。为改善桥面行车舒适性及外观状况，改善桥头平顺，缓解活载冲击力。对旧桥原 10 号轴、16 号轴采用 rBdx-160 形梳齿形伸缩缝进行更换，采用 D80 毛勒伸缩缝更换和增设 0 号台、23 号台及 5 号轴、20 号轴墩位处的旧伸缩缝。

③人行道板及栏杆更换。鉴于该桥人行道栏杆破损严重，对旧桥人行道栏杆进行彻底更换，具体方案是采用轻型不锈钢栏杆予以整体更换，以适度减轻桥面恒载，缓解上部结构负荷。

④混凝土防撞护栏及人行道挑梁维修。对桥面系混凝土防撞护栏及人行道挑梁进行仔细排查；对各部位混凝土表面出现的局部混凝土露筋、剥落、破损等病害采用水泥砂浆进行修复处理。

⑤支座更换与维修。对引桥 T 梁的板式橡胶支座变形严重、基本失效，将其全部更换；对主桥氯丁橡胶支座钢垫板锈蚀严重的病害，采取对钢垫板除锈，并进行表面防腐处理的措施。

5. 交通及施工组织方案

根据桥梁的现状（分左右幅，且周边路网发达）及实际病害情况，为保证加固施工质量及加固效果，缩短施工工期，加固施工组织及交通疏导的方案为全封闭施工，总工期约为 5 个半月。该桥的加固施工流程如附图 1-12 所示。

```
                    ┌─────────────────┐
                    │   施工场地布置    │
                    └────────┬────────┘
                             ↓
                    ┌─────────────────┐
                    │   桥面交通封闭    │
                    └────────┬────────┘
                             ↓
                    ┌─────────────────┐
                    │    桥面卸载      │
                    └────────┬────────┘
                             ↓
                    ┌──────────────────┐
                    │ 病害部位结构表面处理 │
                    └──────────────────┘
```

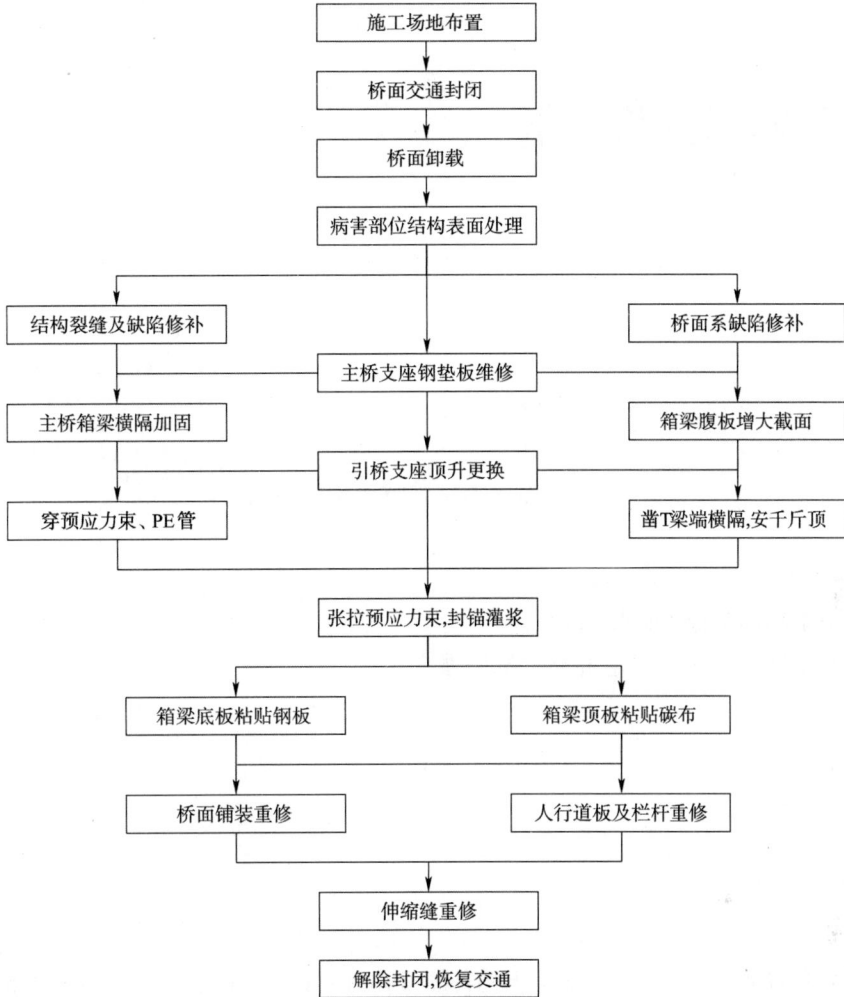

附图 1-12   加固施工流程图

附录 2 典型试验大纲

一、回弹法测试混凝土构件强度

1. 试验目的

(1) 学会掌握回弹仪的使用方法。

(2) 掌握用回弹法测试评定混凝土抗压强度。

2. 仪器设备

数显回弹仪。

3. 试验原理和方法

见第六章第二节。

4. 试验步骤

(1) 测区布置清理：对于单个混凝土构件至少取 10 个测区(对于长度小于 4.5m、宽度小于 0.3m 的构件，测区数量不应少于 5 个)，每个测区面积不宜大于 $0.04m^2$，布置后进行测区表面清洁、平整，必要时可采用砂轮清除表面杂物和不平整处。

(2) 回弹值测试：在各测区内布设测点，测点宜在测区内均匀分布，测试时回弹仪应始终与测试面相垂直，同一测点只应弹击一次，每一测区应记取 16 个有效的回弹值，读数精确至 1。

(3) 碳化深度测试：用冲击钻在测区表面钻直径为 15 mm 的孔洞，清除洞中的粉末和碎屑后(注意不能用液体冲洗孔洞)，立即用 1% 的酚酞酒精溶液滴在孔洞内壁的边缘处，碳化部分的混凝土不变色，而未碳化部分的混凝土会变成紫红色，然后用钢尺测量 3 次碳化深度值，每次读数准确至 0.25mm，然后取 3 次读数的平均值作为测区碳化深度值，并精确至 0.5mm。

5. 试验结果整理分析

(1) 计算测区回弹值。

(2) 推定构件混凝土强度。

6. 试验报告

(1) 计算相关参数，推定混凝土强度。

(2) 附上数据原始记录。

二、超声回弹法测试混凝土构件强度

1. 试验目的

(1)掌握超声波仪的使用方法。
(2)掌握用超声回弹综合法测试推定混凝土强度的方法。

2. 仪器设备

(1)数显回弹仪。
(2)非金属超声检测分析仪。
(3)凡士林、直尺等辅助工具。

3. 试验原理和方法

见第六章。

4. 试验步骤

(1)试验准备:进行测区表面清洁、平整,连接超声仪的发射、接收换能器等。
(2)回弹值测定:见第六章第三节。
(3)超声声速值的测量:声时值精确至0.1μs,声速值精确至0.001km/s,测距的测量误差应不大于1%。
(4)计算超声波声速值。

5. 试验结果整理分析

(1)计算测区混凝土强度值换算值。
(2)推定构件混凝土强度。

6. 试验报告

(1)计算相关参数,评定混凝土强度。
(2)附上数据原始记录。

三、钢筋保护层厚度试验

1. 试验目的

(1)学会用超声波仪测试钢筋混凝土构件的钢筋保护层厚度。
(2)掌握基于所测试的钢筋保护层厚度的评定方法。

2. 仪器设备

钢筋扫描仪

3. 试验原理和方法

见第六章。

4. 试验步骤

(1)试验准备:进行测区表面清洁、平整,必要时用磨机和砂纸进行打磨,从而保证数据准确和保护仪器探头。

(2)每次测试前进行仪器的复位操作:将探头对空,按下"START/RESET"键。

(3)沿平行钢筋轴向方向移动探头,如果信号条向右边增长,且保护层数字变小,则说明探头正邻近钢筋,反之亦然;当信号由小变大再变小,即产生一个突变时,仪器会发出短促的声音,并且最小的数字即混凝土保护层会自动存在"Memo"中。然后,把保护层数值记录下来。

(4)应对同一个钢筋(测点)测试2次,读取的2个测值差不大于1mm时,取平均值,并精确至1mm,当2个测值差大于1mm时,则该次测试数据无效,并重新测试。

5. 试验结果整理分析

(1)根据实测数据计算每一测区保护层厚度平均值和修正值,精确至0.1mm。

(2)计算测区的钢筋保护层厚度测试值。

6. 试验报告

(1)计算平均值和修正值,并计算测区的钢筋保护层厚度测试值。

(2)附上数据原始记录,描述测试位置。

四、简支钢桁架静载试验

1. 试验目的

(1)对钢桁架分级加载,测试其节点位移、杆件应力。

(2)综合运用电阻应变、振弦应变、位移计和百分表等相关测试仪器及测试元件;掌握相关测试仪器的使用方法。

(3)根据测试结果,对钢桁架的静力工作性能作出分析评价。

2. 试验仪器设备

(1)钢桁架:可采用平面钢桁架结构。

(2)加载反力架、千斤顶:对钢桁架进行单点加载。

(3)电阻应变仪或振弦读数仪,压力传感器、测力仪等。

(4)电阻应变片、钢弦应变计、位移计、百分表。

3. 试验内容和要求

(1)采用千斤顶加载,并配合压力传感器进行定量分级加载。

(2)综合运用电阻应变、振弦应变或光纤应变、位移计和百分表等相关测试仪器及传感元件,进行荷载、应力应变、位移和变形等结构受力性能参数的测试。

(3)计算各测点在各级荷载作用下的理论值。

4. 试验步骤

(1)将钢桁架按照受力图架设好,安装加载千斤顶、压力传感器。

(2)按照测点布置要求,采用合适的方法将应变片、钢弦应变计或光纤应变计、位移计、百分表等测试元件及仪器安装就位。

(3)进行测试仪器仪表的调试,确保其工作性能正常,并准备好相应的记录表格。

(4)预加载,检查仪器、仪表、测量线路的工作状态。

(5)按照加载程序进行加载测试,每级加载完毕,稳定10min后进行测试读数记录,直到完成加载程序。

(6)每次测试时,要及时检查测试数据是否正常,如有异常情况应立即检查、分析原因,必要时应重新进行加载测试。

(7)试验进行过程中,注意不要触动测试元件及测量导线,以免引起读数的波动。

(8)试验完成后,清理仪器仪表、传感器,回收测试导线。

5.试验报告

(1)分析整理各级荷载作用下各测点的测试结果。

(2)比较同一测点不同测试仪器的测试结果。

(3)比较计算值与实测值的符合程度,分析差异的原因。

五、结构动力特性测试试验

1.试验目的

(1)掌握常见结构(如钢桁架)动力性能测试方法。

(2)了解结构的低阶固有频率和振型的分析方法。

(3)了解振动测试系统如 DASP 的操作、使用及分析方法。

2.仪器设备

(1)试验模型,如简支钢桁架或简支混凝土梁。

(2)振动测试系统(如 DASP 振动测试系统)、电荷放大器、加速度传感器。

(3)笔记本电脑。

3.试验原理和方法

见第五章。

4.振动测试系统

(1)激励:采用锤击法激振使结构发生振动。

(2)拾振:采用加速度传感器拾振。

(3)数据采集分析:采用振动测试系统如 DASP 将传感器信号放大,进行记录及分析。

5.试验步骤

(1)采用合适的方法(如橡皮泥等)将传感器固定在测试对象上。

(2)将传感器编号、连接到振动测试系统上。

(3)预测试,检查仪器、测量线路的工作状态,确定放大器的放大系数,避免量测溢出。

(4)每次测试后,进行数据回放和频谱分析,检查测试数据是否正常、可用,必要时应重新进行测试。

(5)测试过程中,注意不要触动测试元件及测量导线,以免引起读数的波动,并尽量避免现场干扰源如发电机等的影响。

(6)试验完成后,清理仪器仪表、传感器,回收测试导线。

6.试验报告

(1)分析整理测试对象的频率及阻尼比。

(2)比较计算值与实测值的符合程度,分析差异的原因。

参考文献

[1] 中国工程建设标准化协会标准.超声法检测混凝土缺陷技术规程:CECS 21—2000[S].北京:中国计划出版社,2000.

[2] 刘夏平.桥梁工程[M].北京:科学出版社,2005.

[3] 蒙云,卢波.桥梁加固与改造[M].北京:人民交通出版社,2005.

[4] 单成林.旧桥加固设计原理及计算示例[M].北京:人民交通出版社,2007.

[5] 中华人民共和国住房和城乡建设部.回弹法检测混凝土抗压强度技术规程:JGJ/T 23—2011[S].北京:中国建筑工业出版社,2011.

[6] 中华人民共和国交通运输部.公路桥梁技术状况评定标准:JTG/T H21—2011[S].北京:人民交通出版社,2011.

[7] 中华人民共和国交通运输部.公路桥梁承载能力检测评定规程:JTG/T J21—2011[S].北京:人民交通出版社,2011.

[8] 中国工程建设标准化协会.拔出法检测混凝土强度技术规程:CECS 69—2011[S].北京:中国计划出版社,2011.

[9] 全国焊接标准化技术委员会.焊缝无损检测 磁粉检测:GB/T 26951—2011[S]北京:中国质检出版社,2011.

[10] 中华人民共和国住房和城乡建设部.钢结构焊接规范:GB 50661—2011[S].北京:中国建筑工业出版社,2012.

[11] 张树仁.桥梁病害诊断与加固设计[M].北京:人民交通出版社,2013.

[12] 中华人民共和国交通运输部.公路工程技术标准:JTG B01—2014[S].北京:人民交通出版社,2014.

[13] 方诗圣.桥梁工程检测与施工监控技术[M].武汉:武汉大学出版社,2014.

[14] 全国焊接标准化技术委员会.焊缝无损检测 超声检测 技术、检测等级和评定:GB/T 11345—2013[S].北京:中国质检出版社,2014.

[15] 中华人民共和国交通运输部.公路桥涵设计通用规范:JTG D60—2015[S].北京:人民交通出版社股份有限公司,2015.

[16] 中华人民共和国交通运输部.公路桥梁荷载试验规程:JTG/T J21-01—2015[S].北京:人民交通出版社股份有限公司,2015.

[17] 中华人民共和国住房和城乡建设部.城市桥梁检测与评定技术规范:CJJ/T 233—2015[S].北京:中国建筑工业出版社,2015.

[18] 中华人民共和国住房和城乡建设部.钻芯法检测混凝土强度技术规程:JGJ/T 384—2016[S].北京:中国建筑工业出版社,2016.

[19] 陈凡,向中富,等.桥梁结构检测与评定《城市桥梁检测与评定技术规范》实施指南[M].北京:中国建筑工业出版社,2016.

[20] 中华人民共和国住房和城乡建设部.城市桥梁结构加固技术规程:CJJ/T 239—2016[S].北京:中国建筑工业出版社,2016.

[21] 中华人民共和国住房和城乡建设部.城市桥梁养护技术规范:CJJ 99—2017[S].

[22] 占劲松,黄志刚.公路桥梁检测与维修加固指南[M].北京:人民交通出版社股份有限公

司,2017.

[23] 中华人民共和国交通运输部.公路钢筋混凝土及预应力混凝土桥涵设计规范:JTG 3362—2018[S].北京:人民交通出版社股份有限公司,2018.

[24] 中华人民共和国住房和城乡建设部.建筑结构检测技术标准:BG/T 50344—2019[S].北京:中国建筑工业出版社,2019.

[25] 中华人民共和国住房和城乡建设部.混凝土中钢筋检测技术标准:JGJ/T 152—2019[S].北京:中国建筑工业出版社,2019.

[26] 全国焊接标准化技术委员会.焊缝无损检测 射线检测 第1部分:X和伽马射线的胶片技术:GB/T 3323.1—2019[S].北京:中国质检出版社,2019.

[27] 中华人民共和国住房和城乡建设部.雷达法检测混凝土结构技术标准:JGJ/T 456—2019[S].北京:中国建筑工业出版社,2019.

[28] 中国工程建设标准化协会.超声回弹综合法检测混凝土抗压强度技术规程:T/CECS 02—2020[S].北京:中国计划出版社,2020.

[29] 中华人民共和国住房和城乡建设部.工程测量标准:GB 50026—2020[S].北京:中国计划出版社,2020.

[30] 中华人民共和国住房和城乡建设部.钢结构工程施工质量验收标准:GB 50205—2020[S].北京:中国计划出版社,2020.

[31] 中华人民共和国交通运输部.公路桥涵养护规范:JTG 5120—2021[S].北京:人民交通出版社股份有限公司,2021.

[32] 姚玲森.桥梁工程[M].北京:人民交通出版社股份有限公司,2021.